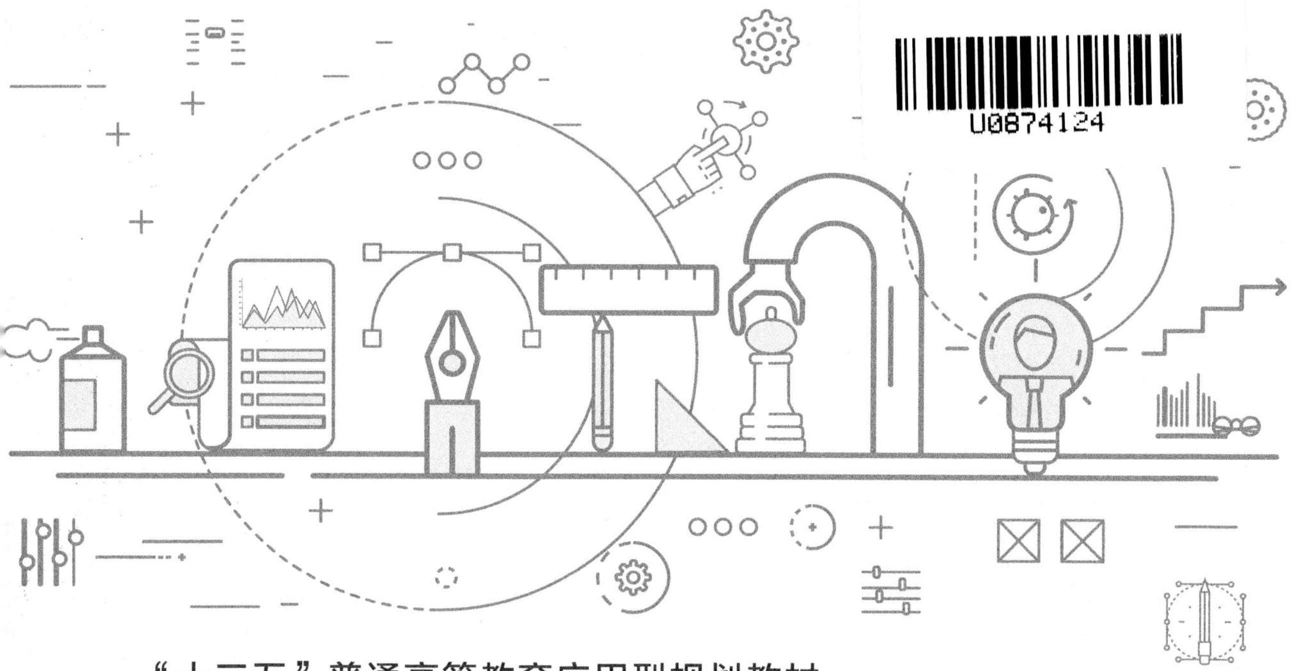

"十三五"普通高等教育应用型规划教材

Linear Algebra
线性代数

四川大学数学学院

谭友军　杨　亮　徐友才　编

中国人民大学出版社

·北京·

前　言

线性代数源于对线性方程组的研究，是大学数学的重要组成部分，在众多领域中有广泛的应用. 本书介绍线性代数的基本概念和基本结论，主要包括线性方程组、向量、矩阵与行列式、矩阵的相似、内积、正交阵以及二次型. 各节配有习题，并加入了习题课教学内容，包括知识点小结、习题解答和补充例题，可作为非数学类各专业的线性代数教材或复习应考的参考书.

在内容安排上，我们尽量避免单一的“定义—引理—命题（定理）—推论—例题”的模式. 在概念和结论的引入之前，一般先用例子或者设置启发性问题来说明相关背景，充分体现了从特殊到一般的原则. 例如，在讨论线性方程组解的存在性时，我们先讨论阶梯形方程组的情形. 又例如，在介绍矩阵的相似、特征向量和特征值这些概念之前，我们先讨论具体的矩阵计算问题，而不是抽象地直接给出定义. 再例如，在讨论矩阵的合同关系时，我们先讨论对角阵的情形. 对一些较为复杂的证明我们通常也是通过具体的例子来说明其思路，而不仅仅是叙述证明过程.

为了帮助读者在学习线性代数时积极参与问题的讨论，从而提高学习的主动性和自主性，在版面上我们采用了大量的边注和脚注，并且预留边空，以方便读者写自己的注记；在讨论问题的过程中，我们尽量对上下文所涉及的概念、结论给出详细的交叉引用，以方便读者查阅、理解和记忆.

本书各节都给出了大量例子. 这些例子中，有的本身就是有用的结论，有的是为继续讨论而设置的问题. 在配置习题时，我们尽量避免不必要的重复练习. 绝大多数习题属于新编习题. 我们设置了大量的辨别是非题，目的是加深读者对概念和结论的理解. 为了帮助读者提高学习效率和方便习题课教学，我们简明扼要地给出各章节中基本概念、基本结论和基本计算的知识点小结，对习题给出了详细的解答（我们强烈建议读者自己先独立思考、完成这些习题，然后把这些解答作为参考）. 在最后一章中我们还适当补充了一些例题，其中绝大多数例题是往年的硕士研究生入学试题，以方便读者复习应考. 借此机会我们真诚感谢命题老师，并且，如果有引用不当的地方，敬请批评指正.

为了帮助读者理解、记忆基本概念和结论，我们对线性代数中绝大多数计算问题都总结了算法，例如，用高斯消元法解线性方程组、矩阵的对角化问题等. 值得注意的是，这些算法只是解决计算问题的一般算法，通常不是唯一算法.

对于书中的不妥之处，敬请读者批评指正.

本书由徐友才（执笔第 1 章）、谭友军（执笔第 2 章、第 3 章和第 4 章）、杨亮（执笔第 5 章和第 6 章）共同编写，谭友军统稿. 感谢四川大学数学学院和中国人民大学出版社编辑的大力支持，感谢家人对我们工作的支持.

编者

2019 年 2 月

目　　录

第1章　线性方程组

线性方程组是线性代数的主要研究对象之一，在众多领域中有广泛应用. 关于线性方程组的两个基本问题是：如何判断方程组有解？如果方程组有解，如何求出它的所有解？对任意线性方程组，这两个问题有完整的解答. 高斯消元法是解线性方程组的一个重要方法. 在本章里，我们介绍如何用高斯消元法来判断线性方程解的存在情况，并在此基础上引入矩阵的初等变换等重要概念.

§1.1　基本概念、阶梯形方程组

很多实际问题可以通过设一个或多个未知数建立方程或方程组来解决①.

一般的 n 元线性方程具有形式：$a_1x_1+a_2x_2+\cdots+a_nx_n=b$ ，其中，a_1，…，a_n，b 是已知的.

例1.1.1　(1) $2x_1-3x_2+x_3=1$ 是一个 3 元线性方程；

(2) $\sqrt{x_1}+x_2^2-5x_3=0$ 不是线性方程.

定义1.1.1　由若干个 n 元线性方程组成的方程组称为一个 n 元线性方程组.

例1.1.2

$$\begin{cases} x_1-x_2+x_3=1 \\ x_2+x_3=5 \end{cases} \tag{1.1.1}$$

① 在本书中，通常用 x_1，…，x_n 来表示未知数；在第 5 章中又用 x_1，…，x_n 表示函数的自变量.

是一个 3 元线性方程组，而

$$\begin{cases}x_1=0\\x_1-x_2+x_3+x_4=5-x_5\\x_2+x_3-x_4=2x_5-3\end{cases}\tag{1.1.2}$$

是一个 5 元线性方程组.

一般地，为讨论问题的方便起见，通常把 n 元线性方程组写成如下标准形式：

$$\begin{cases}a_{11}x_1+a_{12}x_2+\cdots+a_{1n}x_n=b_1\\a_{21}x_1+a_{22}x_2+\cdots+a_{2n}x_n=b_2\\\cdots\cdots\\a_{m1}x_1+a_{m2}x_2+\cdots+a_{mn}x_n=b_m\end{cases}.\tag{1.1.3}$$

注1.1.1 在本书中，如果没有其他说明，线性方程组指的都是形如式（1.1.3）的线性方程组.

例如，线性方程组（1.1.2）应该写为：

$$\begin{cases}x_1=0\\x_1-x_2+x_3+x_4+x_5=5\\x_2+x_3-x_4-2x_5=-3\end{cases}\tag{1.1.4}$$

方程的个数 m 不一定等于未知数的个数 n.

对于线性方程组，下面的术语是很常用的.

定义1.1.2 （1）在线性方程组（1.1.3）中，称 m 为方程的个数，n 为未知数的个数；称 a_{ij} 为系数，b_i 为常数项.

（2）如果 n 个数 c_i 满足：当 $x_i=c_i$ 时，方程组（1.1.3）中每个方程的左边得到的数等于右边的常数项，则称 $\begin{cases}x_1=c_1\\x_2=c_2\\\cdots\cdots\\x_n=c_n\end{cases}$ 是方程组（1.1.3）的一个解. 在本书中，方程组（1.1.3）的解通常简写为[①] $\begin{pmatrix}c_1\\c_2\\\vdots\\c_n\end{pmatrix}$.

线性方程组的解是一个列向量. 关于向量的概念参见第2章.

解集（如果不是空集）是由某些向量组成的集合.

（3）方程组（1.1.3）的全部解构成的集合称为它的解集；如果两个线性方程组的解集相同，则称这两个线性方程组同解或等价.

注1.1.2 方程组（1.1.3）中的每个方程都可以看成是由一个方程组成的方程组. 因此，方程组（1.1.3）的解集是每个方程的解集的

① 也可以把线性方程组（1.1.3）的解写成“行”的形式：$(c_1, c_2, \cdots, c_n)$. 我们把线性方程组的解写成“列”的形式，是为了可以方便地利用矩阵的语言来讨论线性方程组.

交集.

例1.1.3 考虑线性方程组 $\begin{cases}x_1-2x_2+4x_3=1\\x_1+x_2+2x_3=2\\2x_1+2x_2+4x_3=3\end{cases}$. 由于不存在数 c_1, c_2, c_3 使得当 $\begin{cases}x_1=c_1\\x_2=c_2\\x_3=c_3\end{cases}$ 时第二个方程和第三个方程同时成立，所以，该方程组无解.

如果系数为1，则不写系数；$-2x_2$ 表示 x_2 前的系数为 -2.

例1.1.4 考虑线性方程组 $\begin{cases}x_1+x_2+4x_3=1\\x_2-4x_3=0\\-x_3=2\end{cases}$. 由第三个方程我们得到 $x_3=-2$，从而由第二个方程得到 $x_2=-8$，最后由第一个方程得到 $x_1=17$. 因此，该方程组有且仅有一个解：$\begin{cases}x_1=17\\x_2=-8\\x_3=-2\end{cases}$.

在线性方程组中，系数为0的未知项不用写出来.

例1.1.5 考虑线性方程组 $x_1+3x_2+4x_3=0$. 直接验证可得 $\begin{cases}x_1=4\\x_2=0\\x_3=-1\end{cases}$ 是它的一个解.

这是一个方程个数为1的线性方程组.

进一步，设 $x_2=t_1$，$x_3=t_2$，其中 t_1，t_2 是任意数，则可以直接验证 $\begin{cases}x_1=-3t_1-4t_2\\x_2=t_1\\x_3=t_2\end{cases}$ 也是它的解. 因此，这个方程组有无穷多个解.

值得注意的是，如果设 $x_1=k_1$，$x_2=k_2$，其中，k_1，k_2 是任意数，则可以直接验证 $\begin{cases}x_1=k_1\\x_2=k_2\\x_3=-\dfrac{1}{4}k_1-\dfrac{3}{4}k_2\end{cases}$ 也是解.

这里得到了表面上看起来不一样的解的表达式. 在第2章里我们将解释这种现象. 参见注2.4.1和例2.4.4.

下面的术语是很重要的.

定义1.1.3 如果方程组（1.1.3）的常数项全为零，则称方程组（1.1.3）是一个齐次线性方程组；否则，称之为一个非齐次线性方程组. 即齐次线性方程组的标准形式为：

$$\begin{cases}a_{11}x_1+a_{12}x_2+\cdots+a_{1n}x_n=0\\a_{21}x_1+a_{22}x_2+\cdots+a_{2n}x_n=0\\\cdots\cdots\\a_{m1}x_1+a_{m2}x_2+\cdots+a_{mn}x_n=0\end{cases}. \tag{1.1.5}$$

线性方程组可以分为两类：齐次的和非齐次的.

关于齐次线性方程组，我们有如下重要结论：

这个命题说的是齐次线性方程组的解集具有线性性质.

命题1.1.1 (1) $\begin{cases} x_1=0 \\ x_2=0 \\ \cdots\cdots \\ x_n=0 \end{cases}$ 是齐次线性方程组(1.1.5)的解,称为零解[①];

(2) 设 $\begin{cases} x_1=c_1 \\ x_2=c_2 \\ \cdots\cdots \\ x_n=c_n \end{cases}$ 和 $\begin{cases} x_1=d_1 \\ x_2=d_2 \\ \cdots\cdots \\ x_n=d_n \end{cases}$ 都是齐次线性方程组(1.1.5)的解,则 $\begin{cases} x_1=c_1+d_1 \\ x_2=c_2+d_2 \\ \cdots\cdots \\ x_n=c_n+d_n \end{cases}$ 也是齐次线性方程组(1.1.5)的解;

(3) 设 $\begin{cases} x_1=c_1 \\ x_2=c_2 \\ \cdots\cdots \\ x_n=c_n \end{cases}$ 是齐次线性方程组(1.1.5)的解,则对任意数 t,$\begin{cases} x_1=tc_1 \\ x_2=tc_2 \\ \cdots\cdots \\ x_n=tc_n \end{cases}$ 也是齐次线性方程组(1.1.5)的解.

证明:(1) 把 $x_i=0$ 代入方程组(1.1.5)中的每个方程,得到 $0=0$,所以结论成立.

(2) 对于方程组(1.1.5)中的每个方程有:

$$a_{i1}c_1+a_{i2}c_2+\cdots+a_{in}c_n=0,$$
$$a_{i1}d_1+a_{i2}d_2+\cdots+a_{in}d_n=0.$$

相加即得:

$$a_{i1}(c_1+d_1)+a_{i2}(c_2+d_2)+\cdots+a_{in}(c_n+d_n)=0,$$

所以结论成立.

在本书中,通常用□表示证明完毕或解答完毕.

(3) 类似于(2)的证明. □

由命题1.1.1可知,齐次线性方程组总是有解,因为它至少有零解;所以,我们有如下推论.

推论1.1.1 任意齐次线性方程组(1.1.5)只能是以下两种情形之一:

① 如果齐次方程组还有除零解以外的其他解,则称其他解为非零解.

(i) 只有零解;

(ii) 有非零解. 此时,有无穷多个解.

如果一个方程组类似于例 1.1.4 中给出的线性方程组,那么它是否有解是容易判断的. 我们有如下定义.

定义1.1.4 如果一个线性方程组满足如下两个条件:

• 系数全为 0 的方程(如果有的话)全部位于系数不全为 0 的方程的下方,

• 在所有系数不全为 0 的方程中,每个方程的第一个不为 0 的系数对应的未知数的下标是严格递增的,

则称该线性方程组是一个阶梯形方程组.

特别地,在一个阶梯形方程组中,每个系数不全为 0 的方程的第一个不为 0 的系数的下方的系数都为 0.

为叙述方便起见,我们引入如下术语.

定义1.1.5 称系数全为 0 而常数项不为 0 的线性方程为矛盾方程.

注1.1.3 任意含有矛盾方程的线性方程组都没有解. 不含矛盾方程的方程组也可能无解(参见前面的例 1.1.3). 齐次线性方程组不含矛盾方程.

例1.1.6 线性方程组

$$\begin{cases} x_1-2x_2+3x_3=5 \\ 2x_3=7 \\ 0=9 \end{cases} \tag{1.1.6}$$

是一个阶梯形方程组. 由于该方程组含有矛盾方程,所以,它没有解.

例1.1.7 线性方程组

$$\begin{cases} x_1-5x_2+x_3-3x_4=6 \\ -2x_3+x_4=3 \\ 0=0 \end{cases} \tag{1.1.7}$$

是一个阶梯形方程组;线性方程组

$$\begin{cases} x_2=7 \\ x_1+x_3=6 \\ x_3=-1 \end{cases} \tag{1.1.8}$$

和

$$\begin{cases} x_1-2x_2+x_3=-2 \\ x_2+5x_3=-2 \\ -3x_2-15x_3=8 \\ 0=0 \end{cases} \tag{1.1.9}$$

都不是阶梯形方程组.

对于阶梯形方程组，下面的术语是常用的.

这些概念是针对阶梯形方程组而言的.

定义1.1.6 在一个阶梯形方程组中，系数不全为0的方程的第一个不为0的系数称为主元；主元所对应的未知数称为约束变量，其余变量称为自由变量.

比阶梯形方程组形式更简单的是如下定义给出的方程组.①

主元上方的系数为0；不是主元的系数其上方的系数不一定为0.

定义1.1.7 如果一个阶梯形方程组的主元都是1，且主元上方的系数都是0，则称该阶梯形方程组是一个行简化阶梯形方程组.

例1.1.8 线性方程组

$$\begin{cases} x_1-5x_2-\dfrac{5}{2}x_4=\dfrac{15}{2} \\ x_3-\dfrac{1}{2}x_4=-\dfrac{3}{2} \\ 0=0 \end{cases} \tag{1.1.10}$$

是一个行简化阶梯形方程组，主元的个数是2，小于未知数的个数4，约束变量是 x_1 和 x_3，自由变量是 x_2 和 x_4.

对于行简化阶梯形方程组，可以直接把约束变量用自由变量表示出来. 例如，由方程组（1.1.10）即得

移项！方程 $0=0$ 可以省略.

$$\begin{cases} x_1=\dfrac{15}{2}+5x_2+\dfrac{5}{2}x_4 \\ x_3=-\dfrac{3}{2}+\dfrac{1}{2}x_4 \end{cases}. \tag{1.1.11}$$

设自由变量的值为 $\begin{cases} x_2=t_1 \\ x_4=t_2 \end{cases}$，其中 t_1，t_2 是任意数，代入方程组（1.1.11），就得到线性方程组（1.1.10）的解

方程组（1.1.10）是否还有别的解？参见例2.4.12.

$$\begin{cases} x_1=\dfrac{15}{2}+5t_1+\dfrac{5}{2}t_2 \\ x_2=t_1 \\ x_3=-\dfrac{3}{2}+\dfrac{1}{2}t_2 \\ x_4=t_2 \end{cases},$$

因此，线性方程组（1.1.10）有无穷多个解.

例1.1.9 线性方程组

① 也可以把行简化阶梯形方程组称为行最简方程组.

$$\begin{cases} x_1 = 3 \\ x_2 = 6 \\ x_3 = 7 \\ 0 = 0 \end{cases} \tag{1.1.12}$$

是一个行简化阶梯形方程组，且主元的个数是 3，等于未知数的个数. 易见，该方程组有且仅有一个解：$\begin{cases} x_1 = 3 \\ x_2 = 6 \\ x_3 = 7 \end{cases}$.

例1.1.10 线性方程组

$$\begin{cases} x_1 + 3x_2 = 2 \\ x_3 = 6 \\ 0 = 2 \end{cases} \tag{1.1.13}$$

是一个行简化阶梯形矩阵. 虽然其主元个数 2 小于未知数的个数 3，但是，由于方程组（1.1.13）中有矛盾方程，所以，没有解.

任意行简化阶梯形方程组，只能是以下三种情形之一：

任意阶梯形方程组的主元个数一定不大于未知数的个数.

(i) 含有矛盾方程；

(ii) 不含矛盾方程，且主元的个数等于未知数的个数；

(iii) 不含矛盾方程，且主元的个数小于未知数的个数.

所以，类似于上述三个例子的讨论，我们有如下推论.

推论1.1.2 对于任意 n 元行简化阶梯形方程组，设它的主元个数是 r，则该方程组

(i) 无解 $\Leftrightarrow$ 它含有矛盾方程；

(ii) 有唯一解 $\Leftrightarrow$ 它没有矛盾方程，且 $r = n$；

(iii) 有无穷多个解 $\Leftrightarrow$ 它没有矛盾方程，且 $r < n$（即有 $n - r$ 个自由变量).

在 1.2 节中，这个结论将被推广到任意线性方程组的情形，参见定理 1.2.1 以及推论 1.2.1 和推论 1.2.2.

习题 1.1

1. 写出一个只有零解的齐次线性方程组的例子. 写出一个有非零解的齐次线性方程组的例子.

2. 证明：如果一个线性方程组有零解，则该方程组一定是齐次线性方程组.（等价地，非齐次线性方程组一定没有零解.）

3. 证明：如果 $\begin{cases} x_1 = c_1 \\ x_2 = c_2 \\ \cdots\cdots \\ x_n = c_n \end{cases}$ 和 $\begin{cases} x_1 = d_1 \\ x_2 = d_2 \\ \cdots\cdots \\ x_n = d_n \end{cases}$ 都是非齐次线性方程组（1.1.3）的解，则 $\begin{cases} x_1 = c_1 - d_1 \\ x_2 = c_2 - d_2 \\ \cdots\cdots \\ x_n = c_n - d_n \end{cases}$ 是齐次线性方程组（1.1.5）的解.

4. 证明：如果 $\begin{cases} x_1 = c_1 \\ x_2 = c_2 \\ \cdots\cdots \\ x_n = c_n \end{cases}$ 是非齐次线性方程组（1.1.3）的解，而 $\begin{cases} x_1 = d_1 \\ x_2 = d_2 \\ \cdots\cdots \\ x_n = d_n \end{cases}$ 是齐次线性方程组（1.1.5）的解，则 $\begin{cases} x_1 = c_1 + d_1 \\ x_2 = c_2 + d_2 \\ \cdots\cdots \\ x_n = c_n + d_n \end{cases}$ 是非齐次线性方程组（1.1.3）的解.

5. 下述方程组中，哪些是阶梯形方程组，哪些是行简化阶梯形方程组？

(1) $\begin{cases} x_1 + x_2 - x_3 = 2 \\ x_1 = 3 \\ x_3 = 2 \end{cases}$.

(2) $\begin{cases} x_1 + x_2 - 2x_3 + x_4 = 1 \\ -2x_2 + x_3 - 2x_4 = 2 \\ x_4 = 0 \\ 0 = 3 \end{cases}$.

(3) $\begin{cases} x_1 + x_2 - 3x_3 = 7 \\ x_4 = 6 \end{cases}$.

§1.2 高斯消元法

由推论 1.1.2 可知，对于任意行简化阶梯形方程组，我们可以容易地判定它是否有解，以及有解时，是否有无穷多个解. 在本节里我们将讨论任意线性方程组的解的存在情况.

我们先看阶梯形方程组（参见定义 1.1.4）的情形.

例1.2.1 考虑线性方程组

$$\begin{cases} x_1-2x_2+x_3=-2 \\ x_2+2x_3=-3 \\ -2x_3=-6 \end{cases}. \tag{1.2.1}$$

它是一个阶梯形方程组，但不是行简化阶梯形方程组（参见定义 1.1.7）. 其第三个主元是 -2，不是 1，但是我们可以在第三个方程的两边同时乘以 $-\frac{1}{2}$，其余方程不变，得到：

$$(1.2.1)\to\begin{cases} x_1-2x_2+x_3=-2 \\ x_2+2x_3=-3 \\ x_3=3 \end{cases}. \tag{1.2.2}$$

方程组（1.2.2）仍然不是行简化阶梯形方程组. 特别地，第三个主元 1 的上方的系数不为 0. 但是我们可以把第三个方程的 -2 倍加到第二个方程上，其余方程不变；再把第三个方程的 -1 倍加到第一个方程上，其余方程不变，得到：

为什么这里考虑 -2 倍，-1 倍？

$$(1.2.2)\to\begin{cases} x_1-2x_2=-5 \\ x_2=-9 \\ x_3=3 \end{cases}. \tag{1.2.3}$$

方程组（1.2.3）还不是行简化阶梯形方程组，它的第二个主元 1 的上方的系数不为 0. 我们可以把第二个方程的 2 倍加到第一个方程上，其余方程不变，得到：

$$(1.2.3)\to\begin{cases} x_1=-23 \\ x_2=-9 \\ x_3=3 \end{cases}. \tag{1.2.4}$$

于是，方程组（1.2.1）就变为一个行简化阶梯形方程组（1.2.4）了.

把上面例子中的讨论进行推广①，我们得到如下引理.

引理1.2.1 任意阶梯形方程组都可以经过若干步如下操作而变为一个行简化阶梯形方程组，而且主元个数不变：

- 用非零数乘以某个方程的两边，其余方程不变；
- 把某个方程的若干倍加到另一个方程上，其余方程不变.

我们再来看一般的线性方程组.

例1.2.2 考虑线性方程组：

---

① 可以用数学归纳法给出证明，细节从略.

$$\begin{cases}2x_2+x_3+x_4=6\\x_1-2x_2+x_3+x_4=2\\2x_1-4x_2+2x_3+2x_4=4\\3x_1+5x_3+6x_4=7\end{cases}\tag{1.2.5}$$

由于第一个方程的第一个不为 0 的系数的变量的下标是 2，因此，为了变为阶梯形方程组，我们可以把前两个方程交换位置，其余方程不变，得到：

也可以交换第一个方程和第三个方程的位置.

$$(1.2.5)\rightarrow\begin{cases}x_1-2x_2+x_3+x_4=2\\2x_2+x_3+x_4=6\\2x_1-4x_2+2x_3+2x_4=4\\3x_1+5x_3+6x_4=7\end{cases}\tag{1.2.6}$$

在方程组（1.2.6）中，第一个方程的第一个不为 0 的系数下方的系数不全为 0. 因此，我们把第一个方程的 -2 倍加到第三个方程，其余方程不变；再把第一个方程的 -3 倍加到第四个方程，其余方程不变，得到：

$$(1.2.6)\rightarrow\begin{cases}x_1-2x_2+x_3+x_4=2\\2x_2+x_3+x_4=6\\0=0\\6x_2+2x_3+3x_4=1\end{cases}\tag{1.2.7}$$

在方程组（1.2.7）中，第二个方程的第一个不为 0 的系数下方的系数不全为 0. 因此，把第二个方程的 -3 倍加到第四个方程，其余方程不变，得到：

$$(1.2.7)\rightarrow\begin{cases}x_1-2x_2+x_3+x_4=2\\2x_2+x_3+x_4=6\\0=0\\-x_3=-17\end{cases}\tag{1.2.8}$$

方程组（1.2.8）还不是阶梯形方程组，因为有系数全为 0 的方程位于中间. 于是，交换第三个方程和第四个方程的位置，其余方程不变，得到：

$$(1.2.8)\rightarrow\begin{cases}x_1-2x_2+x_3+x_4=2\\2x_2+x_3+x_4=6\\-x_3=-17\\0=0\end{cases}\tag{1.2.9}$$

方程组（1.2.9）就是一个阶梯形方程组了.

把上面例子中的讨论进行推广①，我们得到如下引理.

引理1.2.2 任意线性方程组都可以经过若干步如下操作变为一个阶梯形方程组：

- 交换两个方程的位置，其余方程不变；
- 把某个方程的若干倍加到另一个方程上，其余方程不变.

我们有如下定义.

定义1.2.1 以下三种类型的操作称为线性方程组的初等变换：

1° 交换两个方程的位置，其余方程不变.

2° 把某个方程的若干倍加到另一个方程上，其余方程不变.

3° 用非零数乘以某个方程的两边，其余方程不变.

由引理 1.2.2 和引理 1.2.1 直接得到如下引理.

引理1.2.3 任意线性方程组都可以经过若干步初等变换变为阶梯形方程组和行简化阶梯形方程组.

我们有如下定义.

定义1.2.2 用初等变换把线性方程组化为阶梯形方程组或行简化阶梯形方程组的过程称为高斯消元法.

我们还需要考查线性方程组的初等变换是否保持解集不变. 答案是肯定的.

引理1.2.4 初等变换不改变线性方程组的解集.

证明： 只需分别对 1°型、2°型和 3°型初等变换进行验证即可.

由于线性方程组的解集是其所有方程的解集的交集，所以，交换方程的位置不改变其所有方程的解集的交集，从而，1°型初等变换不改变解集.

设把第 i 个方程的 k 倍加到了第 j 个方程上，其余方程不变. 设原方程组的第 i 个方程和第 j 个方程分别为

$$a_{i1}x_1+\cdots+a_{in}x_n=b_i,\ a_{j1}x_1+\cdots+a_{jn}x_n=b_j\ .$$

于是，变换后得到的方程组中，第 j 个方程为

$$(ka_{i1}+a_{j1})x_1+\cdots+(ka_{in}+a_{jn})x_n=kb_i+b_j,$$

且新的方程组的其余方程与原方程组的相同. 设 $\begin{pmatrix}c_1\\ \vdots\\ c_n\end{pmatrix}$ 是原方程组的一个解，则它是原方程组的每个方程的解. 特别地，显然是新方程组的除了第 j 个方程以外的其余方程的解；由

$$a_{i1}c_1+\cdots+a_{in}c_n=b_i,\ a_{j1}c_1+\cdots+a_{jn}c_n=b_j$$

---

① 可以用数学归纳法证明，细节从略.

得 $(ka_{i1}+a_{j1})c_1+\cdots+(ka_{in}+a_{jn})c_n=kb_i+b_j$，即 $\begin{pmatrix}c_1\\ \vdots\\ c_n\end{pmatrix}$ 也是新方程组的第 j 个方程的解. 因此，$\begin{pmatrix}c_1\\ \vdots\\ c_n\end{pmatrix}$ 是新方程组的一个解. 类似地，可以证明新方程组的任意解也是原方程组的一个解. 所以，2°型初等变换不改变方程组的解集.

对于 3°型初等变换，可以类似地验证. □

下面的定理是本节的主要结论.[①]

即对任意线性方程组，可以用高斯消元法把它变为阶梯形方程组（不一定要变为行简化阶梯形方程组），并由此来判断它的解的存在性.

定理1.2.1 （1）任意线性方程组都等价于某个阶梯形方程组或某个行简化阶梯形方程组.

（2）设 n 元线性方程组经过高斯消元法得到的阶梯形方程组有 r 个主元，则原方程组

(i) 无解 ⇔ 该阶梯形方程组含有矛盾方程；

(ii) 有唯一解 ⇔ 该阶梯形方程组不含矛盾方程，且 $r=n$；

(iii) 有无穷多个解 ⇔ 该阶梯形方程组不含矛盾方程，且 $r<n$.

证明：（1）由引理 1.2.3 和引理 1.2.4 即得.

本书中，通常用⇔表示两个断言是等价的（即充分必要或当且仅当）.

（2）一方面，由引理 1.2.4，原方程组和这个阶梯形方程组同解；另一方面，由引理 1.2.1，该阶梯形方程组又可以经过初等变换变为一个行简化阶梯形方程组，且主元个数不变，所以，由推论 1.1.2 即得结论. □

由这个定理我们立即得到如下推论.

推论1.2.1 任意线性方程组，只能是以下三种情形之一：

(i) 无解；

(ii) 有且仅有一个解；

(iii) 有无穷多个解.

例1.2.3 判断线性方程组

$$\begin{cases}2x_1-x_2+3x_3=1\\4x_1-2x_2+6x_3=2\\x_1+x_2-x_3=3\\3x_1+2x_3=4\end{cases}. \tag{1.2.10}$$

是否有解？如果有解，是有唯一解还是有无穷多个解？

方法不唯一.

解：只需把方程组（1.2.10）用初等变换化为阶梯形方程组.

① 高斯消元法给出了线性方程组解的存在性的一个判别法. 在第 2 章里我们将会看到，还可以用矩阵的秩来判断线性方程组解的存在性.

把第一个方程的 -2 倍加到第二个方程，其余方程不变，得到：

$$(1.2.10)\to\begin{cases}2x_1-x_2+3x_3=1\\0=0\\x_1+x_2-x_3=3\\3x_1+2x_3=4\end{cases}. \qquad (1.2.11)$$

在方程组（1.2.11）中，把第一个方程的 $-\frac{1}{2}$ 倍加到第三个方程上，其余方程不变；再把第一个方程的 $-\frac{3}{2}$ 倍加到第四个方程上，得到：

$$(1.2.11)\to\begin{cases}2x_1-x_2+3x_3=1\\0=0\\\frac{3}{2}x_2-\frac{5}{2}x_3=\frac{5}{2}\\\frac{3}{2}x_2-\frac{5}{2}x_3=\frac{5}{2}\end{cases}. \qquad (1.2.12)$$

在方程组（1.2.12）中，把第三个方程的 -1 倍加到第四个方程上，其余方程不变；再交换第二个方程和第四个方程的位置，其余方程不变，得到：

$$(1.2.12)\to\begin{cases}2x_1-x_2+3x_3=1\\\frac{3}{2}x_2-\frac{5}{2}x_3=\frac{5}{2}\\0=0\\0=0\end{cases}. \qquad (1.2.13)$$

即用高斯消元法把原方程组变为阶梯形方程组（1.2.13），而这个阶梯形方程组没有矛盾方程，且主元个数 2 小于未知数个数 3，所以，原方程组有无穷多个解. □

下面我们把定理 1.2.1 应用到齐次线性方程组上. 一方面，注意到线性方程组的初等变换一定把齐次线性方程组变为齐次线性方程组（把非齐次线性方程组变为非齐次线性方程组）. 另一方面，齐次方程组不可能含有矛盾方程，特别地，齐次阶梯形方程组不含有矛盾方程. 所以，定理 1.2.1 中的情形（i）不可能发生，即有如下推论.

推论1.2.2 设 n 元齐次线性方程组经过高斯消元法得到的阶梯形方程组有 r 个主元，则原方程组

（i）有唯一解（即只有零解）$\Leftrightarrow r=n$；

（ii）有无穷多个解（即有非零解）$\Leftrightarrow r<n$.

比推论 1.1.1 更为准确.

例1.2.4 判断齐次线性方程组

$$\begin{cases}2x_1-x_2+3x_3=0\\4x_1-2x_2+6x_3=0\\x_1+x_2-x_3=0\\3x_1+2x_3=0\end{cases}\tag{1.2.14}$$

是否有非零解.

解：与例 1.2.3 类似，把方程组（1.2.14）用高斯消元法变为阶梯形方程组（仍然是齐次的）：

$$(1.2.14)\to\begin{cases}2x_1-x_2+3x_3=0\\\dfrac{3}{2}x_2-\dfrac{5}{2}x_3=0\\0=0\\0=0\end{cases}\tag{1.2.15}$$

这个阶梯形方程组的主元个数 2 小于未知数个数 3，所以，原方程组有非零解. □

由于线性方程组的初等变换不改变方程个数，所以，由高斯消元法得到的阶梯形方程组的主元个数不超过方程个数. 因此，当齐次线性方程组的未知数个数大于方程个数时，由高斯消元法得到的阶梯形方程组的未知数个数当然大于主元个数. 于是，由推论 1.2.2 我们得到如下很有用的结论.

推论1.2.3 未知数个数大于方程个数的齐次线性方程组一定有非零解（即有无穷多个解）.

例1.2.5 由推论 1.2.3 可以直接得到：齐次线性方程组

$$\begin{cases}3x_1+24x_2-36x_3+7x_4=0\\5x_1-8x_2+9x_3-x_4=0\\6x_2-7x_3+11x_4=0\end{cases}\tag{1.2.16}$$

有无穷多个解.

习题 1.2

1. 在对线性方程组作初等变换时，能否用 0 乘以某个方程的两边？为什么？

2. 是否存在恰好有两个解的线性方程组？为什么？

3. 给定一个由 m 个方程组成的 n 元非齐次线性方程组. 判断下列说法是否正确，并简要说明理由.

(1) 如果 $m<n$，则该方程组一定有无穷多个解.

(2) 如果 $m<n$ 且该方程组有解，则其有可能只有一个解.

(3) 如果 $m=n$，则该方程组一定有唯一解.

(4) 如果 $m>n$，则该方程组一定没有解.

(5) 如果 $m>n$，则该方程组可能有且仅有一个解.

(6) 如果 $m>n$，则该方程组可能有无穷多个解.

4. 给定一个由 m 个方程组成的 n 元齐次线性方程组. 判断下列说法是否正确，并简要说明理由.

(1) 如果 $m<n$，则该方程组一定有无穷多个解.

(2) 如果 $m=n$，则该方程组只有零解.

(3) 如果 $m>n$，则该方程组可能没有解.

(4) 如果 $m>n$，则该方程组可能只有零解.

(5) 如果 $m>n$，则该方程组可能有非零解.

5. 证明：线性方程组的初等变换一定把齐次线性方程组变为齐次线性方程组，把非齐次线性方程组变为非齐次线性方程组.

§1.3 矩阵及其初等变换

由 1.2 节的讨论我们可以看出，线性方程组的初等变换实际上只是对方程组的系数和常数项进行操作，不涉及代表未知数的字母 x_i.

关于系数、常数项的概念，参见定义 1.1.2.

例1.3.1 考虑线性方程组

$$\begin{cases}2x_3-3x_4=-1\\ x_1+2x_2-2x_4=3\\ 2x_1+x_2-5x_3=8\end{cases} \tag{1.3.1}$$

我们把它的系数和常数项提取出来，按原来的相对位置排成一个 3 行 5 列的表格：

$$\begin{pmatrix}0&0&2&-3&-1\\ 1&2&0&-2&3\\ 2&1&-5&0&8\end{pmatrix}. \tag{1.3.2}$$

更一般地，有如下重要概念.

定义1.3.1 由 mn 个数排成 m 行 n 列而得到的一个表格（两边用圆括号或方括号界定），称为一个 $m\times n$ 型矩阵，并称 m 为这个矩阵的行数，n 为这个矩阵的列数；位于第 i 行第 j 列处的数称为这个矩阵的 (i, j)-元，并称 i 为 (i, j)-元的行指标，j 为 (i, j)-元的列指标.

$m, n\geqslant 1$ 是整数.

即 $m\times n$ 型矩阵的一般形式为

$$\begin{pmatrix}a_{11}&a_{12}&\cdots&a_{1n}\\ a_{21}&a_{22}&\cdots&a_{2n}\\ \vdots&\vdots&&\vdots\\ a_{m1}&a_{m2}&\cdots&a_{mn}\end{pmatrix}. \tag{1.3.3}$$

也可以用方括号 [ ]. 但是，不用 { } 表示矩阵.

有时为了强调矩阵的行数和列数，矩阵 $\boldsymbol{A}$ 也记为 $\boldsymbol{A}_{m\times n}$.

通常用大写字母（如 $\boldsymbol{A}$， $\boldsymbol{B}$， $\boldsymbol{C}$ 等）来表示矩阵；用 $\boldsymbol{A}(i, j)$ 表示矩阵 $\boldsymbol{A}$ 的 (i, j)-元. 每个 (i, j)-元都是 0 的 $m\times n$ 型矩阵称为零矩阵，记为 $\boldsymbol{0}_{m\times n}$， 或者在不引起混淆的情况下，简记为 $\boldsymbol{0}$.

通常也把矩阵（1.3.3）简写为 (a_{ij}) 或 $(a_{ij})_{m\times n}$.

例1.3.2

$$\boldsymbol{A}=\begin{pmatrix}-1 & 2 & 0\\ 3 & 0 & -1\end{pmatrix} \tag{1.3.4}$$

是一个 2×3 型矩阵，且 $\boldsymbol{A}(1, 2)=2$， $\boldsymbol{A}(2, 3)=-1$.

$$\boldsymbol{B}=\begin{pmatrix}0 & -1\\ 5 & 2\\ -1 & 7\end{pmatrix} \tag{1.3.5}$$

是一个 3×2 型矩阵，且 $\boldsymbol{B}(2, 1)=5$， $\boldsymbol{B}(3, 1)=-1$.

下面的定义给出了两个矩阵相等的含义.

定义1.3.2 对于任意两个矩阵 $\boldsymbol{A}$， $\boldsymbol{B}$， 如果 $\boldsymbol{A}$，$\boldsymbol{B}$ 的行数和列数分别相等（即它们有相同的型），且它们的 (i, j)-元都分别相等，则称 $\boldsymbol{A}$ 与 $\boldsymbol{B}$ 相等，记为 $\boldsymbol{A}=\boldsymbol{B}$.

例1.3.3 $\begin{pmatrix}1\\ -2\\ 0\end{pmatrix}$ 是一个 3×1 型矩阵，而 $(1\quad -2\quad 0)$ 是一个 1×3 型矩阵. 因此它们不相等.

我们将在后面各章进一步讨论矩阵的运算、性质及其应用. 这里我们主要讨论与线性方程组的高斯消元法相关的一些矩阵概念及性质.

首先，我们有如下定义.

定义1.3.3 对于任意由 m 个线性方程组成的 n 元线性方程组（1.1.3），把它的全部系数根据它们在方程组中的位置排成一个 $m\times n$ 型矩阵：

$$\begin{pmatrix}a_{11} & a_{12} & \cdots & a_{1n}\\ a_{21} & a_{22} & \cdots & a_{2n}\\ \vdots & \vdots & & \vdots\\ a_{m1} & a_{m2} & \cdots & a_{mn}\end{pmatrix}, \tag{1.3.6}$$

称为线性方程组（1.1.3）的系数矩阵；在系数矩阵的右边添上相应的常数项，得到一个 $m\times(n+1)$ 型矩阵：

$$\begin{pmatrix}a_{11} & a_{12} & \cdots & a_{1n} & b_1\\ a_{21} & a_{22} & \cdots & a_{2n} & b_2\\ \vdots & \vdots & & \vdots & \vdots\\ a_{m1} & a_{m2} & \cdots & a_{mn} & b_m\end{pmatrix}, \tag{1.3.7}$$

称为线性方程组（1.1.3）的增广矩阵.

在例1.3.1中，线性方程组（1.3.1）的增广矩阵就是矩阵（1.3.2），而其系数矩阵是

$$\begin{pmatrix} 0 & 0 & 2 & -3 \\ 1 & 2 & 0 & -2 \\ 2 & 1 & -5 & 0 \end{pmatrix}. \tag{1.3.8}$$

给定一个线性方程组，通常用$\boldsymbol{A}$表示其系数矩阵，用$\widetilde{\boldsymbol{A}}$表示其增广矩阵.

也可以用$\boldsymbol{A}_{\text{aug}}$表示增广矩阵.

在线性方程组中，不写出系数为0的项. 但是，在其系数矩阵和增广矩阵中，系数为0时必须写出0.

例1.3.4 线性方程组$\begin{cases} 3x_2-x_3=1 \\ -x_1+x_4=0 \\ x_3-6x_4=0 \end{cases}$的系数矩阵是

$$\boldsymbol{A}=\begin{pmatrix} 0 & 3 & -1 & 0 \\ -1 & 0 & 0 & 1 \\ 0 & 0 & 1 & -6 \end{pmatrix}, \tag{1.3.9}$$

其增广矩阵为

$$\widetilde{\boldsymbol{A}}=\begin{pmatrix} 0 & 3 & -1 & 0 & 1 \\ -1 & 0 & 0 & 1 & 0 \\ 0 & 0 & 1 & -6 & 0 \end{pmatrix}. \tag{1.3.10}$$

例1.3.5 线性方程组

$$\begin{cases} x_1=0 \\ x_1-x_2+x_3+x_4=5-x_5 \\ x_2+x_3-x_4=2x_5-3 \end{cases} \tag{1.3.11}$$

的标准形式为

$$\begin{cases} x_1=0 \\ x_1-x_2+x_3+x_4+x_5=5 \\ x_2+x_3-x_4-2x_5=-3 \end{cases} \tag{1.3.12}$$

所以，其系数矩阵为

$$\boldsymbol{A}=\begin{pmatrix} 1 & 0 & 0 & 0 & 0 \\ 1 & -1 & 1 & 1 & 1 \\ 0 & 1 & 1 & -1 & -2 \end{pmatrix}, \tag{1.3.13}$$

增广矩阵为

$$\widetilde{\boldsymbol{A}}=\begin{pmatrix} 1 & 0 & 0 & 0 & 0 & 0 \\ 1 & -1 & 1 & 1 & 1 & 5 \\ 0 & 1 & 1 & -1 & -2 & -3 \end{pmatrix}. \tag{1.3.14}$$

例1.3.6 任意 $m\times n$ 型矩阵都可以看成是某个非齐次线性方程组或某个齐次线性方程组的系数矩阵. 例如

$$\begin{pmatrix} 0 & 2 & -3 & 1 \\ 2 & -2 & 0 & 1 \\ 1 & -2 & 0 & 0 \end{pmatrix} \tag{1.3.15}$$

是非齐次线性方程组

$$\begin{cases} 2x_2-3x_3+x_4=7 \\ 2x_1-2x_2+x_4=3 \\ x_1-2x_2=-2 \end{cases} \tag{1.3.16}$$

的系数矩阵，也是齐次线性方程组

$$\begin{cases} 2x_2-3x_3+x_4=0 \\ 2x_1-2x_2+x_4=0 \\ x_1-2x_2=0 \end{cases} \tag{1.3.17}$$

的系数矩阵.

例1.3.7 任意 $m\times n$ 型矩阵（$n>1$）都可以看成是某个非齐次线性方程组的增广矩阵：把最后一列数看成常数项. 例如，矩阵（1.3.15）是非齐次线性方程组

$$\begin{cases} 2x_2-3x_3=1 \\ 2x_1-2x_2=1 \\ x_1-2x_2=0 \end{cases} \tag{1.3.18}$$

的增广矩阵.

阶梯形方程组的系数矩阵和增广矩阵具有较为特殊的形式. 为叙述简便起见，我们介绍如下术语.

- 在矩阵中，如果某行的数全为 0，则称这一行为该矩阵的一个零行；
- 在矩阵中，如果某列的数全为 0，则称这一列为该矩阵的一个零列.

我们有如下定义（参见定义 1.1.4 和定义 1.1.6）：

在阶梯形矩阵中，主元的个数等于非零行的个数.

定义1.3.4 如果一个矩阵满足：

- 零行（如果有的话）都位于该矩阵的下方；
- 在所有非零行中，各行的第一个非零数的列指标是严格递增的，

则称该矩阵是一个阶梯形矩阵. 在阶梯形矩阵中，每个非零行的第一个不为 0 的数称为该阶梯形矩阵的主元.

由定义可知，在任意阶梯形矩阵中，其每个主元下面的元（如果有

的话）都是0.

例1.3.8 任意阶梯形方程组的系数矩阵和增广矩阵都是阶梯形矩阵.

这里的 $\boldsymbol{J}$ 可以看成是以 x_2，x_3，x_4 为未知数的一个阶梯形非齐次方程组的增广矩阵.

例1.3.9

$$\boldsymbol{J}=\begin{pmatrix}0 & -2 & 0 & 0 & 1\\ 0 & 0 & 0 & -3 & 2\\ 0 & 0 & 0 & 0 & -2\end{pmatrix}$$

是一个阶梯形矩阵，有三个主元，-2，-3，-2，分别位于第2列、第4列和第5列.

例1.3.10

$$\begin{pmatrix}0 & 2 & 0 & 0\\ -1 & 0 & 3 & 0\\ 0 & 0 & 0 & 0\end{pmatrix} \quad 和 \quad \begin{pmatrix}0 & 0 & 0 & 0\\ -1 & 0 & 3 & 0\\ 0 & 0 & 2 & 0\end{pmatrix}$$

都不是阶梯形矩阵.

一类特殊的阶梯形矩阵是如下定义（参见定义1.1.7）.

定义1.3.5 如果一个阶梯形矩阵的主元都是1，且主元上方的所有数都是0，则称该阶梯形矩阵是一个行简化阶梯形矩阵.

行简化阶梯形矩阵也称为行最简阶梯形矩阵.

例1.3.11 任意行简化阶梯形方程组的系数矩阵和增广矩阵都是行简化阶梯形矩阵.

例1.3.12

$$\boldsymbol{J}=\begin{pmatrix}0 & 1 & 0 & 0 & -2\\ 0 & 0 & 1 & 0 & 3\\ 0 & 0 & 0 & 1 & 2\end{pmatrix}$$

是一个行简化阶梯形矩阵.

例1.3.13 考虑非齐次行简化方程组

$$\begin{cases}x_1-2x_2+7x_4=3\\ x_3+2x_4=-5\\ x_5=8\end{cases}. \tag{1.3.19}$$

其增广矩阵

$$\tilde{\boldsymbol{J}}=\begin{pmatrix}1 & -2 & 0 & 7 & 0 & 3\\ 0 & 0 & 1 & 2 & 0 & -5\\ 0 & 0 & 0 & 0 & 1 & 8\end{pmatrix} \tag{1.3.20}$$

是一个行简化阶梯形矩阵. 由于方程组（1.3.19）没有矛盾方程，且主元的个数为3，小于未知数的个数5，所以有无穷多个解；约束变量为 x_1，x_3，x_5，自由变量为 x_2，x_4. 直接移项就可以把约束变量用自由变量表示出来：

$$\begin{cases}x_1=3+2x_2-7x_4\\x_3=-5-2x_4\\x_5=8\end{cases}\tag{1.3.21}$$

注意到，可以直接从行简化阶梯形矩阵（1.3.20）“读”出方程组（1.3.21）来.

把线性方程组的初等变换的概念（参见定义 1.2.1）平移到矩阵上，我们得到如下重要概念.

2°型和 3°型初等行变换与向量的运算有关，参见定义 2.1.3 和例 2.1.6.

定义1.3.6 以下三种类型的操作称为矩阵的初等行变换：

1° 交换两行的位置，其余行不变.

2° 把某行的若干倍加到另一行上，其余行不变.

3° 用非零数乘以某行，其余行不变.

例1.3.14 对矩阵

$$\boldsymbol{A}=\begin{pmatrix}0&0&-1&2\\2&1&-1&3\\0&0&0&5\end{pmatrix}\tag{1.3.22}$$

用箭头 →，而不能用等号 =.

作 1°型初等行变换（交换第 1，2 行）得到阶梯形矩阵：

$$\boldsymbol{A}\to\begin{pmatrix}2&1&-1&3\\0&0&-1&2\\0&0&0&5\end{pmatrix}.\tag{1.3.23}$$

作 2°型初等行变换（把第 2 行的 -1 倍加到第 1 行）得：

$$\to\begin{pmatrix}2&1&0&1\\0&0&-1&2\\0&0&0&5\end{pmatrix}.\tag{1.3.24}$$

作 3°型初等行变换（分别用 $\frac{1}{5}$ 乘以第 3 行，用 -1 乘以第 2 行）得：

$$\to\begin{pmatrix}2&1&0&1\\0&0&1&-2\\0&0&0&1\end{pmatrix}.\tag{1.3.25}$$

作 2°型初等行变换（分别把第 3 行的 2 倍加到第 2 行，把第 3 行的 -1 倍加到第 1 行）得：

$$\to\begin{pmatrix}2&1&0&0\\0&0&1&0\\0&0&0&1\end{pmatrix}.\tag{1.3.26}$$

最后，作 3°型初等行变换（用 $\frac{1}{2}$ 乘以第 1 行）得到行简化阶梯形矩阵：

$$\to\begin{pmatrix}1 & \frac{1}{2} & 0 & 0\\ 0 & 0 & 1 & 0\\ 0 & 0 & 0 & 1\end{pmatrix}. \tag{1.3.27}$$

一般地，我们有如下重要结论①：

定理1.3.1　任意矩阵都可以用若干步初等行变换化为一个阶梯形矩阵或行简化阶梯形矩阵.

证明： 不妨设矩阵的列数至少是 2.（如果矩阵只有 1 列，可以直接验证.）把矩阵看成某个线性方程组的增广矩阵. 由高斯消元法即得（参见定理 1.2.1（1））结论成立.

$m\times 1$ 型矩阵如何用初等变换化为阶梯形矩阵?

也可以通过对矩阵的列数作数学归纳来证明. □

例1.3.15　用初等行变换把

这里不要求把 $\boldsymbol{A}$ 化为行简化阶梯形矩阵.

$$\boldsymbol{A}=\begin{pmatrix}0 & -1 & 2\\ 1 & 6 & -2\\ 3 & -3 & 2\end{pmatrix}$$

化为阶梯形矩阵.

解：

关键：设法让左上角的数不为 0. 交换第 1，2 行.

$$\boldsymbol{A}\xrightarrow{*}\begin{pmatrix}1 & 6 & -2\\ 0 & -1 & 2\\ 3 & -3 & 2\end{pmatrix}\to\begin{pmatrix}1 & 6 & -2\\ 0 & -1 & 2\\ 0 & -21 & 8\end{pmatrix}\to\begin{pmatrix}1 & 6 & -2\\ 0 & -1 & 2\\ 0 & 0 & -34\end{pmatrix}.$$

或者

先把第 2 行的 1 倍加到第 1 行，使得左上角为 1.

$$\boldsymbol{A}\xrightarrow{*}\begin{pmatrix}1 & 5 & 0\\ 1 & 6 & -2\\ 3 & -3 & 2\end{pmatrix}\to\begin{pmatrix}1 & 5 & 0\\ 0 & 1 & -2\\ 3 & -3 & 2\end{pmatrix}.$$

$$\to\begin{pmatrix}1 & 5 & 0\\ 0 & 1 & -2\\ 0 & -18 & 2\end{pmatrix}\to\begin{pmatrix}1 & 5 & 0\\ 0 & 1 & -2\\ 0 & 0 & -34\end{pmatrix}.$$

□

答案不一致，但都是正确的.

注1.3.1　一般地，用初等行变换把矩阵化为阶梯形矩阵，得到的阶梯形矩阵不是唯一的. 类似地，用线性方程组的初等变换把方程组化为阶梯形方程组，得到的阶梯形方程组也不是唯一的.

---

①　实际上，可以证明，任意矩阵经过初等行变换得到的行简化阶梯形矩阵是唯一的，参见：T. Yuster. The Reduced Row Echelon Form of a Matrix is Unique：A Simple Proof，*Mathematics Magazine*，Vol. 57（1984），No. 2，93-94.

为了得到行简化阶梯形矩阵，可以先化为阶梯形矩阵，再从最后一个主元开始往前操作.

例1.3.16 用初等行变换把

$$B=\begin{pmatrix}6&-8&3&1\\5&-7&1&-1\\2&-3&0&1\\3&-4&1&-2\end{pmatrix}$$

化为行简化阶梯形矩阵.

如果左上角的数为1，则可以简化计算. 把第2行的-1倍加到第1行.

解：

分别把第3行、第4行的-1倍加到第2行，可简化计算.

从最后一个主元1开始，用2°型初等行变换把它上方的数变为0.

$$B\to\begin{pmatrix}1&-1&2&2\\5&-7&1&-1\\2&-3&0&1\\3&-4&1&-2\end{pmatrix}\to\begin{pmatrix}1&-1&2&2\\0&-2&-9&-11\\0&-1&-4&-3\\0&-1&-5&-8\end{pmatrix}$$

$$\overset{*}{\to}\begin{pmatrix}1&-1&2&2\\0&0&0&0\\0&-1&-4&-3\\0&-1&-5&-8\end{pmatrix}\to\begin{pmatrix}1&-1&2&2\\0&-1&-4&-3\\0&-1&-5&-8\\0&0&0&0\end{pmatrix}$$

$$\to\begin{pmatrix}1&-1&2&2\\0&-1&-4&-3\\0&0&-1&-5\\0&0&0&0\end{pmatrix}\to\begin{pmatrix}1&-1&2&2\\0&1&4&3\\0&0&1&5\\0&0&0&0\end{pmatrix}$$

$$\overset{**}{\to}\begin{pmatrix}1&-1&0&-8\\0&1&0&-17\\0&0&1&5\\0&0&0&0\end{pmatrix}\to\begin{pmatrix}1&0&0&-25\\0&1&0&-17\\0&0&1&5\\0&0&0&0\end{pmatrix}.$$ □

注1.3.2 虽然矩阵的初等行变换（为了得到阶梯形矩阵或行简化阶梯形矩阵）是程序化的，但是，在具体的计算中，应该考虑采用尽可能简便的计算.

在很多应用中，不仅需要把矩阵化为行简化阶梯形矩阵，而且需要行简化阶梯形矩阵的主元的列指标是相邻的，并要求主元的右方的数也是0.

例1.3.17 设 $J=\begin{pmatrix}1&-2&5&1\\0&0&1&3\\0&0&0&1\end{pmatrix}$.

从最后一个主元开始往回操作.

我们可以只用初等行变换把 J 化为行简化阶梯形矩阵（参见定理1.3.1（1））：

$$J \to \begin{pmatrix} 1 & -2 & 5 & 0 \\ 0 & 0 & 1 & 0 \\ 0 & 0 & 0 & 1 \end{pmatrix} \to \begin{pmatrix} 1 & -2 & 0 & 0 \\ 0 & 0 & 1 & 0 \\ 0 & 0 & 0 & 1 \end{pmatrix}.$$

我们希望把每个主元右方的数都变为 0. 第一个主元 1 右边的 -2 下方的数都是 0. 因此，在保持行简化阶梯形的条件下我们无法用初等行变换把 -2 变为 0. 考虑：把第 1 列的 2 倍加到第 2 列，其余列不变，得到：

$$\to \begin{pmatrix} 1 & 0 & 0 & 0 \\ 0 & 0 & 1 & 0 \\ 0 & 0 & 0 & 1 \end{pmatrix}.$$

进一步，我们希望把这个行简化阶梯形矩阵的主元变到前 3 列. 只用初等行变换无法达到目的. 考虑：交换第 2，3 列，其余列不变；然后交换第 3，4 列，其余列不变，得到：

$$\to \begin{pmatrix} 1 & 0 & 0 & 0 \\ 0 & 1 & 0 & 0 \\ 0 & 0 & 0 & 1 \end{pmatrix} \to \begin{pmatrix} 1 & 0 & 0 & 0 \\ 0 & 1 & 0 & 0 \\ 0 & 0 & 1 & 0 \end{pmatrix}. \tag{1.3.28}$$

矩阵除了初等行变换外，还有初等列变换.[①]

定义1.3.7　以下三种类型的操作称为矩阵的初等列变换：

2°型和 3°型初等列变换与向量的运算有关，参见定义 2.1.3.

1° 交换两列的位置，其余列不变.

2° 把某列的若干倍加到另一列上，其余列不变.

3° 用非零数乘以某列，其余列不变.

我们将在第 2 章中讨论初等列变换，并在第 3 章和第 5 章给出初等列变换的进一步应用. 我们介绍如下概念.

定义1.3.8　矩阵的初等变换指的是矩阵的初等行变换或初等列变换.

矩阵的初等变换具有如下基本性质.

这里的结论表明初等行（列）变换具有“可逆性”.

命题1.3.1　设矩阵 $\boldsymbol{A}$ 经过若干步初等行（列）变换变为 $\boldsymbol{B}$，则 $\boldsymbol{B}$ 可以经过若干步初等行（列）变换变为 $\boldsymbol{A}$.

证明： 不妨设 $\boldsymbol{A}$ 经过一步初等行（列）变换变为 $\boldsymbol{B}$. 只需验证 $\boldsymbol{B}$ 可以经过一步初等行（列）变换变为 $\boldsymbol{A}$.

以初等行变换为例，初等列变换的情形类似. 注意到初等行变换只有三种类型.

1°型初等行变换：假设交换 $\boldsymbol{A}$ 的第 i，j 行而其余行不变得到 $\boldsymbol{B}$. 则交换 $\boldsymbol{B}$ 的第 i，j 行，其余行不变，就得到 $\boldsymbol{A}$.

2°型初等行变换：假设把 $\boldsymbol{A}$ 的第 i 行的 k 倍加到第 j 行而其余行不

① 矩阵的初等行变换等价于线性方程组的初等变换；但矩阵的初等列变换与线性方程组没有直接关系. 因此，在求线性方程组的解时，一般不用初等列变换.

变得到$\boldsymbol{B}$，则把$\boldsymbol{B}$的第i行的$-k$倍加到它的第j行，其余行不变，就得到$\boldsymbol{A}$.

3°型初等行变换：假设用非零数c乘以$\boldsymbol{A}$的第i行而其余行不变得到$\boldsymbol{B}$，则用$\frac{1}{c}$乘以$\boldsymbol{B}$的第i行而其余行不变，就得到$\boldsymbol{A}$.

综上，结论成立. □

矩阵（1.3.28）中最后得到的行简化阶梯形矩阵是一个标准型矩阵. 标准型矩阵的定义如下.

定义1.3.9 形如

$$\begin{pmatrix} 1 & 0 & 0 & \cdots & 0 & 0 & \cdots & 0 \\ 0 & 1 & 0 & \cdots & 0 & 0 & \cdots & 0 \\ \vdots & \vdots & \vdots & & \vdots & \vdots & & \vdots \\ 0 & 0 & 0 & \cdots & 1 & 0 & \cdots & 0 \\ 0 & 0 & 0 & \cdots & 0 & 0 & \cdots & 0 \\ \vdots & \vdots & \vdots & & \vdots & \vdots & & \vdots \\ 0 & 0 & 0 & \cdots & 0 & 0 & \cdots & 0 \end{pmatrix} \tag{1.3.29}$$

的$m\times n$型矩阵称为一个标准型矩阵.

也就是，标准型矩阵的元都是0或1，且只有(1，1)-元，(2，2)-元，…，(r，r)-元是1（如果$r>0$）. 标准型矩阵在第3章中有重要应用. 为书写简便起见，可以把标准型矩阵（1.3.29）写成如下分块矩阵：

关于分块矩阵，参见定义3.2.4和矩阵（3.2.6）.

$$\begin{pmatrix} \boldsymbol{I}_r & \boldsymbol{0} \\ \boldsymbol{0} & \boldsymbol{0} \end{pmatrix}, \tag{1.3.30}$$

关于单位阵，参见矩阵（3.1.4）.

其中，$\boldsymbol{I}_r$表示r阶单位阵：

$$\boldsymbol{I}_r=\begin{pmatrix} 1 & 0 & \cdots & 0 \\ 0 & 1 & \cdots & 0 \\ \vdots & \vdots & \ddots & \vdots \\ 0 & 0 & \cdots & 1 \end{pmatrix}.$$

把例1.3.17推广，我们得到如下重要结论.

定理1.3.2 任意矩阵都可以经过若干步初等变换变为标准型矩阵.

注1.3.3 由定理1.3.1，我们可以先用若干步初等行变换把一个矩阵化为行简化阶梯形矩阵（主元1上方的数都是0）. 如果此时某个主元的右方还有非零的数，则可以用2°型初等列变换把这个主元右方的数变为0；如果此时主元所在的列不是前r列，则用1°型初等列变换（参考例1.3.17）. 当然，也可以用数学归纳法来证明定理1.3.2.

在第2章中我们会看到（参见推论2.3.3），对任意矩阵$\boldsymbol{A}$，对$\boldsymbol{A}$作初等变换得到的标准型矩阵是唯一的，即不依赖于初等变换的具体过程，而仅仅依赖于 $\boldsymbol{A}$ 本身.

习题 1.3

1. 求 a，b，c 使得

$$\begin{pmatrix} -1 & a+b & 0 \\ c-2 & -1 & a-b \end{pmatrix}=\begin{pmatrix} -1 & 7 & 0 \\ 3a-2b & -1 & 0 \end{pmatrix}.$$

2. 有人把线性方程组 $\begin{cases} x_2-2x_3=-1 \\ x_1+2x_2-x_4=1 \\ 2x_1-x_3=0 \end{cases}$ 的增广矩阵写为 $\widetilde{\boldsymbol{A}}=\begin{pmatrix} 1 & -2 & -1 & \\ 1 & 2 & -1 & 1 \\ 2 & -1 & 0 & \end{pmatrix}$. 是否正确？若不正确，请写出正确的增广矩阵和系数矩阵.

3. 下述初等行变换是否正确？如果不正确，说明理由.

(1) $\begin{pmatrix} 0 & -1 & 2 & 3 \\ 1 & 1 & 0 & 1 \end{pmatrix}\rightarrow\begin{pmatrix} 1 & 1 & 2 & 3 \\ 0 & -1 & 0 & 1 \end{pmatrix}$.

(2) $\begin{pmatrix} 0 & -1 & 2 & 3 \\ 1 & 1 & 0 & 1 \end{pmatrix}\rightarrow\begin{pmatrix} 1 & 0 & 2 & 3 \\ 1 & 1 & 0 & 1 \end{pmatrix}$.

(3) $\begin{pmatrix} 0 & -1 & 2 & 3 \\ 1 & 1 & 0 & 1 \end{pmatrix}\rightarrow\begin{pmatrix} 0 & -1 & 2 & 3 \\ 2 & 2 & 0 & 1 \end{pmatrix}$.

(4) $\begin{pmatrix} 0 & -1 & 2 & 3 \\ 1 & 1 & 0 & 1 \end{pmatrix}\rightarrow\begin{pmatrix} 0 & -1 & 2 & 3 \\ 0 & 0 & 0 & 0 \end{pmatrix}$.

4. 用初等行变换把 $\boldsymbol{A}=\begin{pmatrix} 0 & -1 & 3 & 2 \\ 2 & 2 & 1 & 5 \\ -2 & -1 & -4 & -7 \\ 1 & \frac{1}{2} & 2 & 3 \end{pmatrix}$ 化为阶梯形矩阵.

5. 用初等行变换把 $\boldsymbol{A}=\begin{pmatrix} 0 & 1 & -2 & 1 \\ 0 & 3 & -1 & 2 \\ 2 & 4 & 6 & -8 \\ -3 & 3 & 4 & -1 \end{pmatrix}$ 化为行简化阶梯形矩阵.

6. 用初等变换把 $\boldsymbol{A}=\begin{pmatrix} 0 & 0 & 0 & 3 \\ 0 & 0 & 0 & 1 \\ 3 & 5 & 0 & 0 \\ 1 & 1 & 0 & 0 \end{pmatrix}$ 化为标准型矩阵.

第2章　向　量

在第 1 章里我们讨论了用高斯消元法把方程组变为与之同解的阶梯形方程组，然后利用阶梯形方程组的主元个数来判断解的存在性（参见定理 1.2.1），并根据方程组的初等变换引入了矩阵的初等行变换这一重要概念. 我们需要进一步理解阶梯形方程组或阶梯形矩阵的主元个数，以便得到不依赖于具体初等变换的判别法. 另外，当方程组有无穷多个解时，在很多情况下我们需要求出方程组的所有解（通解）. 这两个问题可以通过研究向量之间的线性关系得以解决.

向量是数学中的重要概念，而线性代数的主要内容之一就是研究向量之间的线性关系. 在本书中，我们主要讨论由数构成的向量，这些向量是中学数学里讨论过的平面坐标的推广. 在本章中我们将在讨论向量的基本运算、线性关系的基础上给出矩阵的秩、线性方程组解的存在性和通解的刻画，从而为讨论线性代数的其他重要内容打下基础.

§2.1　向量与线性组合

在本节中我们介绍向量的基本概念，主要包括向量的运算、线性组合、线性表出和线性方程组的向量形式. 首先，我们给出如下定义.①

---

① 线性方程组的一个解是一个列向量，称为解向量，参见定义 1.1.2 (2).

定义2.1.1 一个 $m\times 1$ 型矩阵 $\begin{pmatrix} a_1 \\ a_2 \\ \vdots \\ a_m \end{pmatrix}$ 称为一个 m 维列向量，m 是它的维数，a_i 为它的第 i（$1\leqslant i\leqslant m$）个分量．表达式 $(b_1, b_2, \cdots, b_n)$ 称为一个 n 维行向量，n 是它的维数，b_j 为它的第 j（$1\leqslant j\leqslant n$）个分量．两个列（行）向量相等当且仅当它们维数相同且对应的分量相同．

n 维行向量可以看成是 $1\times n$ 型矩阵．一般地，在行向量中，可用逗号把分量隔开．

在本书中，我们通常用 $\boldsymbol{\alpha}$，$\boldsymbol{\beta}$，$\boldsymbol{\gamma}$，$\boldsymbol{\xi}$，$\boldsymbol{\eta}$，… 表示向量．

有限多个维数相同的列（行）向量构成一个**向量组**．需要注意的是，在数向量组所包含的向量的个数时，相同的向量（如果有的话）要重复计数．

向量组与向量集是不同的概念．一个向量组中允许有相同的向量．

例2.1.1 设 $\boldsymbol{A}=\begin{pmatrix} 2 & -1 & 3 & -1 \\ 0 & 2 & 5 & 2 \\ 3 & 3 & 2 & 3 \end{pmatrix}$．令

$$\boldsymbol{\alpha}_1=\begin{pmatrix} 2 \\ 0 \\ 3 \end{pmatrix}, \boldsymbol{\alpha}_2=\begin{pmatrix} -1 \\ 2 \\ 3 \end{pmatrix},$$

$$\boldsymbol{\alpha}_3=\begin{pmatrix} 3 \\ 5 \\ 2 \end{pmatrix}, \boldsymbol{\alpha}_4=\begin{pmatrix} -1 \\ 2 \\ 3 \end{pmatrix}.$$

则 $\boldsymbol{\alpha}_1$，$\boldsymbol{\alpha}_2$，$\boldsymbol{\alpha}_3$，$\boldsymbol{\alpha}_4$ 是一个由 3 维列向量构成的向量组（注意到，$\boldsymbol{\alpha}_2=\boldsymbol{\alpha}_4$）；令

$$\boldsymbol{\beta}_1=(2, -1, 3, -1), \boldsymbol{\beta}_2=(0, 2, 5, 2), \boldsymbol{\beta}_3=(3, 3, 2, 3).$$

则 $\boldsymbol{\beta}_1$，$\boldsymbol{\beta}_2$，$\boldsymbol{\beta}_3$ 是一个由 4 维行向量构成的向量组．

一般地，我们有如下术语．

定义2.1.2 设 $\boldsymbol{A}$ 是 $m\times n$ 型矩阵．由 $\boldsymbol{A}$ 的各列给出的 m 维向量称为 $\boldsymbol{A}$ 的列向量，$\boldsymbol{A}$ 的全部列向量构成的向量组称为 $\boldsymbol{A}$ 的列向量组；由 $\boldsymbol{A}$ 的各行给出的 n 维行向量称为 $\boldsymbol{A}$ 的行向量，$\boldsymbol{A}$ 的全部行向量构成的向量组称为 $\boldsymbol{A}$ 的行向量组．$\boldsymbol{A}$ 的列向量形式和行向量形式分别为

向量组与矩阵有密切关系．

矩阵（2.1.1）是 $\boldsymbol{A}$ 的分块矩阵，参见例 3.2.13．

$$\boldsymbol{A}=(\boldsymbol{\alpha}_1 \quad \cdots \quad \boldsymbol{\alpha}_n)=\begin{pmatrix} \boldsymbol{\beta}_1 \\ \vdots \\ \boldsymbol{\beta}_m \end{pmatrix}, \tag{2.1.1}$$

其中，$\boldsymbol{\alpha}_i$ 为 $\boldsymbol{A}$ 的第 i 个列向量，$\boldsymbol{\beta}_j$ 为 $\boldsymbol{A}$ 的第 j 个行向量．

例2.1.2 设

一般地，把 n 个 m 维列向量拼在一起，得到一个 $m\times n$ 型矩阵.

$$\boldsymbol{\alpha}_1=\begin{pmatrix}-1\\2\\0\\-3\end{pmatrix},\ \boldsymbol{\alpha}_2=\begin{pmatrix}0\\1\\3\\5\end{pmatrix},\ \boldsymbol{\alpha}_3=\begin{pmatrix}2\\4\\6\\-8\end{pmatrix}.$$

则以 $\boldsymbol{\alpha}_1$，$\boldsymbol{\alpha}_2$，$\boldsymbol{\alpha}_3$ 为列向量组成的矩阵为如下 4×3 型矩阵：

$$\boldsymbol{A}=(\boldsymbol{\alpha}_1\quad \boldsymbol{\alpha}_2\quad \boldsymbol{\alpha}_3)=\begin{pmatrix}-1&0&2\\2&1&4\\0&3&6\\-3&5&-8\end{pmatrix}.$$

行向量与列向量的讨论完全相同.

为叙述简便，如果没有特别说明，我们以下提到的向量指的都是列向量.

通常用 $\boldsymbol{\varepsilon}_1,\boldsymbol{\varepsilon}_2,\cdots,\boldsymbol{\varepsilon}_m$ 表示 m 维基本向量.

例2.1.3

$$\boldsymbol{\varepsilon}_1=\begin{pmatrix}1\\0\\0\end{pmatrix},\ \boldsymbol{\varepsilon}_2=\begin{pmatrix}0\\1\\0\end{pmatrix},\ \boldsymbol{\varepsilon}_3=\begin{pmatrix}0\\0\\1\end{pmatrix}$$

是 3 维向量，称为 3 维基本向量.

例2.1.4 分量全为 0 的 m 维向量称为零向量，记为 $\mathbf{0}$. 注意，不同维数的零向量当然不相等. 通常情况下，不写 $\mathbf{0}$ 的维数不会引起混淆.

下面我们介绍向量的运算.

维数相同的列（行）向量才能相加.

定义2.1.3 列向量的加法运算为

$$\begin{pmatrix}a_1\\a_2\\\vdots\\a_m\end{pmatrix}+\begin{pmatrix}b_1\\b_2\\\vdots\\b_m\end{pmatrix}=\begin{pmatrix}a_1+b_1\\a_2+b_2\\\vdots\\a_m+b_m\end{pmatrix},\tag{2.1.2}$$

称为 $\begin{pmatrix}a_1\\a_2\\\vdots\\a_m\end{pmatrix}$ 与 $\begin{pmatrix}b_1\\b_2\\\vdots\\b_m\end{pmatrix}$ 的和；列向量的数乘运算为

直接把数写在向量的左边.

$$k\begin{pmatrix}a_1\\a_2\\\vdots\\a_m\end{pmatrix}=\begin{pmatrix}ka_1\\ka_2\\\vdots\\ka_m\end{pmatrix},\tag{2.1.3}$$

$k\boldsymbol{\alpha}$ 可以称为 $\boldsymbol{\alpha}$ 的 k 倍.

称为数 k 与 $\begin{pmatrix}a_1\\a_2\\\vdots\\a_m\end{pmatrix}$ 的数乘.

行向量的加法运算与数乘运算的定义类似：

$$(a_1, a_2, \cdots, a_n)+(b_1, b_2, \cdots, b_n)$$
$$=(a_1+b_1, a_2+b_2, \cdots, a_n+b_n),$$
$$k(a_1, a_2, \cdots, a_n)=(ka_1, ka_2, \cdots, ka_n).$$

注2.1.1 上述加法运算与数乘运算是坐标向量运算的推广. 直接验证可得：$\mathbf{0}+\boldsymbol{\alpha}=\boldsymbol{\alpha}+\mathbf{0}=\boldsymbol{\alpha}$，且

- 满足交换律：$\boldsymbol{\alpha}+\boldsymbol{\beta}=\boldsymbol{\beta}+\boldsymbol{\alpha}$；
- 满足结合律：$(\boldsymbol{\alpha}+\boldsymbol{\beta})+\boldsymbol{\gamma}=\boldsymbol{\alpha}+(\boldsymbol{\beta}+\boldsymbol{\gamma})$；
- 满足分配律：$(k+l)\boldsymbol{\alpha}=k\boldsymbol{\alpha}+l\boldsymbol{\alpha}$，$k(\boldsymbol{\alpha}+\boldsymbol{\beta})=k\boldsymbol{\alpha}+k\boldsymbol{\beta}$.

特别地，由结合律，任意有限多个维数相同的向量都是可以相加的. 进一步，可以定义减法：

$$\begin{pmatrix} a_1 \\ a_2 \\ \vdots \\ a_m \end{pmatrix}-\begin{pmatrix} b_1 \\ b_2 \\ \vdots \\ b_m \end{pmatrix}=\begin{pmatrix} a_1-b_1 \\ a_2-b_2 \\ \vdots \\ a_m-b_m \end{pmatrix}. \tag{2.1.4}$$

于是，可以“移项”，即

$$\boldsymbol{\alpha}+\boldsymbol{\beta}=\boldsymbol{\gamma}\Leftrightarrow\boldsymbol{\alpha}=\boldsymbol{\gamma}-\boldsymbol{\beta}. \tag{2.1.5}$$

例2.1.5 已知 $2\boldsymbol{\alpha}-3\boldsymbol{\beta}=7\boldsymbol{\gamma}$，则 $-3\boldsymbol{\beta}=7\boldsymbol{\gamma}-2\boldsymbol{\alpha}$，从而，

$$\boldsymbol{\beta}=-\frac{7}{3}\boldsymbol{\gamma}+\frac{2}{3}\boldsymbol{\alpha}.$$

例2.1.6 设 $\boldsymbol{A}$ 是任意的 $m\times n$ 型矩阵，其行向量组为

在后面讨论矩阵的秩时要用到.

$$\boldsymbol{\beta}_1, \cdots, \boldsymbol{\beta}_i, \cdots, \boldsymbol{\beta}_j, \cdots, \boldsymbol{\beta}_m.$$

交换 $\boldsymbol{A}$ 的第 i，j 行，其余行不变，得到 $\boldsymbol{B}$，则 $\boldsymbol{B}$ 的行向量组为

1°型初等行变换.

$$\boldsymbol{\beta}_1, \cdots, \boldsymbol{\beta}_j, \cdots, \boldsymbol{\beta}_i, \cdots, \boldsymbol{\beta}_m.$$

把 $\boldsymbol{A}$ 的第 i 行的 a 倍加到第 j 行，其余行不变，得到 $\boldsymbol{C}$，则 $\boldsymbol{C}$ 的行向量组为

2°型初等行变换.

$$\boldsymbol{\beta}_1, \cdots, \boldsymbol{\beta}_i, \cdots, a\boldsymbol{\beta}_i+\boldsymbol{\beta}_j, \cdots, \boldsymbol{\beta}_m.$$

用非零的数 c 乘以 $\boldsymbol{A}$ 的第 i 行，其余行不变，得到 $\boldsymbol{D}$，则 $\boldsymbol{D}$ 的行向量组为

3°型初等行变换.

$$\boldsymbol{\beta}_1, \cdots, c\boldsymbol{\beta}_i, \cdots, \boldsymbol{\beta}_m.$$

类似地，可以考虑初等列变换对列向量组的影响.

下面的术语对于刻画向量之间的线性关系起着关键作用.

定义2.1.4 设 $\boldsymbol{\alpha}_1, \cdots, \boldsymbol{\alpha}_s$ 是由 m 维向量构成的向量组，$k_1, \cdots, k_s$

是数. 称

$$k_1\boldsymbol{\alpha}_1+k_2\boldsymbol{\alpha}_2+\cdots+k_s\boldsymbol{\alpha}_s$$

是向量组 $\boldsymbol{\alpha}_1$，…，$\boldsymbol{\alpha}_s$ 的一个线性组合，k_1，…，k_s 是系数.

系数为 1 时省略不写；系数为 −1 时可以用减号代替.

例2.1.7 对于 m 维基本向量 $\boldsymbol{\varepsilon}_1$，…，$\boldsymbol{\varepsilon}_m$ 有：

$$k_1\boldsymbol{\varepsilon}_1+k_2\boldsymbol{\varepsilon}_2+\cdots+k_m\boldsymbol{\varepsilon}_m=\begin{pmatrix}k_1\\k_2\\\vdots\\k_m\end{pmatrix}.$$

例2.1.8 设

$$\boldsymbol{\alpha}_1=\begin{pmatrix}0\\-2\\1\\-3\end{pmatrix},\ \boldsymbol{\alpha}_2=\begin{pmatrix}1\\-2\\5\\-3\end{pmatrix},\ \boldsymbol{\alpha}_3=\begin{pmatrix}-3\\7\\0\\2\end{pmatrix}.$$

则

$$x_1\boldsymbol{\alpha}_1+x_2\boldsymbol{\alpha}_2+x_3\boldsymbol{\alpha}_3=\begin{pmatrix}x_2-3x_3\\-2x_1-2x_2+7x_3\\x_1+5x_2\\-3x_1-3x_2+2x_3\end{pmatrix}.$$

利用线性组合这个概念，我们有如下定义.

定义2.1.5 设 $\boldsymbol{\beta}$，$\boldsymbol{\alpha}_1$，…，$\boldsymbol{\alpha}_s$ 是 m 维向量. 如果 $\boldsymbol{\beta}$ 是 $\boldsymbol{\alpha}_1$，…，$\boldsymbol{\alpha}_s$ 的线性组合，即存在数 k_1，…，k_s，使得

$$\boldsymbol{\beta}=k_1\boldsymbol{\alpha}_1+k_2\boldsymbol{\alpha}_2+\cdots+k_s\boldsymbol{\alpha}_s,$$

则称 $\boldsymbol{\beta}$ 可以由 $\boldsymbol{\alpha}_1$，…，$\boldsymbol{\alpha}_s$ 线性表出.①

例2.1.9 任意给定 m 维向量 $\boldsymbol{\alpha}_1$，…，$\boldsymbol{\alpha}_s$，则 $\mathbf{0}$ 都可以由向量组 $\boldsymbol{\alpha}_1$，…，$\boldsymbol{\alpha}_s$ 线性表出，因为总是有如下等式成立：

等价于：任意齐次线性方程组总是有解.

$$\mathbf{0}=0\boldsymbol{\alpha}_1+\cdots+0\boldsymbol{\alpha}_s.$$

注意，$\mathbf{0}$ 可能还有系数不全为 0 的线性表出方式. 例如，

$$\mathbf{0}=2\begin{pmatrix}-1\\1\\-2\end{pmatrix}-\begin{pmatrix}3\\2\\-1\end{pmatrix}+\begin{pmatrix}5\\0\\3\end{pmatrix}$$

① 有的书也称 $\boldsymbol{\beta}$ 可以由 $\boldsymbol{\alpha}_1$，…，$\boldsymbol{\alpha}_s$ 线性表示.

$$=0\begin{pmatrix}-1\\1\\-2\end{pmatrix}+0\begin{pmatrix}3\\2\\-1\end{pmatrix}+0\begin{pmatrix}5\\0\\3\end{pmatrix}.$$

例2.1.10 任意 m 维向量都可以由 m 维基本向量组成的向量组 $\boldsymbol{\varepsilon}_1$，…，$\boldsymbol{\varepsilon}_m$ 线性表出：

$$\begin{pmatrix}a_1\\a_2\\\vdots\\a_m\end{pmatrix}=a_1\boldsymbol{\varepsilon}_1+a_2\boldsymbol{\varepsilon}_2+\cdots+a_m\boldsymbol{\varepsilon}_m. \tag{2.1.6}$$

下面我们讨论线性表出这个概念与线性方程组的关系. 先看具体的例子.

例2.1.11 设

$$\boldsymbol{\beta}=\begin{pmatrix}1\\-1\\2\end{pmatrix},\ \boldsymbol{\alpha}_1=\begin{pmatrix}2\\6\\0\end{pmatrix},\ \boldsymbol{\alpha}_2=\begin{pmatrix}-2\\3\\0\end{pmatrix}.$$

问：$\boldsymbol{\beta}$ 能否由 $\boldsymbol{\alpha}_1$，$\boldsymbol{\alpha}_2$ 线性表出？

解： $\boldsymbol{\beta}$ 能由 $\boldsymbol{\alpha}_1$，$\boldsymbol{\alpha}_2$ 线性表出

$\Leftrightarrow$ 存在数 k_1，k_2 使得 $\boldsymbol{\beta}=k_1\boldsymbol{\alpha}_1+k_2\boldsymbol{\alpha}_2$， 即

$$\begin{pmatrix}1\\-1\\2\end{pmatrix}=\begin{pmatrix}2k_1-2k_2\\6k_1+3k_2\\0\end{pmatrix},$$

$\Leftrightarrow$ 线性方程组 $\begin{cases}2x_1-2x_2=1\\6x_1+3x_2=-1\\0=2\end{cases}$ 有解.

但是，这个方程组没有解. 所以，$\boldsymbol{\beta}$ 不能由 $\boldsymbol{\alpha}_1$，$\boldsymbol{\alpha}_2$ 线性表出. □

例2.1.12 设

$$\boldsymbol{\beta}=\begin{pmatrix}1\\-1\\2\end{pmatrix},\ \boldsymbol{\gamma}_1=\begin{pmatrix}3\\0\\0\end{pmatrix},$$

$$\boldsymbol{\gamma}_2=\begin{pmatrix}-2\\5\\0\end{pmatrix},\ \boldsymbol{\gamma}_3=\begin{pmatrix}7\\6\\-2\end{pmatrix}.$$

问：$\boldsymbol{\beta}$ 能否由 $\boldsymbol{\gamma}_1$，$\boldsymbol{\gamma}_2$， $\boldsymbol{\gamma}_3$ 线性表出？

解： $\boldsymbol{\beta}$ 能由 $\boldsymbol{\gamma}_1$，$\boldsymbol{\gamma}_2$， $\boldsymbol{\gamma}_3$ 线性表出

$\Leftrightarrow$ 存在数 k_1，k_2，k_3 使得 $\boldsymbol{\beta}=k_1\boldsymbol{\gamma}_1+k_2\boldsymbol{\gamma}_2+k_3\boldsymbol{\gamma}_3$， 即

线性表出的方式唯一，指的是线性组合的系数只有一种取法.

$$\begin{pmatrix}1\\-1\\2\end{pmatrix}=\begin{pmatrix}3k_1-2k_2+7k_3\\5k_2+6k_3\\-2k_3\end{pmatrix}$$

$\Leftrightarrow$ 线性方程组 $\begin{cases}3x_1-2x_2+7x_3=1\\5x_2+6x_3=-1\\-2x_3=2\end{cases}$ 有解.

而这个方程组确实有解，且有唯一解. 所以，$\boldsymbol{\beta}$ 能由 $\boldsymbol{\gamma}_1$，$\boldsymbol{\gamma}_2$，$\boldsymbol{\gamma}_3$ 线性表出，且线性表出的方式是唯一的. □

线性表出的方式有无穷多种，指的是线性组合的系数有无穷多种取法.

例2.1.13 设

$$\boldsymbol{\beta}=\begin{pmatrix}1\\-1\\1\end{pmatrix},\ \boldsymbol{\alpha}_1=\begin{pmatrix}3\\-2\\4\end{pmatrix},$$

$$\boldsymbol{\alpha}_2=\begin{pmatrix}-2\\1\\-3\end{pmatrix},\ \boldsymbol{\alpha}_3=\begin{pmatrix}5\\-3\\7\end{pmatrix}.$$

问：$\boldsymbol{\beta}$ 能否由 $\boldsymbol{\alpha}_1$，$\boldsymbol{\alpha}_2$，$\boldsymbol{\alpha}_3$ 线性表出？

解： $\boldsymbol{\beta}$ 能由 $\boldsymbol{\alpha}_1$，$\boldsymbol{\alpha}_2$，$\boldsymbol{\alpha}_3$ 线性表出

$\Leftrightarrow$ 存在数 k_1，k_2，k_3 使得 $\boldsymbol{\beta}=k_1\boldsymbol{\alpha}_1+k_2\boldsymbol{\alpha}_2+k_3\boldsymbol{\alpha}_3$，即

$$\begin{pmatrix}1\\-1\\1\end{pmatrix}=\begin{pmatrix}3k_1-2k_2+5k_3\\-2k_1+k_2-3k_3\\4k_1-3k_2+7k_3\end{pmatrix}$$

$\Leftrightarrow$ 线性方程组 $\begin{cases}3x_1-2x_2+5x_3=1\\-2x_1+x_2-3x_3=-1\\4x_1-3x_2+7x_3=1\end{cases}$ 有解.

设法让左上角为 1.

用初等变换把该方程组变为阶梯形方程组，得

$$\begin{cases}x_1-x_2+2x_3=0\\-x_2+x_3=-1\\0=0\end{cases}.$$

从而，由定理 1.2.1（2）可知，该方程组有无穷多个解，因此，$\boldsymbol{\beta}$ 可以由 $\boldsymbol{\alpha}_1$，$\boldsymbol{\alpha}_2$，$\boldsymbol{\alpha}_3$ 线性表出，而且线性表出的方式有无穷多种. □

由上述例子可以看出，一个向量能否由某个向量组线性表出的问题，本质上是判断线性方程组是否有解的问题. 而线性方程组的解的存在性只有三种可能（参见推论 1.2.1），所以我们得到如下推论.

推论2.1.1 对任意 m 维向量 $\boldsymbol{\beta}$ 和由 m 维向量 $\boldsymbol{\alpha}_1$，…，$\boldsymbol{\alpha}_n$ 组成的向量组，有且仅有以下三种可能：

(i) $\boldsymbol{\beta}$ 不能由向量组 $\boldsymbol{\alpha}_1$，…，$\boldsymbol{\alpha}_n$ 线性表出；

(ii) $\boldsymbol{\beta}$ 可以由向量组 $\boldsymbol{\alpha}_1$，…，$\boldsymbol{\alpha}_n$ 线性表出，且表出方式唯一；

(iii) $\boldsymbol{\beta}$ 可以由向量组 $\boldsymbol{\alpha}_1$，…，$\boldsymbol{\alpha}_n$ 线性表出，且表出方式有无穷多种.

所以，上面的例 2.1.11、例 2.1.12 和例 2.1.13 具有代表性. 反之，线性方程组的解的存在性问题也可以转化为线性表出问题.

例2.1.14 考虑线性方程组

$$\begin{cases}-2x_1+6x_3-7x_4=0\\3x_2-4x_3+8x_4=-9\\5x_1+6x_2-8x_3-9x_4=2\end{cases}.$$

其系数矩阵的 4 个列向量依次为

$\boldsymbol{\alpha}_i$ 就是由 x_i 的系数给出的列向量.

$$\boldsymbol{\alpha}_1=\begin{pmatrix}-2\\0\\5\end{pmatrix},\ \boldsymbol{\alpha}_2=\begin{pmatrix}0\\3\\6\end{pmatrix},$$

$$\boldsymbol{\alpha}_3=\begin{pmatrix}6\\-4\\-8\end{pmatrix},\ \boldsymbol{\alpha}_4=\begin{pmatrix}-7\\8\\-9\end{pmatrix}.$$

设常数项组成的向量（也就是增广矩阵的最后一个列向量）为 $\boldsymbol{\beta}=\begin{pmatrix}0\\-9\\2\end{pmatrix}$. 则原方程组可以写为

$$x_1\boldsymbol{\alpha}_1+x_2\boldsymbol{\alpha}_2+x_3\boldsymbol{\alpha}_3+x_4\boldsymbol{\alpha}_4=\boldsymbol{\beta}.$$

从而，原方程组是否有解就等价于 $\boldsymbol{\beta}$ 能否由向量组 $\boldsymbol{\alpha}_1$，$\boldsymbol{\alpha}_2$，$\boldsymbol{\alpha}_3$，$\boldsymbol{\alpha}_4$ 线性表出.

一般地，我们有如下定义.

定义2.1.6 对于任意 n 元线性方程组 (1.1.3)，设 $\boldsymbol{\alpha}_1$，…，$\boldsymbol{\alpha}_n$ 为其系数矩阵的列向量组，$\boldsymbol{\beta}=\begin{pmatrix}b_1\\b_2\\\vdots\\b_m\end{pmatrix}$ 是由常数项构成的向量. 称

可直接说式 (2.1.7) 是一个线性方程组.

$$x_1\boldsymbol{\alpha}_1+x_2\boldsymbol{\alpha}_2+\cdots+x_n\boldsymbol{\alpha}_n=\boldsymbol{\beta}\tag{2.1.7}$$

为线性方程组 (1.1.3) 的向量形式.

特别地，齐次线性方程组 (1.1.5) 的向量形式为

$$x_1\boldsymbol{\alpha}_1+x_2\boldsymbol{\alpha}_2+\cdots+x_n\boldsymbol{\alpha}_n=\mathbf{0}.\tag{2.1.8}$$

也可以直接说式 (2.1.8) 是一个齐次线性方程组.

例2.1.15 设 $\boldsymbol{\xi}_1$，$\boldsymbol{\xi}_2$ 是 n 元线性方程组

这个例子是命题1.1.1的推广. 用线性方程组的矩阵形式, 可以更简洁地证明, 参见例3.1.13.

$$x_1\boldsymbol{\alpha}_1+\cdots+x_n\boldsymbol{\alpha}_n=\boldsymbol{\beta} \tag{2.1.9}$$

的解. 设 a_1, a_2 是任意数. 证明: $a_1\boldsymbol{\xi}_1+a_2\boldsymbol{\xi}_2$ 是方程组

$$x_1\boldsymbol{\alpha}_1+\cdots+x_n\boldsymbol{\alpha}_n=(a_1+a_2)\boldsymbol{\beta} \tag{2.1.10}$$

的解.

证明: 设 $\boldsymbol{\xi}_1=\begin{pmatrix}c_1\\ \vdots\\ c_n\end{pmatrix}$, $\boldsymbol{\xi}_2=\begin{pmatrix}d_1\\ \vdots\\ d_n\end{pmatrix}$. 则

$$c_1\boldsymbol{\alpha}_1+\cdots+c_n\boldsymbol{\alpha}_n=\boldsymbol{\beta},$$
$$d_1\boldsymbol{\alpha}_1+\cdots+d_n\boldsymbol{\alpha}_n=\boldsymbol{\beta},$$

从而

$$a_1c_1\boldsymbol{\alpha}_1+\cdots+a_1c_n\boldsymbol{\alpha}_n=a_1\boldsymbol{\beta},$$
$$a_2d_1\boldsymbol{\alpha}_1+\cdots+a_2d_n\boldsymbol{\alpha}_n=a_2\boldsymbol{\beta}.$$

两式左右两边相加即得

$$\begin{aligned}&(a_1c_1+a_2d_1)\boldsymbol{\alpha}_1+\cdots+(a_1c_n+a_2d_n)\boldsymbol{\alpha}_n\\&=a_1\boldsymbol{\beta}+a_2\boldsymbol{\beta}=(a_1+a_2)\boldsymbol{\beta}.\end{aligned} \tag{2.1.11}$$

而 $a_1\boldsymbol{\xi}_1+a_2\boldsymbol{\xi}_2=\begin{pmatrix}a_1c_1+a_2d_1\\ \vdots\\ a_1c_n+a_2d_n\end{pmatrix}$, 所以, 由式 (2.1.11) 可知, $a_1\boldsymbol{\xi}_1+a_2\boldsymbol{\xi}_2$ 是式 (2.1.11) 的解. □

习题 2.1

1. 计算

$$\frac{1}{2}\begin{pmatrix}-2\\1\\-3\end{pmatrix}-3\begin{pmatrix}0\\-1\\2\end{pmatrix}+\begin{pmatrix}1\\-1\\-3\end{pmatrix}.$$

2. 写出如下矩阵的行向量组和列向量组.

$$\boldsymbol{A}=\begin{pmatrix}-1&0&2&1\\-3&1&1&-2\\0&0&-1&2\end{pmatrix},\ \boldsymbol{B}=\begin{pmatrix}-1&2\\3&-2\\4&-5\end{pmatrix}.$$

3. 设 $\boldsymbol{\beta}$ 可以由 $\boldsymbol{\alpha}_1$, $\boldsymbol{\alpha}_2$, $\boldsymbol{\alpha}_3$ 线性表出, 而每个 $\boldsymbol{\alpha}_i$ 都可以由 $\boldsymbol{\gamma}_1$, $\boldsymbol{\gamma}_2$ 线性表出. 证明: $\boldsymbol{\beta}$ 可以由 $\boldsymbol{\gamma}_1$, $\boldsymbol{\gamma}_2$ 线性表出.

4. 设 $\boldsymbol{\alpha}_1$, $\boldsymbol{\alpha}_2$, $\boldsymbol{\alpha}_3$, $\boldsymbol{\alpha}_4$ 是 3 维向量. 证明: 3 维零向量 $\boldsymbol{0}$ 由 $\boldsymbol{\alpha}_1$, $\boldsymbol{\alpha}_2$, $\boldsymbol{\alpha}_3$, $\boldsymbol{\alpha}_4$ 线性表出的方式有无穷多种.

5. 设 $\boldsymbol{\alpha}_1$, $\boldsymbol{\alpha}_2$, $\boldsymbol{\alpha}_3$ 是 3 维向量, 且 3 维零向量 $\boldsymbol{0}$ 由 $\boldsymbol{\alpha}_1$, $\boldsymbol{\alpha}_2$, $\boldsymbol{\alpha}_3$ 线

性表出的方式是唯一的. 在每个 $\boldsymbol{\alpha}_i$ 的第 3 个分量后任意添加 2 个分量,得到 5 维向量 $\tilde{\boldsymbol{\alpha}}_i$ ($1\leqslant i\leqslant 3$). 证明: 5 维零向量 $\mathbf{0}$ 由 $\tilde{\boldsymbol{\alpha}}_1$, $\tilde{\boldsymbol{\alpha}}_2$, $\tilde{\boldsymbol{\alpha}}_3$ 线性表出的方式仍然是唯一的.

§2.2 线性相关与线性无关

在 2.1 节里我们看到线性表出与线性方程组解的存在性是等价的. 特别地, 线性表出的方式唯一 (或无穷多) 等价于线性方程组有唯一解 (或无穷多个解). 我们先考查零向量的情形. m 维零向量可以由任意的 m 维向量构成的向量组线性表出 (参见例 2.1.9). 下面的引理体现了零向量的重要性.

引理2.2.1 设 $\boldsymbol{\alpha}_1$, …, $\boldsymbol{\alpha}_n$ 是 m 维向量, 则下面两条是等价的.

也可以用线性方程组的语言来叙述和证明这个引理.

① $\mathbf{0}$ 由 $\boldsymbol{\alpha}_1$, …, $\boldsymbol{\alpha}_n$ 线性表出的方式是唯一的.

②对任意 $\boldsymbol{\beta}$, 如果 $\boldsymbol{\beta}$ 可以由 $\boldsymbol{\alpha}_1$, …, $\boldsymbol{\alpha}_n$ 线性表出, 则表出方式是唯一的.

证明: ② ⇒ ①: 取 $\boldsymbol{\beta}=\mathbf{0}$ 即得.

① ⇒ ②: 由假设, 存在数 k_1, …, k_n 使得

$$\boldsymbol{\beta}=k_1\boldsymbol{\alpha}_1+\cdots+k_n\boldsymbol{\alpha}_n.$$

用反证法. 设 $\boldsymbol{\beta}$ 由 $\boldsymbol{\alpha}_1$, …, $\boldsymbol{\alpha}_n$ 线性表出的方式不唯一, 即存在数 l_1, …, l_n 使得至少有一个 i 使得 $l_i\neq k_i$ 且

$$\boldsymbol{\beta}=l_1\boldsymbol{\alpha}_1+\cdots+l_n\boldsymbol{\alpha}_n.$$

上述两式左右两边分别相减, 得

$$\mathbf{0}=(k_1-l_1)\boldsymbol{\alpha}_1+\cdots+(k_i-l_i)\boldsymbol{\alpha}_i+\cdots+(k_n-l_n)\boldsymbol{\alpha}_n.$$

由于 $k_i-l_i\neq 0$, 所以我们得到了 $\mathbf{0}$ 的不同于系数全为 0 的另一种表出方式, 从而与①矛盾. □

我们介绍如下重要概念.

定义2.2.1 设 $\boldsymbol{\alpha}_1$, …, $\boldsymbol{\alpha}_n$ 是 m 维向量. 如果 $\mathbf{0}$ 由 $\boldsymbol{\alpha}_1$, …, $\boldsymbol{\alpha}_n$ 线性表出的方式是唯一的, 则称 $\boldsymbol{\alpha}_1$, …, $\boldsymbol{\alpha}_n$ 线性无关, 否则, 称 $\boldsymbol{\alpha}_1$, …, $\boldsymbol{\alpha}_n$ 线性相关.

一个向量组要么线性无关, 要么线性相关.

也就是说, $\boldsymbol{\alpha}_1$, …, $\boldsymbol{\alpha}_n$ 线性无关等价于: “如果 $k_1\boldsymbol{\alpha}_1+\cdots+k_n\boldsymbol{\alpha}_n=\mathbf{0}$, 则系数 k_i 全为 0”.

维数不同的向量之间不能说线性相关或线性无关.

$\boldsymbol{\alpha}_1$, …, $\boldsymbol{\alpha}_n$ 线性相关等价于: “存在不全为 0 的数 k_1, …, k_n 使得 $k_1\boldsymbol{\alpha}_1+\cdots+k_n\boldsymbol{\alpha}_n=\mathbf{0}$”.

“不全为 0” 不是 “全不为 0”.

利用线性无关、线性相关的概念和引理 2.2.1 可得如下推论. 我们用方程组的向量形式 (参见定义 2.1.6).

推论2.2.1 (i) 设非齐次线性方程组

$$x_1\boldsymbol{\alpha}_1+\cdots+x_n\boldsymbol{\alpha}_n=\boldsymbol{\beta}\ (\boldsymbol{\beta}\neq\boldsymbol{0})$$

有解，则

有唯一解 $\Leftrightarrow \boldsymbol{\alpha}_1$，…，$\boldsymbol{\alpha}_n$ 线性无关；

有无穷多个解 $\Leftrightarrow \boldsymbol{\alpha}_1$，…，$\boldsymbol{\alpha}_n$ 线性相关.

(ii) 齐次线性方程组

$$x_1\boldsymbol{\alpha}_1+\cdots+x_n\boldsymbol{\alpha}_n=\boldsymbol{0}$$

只有零解 $\Leftrightarrow \boldsymbol{\alpha}_1$，…，$\boldsymbol{\alpha}_n$ 线性无关；

有非零解（即有无穷多个解）$\Leftrightarrow \boldsymbol{\alpha}_1$，…，$\boldsymbol{\alpha}_n$ 线性相关.

由此可见，如何判断一个向量组线性无关还是线性相关，是一个重要问题.

例2.2.1 由 m 维基本向量 $\boldsymbol{\varepsilon}_1$，…，$\boldsymbol{\varepsilon}_m$ 组成的向量组是线性无关的（参见例 2.1.7）.

例2.2.2 设 $\boldsymbol{\alpha}_1$，$\boldsymbol{\alpha}_2$，$\boldsymbol{\alpha}_3$ 线性无关. 令

$$\boldsymbol{\beta}_1=2\boldsymbol{\alpha}_1-\boldsymbol{\alpha}_2+\boldsymbol{\alpha}_3,\ \boldsymbol{\beta}_2=-\boldsymbol{\alpha}_1-\boldsymbol{\alpha}_2+\boldsymbol{\alpha}_3.$$

问：$\boldsymbol{\beta}_1$，$\boldsymbol{\beta}_2$ 是否线性相关?

转化为 $\boldsymbol{\alpha}_1$，$\boldsymbol{\alpha}_2$，$\boldsymbol{\alpha}_3$ 的线性组合.

解：设数 k_1，k_2 使得 $k_1\boldsymbol{\beta}_1+k_2\boldsymbol{\beta}_2=\boldsymbol{0}$，即

$$(2k_1-k_2)\boldsymbol{\alpha}_1+(-k_1-k_2)\boldsymbol{\alpha}_2+(k_1+k_2)\boldsymbol{\alpha}_3=\boldsymbol{0}.$$

由于 $\boldsymbol{\alpha}_1$，$\boldsymbol{\alpha}_2$，$\boldsymbol{\alpha}_3$ 线性无关，所以，

$$2k_1-k_2=-k_1-k_2=k_1+k_2=0,$$

由此即得：$k_1=k_2=0$，所以，$\boldsymbol{\beta}_1$，$\boldsymbol{\beta}_2$ 线性无关. □

下面的结论常用于构造线性无关的向量组. 设 $\boldsymbol{\alpha}_1$，…，$\boldsymbol{\alpha}_n$ 是 m 维向量. 任意取定 t 个位置，在每个 $\boldsymbol{\alpha}_i$ 的这 t 个位置上分别插入一个数，使之成为一个 $m+t$ 维向量，记为 $\widetilde{\boldsymbol{\alpha}}_i$（$1\leqslant i\leqslant n$）. 称 $\widetilde{\boldsymbol{\alpha}}_1$，…，$\widetilde{\boldsymbol{\alpha}}_n$ 为 $\boldsymbol{\alpha}_1$，…，$\boldsymbol{\alpha}_n$ 的一个伸长组（参见习题 2.1 的第 5 题）.

如果一个向量组的伸长组线性相关，则原向量组必然线性相关.

命题2.2.1 如果 $\boldsymbol{\alpha}_1$，…，$\boldsymbol{\alpha}_n$ 线性无关，则它的任意伸长组 $\widetilde{\boldsymbol{\alpha}}_1$，…，$\widetilde{\boldsymbol{\alpha}}_n$ 也线性无关.

证明：由推论 2.2.1，只需考虑如下两个齐次线性方程组：

$$x_1\boldsymbol{\alpha}_1+\cdots+x_n\boldsymbol{\alpha}_n=\boldsymbol{0}, \tag{2.2.1}$$

$$x_1\widetilde{\boldsymbol{\alpha}}_1+\cdots+x_n\widetilde{\boldsymbol{\alpha}}_n=\boldsymbol{0}. \tag{2.2.2}$$

由于式（2.2.1）的每个方程都是式（2.2.2）的方程，所以，式（2.2.2）的解集是式（2.2.1）的解集的子集.

又由于 $\boldsymbol{\alpha}_1$，…，$\boldsymbol{\alpha}_n$ 线性无关，即式（2.2.1）只有零解，所以，式（2.2.2）只有零解，从而，由推论 2.2.1，$\widetilde{\boldsymbol{\alpha}}_1$，…，$\widetilde{\boldsymbol{\alpha}}_n$ 线性无关. □

例2.2.3 向量组 $\begin{pmatrix}1\\0\\-2\\3\\0\end{pmatrix}$，$\begin{pmatrix}0\\1\\7\\-8\\0\end{pmatrix}$，$\begin{pmatrix}0\\0\\2\\-6\\1\end{pmatrix}$ 是线性无关的，因为它是 $\begin{pmatrix}1\\0\\0\end{pmatrix}$，$\begin{pmatrix}0\\1\\0\end{pmatrix}$，$\begin{pmatrix}0\\0\\1\end{pmatrix}$ 的一个伸长组.

例2.2.4 考虑只含有一个向量的向量组：$\boldsymbol{\alpha}$.

如果 $\boldsymbol{\alpha}\neq\mathbf{0}$，则 $\boldsymbol{\alpha}$ 至少有一个分量不为 0，例如，$\boldsymbol{\alpha}=\begin{pmatrix}0\\-2\\3\end{pmatrix}$. 于是，如果 $k\boldsymbol{\alpha}=\mathbf{0}$，则必然有 $k=0$，从而 $\boldsymbol{\alpha}$ 线性无关；

如果 $\boldsymbol{\alpha}=\mathbf{0}$，则 $2\boldsymbol{\alpha}=\mathbf{0}$，即 $\boldsymbol{\alpha}=\mathbf{0}$ 线性相关.

综上，由一个向量 $\boldsymbol{\alpha}$ 构成的向量组线性相关当且仅当 $\boldsymbol{\alpha}=\mathbf{0}$.

> $\mathbf{0}$ 的任意倍数都是 $\mathbf{0}$.

> 也可以简单地叙述成：$\boldsymbol{\alpha}$ 线性相关当且仅当 $\boldsymbol{\alpha}=\mathbf{0}$.

例2.2.5 考虑由两个向量 $\boldsymbol{\alpha}=\begin{pmatrix}a_1\\\vdots\\a_m\end{pmatrix}$，$\boldsymbol{\beta}=\begin{pmatrix}b_1\\\vdots\\b_m\end{pmatrix}$ 构成的向量组.

假设 $\boldsymbol{\alpha}$，$\boldsymbol{\beta}$ 线性相关，即存在不全为 0 的数 k，l 使得 $k\boldsymbol{\alpha}+l\boldsymbol{\beta}=\mathbf{0}$. 不妨设 $l\neq 0$. 则

> 两个向量线性相关的几何意义.

$$\boldsymbol{\beta}=-\frac{k}{l}\boldsymbol{\alpha}\text{，即 } b_i=-\frac{k}{l}a_i\text{，}1\leqslant i\leqslant m\text{，}$$

此即表明，$\boldsymbol{\alpha}$，$\boldsymbol{\beta}$ 的分量成比例：

$$\frac{a_1}{b_1}=\frac{a_2}{b_2}=\cdots=\frac{a_m}{b_m}.$$

反之，假设 $\boldsymbol{\alpha}$，$\boldsymbol{\beta}$ 的分量成比例，不妨设

$$\frac{a_1}{b_1}=\frac{a_2}{b_2}=\cdots=\frac{a_m}{b_m}=t.$$

> “成比例”：$\frac{2}{-1}=\frac{0}{0}=\frac{4}{-2}$. 但 $\frac{2}{-1}=\frac{4}{-2}\neq\frac{2}{0}$，$\frac{2}{-1}=\frac{4}{-2}\neq\frac{0}{2}$.

则 $\boldsymbol{\alpha}+(-t)\boldsymbol{\beta}=\mathbf{0}$ 是系数不全为 0 的线性组合，所以，$\boldsymbol{\alpha}$，$\boldsymbol{\beta}$ 线性相关.

> $\boldsymbol{\beta}$ 的系数 $-t$ 可能是 0，但 $\boldsymbol{\alpha}$ 的系数为 1，不是 0.

综上：$\boldsymbol{\alpha}$，$\boldsymbol{\beta}$ 线性相关 $\Leftrightarrow$ $\boldsymbol{\alpha}$，$\boldsymbol{\beta}$ 的分量对应成比例. 特别地，由相同的两个向量构成的向量组 $\boldsymbol{\alpha}$，$\boldsymbol{\alpha}$ 线性相关.

下面的结论是很有用的.

命题2.2.2 如果一个向量组所包含的向量个数大于向量的维数，则该向量组必然线性相关. 等价地，m 维的线性无关的向量个数至多是 m .

> 向量的个数：如果有相同的向量，要重复计数.

由于 $\boldsymbol{\alpha}_1, \cdots, \boldsymbol{\alpha}_n$ 可以由 m 维基本向量 $\boldsymbol{\varepsilon}_1, \cdots, \boldsymbol{\varepsilon}_m$ 线性表出，所以，该结论也可以由下面的命题 2.2.8 得到.

证明：设 $\boldsymbol{\alpha}_1, \cdots, \boldsymbol{\alpha}_n$ 是任意的 m 维向量组，且 $n>m$. 考虑齐次线性方程组

$$x_1\boldsymbol{\alpha}_1+\cdots+x_n\boldsymbol{\alpha}_n=\mathbf{0}.$$

(代入 $\boldsymbol{\alpha}_i$ 的分量后即得齐次线性方程组 (1.1.5).) 该方程组的未知数的个数 n 大于方程的个数 m，所以，由推论 1.2.3 可知，它有非零解，从而，$\boldsymbol{\alpha}_1, \cdots, \boldsymbol{\alpha}_n$ 线性相关. □

例2.2.6 由命题 2.2.2 直接得到向量组

$$\begin{pmatrix}-1\\3\\7\end{pmatrix},\begin{pmatrix}9\\8\\-11\end{pmatrix},\begin{pmatrix}12\\6\\13\end{pmatrix},\begin{pmatrix}5\\7\\22\end{pmatrix}$$

是线性相关的.

一般地，对于由多个向量构成的向量组，如果只用定义去判断线性相关还是线性无关，往往会涉及较复杂的计算. 我们会看到，可以用向量组的秩或矩阵的秩来判断线性关系. 我们先介绍向量组的若干基本结论. 这些结论可以用于判断向量组线性相关或线性无关.

命题2.2.3 $\boldsymbol{\alpha}_1, \cdots, \boldsymbol{\alpha}_n\ (n\geqslant 2)$ 线性相关 $\Leftrightarrow$ 至少有一个 $\boldsymbol{\alpha}_i$ 可以由其余向量线性表出. 等价地，$\boldsymbol{\alpha}_1, \cdots, \boldsymbol{\alpha}_n\ (n\geqslant 2)$ 线性无关 $\Leftrightarrow$ 每个 $\boldsymbol{\alpha}_i$ 都不能由其余向量线性表出.

证明：只需证明第一个结论.

$\Rightarrow$：设 $\boldsymbol{\alpha}_1, \cdots, \boldsymbol{\alpha}_n\ (n\geqslant 2)$ 线性相关，则存在不全为 0 的数 $k_1, \cdots, k_n$ 使得

$$k_1\boldsymbol{\alpha}_1+\cdots+k_n\boldsymbol{\alpha}_n=\mathbf{0}.$$

不妨设 $k_i\neq 0$. 移项得：

可以简写为：$k_i\boldsymbol{\alpha}_i=\sum\limits_{j\neq i}(-k_j\boldsymbol{\alpha}_j)$.

$$k_i\boldsymbol{\alpha}_i=-k_1\boldsymbol{\alpha}_1-\cdots-k_{i-1}\boldsymbol{\alpha}_{i-1}-k_{i+1}\boldsymbol{\alpha}_{i+1}-\cdots-k_n\boldsymbol{\alpha}_n.$$

于是，

$k_i\neq 0$ 很关键.

$$\boldsymbol{\alpha}_i=-\frac{k_1}{k_i}\boldsymbol{\alpha}_1-\cdots-\frac{k_{i-1}}{k_i}\boldsymbol{\alpha}_{i-1}-\frac{k_{i+1}}{k_i}\boldsymbol{\alpha}_{i+1}-\cdots-\frac{k_n}{k_i}\boldsymbol{\alpha}_n,$$

即 $\boldsymbol{\alpha}_i$ 可以由其余向量线性表出.

$\Leftarrow$：设有一个 $\boldsymbol{\alpha}_i$ 可以由其余向量线性表出，即存在数 $t_j\ (j\neq i)$ 使得：

$$\boldsymbol{\alpha}_i=t_1\boldsymbol{\alpha}_1+\cdots+t_{i-1}\boldsymbol{\alpha}_{i-1}+t_{i+1}\boldsymbol{\alpha}_{i+1}+\cdots+t_n\boldsymbol{\alpha}_n.$$

由此即得一个系数不全为 0 的线性组合（至少有一个非零系数 -1）：

$$t_1\boldsymbol{\alpha}_1+\cdots+t_{i-1}\boldsymbol{\alpha}_{i-1}+(-1)\boldsymbol{\alpha}_i+t_{i+1}\boldsymbol{\alpha}_{i+1}+\cdots+t_n\boldsymbol{\alpha}_n=\mathbf{0},$$

所以，$\boldsymbol{\alpha}_1$，…，$\boldsymbol{\alpha}_n$ $(n\geqslant 2)$ 线性相关. □

用类似方法可以证明下面的结论.

命题2.2.4 设 m 维向量 $\boldsymbol{\alpha}_1$，…，$\boldsymbol{\alpha}_n$ 线性无关，而 m 维向量 $\boldsymbol{\beta}$ 不能由 $\boldsymbol{\alpha}_1$，…，$\boldsymbol{\alpha}_n$ 线性表出，则 $\boldsymbol{\alpha}_1$，…，$\boldsymbol{\alpha}_n$，$\boldsymbol{\beta}$ 必然线性无关.

等价地，如果 $\boldsymbol{\alpha}_1$，…，$\boldsymbol{\alpha}_n$ 线性无关，而 $\boldsymbol{\alpha}_1$，…，$\boldsymbol{\alpha}_n$，$\boldsymbol{\beta}$ 线性相关，则 $\boldsymbol{\beta}$ 可以由 $\boldsymbol{\alpha}_1$，…，$\boldsymbol{\alpha}_n$ 线性表出.

证明： 用反证法. 假设 $\boldsymbol{\alpha}_1$，…，$\boldsymbol{\alpha}_n$，$\boldsymbol{\beta}$ 线性相关，则存在不全为 0 的数 k_1，…，k_n，k 使得

$$k_1\boldsymbol{\alpha}_1+\cdots+k_n\boldsymbol{\alpha}_n+k\boldsymbol{\beta}=\boldsymbol{0}.$$

只需验证必然有 $k\neq 0$. 用反证法.

假设 $k=0$，则上式为

$$k_1\boldsymbol{\alpha}_1+\cdots+k_n\boldsymbol{\alpha}_n=\boldsymbol{0}.$$

但是，$\boldsymbol{\alpha}_1$，…，$\boldsymbol{\alpha}_n$ 线性无关，所以，$k_1=\cdots=k_n=0$，从而与“k_1，…，k_n，k 不全为 0”矛盾.

所以，$k\neq 0$，于是，

$$\boldsymbol{\beta}=-\frac{k_1}{k}\boldsymbol{\alpha}_1-\cdots-\frac{k_n}{k}\boldsymbol{\alpha}_n,$$

即 $\boldsymbol{\beta}$ 可以由 $\boldsymbol{\alpha}_1$，…，$\boldsymbol{\alpha}_n$ 线性表出，矛盾. 故 $\boldsymbol{\alpha}_1$，…，$\boldsymbol{\alpha}_n$，$\boldsymbol{\beta}$ 线性无关. □

子组是由原向量组的若干个向量构成的向量组，与子集是两个不同的术语.

在讨论向量组的线性关系时，一个重要的想法是把一个向量组与别的向量组特别是该向量组的某些子组①联系起来. 例如，我们有如下很有用的结论.

命题2.2.5 如果一个向量组有一个线性相关的子组，则该向量组必然线性相关. 等价地，如果一个向量组线性无关，则它的任意子组都线性无关.

部分相关则整体相关；整体无关则部分无关.

证明： 设 $\boldsymbol{\alpha}_{i_1}$，…，$\boldsymbol{\alpha}_{i_r}$ 是 $\boldsymbol{\alpha}_1$，…，$\boldsymbol{\alpha}_n$ 的一个线性相关的子组，则存在不全为 0 的数 k_1，…，k_r 使得

$$k_1\boldsymbol{\alpha}_{i_1}+\cdots+k_r\boldsymbol{\alpha}_{i_r}=\boldsymbol{0}.$$

取 $\boldsymbol{\alpha}_j$ $(j\neq i_1,\cdots,i_r)$ 的系数为 0，则得到 $\boldsymbol{\alpha}_1$，…，$\boldsymbol{\alpha}_n$ 的一个系数不全为 0 的等于 $\boldsymbol{0}$ 的线性组合，所以，$\boldsymbol{\alpha}_1$，…，$\boldsymbol{\alpha}_n$ 线性相关. □

特别，线性无关的向量组中不可能有相同的向量，也不可能含有零向量.

例2.2.7 任意含有零向量的向量组必然线性相关（参见例 2.2.4）；任意含有成比例的向量的向量组必然线性相关（参见例 2.2.5）；m 维基本向量 $\boldsymbol{\varepsilon}_1$，…，$\boldsymbol{\varepsilon}_m$ 的任意子组线性无关（参见例 2.2.1）.

为了进一步讨论如何利用向量组的子组来刻画向量本身的线性性质，我们先介绍如下术语.

定义2.2.2 对于两个由 m 维向量组成的向量组

① 向量组的子组也可以称为该向量组的部分组.

(I)：$\boldsymbol{\alpha}_1$，…，$\boldsymbol{\alpha}_r$和

(II)：$\boldsymbol{\beta}_1$，…，$\boldsymbol{\beta}_s$，

如果每个$\boldsymbol{\alpha}_i$都可以由（II）线性表出，则称向量组（I）可以由向量组（II）线性表出. 如果两个向量组能够互相线性表出，则称这两个向量组是等价的.

注2.2.1 任意向量组$\boldsymbol{\alpha}_1$，…，$\boldsymbol{\alpha}_n$的任意子组都能由$\boldsymbol{\alpha}_1$，…，$\boldsymbol{\alpha}_n$线性表出.

注2.2.2 向量组之间的线性表出关系具有传递性，即如果向量组（I）可以由向量组（II）线性表出，而向量组（II）可以由向量组（III）线性表出，则向量组（I）可以由向量组（III）线性表出（参见习题2.1的第3题）. 于是，向量组之间的“等价”关系也具有传递性.

下面是线性代数中的一个重要概念.

定义2.2.3 如果一个向量组$\boldsymbol{\alpha}_1$，…，$\boldsymbol{\alpha}_n$的一个子组$\boldsymbol{\alpha}_{i_1}$，…，$\boldsymbol{\alpha}_{i_r}$满足：

- $\boldsymbol{\alpha}_{i_1}$，…，$\boldsymbol{\alpha}_{i_r}$线性无关，
- $\boldsymbol{\alpha}_1$，…，$\boldsymbol{\alpha}_n$中的其他向量（如果还有的话）都可以由$\boldsymbol{\alpha}_{i_1}$，…，$\boldsymbol{\alpha}_{i_r}$线性表出，

则称$\boldsymbol{\alpha}_{i_1}$，…，$\boldsymbol{\alpha}_{i_r}$是$\boldsymbol{\alpha}_1$，…，$\boldsymbol{\alpha}_n$的一个极大线性无关子组，简称极大无关组.

例2.2.8 如果$\boldsymbol{\alpha}_1$，…，$\boldsymbol{\alpha}_n$线性无关，则它有且仅有一个极大无关组，就是它本身（利用命题2.2.3和命题2.2.4）.

例2.2.9 设$\boldsymbol{\alpha}_1=\begin{pmatrix}1\\0\\-1\end{pmatrix}$，$\boldsymbol{\alpha}_2=\begin{pmatrix}0\\1\\2\end{pmatrix}$，$\boldsymbol{\alpha}_3=\begin{pmatrix}1\\1\\1\end{pmatrix}$，则$\boldsymbol{\alpha}_1$，$\boldsymbol{\alpha}_2$线性无关，且$\boldsymbol{\alpha}_3=\boldsymbol{\alpha}_1+\boldsymbol{\alpha}_2$，所以，$\boldsymbol{\alpha}_1$，$\boldsymbol{\alpha}_2$是$\boldsymbol{\alpha}_1$，$\boldsymbol{\alpha}_2$，$\boldsymbol{\alpha}_3$的一个极大无关组. 类似地，$\boldsymbol{\alpha}_1$，$\boldsymbol{\alpha}_3$和$\boldsymbol{\alpha}_2$，$\boldsymbol{\alpha}_3$也是$\boldsymbol{\alpha}_1$，$\boldsymbol{\alpha}_2$，$\boldsymbol{\alpha}_3$的极大无关组.

注2.2.3 设$\boldsymbol{\alpha}_1$，…，$\boldsymbol{\alpha}_n$不全为零向量，则它一定有极大无关组. 事实上，任取其中的一个非零向量$\boldsymbol{\alpha}_{i_1}$. 检查其余向量是不是$\boldsymbol{\alpha}_{i_1}$的倍数. 如果都是，则$\boldsymbol{\alpha}_{i_1}$就是一个极大无关组；若不然，任取一个不是$\boldsymbol{\alpha}_{i_1}$的倍数的向量$\boldsymbol{\alpha}_{i_2}$，则$\boldsymbol{\alpha}_{i_1}$，$\boldsymbol{\alpha}_{i_2}$线性无关；然后检查剩下的向量是否都能由$\boldsymbol{\alpha}_{i_1}$，$\boldsymbol{\alpha}_{i_2}$线性表出. 如果都能，则$\boldsymbol{\alpha}_{i_1}$，$\boldsymbol{\alpha}_{i_2}$就是一个极大无关组；若不然，任取一个不能由$\boldsymbol{\alpha}_{i_1}$，$\boldsymbol{\alpha}_{i_2}$线性表出的$\boldsymbol{\alpha}_{i_3}$，则$\boldsymbol{\alpha}_{i_1}$，$\boldsymbol{\alpha}_{i_2}$，$\boldsymbol{\alpha}_3$线性无关. 重复上述讨论. 由于只有有限多个向量，所以最后必然找到满足定义2.2.3中条件的子组.

这里利用命题2.2.4证明了向量组的极大无关组的存在性，并给出了一个找极大无关组的算法.

但是，一般情况下，这个算法运算量较大.

注2.2.4 由定义2.2.3可知，向量组与它的极大无关组是等价的（参见注2.2.1）；一个向量组的不同极大无关组之间（如果有多个极大无关组）是等价的（参见注2.2.2）.

我们将会看到，可以利用矩阵的初等变换去求一个向量组的极大无

关组，参见 2.3 节中的算法 2.3.2. 该算法本质上依赖于两个向量组的极大无关组之间的对应关系. 我们先看下面的例子.

例2.2.10 设齐次线性方程组

$$x_1\boldsymbol{\alpha}_1+x_2\boldsymbol{\alpha}_2+x_3\boldsymbol{\alpha}_3+x_4\boldsymbol{\alpha}_4=\mathbf{0} \tag{2.2.3}$$

与齐次线性方程组

$$x_1\boldsymbol{\gamma}_1+x_2\boldsymbol{\gamma}_2+x_3\boldsymbol{\gamma}_3+x_4\boldsymbol{\gamma}_4=\mathbf{0} \tag{2.2.4}$$

的解集相同. 证明：如果 $\boldsymbol{\alpha}_2$，$\boldsymbol{\alpha}_3$ 是 $\boldsymbol{\alpha}_1$，$\boldsymbol{\alpha}_2$，$\boldsymbol{\alpha}_3$，$\boldsymbol{\alpha}_4$ 的一个极大无关组，则 $\boldsymbol{\gamma}_2$，$\boldsymbol{\gamma}_3$ 也是 $\boldsymbol{\gamma}_1$，$\boldsymbol{\gamma}_2$，$\boldsymbol{\gamma}_3$，$\boldsymbol{\gamma}_4$ 的一个极大无关组.

证明： 假设 $\boldsymbol{\gamma}_2$，$\boldsymbol{\gamma}_3$ 线性相关，则存在不全为的数 k_2，k_3 使得 $k_2\boldsymbol{\gamma}_2+k_3\boldsymbol{\gamma}_3=\mathbf{0}$. 于是，

用定义 2.2.3 进行验证.

$$0\boldsymbol{\gamma}_1+k_2\boldsymbol{\gamma}_2+k_3\boldsymbol{\gamma}_3+0\boldsymbol{\gamma}_4=\mathbf{0},$$

即 $\begin{pmatrix}0\\k_2\\k_3\\0\end{pmatrix}$ 是式（2.2.4）的一个解，从而是式（2.2.3）的一个解，即 $0\boldsymbol{\alpha}_1+k_2\boldsymbol{\alpha}_2+k_3\boldsymbol{\alpha}_3+0\boldsymbol{\alpha}_4=\mathbf{0}$，所以，$k_2\boldsymbol{\alpha}_2+k_3\boldsymbol{\alpha}_3=\mathbf{0}$，这与 $\boldsymbol{\alpha}_2$，$\boldsymbol{\alpha}_3$ 线性无关矛盾，从而，$\boldsymbol{\gamma}_2$，$\boldsymbol{\gamma}_3$ 线性无关.

接下来验证 $\boldsymbol{\gamma}_1$ 和 $\boldsymbol{\gamma}_4$ 可以由 $\boldsymbol{\gamma}_2$，$\boldsymbol{\gamma}_3$ 线性表出.

由于 $\boldsymbol{\alpha}_2$，$\boldsymbol{\alpha}_3$ 是 $\boldsymbol{\alpha}_1$，$\boldsymbol{\alpha}_2$，$\boldsymbol{\alpha}_3$，$\boldsymbol{\alpha}_4$ 的一个极大无关组，所以，$\boldsymbol{\alpha}_1$ 可以由 $\boldsymbol{\alpha}_2$，$\boldsymbol{\alpha}_3$ 线性表出，即存在数 l_2，l_3 使得 $\boldsymbol{\alpha}_1=l_2\boldsymbol{\alpha}_2+l_3\boldsymbol{\alpha}_3$，即 $\boldsymbol{\alpha}_1-l_2\boldsymbol{\alpha}_2-l_3\boldsymbol{\alpha}_3+0\boldsymbol{\alpha}_4=\mathbf{0}$，因此 $\begin{pmatrix}1\\-l_2\\-l_3\\0\end{pmatrix}$ 是式（2.2.3）的一个解，从而是式（2.2.4）的一个解，即 $\boldsymbol{\gamma}_1-l_2\boldsymbol{\gamma}_2-l_3\boldsymbol{\gamma}_3+0\boldsymbol{\gamma}_4=\mathbf{0}$，所以，$\boldsymbol{\gamma}_1=l_2\boldsymbol{\gamma}_2+l_3\boldsymbol{\gamma}_3$，即 $\boldsymbol{\gamma}_1$ 可以由 $\boldsymbol{\gamma}_2$，$\boldsymbol{\gamma}_3$ 线性表出. $\boldsymbol{\gamma}_4$ 的情形类似.

综上，$\boldsymbol{\gamma}_2$，$\boldsymbol{\gamma}_3$ 是 $\boldsymbol{\gamma}_1$，$\boldsymbol{\gamma}_2$，$\boldsymbol{\gamma}_3$，$\boldsymbol{\gamma}_4$ 的一个极大无关子组. □

把例 2.2.10 的讨论推广，我们得到如下结论.[①]

命题2.2.6 设齐次线性方程组 $x_1\boldsymbol{\alpha}_1+\cdots+x_n\boldsymbol{\alpha}_n=\mathbf{0}$ 和 $x_1\boldsymbol{\gamma}_1+\cdots+x_n\boldsymbol{\gamma}_n=\mathbf{0}$ 的解集相同. 设 $\boldsymbol{\alpha}_{i_1}$，…，$\boldsymbol{\alpha}_{i_r}$ 是 $\boldsymbol{\alpha}_1$，…，$\boldsymbol{\alpha}_n$ 的一个极大无关组，则 $\boldsymbol{\gamma}_{i_1}$，…，$\boldsymbol{\gamma}_{i_r}$ 是 $\boldsymbol{\gamma}_1$，…，$\boldsymbol{\gamma}_n$ 的一个极大无关组.

即在同解条件下，两个向量组的极大无关组之间有对应关系.

设 $\boldsymbol{\alpha}_{i_1}$，…，$\boldsymbol{\alpha}_{i_r}$ 是 $\boldsymbol{\alpha}_1$，…，$\boldsymbol{\alpha}_n$ 的一个极大无关组，且 $r<n$，则由定义 2.2.3 和命题 2.2.3 可知，$\boldsymbol{\alpha}_1$，…，$\boldsymbol{\alpha}_n$ 一定线性相关. 所以，极大无关组所包含的向量个数就显得很重要了. 由于一般情况下用定义去

---

① 仿照例 2.2.10 的讨论，用极大无关组的定义可以给出证明. 细节从略.

求极大无关组会涉及大量计算，所以，可以考虑设法去求极大无关子组所包含的向量个数，而不是极大无关组本身. 但是，一个向量组的极大无关组可能不唯一，参见例 2.2.8 和例 2.2.9. 所以，一个自然的问题是，向量组的极大无关组所包含的向量个数是否依赖于极大无关组的选取.

下面的结论在线性代数中起着非常重要的作用①，可以看成是命题 2.2.2 的推广.

这里，r，s 是向量组所包含的向量的个数.

命题2.2.7 设向量组（I）：$\boldsymbol{\alpha}_1$，…，$\boldsymbol{\alpha}_r$ 可以由向量组（II）：$\boldsymbol{\beta}_1$，…，$\boldsymbol{\beta}_s$ 线性表出. 如果 $r>s$，则（I）必然线性相关.

与它等价的结论是如下命题.

命题2.2.8 设向量组（I）：$\boldsymbol{\alpha}_1$，…，$\boldsymbol{\alpha}_r$ 可以由向量组（II）：$\boldsymbol{\beta}_1$，…，$\boldsymbol{\beta}_s$ 线性表出. 如果（I）线性无关，则 $r\leqslant s$.

由此可得如下重要推论.

推论2.2.2 （1）如果两个线性无关的向量组等价，则它们所包含的向量个数一定相等.

（2）向量组的任意极大无关组所包含的向量个数相等.

证明：（1）设向量组（I）：$\boldsymbol{\alpha}_1$，…，$\boldsymbol{\alpha}_r$ 和（II）：$\boldsymbol{\beta}_1$，…，$\boldsymbol{\beta}_s$ 都线性无关且等价，则由命题 2.2.8 可知，$r\leqslant s$ 且 $s\leqslant r$，所以，$r=s$.

（2）每个极大无关组都和原向量组等价，从而，由“等价”关系的传递性（参见注 2.2.2），极大无关组之间是等价的；而极大无关组是线性无关的，所以，由（1）即得结论成立. □

一个向量组的极大无关组所包含的向量个数都是相等的，从而不依赖于具体的极大无关组的选取，所以我们有如下重要概念.②

定义2.2.4 称一个向量组的极大无关组所包含的向量个数为这个向量组的秩. 用 $r(\boldsymbol{\alpha}_1, \cdots, \boldsymbol{\alpha}_n)$ 表示向量组 $\boldsymbol{\alpha}_1$，…，$\boldsymbol{\alpha}_n$ 的秩.

例2.2.11 向量组的秩不超过它的任意伸长组的秩. 参见例 2.2.2.

下面的几个命题给出了向量组的秩的基本性质. 首先，我们考虑向量组的秩与线性相关、线性无关之间的联系.

命题2.2.9 设 $\boldsymbol{\alpha}_1$，…，$\boldsymbol{\alpha}_n$ 是 m 维向量. 则

$\min(m, n)$ 表示 m，n 中的较小者.

（1）$0\leqslant r(\boldsymbol{\alpha}_1, \cdots, \boldsymbol{\alpha}_n)\leqslant \min(m, n)$.

（2）$r(\boldsymbol{\alpha}_1, \cdots, \boldsymbol{\alpha}_n)=0 \Leftrightarrow \boldsymbol{\alpha}_1=\cdots=\boldsymbol{\alpha}_n=\mathbf{0}$.

秩等于向量个数的向量组也称为满秩向量组.

（3）$\boldsymbol{\alpha}_1$，…，$\boldsymbol{\alpha}_n$ 线性无关 $\Leftrightarrow r(\boldsymbol{\alpha}_1, \cdots, \boldsymbol{\alpha}_n)=n$. 等价地，

$\boldsymbol{\alpha}_1$，…，$\boldsymbol{\alpha}_n$ 线性相关 $\Leftrightarrow r(\boldsymbol{\alpha}_1, \cdots, \boldsymbol{\alpha}_n)<n$.

证明：（1）一方面，向量组的秩是它的极大无关组所包含的向量个数，所以，$0\leqslant r(\boldsymbol{\alpha}_1, \cdots, \boldsymbol{\alpha}_n)\leqslant n$ ；另一方面，极大无关组是线性无

① 利用齐次线性方程组的结论（参见推论 1.2.3）构造（I）的系数不全为 0 的线性组合. 细节从略.

② 向量组的秩可以推广到无穷多个向量的情形. 本书不讨论这个推广.

关的，而任意线性无关的向量组所包含的向量个数不超过向量的维数（参见命题 2.2.2），所以，$r(\boldsymbol{\alpha}_1, \cdots, \boldsymbol{\alpha}_n) \leqslant m$.

(2) 每个向量都是零向量的向量组不可能有极大无关组（参见命题 2.2.5），另一方面，由不全为零向量的向量构成的向量组一定有极大无关组（参见注 2.2.3）. 所以结论成立.

(3) 由例 2.2.8 即得结论成立. □

其次，我们考虑向量组的秩与子组的联系.

子组的秩不超过原向量组的秩.

命题2.2.10 设 $r(\boldsymbol{\alpha}_1, \cdots, \boldsymbol{\alpha}_n) = r > 0$，则 $\boldsymbol{\alpha}_1, \cdots, \boldsymbol{\alpha}_n$ 的任意 r 个线性无关的向量都构成一个极大无关组；$\boldsymbol{\alpha}_1, \cdots, \boldsymbol{\alpha}_n$ 的任意 s ($s > r$) 个向量都线性相关.

证明： 任意取定 $\boldsymbol{\alpha}_1, \cdots, \boldsymbol{\alpha}_n$ 的一个极大无关组 (I)：$\boldsymbol{\alpha}_{i_1}, \cdots, \boldsymbol{\alpha}_{i_r}$.

由于 $\boldsymbol{\alpha}_1, \cdots, \boldsymbol{\alpha}_n$ 的任意 $s > r$ 个向量都可以 (I) 线性表出，从而由命题 2.2.7 可知，这 s 个向量必然线性相关.

设 (II)：$\boldsymbol{\alpha}_{j_1}, \cdots, \boldsymbol{\alpha}_{j_r}$ 是 $\boldsymbol{\alpha}_1, \cdots, \boldsymbol{\alpha}_n$ 的任意一个线性无关的子组. 如果 (II) 不是极大无关组，则存在 $\boldsymbol{\alpha}_k$ ($k \neq j_1, \cdots, j_r$) 使得 $\boldsymbol{\alpha}_k$ 不能由 (II) 线性表出，于是，由命题 2.2.4 可知，向量组

$$(\mathrm{III}): \boldsymbol{\alpha}_{j_1}, \cdots, \boldsymbol{\alpha}_{j_r}, \boldsymbol{\alpha}_k$$

线性无关. 但是 (III) 所包含的向量个数为 $r+1 > r$，所以，(III) 应该线性相关，矛盾. □

最后，我们考虑向量组的秩在线性方程组上的应用. 为此，我们需要考虑向量组之间的线性表出与秩的联系. 我们有如下重要结论.

命题2.2.11 如果向量组 (I) 可由向量组 (II) 线性表出，则 (I) 的秩 $\leqslant$ (II) 的秩；如果两个向量组等价，则它们的秩相等.

证明： 只需证明前一个结论.

任取 (I) 的一个极大无关组 (III)：$\boldsymbol{\alpha}_{i_1}, \cdots, \boldsymbol{\alpha}_{i_r}$ ；

任取 (II) 的一个极大无关组 (IV)：$\boldsymbol{\beta}_{j_1}, \cdots, \boldsymbol{\beta}_{j_s}$.

这里没有考虑到 (I) 或 (II) 没有极大无关组的情形. 请补充完整.

则 (I) 与 (III) 等价，(II) 与 (IV) 等价. 由线性表出的传递性可得：(III) 可以由 (IV) 线性表出，而 (III) 线性无关，所以，由命题 2.2.8 可得，$r \leqslant s$. □

例2.2.12 设向量组 $\boldsymbol{\alpha}_1, \cdots, \boldsymbol{\alpha}_n$ 和 $\boldsymbol{\beta}_1, \cdots, \boldsymbol{\beta}_n$ 都是由 m 维向量构成的向量组，且它们的秩分别是 r 和 s . 设向量组 $\boldsymbol{\alpha}_1+\boldsymbol{\beta}_1, \cdots, \boldsymbol{\alpha}_n+\boldsymbol{\beta}_n$ 的秩为 t . 证明：$t \leqslant r+s$.

证明： 不妨设 $r > 0$，$s > 0$.

任取 $\boldsymbol{\alpha}_1, \cdots, \boldsymbol{\alpha}_n$ 的一个极大无关组 (I)：$\boldsymbol{\alpha}_{i_1}, \cdots, \boldsymbol{\alpha}_{i_r}$ ；

任取 $\boldsymbol{\beta}_1, \cdots, \boldsymbol{\beta}_n$ 的一个极大无关组 (II)：$\boldsymbol{\beta}_{j_1}, \cdots, \boldsymbol{\beta}_{j_s}$.

考虑向量组 (III)：$\boldsymbol{\alpha}_{i_1}, \cdots, \boldsymbol{\alpha}_{i_r}, \boldsymbol{\beta}_{j_1}, \cdots, \boldsymbol{\beta}_{j_s}$.

由于每个 $\boldsymbol{\alpha}_i$ 都可以由 (I) 线性表出，每个 $\boldsymbol{\beta}_i$ 都可以由 (II) 线性

表出，所以，每个 $\boldsymbol{\alpha}_i+\boldsymbol{\beta}_i$ 都可以由（III）线性表出，即向量组 $\boldsymbol{\alpha}_1+\boldsymbol{\beta}_1$，…，$\boldsymbol{\alpha}_n+\boldsymbol{\beta}_n$ 可以由（III）线性表出，从而由命题 2.2.11 可知：

$$t\leqslant r(\boldsymbol{\alpha}_{i_1},\cdots,\boldsymbol{\alpha}_{i_r},\boldsymbol{\beta}_{j_1},\cdots,\boldsymbol{\beta}_{j_s})\leqslant r+s. \qquad \square$$

特别注意，命题 2.2.11 的逆命题不成立. 当两个向量组的秩相等时，它们未必是等价的.

例2.2.13 考虑向量组（I）：$\boldsymbol{\alpha}=\begin{pmatrix}1\\0\\0\end{pmatrix}$（由一个向量构成的向量组）和向量组（II）：$\boldsymbol{\beta}_1=\begin{pmatrix}0\\1\\1\end{pmatrix}$，$\boldsymbol{\beta}_2=\begin{pmatrix}0\\2\\2\end{pmatrix}$.

（I）和（II）的都秩为 1，但（I）不能由（II）线性表出.

下面的结论是对命题 2.2.11 的补充，对线性方程组有重要作用.

命题2.2.12 设向量组（I）与向量组（II）的秩相等，且（I）可以由（II）线性表出，则（II）可以由（I）线性表出.（此时，（I）与（II）等价.）

证明： 设（I）和（II）的秩都是 r. 如果 $r=0$，则（I）和（II）都是由零向量构成的向量组，所以，结论成立. 因此，我们设 $r>0$，即（I）和（II）都有极大无关组.

任取（I）的一个极大无关组（III）：$\boldsymbol{\alpha}_{i_1}$，…，$\boldsymbol{\alpha}_{i_r}$；

任取（II）的一个极大无关组（IV）：$\boldsymbol{\beta}_{j_1}$，…，$\boldsymbol{\beta}_{j_r}$.

则（I）与（III）等价，（II）与（IV）等价. 由于（I）可以由（II）线性表出，所以，由线性表出的传递性，（III）可以由（IV）线性表出.

考虑把（III）和（IV）放在一起构成的向量组

$$(\text{V})：\boldsymbol{\alpha}_{i_1},\cdots,\boldsymbol{\alpha}_{i_r},\boldsymbol{\beta}_{j_1},\cdots,\boldsymbol{\beta}_{j_r}.$$

由于 $\boldsymbol{\alpha}_{i_k}$ 可以由（IV）线性表出，且（IV）线性无关，所以，（IV）是（V）的一个极大无关组，从而（V）的秩为 r；而（III）线性无关，且含有 r 个向量，所以，由命题 2.2.10 可知，（III）是（V）的一个极大无关组，从而，（IV）可由（III）线性表出. 最后，由线性表出的传递性得，（II）可以由（I）线性表出. □

我们有如下重要推论.

推论2.2.3 设（I）是（II）的子组，则（I）与（II）等价 ⇔ 它们的秩相等.

证明： ⇒：由命题 2.2.11 即得.

参见注 2.2.1.

⇐：由于（I）是（II）的子组，所以，（I）可以由（II）线性表出，从而，由命题 2.2.12 即得（I）与（II）等价. □

有了上述准备，我们可以利用向量组的秩来刻画线性方程组的解的存在性. 我们利用线性方程组（1.1.3）的向量形式（参见定义 2.1.6).

定理2.2.1 n 元线性方程组

$$x_1\boldsymbol{\alpha}_1+\cdots+x_n\boldsymbol{\alpha}_n=\boldsymbol{\beta}$$

有解 $\Leftrightarrow r(\boldsymbol{\alpha}_1, \cdots, \boldsymbol{\alpha}_n)=r(\boldsymbol{\alpha}_1, \cdots, \boldsymbol{\alpha}_n, \boldsymbol{\beta})$；
有唯一解 $\Leftrightarrow r(\boldsymbol{\alpha}_1, \cdots, \boldsymbol{\alpha}_n)=r(\boldsymbol{\alpha}_1, \cdots, \boldsymbol{\alpha}_n, \boldsymbol{\beta})=n$；
有无穷多个解 $\Leftrightarrow r(\boldsymbol{\alpha}_1, \cdots, \boldsymbol{\alpha}_n)=r(\boldsymbol{\alpha}_1, \cdots, \boldsymbol{\alpha}_n, \boldsymbol{\beta})<n$.

证明： 考虑如下两个向量组

$$(\mathrm{I})\ \boldsymbol{\alpha}_1, \cdots, \boldsymbol{\alpha}_n, (\mathrm{II})\ \boldsymbol{\alpha}_1, \cdots, \boldsymbol{\alpha}_n, \boldsymbol{\beta}.$$

(I) 是 (II) 的子组. 所以，由推论 2.2.3 得：有解 $\Leftrightarrow$ (I) 与 (II) 等价 $\Leftrightarrow$ (I) 与 (II) 的秩相等. 其余结论由推论 2.2.1 和命题 2.2.9（3）得到. □

在上述定理中令 $\boldsymbol{\beta}=\mathbf{0}$，就得到齐次线性方程组解的存在性的刻画.

推论2.2.4 齐次线性方程组

这个推论也可以由推论 2.2.1 和命题 2.2.9（3）得到.

$$x_1\boldsymbol{\alpha}_1+\cdots+x_n\boldsymbol{\alpha}_n=\mathbf{0}$$

只有零解 $\Leftrightarrow r(\boldsymbol{\alpha}_1, \cdots, \boldsymbol{\alpha}_n)=n$；
有非零解（即有无穷多个解）$\Leftrightarrow r(\boldsymbol{\alpha}_1, \cdots, \boldsymbol{\alpha}_n)<n$.

在 2.3 节里我们将利用向量组的秩来定义矩阵的秩，得到向量组的秩和极大无关组的算法，并进一步得到线性方程组解的存在性的判别定理.

习题 2.2

1. 设 $\boldsymbol{\alpha}_1, \boldsymbol{\alpha}_2, \boldsymbol{\alpha}_3$ 是向量组. 设

$$\boldsymbol{\beta}_1=-\boldsymbol{\alpha}_1+2\boldsymbol{\alpha}_2-3\boldsymbol{\alpha}_3,$$
$$\boldsymbol{\beta}_2=3\boldsymbol{\alpha}_1-4\boldsymbol{\alpha}_2+6\boldsymbol{\alpha}_3,$$
$$\boldsymbol{\beta}_3=2\boldsymbol{\alpha}_1-2\boldsymbol{\alpha}_2+3\boldsymbol{\alpha}_3.$$

判断 $\boldsymbol{\beta}_1, \boldsymbol{\beta}_2, \boldsymbol{\beta}_3$ 是否线性相关.

2. 举例说明，把两个线性无关的 m 维向量组放在一起，得到的向量组可以是线性无关的，也可以是线性相关的.

3. 判断下列说法是否正确，并简要说明理由.

（1）因为 $\begin{pmatrix}0\\0\end{pmatrix}, \begin{pmatrix}0\\4\\-2\end{pmatrix}$ 含有零向量，所以，线性相关.

（2）在一个线性相关的向量组中，每个向量都可以由其余向量线性表出.

（3）设 $\boldsymbol{\alpha}_1, \boldsymbol{\alpha}_2, \boldsymbol{\alpha}_3, \boldsymbol{\alpha}_4$ 线性相关，则 $\boldsymbol{\alpha}_4, \boldsymbol{\alpha}_2, \boldsymbol{\alpha}_1, \boldsymbol{\alpha}_3$ 也是线性

相关的.

(4) 如果一个向量组去掉它的任意一个向量后得到的向量组都是线性无关的，则该向量组是线性无关的.

(5) 如果存在不全为 0 的数 k_1，…，k_s 使得

$$k_1\boldsymbol{\alpha}_1+\cdots+k_s\boldsymbol{\alpha}_s\neq\mathbf{0},$$

则 $\boldsymbol{\alpha}_1$，…，$\boldsymbol{\alpha}_s$ 线性无关.

(6) 如果一个向量组的分量不成比例，则一定线性无关.

(7) 向量组 $\begin{pmatrix}a_1\\a_2\\a_3\end{pmatrix}$，$\begin{pmatrix}b_1\\b_2\\b_3\end{pmatrix}$，$\begin{pmatrix}c_1\\c_2\\c_3\end{pmatrix}$，$\begin{pmatrix}d_1\\d_2\\d_3\end{pmatrix}$ 有可能是线性无关的.

4. 判断下列说法是否正确，并简要说明理由.

(1) 设向量组 (I) 可以由 (II) 的一个子组线性表出，则 (I) 可以由 (II) 线性表出.

(2) 设向量组 (I) 可以由 (II) 线性表出. 如果 (I) 线性相关，则 (I) 所包含的向量个数大于 (II) 所包含的向量个数.

(3) 如果两个向量组是等价的，则它们要么都是线性相关的，要么都是线性无关的.

(4) 如果一个向量组线性无关，那么它不可能与它的任意真子组等价.（真子组是除去若干个向量后得到的子组.）

(5) 如果 $\boldsymbol{\alpha}_1$，…，$\boldsymbol{\alpha}_n$ 与 $\boldsymbol{\beta}_1$，…，$\boldsymbol{\beta}_n$ 是等价的，则齐次线性方程组 $x_1\boldsymbol{\alpha}_1+\cdots+x_n\boldsymbol{\alpha}_n=\mathbf{0}$ 与 $x_1\boldsymbol{\beta}_1+\cdots+x_n\boldsymbol{\beta}_n=\mathbf{0}$ 的解集相同.

5. 判断下列说法是否正确，并简要说明理由.

(1) 如果一个向量组有且仅有一个极大无关组，则该向量组必然线性无关.

(2) 在求向量组的秩时，如果该向量组含有零向量，则可以去掉零向量.

(3) 在求向量组的秩时，如果该向量组含有一个可以由其余向量线性表出的向量，则可以去掉这个向量.

(4) 在求向量组的秩时，如果该向量组含有线性相关的子组，则可以去掉线性相关的子组.

(5) 如果一个向量组含有 r 个线性无关的向量，则该向量组的秩至少是 r.

(6) 如果一个向量组含有 $r+1$ 个线性相关的向量，则该向量组的秩不超过 r.

(7) 设 $\boldsymbol{\alpha}_1$，…，$\boldsymbol{\alpha}_n$ 是线性无关的 m 维向量. 如果 $n<m$，则存在 $\boldsymbol{\alpha}_{n+1}$，…，$\boldsymbol{\alpha}_m$ 使得 $\boldsymbol{\alpha}_1$，…，$\boldsymbol{\alpha}_n$，$\boldsymbol{\alpha}_{n+1}$，…，$\boldsymbol{\alpha}_m$ 线性无关.

§2.3 矩阵的秩、判别定理

矩阵的秩是线性代数的基本概念之一，有广泛的应用. 本节我们主要讨论矩阵的秩的定义，以及矩阵的秩在向量组和线性方程组上的应用.

注意到，任意 n 个 m 维列向量可以拼成一个 $m\times n$ 型矩阵. 反之，对于任意 $m\times n$ 型矩阵 $\boldsymbol{A}$，$\boldsymbol{A}$ 有 n 个列向量，构成 $\boldsymbol{A}$ 的列向量组；$\boldsymbol{A}$ 有 m 个行向量，构成 $\boldsymbol{A}$ 的行向量组. 利用向量组的秩，我们给出如下定义.

参见定义 2.1.2.

定义2.3.1 对任意 $m\times n$ 型矩阵 $\boldsymbol{A}$，$\boldsymbol{A}$ 的列向量组的秩称为 $\boldsymbol{A}$ 的列秩；$\boldsymbol{A}$ 的行向量组的秩称为 $\boldsymbol{A}$ 的行秩.

我们先看标准型矩阵的情形.

例2.3.1 考虑标准型矩阵 $\boldsymbol{J}=\begin{pmatrix}1&0&0&0\\0&1&0&0\\0&0&1&0\end{pmatrix}$. 其行向量组

参见定义 1.3.9.

$$\boldsymbol{\beta}_1=(1,0,0,0),\ \boldsymbol{\beta}_2=(0,1,0,0),\ \boldsymbol{\beta}_3=(0,0,1,0).$$

线性无关，所以，$\boldsymbol{J}$ 的行秩为 3；$\boldsymbol{J}$ 的列向量组为

在求向量组的秩时，如果有零向量，可以去掉零向量.

$$\boldsymbol{\alpha}_1=\begin{pmatrix}1\\0\\0\end{pmatrix},\ \boldsymbol{\alpha}_2=\begin{pmatrix}0\\1\\0\end{pmatrix},\ \boldsymbol{\alpha}_3=\begin{pmatrix}0\\0\\1\end{pmatrix},\ \boldsymbol{0}=\begin{pmatrix}0\\0\\0\end{pmatrix}.$$

易得 $\boldsymbol{J}$ 的列秩也是 3.

仿照上述讨论，我们得到如下结论.

引理2.3.1 对于任意标准型矩阵 $\boldsymbol{J}$，$\boldsymbol{J}$ 的行秩和列秩都等于 $\boldsymbol{J}$ 的主元的个数.

一个自然的问题是，对于一般的任意矩阵，其行秩与列秩是否相等. 根据定理 1.3.2，任意矩阵都可以经过若干步初等变换变为标准型矩阵. 这就提示我们考虑初等变换对矩阵的行秩和列秩的影响.

由例 2.1.6 可知，对矩阵作初等行变换得到的矩阵，其行向量组与原矩阵的行向量组是等价的，所以，由命题 2.2.11 可知，初等行变换不改变矩阵的行秩. 下面我们看矩阵的初等行变换对矩阵的列秩的影响.

设 $m\times n$ 型矩阵 $\boldsymbol{A}$ 的列向量组为 $\boldsymbol{\alpha}_1$，$\cdots$，$\boldsymbol{\alpha}_n$，则以 $\boldsymbol{A}$ 为系数矩阵的齐次线性方程组的向量形式为

$$x_1\boldsymbol{\alpha}_1+\cdots+x_n\boldsymbol{\alpha}_n=\boldsymbol{0}. \tag{2.3.1}$$

设对 $\boldsymbol{A}$ 作一次初等行变换得到的矩阵为 $\boldsymbol{B}$，且设 $\boldsymbol{B}$ 的列向量组为 $\boldsymbol{\gamma}_1$，$\cdots$，

$\boldsymbol{\gamma}_n$. 于是，以 $\boldsymbol{B}$ 为系数矩阵的齐次线性方程组的向量形式为

$$x_1\boldsymbol{\gamma}_1+\cdots+x_n\boldsymbol{\gamma}_n=\boldsymbol{0}. \tag{2.3.2}$$

参见引理 1.2.4.

由于对 $\boldsymbol{A}$ 作初等行变换等价于对齐次线性方程组（2.3.1）作初等变换，而方程组的初等变换不改变解集，所以，方程组（2.3.1）与方程组（2.3.2）同解. 因此，由命题 2.2.6 可知，$\boldsymbol{\alpha}_1$，…，$\boldsymbol{\alpha}_n$ 的极大无关组与 $\boldsymbol{\gamma}_1$，…，$\boldsymbol{\gamma}_n$ 的极大无关组之间有对应关系，特别地，它们的秩相等，即我们有如下推论.

注意到：$\boldsymbol{B}$ 也可以经过初等行变换变为 $\boldsymbol{A}$，参见命题 1.3.1.

推论2.3.1 设矩阵 $\boldsymbol{A}$ 经过初等行变换变为矩阵 $\boldsymbol{B}$. 则 $\boldsymbol{A}$ 的第 i_1，…，i_r 个列向量构成 $\boldsymbol{A}$ 的列向量组的一个极大无关组 $\Leftrightarrow$ $\boldsymbol{B}$ 的第 i_1，…，i_r 个列向量构成 $\boldsymbol{B}$ 的列向量组的一个极大无关组.

对初等列变换的讨论类似. 综上，我们得到了如下引理.

引理2.3.2 矩阵的初等变换不改变矩阵的行秩和列秩.

于是，由定理 1.3.2、引理 2.3.2 和引理 2.3.1，我们得到如下结论.

推论2.3.2 对任意矩阵 $\boldsymbol{A}$，$\boldsymbol{A}$ 的行秩等于 $\boldsymbol{A}$ 的列秩.

由此我们得到如下重要概念.

也可以用 rank（$\boldsymbol{A}$）表示 $\boldsymbol{A}$ 的秩.

定义2.3.2 称矩阵的行秩（等于列秩）为该矩阵的秩. 用 $r(\boldsymbol{A})$ 表示矩阵 $\boldsymbol{A}$ 的秩.

由于矩阵的秩本质上是向量组的秩，所以，由命题 2.2.9 立即得到如下基本性质.

命题2.3.1 设 $\boldsymbol{A}$ 是任意的 $m\times n$ 型矩阵，则

(1) $0\leqslant r(\boldsymbol{A})\leqslant \min(m,n)$.

(2) $r(\boldsymbol{A})=0 \Leftrightarrow \boldsymbol{A}=\boldsymbol{0}$ 是零矩阵.

(3) $r(\boldsymbol{A})=m \Leftrightarrow \boldsymbol{A}$ 的行向量线性无关.

(4) $r(\boldsymbol{A})=n \Leftrightarrow \boldsymbol{A}$ 的列向量线性无关.

我们把引理 2.3.2 重新叙述为矩阵的秩的结论.

引理2.3.3 矩阵的初等变换不改变矩阵的秩.

再利用定理 1.3.2、引理 2.3.3 和引理 2.3.1 我们得到如下推论.

即得到的标准型矩阵与具体的初等变换过程无关.

推论2.3.3 对任意 $m\times n$ 型矩阵 $\boldsymbol{A}$ 作初等变换得到的标准型矩阵必然等于

$$\begin{pmatrix}\boldsymbol{I}_r & \boldsymbol{0}\\ \boldsymbol{0} & \boldsymbol{0}\end{pmatrix}\text{，其中，}r=r(\boldsymbol{A}). \tag{2.3.3}$$

任意 $m\times n$ 型矩阵 $\boldsymbol{A}$ 都可以经过若干初等变换变为它的标准型.

因此，我们有如下定义.①

定义2.3.3 对任意 $m\times n$ 型矩阵 $\boldsymbol{A}$，称标准型矩阵（2.3.3）为 $\boldsymbol{A}$ 的标准型.

① 严格地说，这里定义的 $\boldsymbol{A}$ 的标准型是矩阵的初等变换意义下的标准型. 有的书也称为 $\boldsymbol{A}$ 的等价标准型或者 $\boldsymbol{A}$ 的相抵标准型.

矩阵的标准型在矩阵的分类中起着重要作用，参见定理 3.2.3.

例2.3.2 设 $\boldsymbol{A}$ 是 3×4 型矩阵且 $r(\boldsymbol{A})=2$，则 $\boldsymbol{A}$ 的标准型为

$$\begin{pmatrix}\boldsymbol{I}_2 & \boldsymbol{0}\\ \boldsymbol{0} & \boldsymbol{0}\end{pmatrix}=\begin{pmatrix}1&0&0&0\\0&1&0&0\\0&0&0&0\end{pmatrix}.$$

因此，为了求出 $r(\boldsymbol{A})$，我们可以用矩阵的初等变换把 $\boldsymbol{A}$ 变为标准型矩阵. 但是，为了得到标准型矩阵，有时必须要作初等列变换（参见例 1.3.17）. 能否只把 $\boldsymbol{A}$ 化为阶梯形矩阵就得到 $r(\boldsymbol{A})$？这个问题是有意义的，因为一方面我们希望能更快地得到 $r(\boldsymbol{A})$，另一方面，有时只允许作初等行变换（比如，在解线性方程组的时候）.

我们有如下结论①，该结论是引理 2.3.1 的推广.

引理2.3.4 对任意阶梯形矩阵 $\boldsymbol{J}$，主元所在的列向量构成了 $\boldsymbol{J}$ 的列向量组的一个极大无关组，从而 $r(\boldsymbol{J})$ 等于 $\boldsymbol{J}$ 的主元个数.

于是，由引理 2.3.4 和引理 2.3.3 得到如下结果.

推论2.3.4 对任意矩阵 $\boldsymbol{A}$，用初等变换把 $\boldsymbol{A}$ 化为阶梯形矩阵 $\boldsymbol{J}$. 则 $r(\boldsymbol{A})$ 等于 $\boldsymbol{J}$ 的主元个数，也就是 $\boldsymbol{J}$ 的非零行的个数.

一般地，$\boldsymbol{J}$ 不唯一，但是 $\boldsymbol{J}$ 的主元的个数由 $\boldsymbol{A}$ 唯一地确定.

由此得到如下算法.

算法2.3.1 （用初等变换求矩阵的秩）

$$\boldsymbol{A}\xrightarrow{\text{初等变换}}\text{阶梯形矩阵 }\boldsymbol{J}.$$

或者（由定理 1.3.1）

$$\boldsymbol{A}\xrightarrow{\text{只用初等行变换}}\text{阶梯形矩阵 }\boldsymbol{J}.$$

则 $\boldsymbol{J}$ 的主元个数就是 $r(\boldsymbol{A})$.

例2.3.3 求矩阵 $\boldsymbol{A}=\begin{pmatrix}0&-1&3&2\\1&2&-2&1\\2&6&-10&-2\end{pmatrix}$ 的秩.

解： 作初等行变换：

$$\boldsymbol{A}\rightarrow\begin{pmatrix}1&2&-2&1\\0&-1&3&2\\1&3&-5&-1\end{pmatrix}\rightarrow\begin{pmatrix}1&2&-2&1\\0&-1&3&2\\0&1&-3&-2\end{pmatrix}$$
$$\rightarrow\begin{pmatrix}1&2&-2&1\\0&-1&3&2\\0&0&0&0\end{pmatrix}.$$

① 可以用极大无关组的定义去验证 $\boldsymbol{J}$ 的主元所在的列向量构成了 $\boldsymbol{J}$ 的列向量组的一个极大无关组；也可以用引理 2.3.3 和注 1.3.3 得到 $r(\boldsymbol{J})$ 等于 $\boldsymbol{J}$ 的主元个数，利用命题 2.2.10，只需验证主元所在的列向量线性无关.

所以，$r(\boldsymbol{A})=2$. □

由推论 2.3.1、定理 1.3.1 和引理 2.3.4 可知，利用矩阵的初等行变换可以求向量组的秩和极大无关组，即有如下算法.

算法2.3.2 （用初等变换求向量组的秩和极大无关组）

任意给定 n 个 m 维列向量 $\boldsymbol{\alpha}_1$，…，$\boldsymbol{\alpha}_n$，把它们拼成一个 $m\times n$ 型矩阵 $\boldsymbol{A}=(\boldsymbol{\alpha}_1, \cdots, \boldsymbol{\alpha}_n)$. 设

$$\boldsymbol{A}\xrightarrow{\text{只用初等行变换}}\text{阶梯形矩阵}\boldsymbol{J}.$$

参见推论 2.3.1.

设 $\boldsymbol{J}$ 有 r 个主元，且主元所在的列为第 i_1，…，i_r 列，则 $r(\boldsymbol{\alpha}_1, \cdots, \boldsymbol{\alpha}_n)=r$ 且 $\boldsymbol{\alpha}_{i_1}$，…，$\boldsymbol{\alpha}_{i_r}$ 是 $\boldsymbol{\alpha}_1$，…，$\boldsymbol{\alpha}_n$ 的一个极大无关组.

如果给定的是 m 个 n 维行向量 $\boldsymbol{\beta}_1$，…，$\boldsymbol{\beta}_m$，则把每个行向量写成列向量，拼成一个 $n\times m$ 型矩阵 $\boldsymbol{B}$，然后对 $\boldsymbol{B}$ 作初等行变换，把 $\boldsymbol{B}$ 变为阶梯形矩阵.

例2.3.4 求向量组

$$\boldsymbol{\alpha}_1=\begin{pmatrix}0\\1\\2\end{pmatrix},\ \boldsymbol{\alpha}_2=\begin{pmatrix}-1\\2\\6\end{pmatrix},\ \boldsymbol{\alpha}_3=\begin{pmatrix}3\\-2\\-10\end{pmatrix},\ \boldsymbol{\alpha}_4=\begin{pmatrix}2\\1\\-4\end{pmatrix}$$

的秩和一个极大无关组.

矩阵 $\boldsymbol{A}$ 的列向量形式.

解： 设 $\boldsymbol{A}=(\boldsymbol{\alpha}_1\quad \boldsymbol{\alpha}_2\quad \boldsymbol{\alpha}_3\quad \boldsymbol{\alpha}_4)=\begin{pmatrix}0&-1&3&2\\1&2&-2&1\\2&6&-10&-4\end{pmatrix}$. 作初等行变换：

$$\boldsymbol{A}\to\begin{pmatrix}1&2&-2&1\\0&-1&3&2\\1&3&-5&-2\end{pmatrix}\to\begin{pmatrix}1&2&-2&1\\0&-1&3&2\\0&1&-3&-3\end{pmatrix}$$
$$\to\begin{pmatrix}1&2&-2&1\\0&-1&3&2\\0&0&0&-1\end{pmatrix}.$$

主元有 3 个，分别在第 1，2，4 列，所以

$$r(\boldsymbol{\alpha}_1, \boldsymbol{\alpha}_2, \boldsymbol{\alpha}_3, \boldsymbol{\alpha}_4)=3,$$

且 $\boldsymbol{\alpha}_1$，$\boldsymbol{\alpha}_2$，$\boldsymbol{\alpha}_4$ 是它的一个极大无关组. □

我们不加证明地给出如下重要结论.①

命题2.3.2 设 $\boldsymbol{\alpha}_1$，…，$\boldsymbol{\alpha}_s$ 是任意的线性无关的向量组，$\boldsymbol{A}=(a_{ij})$ 是任意的 $s\times t$ 型矩阵. 设

① 利用极大无关组的定义或者利用命题 2.2.6 去验证. 细节从略.

$$\boldsymbol{\beta}_1=a_{11}\boldsymbol{\alpha}_1+a_{21}\boldsymbol{\alpha}_2+\cdots+a_{s1}\boldsymbol{\alpha}_s,$$
$$\boldsymbol{\beta}_2=a_{12}\boldsymbol{\alpha}_1+a_{22}\boldsymbol{\alpha}_2+\cdots+a_{s2}\boldsymbol{\alpha}_s,$$
$$\cdots\cdots$$
$$\boldsymbol{\beta}_t=a_{1t}\boldsymbol{\alpha}_1+a_{2t}\boldsymbol{\alpha}_2+\cdots+a_{st}\boldsymbol{\alpha}_s.$$

如果 $\boldsymbol{A}$ 的第 j_1，…，j_r 列是 $\boldsymbol{A}$ 的列向量组的一个极大无关组，则 $\boldsymbol{\beta}_{j1}$，…，$\boldsymbol{\beta}_{j_r}$ 是 $\boldsymbol{\beta}_1$，…，$\boldsymbol{\beta}_t$ 的一个极大无关组. 特别地，$r(\boldsymbol{\beta}_1,\cdots,\boldsymbol{\beta}_t)=r(\boldsymbol{A})$.

例2.3.5 设 $\boldsymbol{\alpha}_1$，$\boldsymbol{\alpha}_2$，$\boldsymbol{\alpha}_3$ 线性无关. 设

$$\boldsymbol{\beta}_1=\boldsymbol{\alpha}_2+2\boldsymbol{\alpha}_3;$$
$$\boldsymbol{\beta}_2=-\boldsymbol{\alpha}_1+2\boldsymbol{\alpha}_2+6\boldsymbol{\alpha}_3;$$
$$\boldsymbol{\beta}_3=3\boldsymbol{\alpha}_1-2\boldsymbol{\alpha}_2-10\boldsymbol{\alpha}_3;$$
$$\boldsymbol{\beta}_4=2\boldsymbol{\alpha}_1+\boldsymbol{\alpha}_2-2\boldsymbol{\alpha}_3.$$

判断 $\boldsymbol{\beta}_1$，$\boldsymbol{\beta}_2$，$\boldsymbol{\beta}_3$，$\boldsymbol{\beta}_4$ 是否线性相关，并求它的秩和一个极大无关组.

解： 设 $\boldsymbol{A}=\begin{pmatrix}0&-1&3&2\\1&2&-2&1\\2&6&-10&-2\end{pmatrix}$. 由于 $\boldsymbol{\alpha}_1$，$\boldsymbol{\alpha}_2$，$\boldsymbol{\alpha}_3$ 线性无关，所以，$\boldsymbol{\beta}_1$，$\boldsymbol{\beta}_2$，$\boldsymbol{\beta}_3$，$\boldsymbol{\beta}_4$ 的秩等于 $r(\boldsymbol{A})$. 对 $\boldsymbol{A}$ 作初等行变换得（参见例 2.3.3）：

这里也可以直接由命题 2.2.7 得到 $\boldsymbol{\beta}_1$，$\boldsymbol{\beta}_2$，$\boldsymbol{\beta}_3$，$\boldsymbol{\beta}_4$ 线性相关.

$$\boldsymbol{A}\to\begin{pmatrix}1&2&-2&1\\0&-1&3&2\\0&0&0&0\end{pmatrix}.$$

所以，$r(\boldsymbol{\beta}_1,\boldsymbol{\beta}_2,\boldsymbol{\beta}_3,\boldsymbol{\beta}_4)=r(\boldsymbol{A})=2<4$，从而，$\boldsymbol{\beta}_1$，$\boldsymbol{\beta}_2$，$\boldsymbol{\beta}_3$，$\boldsymbol{\beta}_4$ 是线性相关的；由于 $\boldsymbol{A}$ 的阶梯形矩阵的主元位于第 1，2 列，所以，$\boldsymbol{\beta}_1$，$\boldsymbol{\beta}_2$ 是 $\boldsymbol{\beta}_1$，$\boldsymbol{\beta}_2$，$\boldsymbol{\beta}_3$，$\boldsymbol{\beta}_4$ 的一个极大无关组. □

现在我们回到线性方程组. 由于系数矩阵的秩就是其列向量组的秩，而增广矩阵就是由系数矩阵的列向量与常数项所给出的列向量构成的矩阵，因此，定理 2.2.1 和推论 2.2.4 可以用矩阵的秩的语言来表达，即如下定理.①

定理2.3.1 （线性方程组解的存在性判别定理）

对于任意 n 元线性方程组（1.1.3），设其系数矩阵为 $\boldsymbol{A}$，增广矩阵为 $\widetilde{\boldsymbol{A}}$，则

方程组（1.1.3）有解 $\Leftrightarrow r(\boldsymbol{A})=r(\widetilde{\boldsymbol{A}})$；

方程组（1.1.3）有唯一解 $\Leftrightarrow r(\boldsymbol{A})=r(\widetilde{\boldsymbol{A}})=n$；

方程组（1.1.3）有无穷多个解 $\Leftrightarrow r(\boldsymbol{A})=r(\widetilde{\boldsymbol{A}})<n$.

特别地，对于 n 元齐次线性方程组（1.1.5），设其系数矩阵为

一般情况下，线性方程组解的存在性与方程的个数没有必然联系.
对于齐次线性方程组，不用考虑增广矩阵.

① 注意到，推论 1.2.3 涉及方程的个数，但它只是给出了齐次线性方程组有非零解的充分而非必要条件.

$\boldsymbol{A}$，则

方程组（1.1.5）只有零解 $\Leftrightarrow r(\boldsymbol{A})=n$；

方程组（1.1.5）有非零解（即有无穷多个解）$\Leftrightarrow r(\boldsymbol{A})<n$.

注2.3.1 定理 2.3.1 给出的判别法用的是矩阵的秩，而不是具体的初等变换，因此在理论上更为重要，比如，对可逆矩阵（参见推论 3.2.2）、最小二乘法（参见命题 3.2.2）和方阵的特征向量、特征多项式（参见第 4 章）等都具有重要意义. 定理 2.3.1 是对定理 1.2.1 的改进.

由于可以用初等行变换来求矩阵的秩（参见算法 2.3.1），因此，利用定理 2.3.1 我们得到如下算法.① 为简便起见，我们分齐次线性方程组和非齐次线性方程组两种情形进行叙述.

算法2.3.3 （用高斯消元法判断齐次线性方程组解的存在性）任意给定 n 元齐次线性方程组.

（1）写出这个齐次线性方程组的系数矩阵 $\boldsymbol{A}$.

（2）用初等行变换把 $\boldsymbol{A}$ 化为阶梯形矩阵 $\boldsymbol{J}$，则 $\boldsymbol{J}$ 的主元个数等于 $r(\boldsymbol{A})$.

不必化为行简化阶梯形矩阵.

（3）判断：如果 $r(\boldsymbol{A})=n$，则原方程组只有零解；如果 $r(\boldsymbol{A})<n$，则原方程组有无穷多个解.

对于齐次线性方程组，有无穷多个解等价于有非零解.

例2.3.6 判断齐次线性方程组

$$\begin{cases}-x_2+2x_3=0\\x_1+6x_2-2x_3=0\\x_1+7x_2-4x_3=0\end{cases}$$

是否有非零解.

解：原方程组的系数矩阵为 $\boldsymbol{A}=\begin{pmatrix}0&-1&2\\1&6&-2\\1&7&-4\end{pmatrix}$.

作初等行变换：

$$\boldsymbol{A}\to\begin{pmatrix}0&-1&2\\1&6&-2\\0&1&-2\end{pmatrix}\to\begin{pmatrix}0&-1&2\\1&6&-2\\0&0&0\end{pmatrix}\to\begin{pmatrix}1&6&-2\\0&-1&2\\0&0&0\end{pmatrix}.$$

所以，$r(\boldsymbol{A})=2$，小于未知数的个数 3，从而原方程组有非零解. □

由定理 2.3.1 可知，非齐次 n 元线性方程组是否有解取决于其系

① 由于矩阵的初等行变换等价于线性方程组的高斯消元法，所以称为高斯消元法.

数矩阵和增广矩阵的秩. 但是，在判断非齐次线性方程组解的存在性时，我们没有必要分别对系数矩阵和增广矩阵作初等行变换，而是只对增广矩阵作初等行变换即可. 原因是，系数矩阵是由增广矩阵的前 n 列构成的矩阵，因此，在对增广矩阵作初等行变换时，也对系数矩阵作了完全相同的初等行变换. 特别地，当用初等行变换把增广矩阵变为阶梯形矩阵时，系数矩阵也被变为阶梯形矩阵. 因此，我们有如下算法.

算法2.3.4 （用高斯消元法判断非齐次线性方程组解的存在性）任意给定 n 元非齐次线性方程组.

（1）写出增广矩阵 $\widetilde{\mathbf{A}}$（其前 n 列构成系数矩阵 $\mathbf{A}$ ）.

（2）用初等行变换把 $\widetilde{\mathbf{A}}$ 变为阶梯形矩阵 $\widetilde{\mathbf{J}}$. 由 $\widetilde{\mathbf{J}}$ 的主元个数得到 $r(\widetilde{\mathbf{A}})$ ；由 $\widetilde{\mathbf{J}}$ 的位于前 n 列的主元个数得到 $r(\mathbf{A})$.

不必把 $\widetilde{\mathbf{A}}$ 化为行简化阶梯形矩阵.

（3）判断：如果 $r(\mathbf{A}) \neq r(\widetilde{\mathbf{A}})$，则原方程组没有解；如果 $r(\mathbf{A}) = r(\widetilde{\mathbf{A}}) = n$ ，则原方程组有唯一解；如果 $r(\mathbf{A}) = r(\widetilde{\mathbf{A}}) < n$，则原方程组有无穷多个解.

例2.3.7 判断线性方程组

$$\begin{cases} 6x_1 - 8x_2 + 3x_3 = 1 \\ 5x_1 - 7x_2 + x_3 = -1 \\ 2x_1 - 3x_2 = 1 \\ 3x_1 - 4x_2 + x_3 = -2 \end{cases}$$

是否有解. 如果有解，是有唯一解还是有无穷多个解?

解：原方程组的增广矩阵为 $\widetilde{\mathbf{A}} = \begin{pmatrix} 6 & -8 & 3 & 1 \\ 5 & -7 & 1 & -1 \\ 2 & -3 & 0 & 1 \\ 3 & -4 & 1 & -2 \end{pmatrix}$.

作初等行变换，得

参见例 1.3.16 中的计算. 不必化为行简化阶梯形矩阵.

$$\widetilde{\mathbf{A}} \to \widetilde{\mathbf{J}} = \begin{pmatrix} 1 & -1 & 2 & 2 \\ 0 & -1 & -4 & -3 \\ 0 & 0 & -1 & -5 \\ 0 & 0 & 0 & 0 \end{pmatrix}.$$

因此，$r(\mathbf{A}) = r(\widetilde{\mathbf{A}}) = 3$，等于未知数的个数，所以，原方程组有唯一解.

□

例2.3.8（参见例 1.2.10）判断方程组

$$\begin{cases}2x_1-x_2+3x_3=1\\4x_1-2x_2+6x_3=2\\x_1+x_2-x_3=3\\3x_1+2x_3=4\end{cases}\qquad(2.3.4)$$

是否有解. 如果有解，是有唯一解还是有无穷多个解?

解：原方程组的增广矩阵为 $\widetilde{\boldsymbol{A}}=\begin{pmatrix}2&-1&3&1\\4&-2&6&2\\1&1&-1&3\\3&0&2&4\end{pmatrix}$.

作初等行变换，得

$$\boldsymbol{A}\to\begin{pmatrix}2&-1&3&1\\0&\frac{3}{2}&-\frac{5}{2}&\frac{5}{2}\\0&0&0&0\\0&0&0&0\end{pmatrix}.$$

所以，$r(\boldsymbol{A})=r(\widetilde{\boldsymbol{A}})=2$，小于未知数的个数，从而，原方程组有无穷多个解. □

例2.3.9 设 a 是常数. 问：线性方程组

$$\begin{cases}x_1+x_2+2x_3=2\\5x_1+x_2+x_3=1\\x_1+x_2+ax_3=5\end{cases}$$

是否有解？如果有解，是有唯一解还是有无穷多个解?

解：原方程组的增广矩阵为 $\widetilde{\boldsymbol{A}}=\begin{pmatrix}1&1&2&2\\5&1&1&1\\1&1&a&5\end{pmatrix}$.

作初等行变换，得

$$\widetilde{\boldsymbol{A}}\to\widetilde{\boldsymbol{J}}=\begin{pmatrix}1&1&2&2\\0&-4&-9&-9\\0&0&a-2&3\end{pmatrix}.$$

所以，当 $a-2=0$，即 $a=2$ 时，有 $r(\boldsymbol{A})=2$，$r(\widetilde{\boldsymbol{A}})=3$，因此，原方程组无解.

当 $a-2\neq0$，即 $a\neq2$ 时，有 $r(\boldsymbol{A})=r(\widetilde{\boldsymbol{A}})=3$，等于未知数的个数，因此，原方程组有唯一解. □

注2.3.2 通过利用矩阵的初等行变换（本质上是高斯消元法）求矩阵的秩，是判断线性方程组解的存在性的重要方法. 在第 3 章我们将

看到，在某些特殊情况下，可以用别的方法来判断解的存在性，参见命题 3.2.2、推论 3.2.2、推论 3.3.6 和例 3.3.25.

习题 2.3

1. 求矩阵 $\boldsymbol{A}=\begin{pmatrix}0 & 2 & 0 & 1\\ -1 & 3 & -1 & 2\\ 2 & -10 & 2 & -6\\ 1 & -7 & 1 & 5\end{pmatrix}$ 的秩.

2. 求向量组

$$\boldsymbol{\alpha}_1=\begin{pmatrix}1\\-1\\2\\-1\end{pmatrix},\ \boldsymbol{\alpha}_2=\begin{pmatrix}-3\\2\\-1\\0\end{pmatrix},\ \boldsymbol{\alpha}_3=\begin{pmatrix}2\\-1\\-1\\1\end{pmatrix},\ \boldsymbol{\alpha}_4=\begin{pmatrix}-1\\1\\-2\\1\end{pmatrix}$$

的秩和一个极大无关组.

3. 设矩阵 $\boldsymbol{A}$ 的每个 (i, j)-元都是同一个数 a. 求 $r(\boldsymbol{A})$.

4. 设线性方程组的系数矩阵为 $\boldsymbol{A}$，增广矩阵为 $\widetilde{\boldsymbol{A}}$. 证明：$r(\boldsymbol{A})=r(\widetilde{\boldsymbol{A}})$，或者 $r(\boldsymbol{A})=r(\widetilde{\boldsymbol{A}})-1$.

5. 设 $\boldsymbol{A}$ 是任意的 $m\times n$ 型矩阵. 任意取定 $\boldsymbol{A}$ 的 m' 行和 n' 列. 设 $\boldsymbol{B}$ 是由 $\boldsymbol{A}$ 的这些行和这些列的交叉处的元按在 $\boldsymbol{A}$ 中的位置构成的 $m'\times n'$ 型矩阵. 证明：$r(\boldsymbol{B})\leqslant r(\boldsymbol{A})$.

这样得到的矩阵 $\boldsymbol{B}$ 称为 $\boldsymbol{A}$ 的一个子矩阵.

6. 设 a_{ij} 是常数. 设有齐次线性方程组

$$(\mathrm{I})\begin{cases}a_{11}x_1+a_{12}x_2+a_{13}x_3+a_{14}x_4=0\\ a_{21}x_1+a_{22}x_2+a_{23}x_3+a_{24}x_4=0\\ a_{31}x_1+a_{32}x_2+a_{33}x_3+a_{34}x_4=0\\ a_{41}x_1+a_{42}x_2+a_{43}x_3+a_{44}x_4=0\end{cases}$$

和

$$(\mathrm{II})\begin{cases}a_{11}x_1+a_{21}x_2+a_{31}x_3+a_{41}x_4=0\\ a_{12}x_1+a_{22}x_2+a_{32}x_3+a_{42}x_4=0\\ a_{13}x_1+a_{23}x_2+a_{33}x_3+a_{43}x_4=0\\ a_{14}x_1+a_{24}x_2+a_{34}x_3+a_{44}x_4=0\end{cases}$$

证明：(I) 有非零解 $\Leftrightarrow$ (II) 有非零解.

7. 判断方程组

$$\begin{cases}2x_1-x_2+4x_3-3x_4=-4\\ x_1+x_3-x_4=-3\\ 3x_1+x_2+x_3=1\\ 7x_1+7x_3-3x_4=3\end{cases}$$

是否有解. 如果有解，是有唯一解还是无穷多个解?

8. 判断方程组

$$\begin{cases}x_1+2x_2+2x_3=0\\x_1+x_2+x_3=0\\x_1+5x_2+5x_3=0\end{cases}$$

是否只有零解.

9. 已知 λ 为常数. 线性方程组

$$\begin{cases}x_1+x_2+x_3-x_4=2\\3x_1+x_2-x_3+2x_4=3\\2x_1+2\lambda x_2-2x_3+3x_4=\lambda\end{cases}$$

当 λ 分别为何值时无解、有唯一解、有无穷多个解?

10. 设一个非齐次方程组和一个齐次线性方程组的系数矩阵都是矩阵 $\boldsymbol{A}$.

(1) 证明：如果该非齐次方程组有且仅有一个解，则该齐次方程组只有零解.

(2) 如果该齐次方程组有无穷多个解，那么该非齐次方程组是否也有无穷多个解? 说明理由.

§2.4　基础解系、解线性方程组

本节我们讨论线性方程组的求解问题，并介绍基础解系这一重要概念及其基本性质. 解线性方程组的过程包含两个部分：首先，判断方程组解的存在性（在 2.3 节里我们介绍了线性方程组解的存在性判别定理，参见定理 2.3.1，并根据这个定理给出了以高斯消元法为基础的算法 2.3.3 和算法 2.3.4）；其次，如果方程组有解，求出其全部解.

为了给出具体的算法，我们需要先讨论线性方程组的解集的性质. 为此，我们介绍如下定义.

齐次化是一个重要技巧.

定义2.4.1　对于任意给定的非齐次线性方程组，把非零常数项全部变为 0，其他系数不变而得到的齐次线性方程组，称为该非齐次方程组的导出组.

非齐次线性方程组与它的导出组有相同的系数矩阵.

例2.4.1　非齐次线性方程组

$$\begin{cases}x_1-2x_2+x_3-x_4=-2\\2x_1-2x_2+x_3-2x_4=0\\3x_1+2x_2-x_3-x_4=1\end{cases}$$

的导出组为

$$\begin{cases}x_1-2x_2+x_3-x_4=0\\2x_1-2x_2+x_3-2x_4=0\\3x_1+2x_2-x_3-x_4=0\end{cases}.$$

导出组这个概念的重要性在于我们有如下结论.①

引理2.4.1 设一个非齐次线性方程组有无穷多个解. 任意取定它的一个解 $\boldsymbol{\gamma}_0$，则该方程组的全部解为 $\boldsymbol{\gamma}_0+\boldsymbol{\gamma}$，其中，$\boldsymbol{\gamma}$ 为它的导出组的任意一个解.

线性方程组的解是列向量.

证明： 设非齐次线性方程组为

用线性方程组的向量形式.

$$\text{(I)}: x_1\boldsymbol{\alpha}_1+\cdots+x_n\boldsymbol{\alpha}_n=\boldsymbol{\beta},\ \boldsymbol{\beta}\neq\boldsymbol{0}.$$

则其导出组为

$$\text{(II)}: x_1\boldsymbol{\alpha}_1+\cdots+x_n\boldsymbol{\alpha}_n=\boldsymbol{0}.$$

设 $\boldsymbol{\gamma}_0=\begin{pmatrix}a_1\\\vdots\\a_n\end{pmatrix}$. 则

$$a_1\boldsymbol{\alpha}_1+\cdots+a_n\boldsymbol{\alpha}_n=\boldsymbol{\beta}.$$

首先，设 $\boldsymbol{\gamma}=\begin{pmatrix}b_1\\\vdots\\b_n\end{pmatrix}$ 是 (II) 的任意一个解，即

这里是在验证：(I) 的解集等于集合 $\{\boldsymbol{\gamma}_0+\boldsymbol{\gamma}:\boldsymbol{\gamma}$ 是 (II) 的解$\}$.

$$b_1\boldsymbol{\alpha}_1+\cdots+b_n\boldsymbol{\alpha}_n=\boldsymbol{0}.$$

上两式左右两边相加，得

参见习题1.1第4题.

$$(a_1+b_1)\boldsymbol{\alpha}_1+\cdots+(a_n+b_n)\boldsymbol{\alpha}_n=\boldsymbol{\beta}+\boldsymbol{0}=\boldsymbol{\beta},$$

此即表明，$\boldsymbol{\gamma}_0+\boldsymbol{\gamma}$ 是 (I) 的解.

其次，对 (I) 的任意一个解 $\boldsymbol{\eta}=\begin{pmatrix}c_1\\\vdots\\c_n\end{pmatrix}$，要验证存在 (II) 的解 $\boldsymbol{\gamma}$ 使得 $\boldsymbol{\eta}=\boldsymbol{\gamma}_0+\boldsymbol{\gamma}$. 事实上，把如下两个等式

$$c_1\boldsymbol{\alpha}_1+\cdots+c_n\boldsymbol{\alpha}_n=\boldsymbol{\beta}$$

和

$$a_1\boldsymbol{\alpha}_1+\cdots+a_n\boldsymbol{\alpha}_n=\boldsymbol{\beta}$$

的左右两边相减，得

参见习题1.1第3题.

$$(c_1-a_1)\boldsymbol{\alpha}_1+\cdots+(c_n-a_n)\boldsymbol{\alpha}_n=\boldsymbol{\beta}-\boldsymbol{\beta}=\boldsymbol{0},$$

此即表明，$\boldsymbol{\eta}-\boldsymbol{\gamma}_0$ 是 (II) 的一个解. 令 $\boldsymbol{\gamma}=\boldsymbol{\eta}-\boldsymbol{\gamma}_0$ 即有 $\boldsymbol{\eta}=\boldsymbol{\gamma}_0+\boldsymbol{\gamma}$.

---

① 该结论的几何意义是：非齐次线性方程组如果有无穷多个解，那么它的解集是它的导出组的解集的一个平移.

综上，结论成立. □

此时，其导出组也必然有无穷多个解，参见定理 2.3.1 或习题 2.3 的第 10 题.

由引理 2.4.1 可知，当非齐次方程组有无穷多个解时，其解集本质上由其导出组的解集确定. 所以，问题转化为，如何刻画有非零解的齐次线性方程组的解集？为此，我们介绍如下重要概念.

定义2.4.2 设一个齐次线性方程组有非零解（即有无穷多个解）. 如果它的解 $\boldsymbol{\xi}_1, \cdots, \boldsymbol{\xi}_s$ 满足如下两个条件：

(1) $\boldsymbol{\xi}_1, \cdots, \boldsymbol{\xi}_s$ 线性无关，

此时，表出方式必然是唯一的，参见引理 2.2.1. 基础解系是一个向量组.

(2) 该齐次方程组的任意解都可以由 $\boldsymbol{\xi}_1, \cdots, \boldsymbol{\xi}_s$ 线性表出，

则称 $\boldsymbol{\xi}_1, \cdots, \boldsymbol{\xi}_s$ 是该齐次线性方程组的一个基础解系.

由定义 2.4.2 可知，当齐次线性方程组有无穷多个解时，如果能找到它的一个基础解系，则该齐次线性方程组的所有解都能明确地给出. 但基础解系是否存在?① 如果存在，如何求？我们先看一个例子.

例2.4.2 考虑齐次线性方程组

$$\begin{cases} -x_2+3x_3+2x_4=0 \\ x_1+2x_2-2x_3+x_4=0 \\ 2x_1+6x_2-10x_3-2x_4=0 \end{cases} \tag{2.4.1}$$

只能用初等行变换.

对其系数矩阵作初等行变换得到阶梯形矩阵（参见例 2.3.3）：

$$\boldsymbol{A}=\begin{pmatrix} 0 & -1 & 3 & 2 \\ 1 & 2 & -2 & 1 \\ 2 & 6 & -10 & -2 \end{pmatrix} \to \begin{pmatrix} 1 & 2 & -2 & 1 \\ 0 & -1 & 3 & 2 \\ 0 & 0 & 0 & 0 \end{pmatrix}.$$

先把每个主元变为 1；然后从最后一个主元开始，把每个主元上方的数用 2°型初等行变换变为 0.

从而，$r(\boldsymbol{A})=2$，小于未知数的个数 4，所以，该齐次线性方程组有无穷多个解. 继续对上述阶梯形矩阵作初等行变换，使之变为行简化阶梯形矩阵：

$$\boldsymbol{A}\to\begin{pmatrix} 1 & 2 & -2 & 1 \\ 0 & -1 & 3 & 2 \\ 0 & 0 & 0 & 0 \end{pmatrix} \to \begin{pmatrix} 1 & 0 & 4 & 5 \\ 0 & 1 & -3 & -2 \\ 0 & 0 & 0 & 0 \end{pmatrix}.$$

由此即得，约束变量为 x_1，x_2，自由变量为 x_3，x_4，且由行简化阶梯形矩阵直接得到：

移项！

$$\begin{cases} x_1=-4x_3-5x_4 \\ x_2=3x_3+2x_4 \end{cases}. \tag{2.4.2}$$

对系数矩阵作初等行变换等价于对齐次方程组作初等变换.

即原方程组与方程组（2.4.2）同解. 在方程组（2.4.2）中分别令

$$\begin{pmatrix} x_3 \\ x_4 \end{pmatrix}=\begin{pmatrix} 1 \\ 0 \end{pmatrix},\ \begin{pmatrix} 0 \\ 1 \end{pmatrix},$$

① 虽然基础解系的定义类似于向量组的极大无关组的定义（参见定义 2.2.3），但是，基础解系的存在性不能像注 2.2.3 那样用“筛选法”直接得到，因为这里的解向量有无穷多.

得到方程组（2.4.2）的两个解，也就是原方程组的两个解：

$$\boldsymbol{\xi}_1=\begin{pmatrix}-4\\3\\1\\0\end{pmatrix},\ \boldsymbol{\xi}_2=\begin{pmatrix}-5\\2\\0\\1\end{pmatrix}.$$

易见，$\boldsymbol{\xi}_1$，$\boldsymbol{\xi}_2$ 线性无关.（因为 $\boldsymbol{\xi}_1$，$\boldsymbol{\xi}_2$ 是 $\begin{pmatrix}1\\0\end{pmatrix}$，$\begin{pmatrix}0\\1\end{pmatrix}$ 的一个伸长组，参见命题 2.2.1；或者，因为 $\boldsymbol{\xi}_1$，$\boldsymbol{\xi}_2$ 不成比例，所以线性无关，参见例 2.2.5.）

其次，设 $\boldsymbol{\eta}=\begin{pmatrix}k_1\\k_2\\k_3\\k_4\end{pmatrix}$ 是原方程组的任意一个解，从而也是方程组（2.4.2）的一个解，于是，代入方程组（2.4.2），得

$$\begin{cases}k_1=-4k_3-5k_4\\k_2=3k_3+2k_4\end{cases}. \tag{2.4.3}$$

于是，

$$\begin{aligned}\boldsymbol{\eta}=\begin{pmatrix}k_1\\k_2\\k_3\\k_4\end{pmatrix}&=\begin{pmatrix}-4k_3-5k_4\\3k_3+2k_4\\k_3\\k_4\end{pmatrix}\\&=k_3\begin{pmatrix}-4\\3\\1\\0\end{pmatrix}+k_4\begin{pmatrix}-5\\2\\0\\1\end{pmatrix}\\&=k_3\boldsymbol{\xi}_1+k_4\boldsymbol{\xi}_2,\end{aligned}$$

此即表明，$\boldsymbol{\eta}$ 可以由 $\boldsymbol{\xi}_1$，$\boldsymbol{\xi}_2$ 线性表出.

综上，$\boldsymbol{\xi}_1$，$\boldsymbol{\xi}_2$ 是原方程组的一个基础解系，从而，原方程组的通解（全部解）为

$$t_1\boldsymbol{\xi}_1+t_2\boldsymbol{\xi}_2=\begin{pmatrix}-4t_1-5t_2\\3t_1+2t_2\\t_1\\t_2\end{pmatrix},\text{ 其中 } t_1,\ t_2 \text{ 是任意数.}$$

把例 2.4.2 的讨论推广到一般情形，我们有如下重要结论.①

定理2.4.1 （齐次线性方程组的基础解系的存在性定理）

设 n 元齐次线性方程组的系数矩阵 $\mathbf{A}$ 的秩 $r(\mathbf{A})<n$，则该齐次方程组存在由 $n-r(\mathbf{A})$ 个解向量构成的基础解系.

有了基础解系的存在性，我们进一步讨论基础解系的性质. 我们有如下命题.②

当齐次线性方程组有非零解时，它有无穷多个基础解系.

命题2.4.1 任意给定一个 n 元齐次线性方程组，设它的系数矩阵 $\mathbf{A}$ 满足 $r(\mathbf{A})<n$，则

(1) 任意 $n-r(\mathbf{A})$ 个线性无关的解向量都构成一个基础解系.

(2) 任意基础解系所包含的解向量的个数都是 $n-r(\mathbf{A})$.

(3) 由该方程组的解向量构成的任意向量组的秩都不超过 $n-r(\mathbf{A})$.

存在性由定理 2.4.1 保证.

证明： 任意取定它的一个由 $n-r(\mathbf{A})$ 个解向量构成的基础解系 (I). 由于 (I) 线性无关，所以它的秩为 $n-r(\mathbf{A})$.

(1) 任意取定 $n-r(\mathbf{A})$ 个线性无关的解向量，则这些解向量构成的向量组 (II) 的秩也是 $n-r(\mathbf{A})$，且能够由 (I) 线性表出. 于是，由命题 2.2.12 可知，(I) 也可以由 (II) 线性表出，从而，由线性表出的传递性，原方程组的任意解都可以由 (II) 线性表出，而 (II) 线性无关，所以，(II) 也是一个基础解系.

(2) 设 (III) 是原方程组的任意一个基础解系，则由线性表出的传递性，(III) 和 (I) 是等价的，于是，由命题 2.2.11 可知，(I) 和 (III) 的秩相等，从而 (III) 的秩也是 $n-r(\mathbf{A})$. 而 (III) 线性无关，所以，(III) 所包含的解向量的个数等于它的秩，即 $n-r(\mathbf{A})$.

(3) 设 (IV) 是由原方程组的解向量构成的任意一个向量组，则 (IV) 可以由 (I) 线性表出，从而，由命题 2.2.11 可知，(IV) 的秩不超过 (I) 的秩，即 $n-r(\mathbf{A})$. □

由基础解系的定义和命题 2.4.1 我们得到如下定理.

定理2.4.2 （齐次线性方程组的解集的结构定理）

任意给定一个 n 元齐次线性方程组，设它的系数矩阵 $\mathbf{A}$ 满足 $r(\mathbf{A})<n$. 任取它的 $n-r(\mathbf{A})$ 个线性无关的解 $\boldsymbol{\xi}_1, \cdots, \boldsymbol{\xi}_{n-r(\mathbf{A})}$，则它的全部解为

任意数 t_i 可以选用别的字母，如 k_i，c_i 等.

$$t_1\boldsymbol{\xi}_1+\cdots+t_{n-r(\mathbf{A})}\boldsymbol{\xi}_{n-r(\mathbf{A})}\text{，其中 } t_i \text{ 是任意数.}$$

证明： 由命题 2.4.1 (1) 可知，$\boldsymbol{\xi}_1, \cdots, \boldsymbol{\xi}_{n-r(\mathbf{A})}$ 是该方程组的一个基础解系，所以该方程组的任意解都可以由 $\boldsymbol{\xi}_1, \cdots, \boldsymbol{\xi}_{n-r(\mathbf{A})}$ 线性表出.

① 其证明的思路与例 2.4.2 相同，细节从略. 如果一个齐次线性方程组只有零解，则它没有基础解系，反之亦然.

② 对任意 $m\times n$ 型矩阵 $\mathbf{A}$，$n-r(\mathbf{A})$ 是一个重要的数.

另外，由命题 1.1.1 可知，$\boldsymbol{\xi}_1$， …， $\boldsymbol{\xi}_{n-r(\boldsymbol{A})}$ 的任意线性组合都是该方程组的一个解.

综上，结论成立. □

例2.4.3 设 $\boldsymbol{\eta}_1$，$\boldsymbol{\eta}_2$，$\boldsymbol{\eta}_3$ 是某个 4 元齐次线性方程组的解，且该方程组的系数矩阵的秩为 2. 已知

$$2\boldsymbol{\eta}_1-3\boldsymbol{\eta}_2+\boldsymbol{\eta}_3=\begin{pmatrix}-1\\0\\2\\3\end{pmatrix},\ \boldsymbol{\eta}_1+\boldsymbol{\eta}_2-6\boldsymbol{\eta}_3=\begin{pmatrix}0\\2\\-3\\-1\end{pmatrix}.$$

求该方程组的通解（全部解）.

解：由于 $4-2=2$，且 $2\boldsymbol{\eta}_1-3\boldsymbol{\eta}_2+\boldsymbol{\eta}_3$，$\boldsymbol{\eta}_1+\boldsymbol{\eta}_2-6\boldsymbol{\eta}_3$ 是原方程组的两个线性无关的解，所以，原方程组的通解为

用定理 2.4.2 和命题 1.1.1. 不要试图去求出 $\boldsymbol{\eta}_i$.

$$t_1(2\boldsymbol{\eta}_1-3\boldsymbol{\eta}_2+\boldsymbol{\eta}_3)+t_2(\boldsymbol{\eta}_1+\boldsymbol{\eta}_2-6\boldsymbol{\eta}_3)=\begin{pmatrix}-t_1\\2t_2\\2t_1-3t_2\\3t_1-t_2\end{pmatrix},$$

其中，t_1，t_2 是任意数. □

注2.4.1 当齐次线性方程组有无穷多个解时，由于基础解系有无穷多，所以，由定理 2.4.2 可知，其通解的表达式不唯一.

例2.4.4（参见例 1.1.5）齐次线性方程组 $x_1+3x_2+4x_3=0$ 的系数矩阵 $\boldsymbol{A}=(1\quad 3\quad 4)$ 是 1×3 型阶梯形矩阵，从而 $r(\boldsymbol{A})=1<3$，所以有非零解（即无穷多个解），而且它的任意基础解系都含有 $3-1=2$ 个解向量. 直接验证

$$\boldsymbol{\xi}_1=\begin{pmatrix}-3\\1\\0\end{pmatrix},\ \boldsymbol{\xi}_2=\begin{pmatrix}-4\\0\\1\end{pmatrix}$$

是原方程组的两个线性无关的解，所以，它的全部解为

$$t_1\boldsymbol{\xi}_1+t_2\boldsymbol{\xi}_2=\begin{pmatrix}-3t_1-4t_2\\t_1\\t_2\end{pmatrix},\ t_1,\ t_2\text{是任意数.}\tag{2.4.4}$$

类似地，可以直接验证

$$\boldsymbol{\eta}_1=\begin{pmatrix}1\\0\\-\frac{1}{4}\end{pmatrix},\ \boldsymbol{\eta}_2=\begin{pmatrix}0\\1\\-\frac{3}{4}\end{pmatrix}$$

虽然这样的方程组有无穷多个基础解系，但多数情形下只需求出一个基础解系即可.

是原方程组的两个线性无关的解，所以，原方程组的全部解也可以写为

$$k_1\boldsymbol{\eta}_1+k_2\boldsymbol{\eta}_2=\begin{pmatrix} k_1 \\ k_2 \\ -\frac{1}{4}k_1-\frac{3}{4}k_2 \end{pmatrix}，k_1，k_2\text{是任意数.} \qquad (2.4.5)$$

式（2.4.4）和式（2.4.5）虽然看起来不同，但都表示原方程组的全部解，所以，它们所给出的解的集合是相同的.

由定理 2.4.2 可知，当 n 元齐次线性方程组的系数矩阵 $\boldsymbol{A}$ 满足 $r(\boldsymbol{A})<n$ 时，如何构造该方程组的 $n-r(\boldsymbol{A})$ 个线性无关的解（也就是一个基础解系）是非常重要的.① 把例 2.4.2 的讨论进行推广，我们得到如下算法.②

算法2.4.1 （用高斯消元法求齐次线性方程组的基础解系）

任意给定 n 元齐次线性方程组（I）. 写出其系数矩阵 $\boldsymbol{A}$.

（1）用算法 2.3.3 判断（I）是否有非零解. 如果只有零解，算法结束；否则，转入下一步.

自由变量的个数是 $n-r(\boldsymbol{A})$. 对自由变量进行移项.

（2）继续对（1）中得到的阶梯形矩阵作初等行变换，使之变为行简化阶梯形矩阵，进而用自由变量把约束变量表示出来，得到与（I）同解的方程组（II）.

（3）在（II）中分别取自由变量的值为（每次让一个自由变量取 1，其余自由变量取 0，一共进行 $n-r(\boldsymbol{A})$ 次）

$$1，0，\cdots，0，0；0，1，\cdots，0，0；\cdots；0，0，\cdots，0，1.$$

代入（II）中，分别得到（I）的 $n-r(\boldsymbol{A})$ 个解：

$$\boldsymbol{\xi}_1，\boldsymbol{\xi}_2，\cdots，\boldsymbol{\xi}_{n-r(\boldsymbol{A})}，$$

这个向量组是 $n-r(\boldsymbol{A})$ 维基本向量的伸长组，从而由命题 2.2.1 和命题 2.4.1 可知，它是（I）的一个基础解系.

根据定理 2.4.2，由上述算法得到的基础解系可得（I）的通解为

$$t_1\boldsymbol{\xi}_1+\cdots+t_{n-r(\boldsymbol{A})}\boldsymbol{\xi}_{n-r(\boldsymbol{A})}，\text{其中 } t_i\text{ 是任意数.} \qquad (2.4.6)$$

例2.4.5 设关于 x_1，x_2 的齐次线性方程组的系数矩阵为 $\boldsymbol{A}=\begin{pmatrix} 0 & -2 \\ 0 & 0 \end{pmatrix}$. 由于 $r(\boldsymbol{A})=1<2$，所以，该方程组的基础解系包含一个解向量.

---

① 除了得到通解表达式外，齐次线性方程组的基础解系还有其他重要应用，参见第 4 章和第 5 章.

② 由于该算法的关键是对系数矩阵作初等行变换，而初等行变换本质上是对原方程组作初等变换，所以，该算法称为高斯消元法.

用初等行变换把 $\boldsymbol{A}$ 化为行简化阶梯形矩阵，得 $\boldsymbol{A}\rightarrow\begin{pmatrix}0 & 1\\0 & 0\end{pmatrix}$. 取自由变量 x_1 的值为 1，则得到该方程组的一个基础解系：$\boldsymbol{\xi}_1=\begin{pmatrix}1\\0\end{pmatrix}$.

例2.4.6 线性方程组 $\begin{cases}x_1-2x_2+x_3=0\\x_1+3x_2+2x_3=0\\-2x_1-x_2+2x_3=0\end{cases}$ 是否有基础解系？如果有，求出它的一个基础解系.

解：用初等行变换把系数矩阵化为阶梯形矩阵：

$$\boldsymbol{A}=\begin{pmatrix}1 & -2 & 1\\1 & 3 & 2\\-2 & -1 & 2\end{pmatrix}\rightarrow\begin{pmatrix}1 & -2 & 1\\0 & 5 & 1\\0 & 0 & 5\end{pmatrix}.$$

所以，$r(\boldsymbol{A})=3$，等于未知数的个数，从而，原方程组只有零解，因此没有基础解系. □

例2.4.7 求 $\begin{cases}x_1-2x_2+x_3=0\\x_1-2x_2+2x_3=0\\-x_1+2x_2-\dfrac{3}{2}x_3=0\end{cases}$ 的一个基础解系.

解：对系数矩阵作初等行变换化为阶梯形矩阵：

$$\boldsymbol{A}=\begin{pmatrix}1 & -2 & 1\\1 & -2 & 2\\-1 & 2 & -\dfrac{3}{2}\end{pmatrix}\rightarrow\begin{pmatrix}1 & -2 & 1\\0 & 0 & 1\\0 & 0 & 0\end{pmatrix}.$$

所以，$r(\boldsymbol{A})=2$，小于未知数的个数，从而，原方程组有无穷多个解，其基础解系含有 $3-2=1$ 个解向量. 对阶梯形矩阵作初等行变换化为行简化阶梯形矩阵：

$$\boldsymbol{A}\rightarrow\begin{pmatrix}1 & -2 & 0\\0 & 0 & 1\\0 & 0 & 0\end{pmatrix}.$$

由此即得，自由变量是 x_2，且原方程组同解于

$$\begin{cases}x_1=2x_2\\x_3=0\end{cases}.$$

方程 $0=0$ 可以省略不写；不要写成 $x_1=-2x_2$，要移项！

令 $x_2=1$，代入上述方程组，得到原方程组的一个解：$\boldsymbol{\xi}_1=\begin{pmatrix}2\\1\\0\end{pmatrix}$，从而得到原方程组的一个基础解系：$\boldsymbol{\xi}_1$. □

注2.4.2 在算法 2.4.1 中，自由变量的特殊取值用了单位向量，这是为了保障得到的 $n-r(\boldsymbol{A})$ 个解是线性无关的（根据命题 2.2.1）. 在具体问题中，也可以对自由变量取别的特殊值.

例2.4.8 求齐次线性方程组

$$\begin{cases}x_1-3x_2+5x_3-2x_4+x_5=0\\-2x_1+x_2-3x_3+x_4-4x_5=0\\-x_1-7x_2+9x_3-4x_4-5x_5=0\end{cases}\tag{2.4.7}$$

的一个基础解系，并写出其通解.

解： 用初等行变换把系数矩阵 $\boldsymbol{A}$ 化为阶梯形矩阵：

$$\boldsymbol{A}=\begin{pmatrix}1&-3&5&-2&1\\-2&1&-3&1&-4\\-1&-7&9&-4&-5\end{pmatrix}\to\begin{pmatrix}1&-3&5&-2&1\\0&-5&7&-3&-2\\0&0&0&0&0\end{pmatrix}.$$

由此即得，$r(\boldsymbol{A})=2<5$，所以，原方程组有非零解，其基础解系含有 $5-2=3$ 个解向量. 继续作初等行变换，得到行简化阶梯形矩阵：

$$\boldsymbol{A}\to\begin{pmatrix}1&0&\frac{4}{5}&-\frac{1}{5}&\frac{11}{5}\\0&1&-\frac{7}{5}&\frac{3}{5}&\frac{2}{5}\\0&0&0&0&0\end{pmatrix}.$$

于是，约束变量为 x_1，x_2，且原方程组同解于

$$\begin{cases}x_1=-\frac{4}{5}x_3+\frac{1}{5}x_4-\frac{11}{5}x_5\\x_2=\frac{7}{5}x_3-\frac{3}{5}x_4-\frac{2}{5}x_5\end{cases}\tag{2.4.8}$$

分别取

$$\begin{pmatrix}x_3\\x_4\\x_5\end{pmatrix}=\begin{pmatrix}5\\0\\0\end{pmatrix},\ \begin{pmatrix}0\\5\\0\end{pmatrix},\ \begin{pmatrix}0\\0\\5\end{pmatrix},$$

代入方程组（2.4.8），得到原方程组的一个基础解系：

$$\boldsymbol{\xi}_1=\begin{pmatrix}-4\\7\\5\\0\\0\end{pmatrix},\ \boldsymbol{\xi}_2=\begin{pmatrix}1\\-3\\0\\5\\0\end{pmatrix},\ \boldsymbol{\xi}_3=\begin{pmatrix}-11\\-2\\0\\0\\5\end{pmatrix},$$

这里，自由变量的取值可以避免分数，且得到的3个解是线性无关的(命题2.2.1)，从而确实构成一个基础解系. 类似的考虑在求正交阵中有用，参见第4章.

从而，原方程组的通解为

$$t_1\boldsymbol{\xi}_1+t_2\boldsymbol{\xi}_2+t_3\boldsymbol{\xi}_3=\begin{pmatrix}-4t_1+t_2-11t_3\\7t_1-3t_2-2t_3\\5t_1\\5t_2\\5t_3\end{pmatrix},$$

其中，t_1，t_2，t_3 是任意数. □

有时候只需要得到齐次线性方程组的通解的表达式，而不一定要求把通解写成基础解系的线性组合的形式. 此时，我们只要把算法 2.4.1 略为修改一下即可. 我们先看一个例子.

虽然通解的表达式不唯一，但只需写出通解的一个表达式即可.

例2.4.9 考虑齐次线性方程组

$$\begin{cases}x_1-5x_2-\dfrac{5}{2}x_4=0\\x_3-\dfrac{1}{2}x_4=0\\0=0\end{cases}. \tag{2.4.9}$$

该方程组的系数矩阵

$$\boldsymbol{A}=\begin{pmatrix}1&-5&0&-\dfrac{5}{2}\\0&0&1&-\dfrac{1}{2}\end{pmatrix}$$

已经是一个行简化阶梯形矩阵了，于是可以直接把约束变量 x_1，x_3 用自由变量 x_2，x_4 表示出来：

$$\begin{cases}x_1=5x_2+\dfrac{5}{2}x_4\\x_3=\dfrac{1}{2}x_4\end{cases}. \tag{2.4.10}$$

在方程组 (2.4.10) 中分别取自由变量的值：

$$\begin{pmatrix}x_2\\x_4\end{pmatrix}=\begin{pmatrix}1\\0\end{pmatrix},\ \begin{pmatrix}0\\1\end{pmatrix},$$

直接在式(2.4.10)中令自由变量 x_2，x_4 分别为任意数 t_1，t_2，就得到式(2.4.12).

得到原方程组的一个基础解系：

$$\boldsymbol{\xi}_1=\begin{pmatrix}5\\1\\0\\0\end{pmatrix},\ \boldsymbol{\xi}_2=\begin{pmatrix}\frac{5}{2}\\0\\\frac{1}{2}\\1\end{pmatrix}. \tag{2.4.11}$$

于是，由定理 2.4.2 得到原方程组的一个通解表达式：

$$t_1\boldsymbol{\xi}_1+t_2\boldsymbol{\xi}_2=\begin{pmatrix}5t_1+\frac{5}{2}t_2\\t_1\\\frac{1}{2}t_2\\t_2\end{pmatrix}. \tag{2.4.12}$$

把例 2.4.9 的讨论推广，我们即得如下算法.[①]

适用于只求通解的情形.

算法2.4.2 （用高斯消元法解齐次线性方程组）

任意给定 n 元齐次线性方程组，其系数矩阵为 $\boldsymbol{A}$.

(1) ～ (2) 与算法 2.4.1 相同.

(3) 在由 (2) 得到的方程组 (II) 中分别令自由变量为任意数，即得原方程组的通解的一个表达式.

例2.4.10 求齐次线性方程组

$$\begin{cases}x_2-x_3+2x_4=0\\2x_1-3x_2-x_3+x_4=0\\-2x_1+2x_2+2x_3-x_4=0\end{cases}$$

的通解.

可以先交换第 1，2 行，使左上角不为 0.

解： 用初等行变换把系数矩阵化为阶梯形矩阵：

$$\boldsymbol{A}=\begin{pmatrix}0&1&-1&2\\2&-3&-1&1\\-2&2&2&-1\end{pmatrix}\rightarrow\begin{pmatrix}2&-3&-1&1\\0&1&-1&2\\0&0&0&2\end{pmatrix}.$$

所以，$r(\boldsymbol{A})=3<4$，所以，原方程组有非零解（即无穷多个解）. 继续作初等行变换，化为行简化阶梯形矩阵：

$$\boldsymbol{A}\rightarrow\begin{pmatrix}1&0&-2&0\\0&1&-1&0\\0&0&0&1\end{pmatrix},$$

① 把系数矩阵用初等变换变为行简化阶梯形矩阵，在此基础上，仿照例 2.4.9，利用基本向量求出导出组的一个基础解系，最后利用定理 2.4.2 即得. 细节从略.

从而，原方程组同解于（只有一个自由变量 x_3）

不要写成 $x_1=-2x_3$，要移项！

$$\begin{cases}x_1=2x_3\\x_2=x_3\\x_4=0\end{cases}.$$

令自由变量 x_3 为任意数 t，代入上式，得到原方程组的通解为

$$\begin{pmatrix}2t\\t\\t\\0\end{pmatrix},\ t\text{ 是任意数.}$$ □

现在我们回到非齐次线性方程组. 由引理 2.4.1 和定理 2.4.2 我们立即得到如下重要结论.

定理2.4.3 （非齐次线性方程组的解集的结构定理）

设非齐次的 n 元线性方程组的系数矩阵 $\boldsymbol{A}$ 和增广矩阵 $\widetilde{\boldsymbol{A}}$ 满足：$r(\boldsymbol{A})=r(\widetilde{\boldsymbol{A}})<n$. 任取该非齐次方程组的一个解 $\boldsymbol{\gamma}_0$，任取其导出组的 $n-r(\boldsymbol{A})$ 个线性无关的解（即导出组的一个基础解系）$\boldsymbol{\xi}_1$，…，$\boldsymbol{\xi}_{n-r(\boldsymbol{A})}$. 则该非齐次线性方程组的通解（全部解）为

$$\boldsymbol{\gamma}_0+t_1\boldsymbol{\xi}_1+\cdots+t_{n-r(\boldsymbol{A})}\boldsymbol{\xi}_{n-r(\boldsymbol{A})},\tag{2.4.13}$$

其中，t_i 是任意数.

例2.4.11 设 $\boldsymbol{\eta}_1$，$\boldsymbol{\eta}_2$，$\boldsymbol{\eta}_3$，$\boldsymbol{\eta}_4$ 是某个 4 元非齐次线性方程组的解，且该方程组的系数矩阵的秩为 2. 已知

$$\boldsymbol{\eta}_1-2\boldsymbol{\eta}_2+\boldsymbol{\eta}_3=\begin{pmatrix}-1\\0\\2\\3\end{pmatrix},\ \boldsymbol{\eta}_4=\begin{pmatrix}1\\1\\-1\\-1\end{pmatrix},$$

$$3\boldsymbol{\eta}_1-5\boldsymbol{\eta}_2+2\boldsymbol{\eta}_3=\begin{pmatrix}0\\2\\-3\\-1\end{pmatrix}.$$

求该方程组的通解（全部解）.

解： 设 $\boldsymbol{\xi}_1=\boldsymbol{\eta}_1-2\boldsymbol{\eta}_2+\boldsymbol{\eta}_3$，$\boldsymbol{\xi}_2=3\boldsymbol{\eta}_1-5\boldsymbol{\eta}_2+2\boldsymbol{\eta}_3$.

由于 $1-2+1=0$，$3-5+2=0$，所以，由例 2.1.15（或者第 3 章的例 3.1.13）可知，$\boldsymbol{\xi}_1$ 和 $\boldsymbol{\xi}_2$ 是该非齐次方程组的导出组的解.

易见，$\boldsymbol{\xi}_1$，$\boldsymbol{\xi}_2$ 线性无关. 又由于系数矩阵的秩为 2，且含有 4 个未知数，$4-2=2$，所以，原方程组的通解为

$$\boldsymbol{\eta}_4+t_1\boldsymbol{\xi}_1+t_2\boldsymbol{\xi}_2=\begin{pmatrix}1-t_1\\1+2t_2\\-1+2t_1-3t_2\\-1+3t_1-t_2\end{pmatrix},$$

其中，t_1，t_2 是任意数. □

注2.4.3 由定理 2.4.3 可知，当一个非齐次线性方程组有无穷多个解时，只需要找到它的任意一个解和它的导出组的任意一个基础解系即可. 由于基础解系不唯一，所以，通解的表达式也不唯一.

为了得到求非齐次线性方程组的通解的算法（利用定理 2.4.3），我们先看如下例子.

例2.4.12 求非齐次线性方程组

$$\begin{cases}x_1-5x_2-\dfrac{5}{2}x_4=\dfrac{15}{2}\\x_3-\dfrac{1}{2}x_4=-\dfrac{3}{2}\\0=0\end{cases}$$

的全部解（参见例 1.1.8).

解： 原方程组的增广矩阵

$$\widetilde{\boldsymbol{A}}=\begin{pmatrix}1&-5&0&-\dfrac{5}{2}&\dfrac{15}{2}\\0&0&1&-\dfrac{1}{2}&-\dfrac{3}{2}\\0&0&0&0&0\end{pmatrix}$$

已经是一个行简化阶梯形矩阵了. 所以（$\boldsymbol{A}$ 为系数矩阵）

$$r(\boldsymbol{A})=r(\widetilde{\boldsymbol{A}})=2<4,$$

因此，原方程组有无穷多个解，其导出组的基础解系含有 $4-2=2$ 个解向量，且 x_2，x_4 是自由变量，原方程组同解于

移项！用自由变量表示约束变量.

$$\begin{cases}x_1=\dfrac{15}{2}+5x_2+\dfrac{5}{2}x_4\\x_3=-\dfrac{3}{2}+\dfrac{1}{2}x_4\end{cases}. \tag{2.4.14}$$

令 $\begin{pmatrix}x_2\\x_4\end{pmatrix}=\begin{pmatrix}0\\0\end{pmatrix}$，得原方程组的一个解

$$\boldsymbol{\gamma}_0=\begin{pmatrix}\frac{15}{2}\\0\\-\frac{3}{2}\\0\end{pmatrix}.$$

原方程组的导出组同解于

直接去掉方程组（2.4.14）中的常数项.

$$\begin{cases}x_1=5x_2+\frac{5}{2}x_4\\x_3=\frac{1}{2}x_4\end{cases}.$$

分别令 $\begin{pmatrix}x_2\\x_4\end{pmatrix}=\begin{pmatrix}1\\0\end{pmatrix}$，$\begin{pmatrix}0\\1\end{pmatrix}$，得到导出组的一个基础解系：

$$\boldsymbol{\xi}_1=\begin{pmatrix}5\\1\\0\\0\end{pmatrix},\ \boldsymbol{\xi}_2=\begin{pmatrix}\frac{5}{2}\\0\\\frac{1}{2}\\1\end{pmatrix}.$$

如果在方程组（2.4.14）中分别令自由变量 x_2，x_4 为任意数 t_1，t_2，就得到了通解的一个表达式（2.4.15）. 因此，例 1.1.8 确实得到了全部解.

综上，由定理 2.4.3 可知，原方程组的全部解为

$$\boldsymbol{\gamma}_0+t_1\boldsymbol{\xi}_1+t_2\boldsymbol{\xi}_2=\begin{pmatrix}\frac{15}{2}+5t_1+\frac{5}{2}t_2\\t_1\\-\frac{3}{2}+\frac{1}{2}t_2\\t_2\end{pmatrix},\tag{2.4.15}$$

其中，t_1，t_2 是任意数. □

把例 2.4.12 中的讨论推广[①]，我们得到如下算法. 与算法 2.4.1 同理，该算法仍然称为高斯消元法.

算法2.4.3 （用高斯消元法解非齐次线性方程组）

任意给定非齐次 n 元线性方程组（I）. 写出增广矩阵 $\widetilde{\boldsymbol{A}}$（其前 n 列构成系数矩阵 $\boldsymbol{A}$）.

（1）用算法 2.3.4 判断（I）是否有解. 如果无解，算法结束；如果有解，转入下一步.

---

① 把增广矩阵用初等变换变为行简化阶梯形矩阵，在此基础上，仿照例 2.4.12，求出原方程组的一个解，再利用基本向量求出导出组的一个基础解系，最后利用定理 2.4.3 即得. 细节从略.

(2) 继续用初等行变换把 (1) 中得到的阶梯形矩阵 $\widetilde{\boldsymbol{J}}$ 变为行简化阶梯形矩阵 $\widetilde{\boldsymbol{J}}_1$. 如果 $r(\boldsymbol{A})=r(\widetilde{\boldsymbol{A}})=n$，则直接由 $\widetilde{\boldsymbol{J}}_1$ 得到 (I) 的唯一解 (就是 $\widetilde{\boldsymbol{J}}_1$ 的最后一列中前 n 个数构成的向量)；否则，$r(\boldsymbol{A})=r(\widetilde{\boldsymbol{A}})<n$，转入下一步.

对自由变量进行移项；最后一列的常数项不移项.

(3) 利用 $\widetilde{\boldsymbol{J}}_1$，把约束变量用自由变量表示出来，得到与 (I) 同解的非齐次线性方程组 (II). 在 (II) 中令自由变量为任意数，即得 (I) 的通解的一个表达式.

例2.4.13 求方程组

$$\begin{cases}x_1-2x_2+3x_3=-1\\2x_1+x_2-2x_3=2\\x_1+3x_2-5x_3=6\end{cases}$$

的全部解.

解： 用初等行变换把增广矩阵化为阶梯形矩阵，得

$$\widetilde{\boldsymbol{A}}=\begin{pmatrix}1&-2&3&-1\\2&1&-2&2\\1&3&-5&6\end{pmatrix}\to\begin{pmatrix}1&-2&3&-1\\0&5&-8&4\\0&0&0&3\end{pmatrix}.$$

所以，$r(\widetilde{\boldsymbol{A}})=3\neq r(\boldsymbol{A})=2$，从而原方程组无解. □

例2.4.14 求线性方程组

$$\begin{cases}x_1-2x_2+3x_3=-1\\2x_1+x_2-2x_3=2\\x_1+3x_2-5x_3=3\\x_1-x_2+x_3=4\end{cases}$$

的全部解.

解： 用初等行变换把增广矩阵化为阶梯形矩阵，得

$$\widetilde{\boldsymbol{A}}=\begin{pmatrix}1&-2&3&-1\\2&1&-2&2\\1&3&-5&3\\1&-1&1&4\end{pmatrix}\to\begin{pmatrix}1&-2&3&-1\\0&1&-2&5\\0&0&2&-21\\0&0&0&0\end{pmatrix}.$$

所以，$r(\widetilde{\boldsymbol{A}})=3=r(\boldsymbol{A})$，等于未知数的个数，所以，原方程组有唯一解.

有唯一解时，行简化阶梯形矩阵中最后一列的前 3 个数即构成原方程组的解.

继续用初等行变换，得到行简化阶梯形矩阵：

$$\widetilde{\boldsymbol{A}} \to \begin{pmatrix} 1 & 0 & 0 & -\frac{3}{2} \\ 0 & 1 & 0 & -16 \\ 0 & 0 & 1 & -\frac{21}{2} \\ 0 & 0 & 0 & 0 \end{pmatrix}.$$

由此即得原方程组的解为 $\begin{pmatrix} -\frac{3}{2} \\ -16 \\ -\frac{21}{2} \end{pmatrix}$. □

例2.4.15 解线性方程组

$$\begin{cases} x_2-2x_3+2x_4=-5 \\ 2x_1-x_2+x_3-x_4=3 \\ 2x_1-x_3-x_4=-2 \\ 4x_1-x_2-2x_4=1 \end{cases}.$$

解: 用初等行变换把增广矩阵化为阶梯形矩阵，得

先分别把第 2 行和第 3 行的 −1 倍加到第 4 行，运算较为简便.

$$\widetilde{\boldsymbol{A}} = \begin{pmatrix} 0 & 1 & -2 & 2 & -5 \\ 2 & -1 & 1 & -1 & 3 \\ 2 & 0 & -1 & -1 & -2 \\ 4 & -1 & 0 & -2 & 1 \end{pmatrix} \to \begin{pmatrix} 2 & -1 & 1 & -1 & 3 \\ 0 & 1 & -2 & 2 & -5 \\ 0 & 0 & 0 & -2 & 0 \\ 0 & 0 & 0 & 0 & 0 \end{pmatrix}.$$

所以，$r(\boldsymbol{A})=r(\widetilde{\boldsymbol{A}})=3<4$，从而原方程组有无穷多个解. 继续作初等行变换，得到行简化阶梯形矩阵：

$$\to \begin{pmatrix} 1 & 0 & -\frac{1}{2} & 0 & -1 \\ 0 & 1 & -2 & 0 & -5 \\ 0 & 0 & 0 & 1 & 0 \\ 0 & 0 & 0 & 0 & 0 \end{pmatrix}.$$

由此可知，自由变量为 x_3，且原方程组同解于

$$\begin{cases} x_1=-1+\frac{1}{2}x_3 \\ x_2=-5+2x_3 \\ x_4=0 \end{cases}.$$

可以代入原方程组验算.

令 $x_3=t$ 是任意数. 得到原方程组的通解为

$$\begin{pmatrix}-1+\frac{1}{2}t\\-5+2t\\t\\0\end{pmatrix}\text{，其中 } t \text{ 为任意数.}$$

□

注2.4.4 矩阵的初等行变换（本质上是高斯消元法）是解线性方程组的重要方法. 在某些情况下（例如，当未知数个数等于方程个数时）我们可以用别的方法，例如，克莱姆法则（参见定理 3.3.6）来解线性方程组. 在实际应用中，解线性方程组往往会涉及大量的计算.

习题 2.4

1. 分别求下述两个齐次线性方程组的一个基础解系.

(I) $x_1+x_2+x_3+x_4=0$.

(II) $\begin{cases}x_1-x_2+x_3-x_4=0\\2x_1-2x_2+2x_3-3x_4=0\\x_1-x_2+x_3-2x_4=0\end{cases}$.

2. 判断下列说法是否正确，并说明理由.

(1) 两个齐次线性方程组的解集相同 ⟺ 它们的基础解系等价.

(2) 设一个 5 元齐次线性方程组的系数矩阵的秩为 3，则该方程组可能有 3 个线性无关的解.

参考例 2.1.15.

(3) 当一个线性方程组有无穷多个解时一定有基础解系.

(4) 设 $\boldsymbol{\xi}_1=\begin{pmatrix}1\\-1\\1\end{pmatrix}$，$\boldsymbol{\xi}_2=\begin{pmatrix}1\\1\\1\end{pmatrix}$ 是某个齐次线性方程组的一个基础解系，则 $\boldsymbol{\eta}_1=\begin{pmatrix}1\\0\\1\end{pmatrix}$，$\boldsymbol{\eta}_2=\begin{pmatrix}0\\1\\0\end{pmatrix}$ 也是该线性方程组的一个基础解系.

(5) 向量组 $\boldsymbol{\xi}_1=\begin{pmatrix}1\\0\\1\end{pmatrix}$，$\boldsymbol{\xi}_2=\begin{pmatrix}0\\1\\1\end{pmatrix}$ 一定是某个齐次线性方程组的某个基础解系.

3. 解齐次线性方程组

$$\begin{cases}x_1-3x_2+6x_3=0\\4x_1-x_2+x_3=0\\3x_1+2x_2+x_3=0\end{cases}.$$

4. 解齐次线性方程组

$$\begin{cases}x_1-3x_2+2x_3-x_4=0\\-2x_1+6x_2-4x_3+3x_4=0\\3x_1-9x_2+6x_3-4x_4=0\end{cases}.$$

5. 判断下列说法是否正确，并说明理由.

（1）如果一个非齐次方程组的导出组有基础解系，则该非齐次线性方程组一定有无穷多个解.

（2）如果一个非齐次线性方程组有无穷多个解，则它的导出组一定有基础解系.

（3）一个非齐次线性方程组的任意解都不可能由它的导出组的任意基础解系线性表出.

（4）设一个 5 元非齐次线性方程组的系数矩阵和增广矩阵的秩都是 3，则该方程组一定有 3 个线性无关的解.

（5）设一个 5 元非齐次线性方程组的系数矩阵和增广矩阵的秩都是 3，则它的通解的任意表达式中一定含有 2 个任意常数.

6. 解线性方程组

$$\begin{cases}x_1-2x_2+x_3-x_4=1\\2x_1+2x_2+x_3+2x_4=-1\\x_1+4x_2-3x_4=0\end{cases}.$$

7. 解线性方程组

$$\begin{cases}x_1-2x_2+x_3=1\\2x_1+2x_2+x_3=-1\\x_1+4x_2-x_3=0\\x_1-2x_2+2x_3=-1\end{cases}.$$

8. 解线性方程组

$$\begin{cases}x_1-x_2-x_3+x_4=1\\2x_1-2x_2-x_3+x_4=-2\\3x_1-3x_2-2x_3+2x_4=-1\\5x_1-5x_2-3x_3+3x_4=-3\end{cases}.$$

9. 设某个线性方程组的通解为

$$\begin{pmatrix}-2+3s-2t\\1-2s+3t\\-1+s\\2+t\end{pmatrix}, s, t \text{ 是任意数.}$$

(1) 证明：该方程组不是齐次线性方程组.

(2) 求该方程组的系数矩阵的秩，并写出它的导出组的一个基础解系.

10. 设某个5元非齐次线性方程组的系数矩阵的秩为3，且有无穷多个解. 证明：存在该方程组的3个线性无关的解 $\boldsymbol{\gamma}_1$，$\boldsymbol{\gamma}_2$，$\boldsymbol{\gamma}_3$，使得该方程组的任意解 $\boldsymbol{\gamma}$ 都可以由 $\boldsymbol{\gamma}_1$，$\boldsymbol{\gamma}_2$，$\boldsymbol{\gamma}_3$ 线性表出.

第3章　矩阵与行列式

矩阵理论是线性代数的重要组成部分. 在第 1 章中我们讨论了矩阵的初等变换，在第 2 章中我们讨论了矩阵在线性方程组上的应用. 在本章中我们主要介绍矩阵的运算、可逆矩阵、行列式等基本概念和基本结论.

§3.1　矩阵的运算

矩阵的运算主要指矩阵的转置、加法、数乘、乘法. 矩阵的运算有其几何与实际应用的背景. 我们只讨论这些运算的定义和基本性质.

我们先介绍矩阵的转置.

定义3.1.1　$m\times n$ 型矩阵 $\boldsymbol{A}=\begin{pmatrix} a_{11} & a_{12} & \cdots & a_{1n} \\ a_{21} & a_{22} & \cdots & a_{2n} \\ \vdots & \vdots & & \vdots \\ a_{m1} & a_{m2} & \cdots & a_{mn} \end{pmatrix}$ 的转置为如下的 $n\times m$ 型矩阵：

也可以用 $\boldsymbol{A}'$ 表示 $\boldsymbol{A}$ 的转置.

$$\boldsymbol{A}^{\mathrm{T}}=\begin{pmatrix} a_{11} & a_{21} & \cdots & a_{m1} \\ a_{12} & a_{22} & \cdots & a_{m2} \\ \vdots & \vdots & & \vdots \\ a_{1n} & a_{2n} & \cdots & a_{mn} \end{pmatrix}$$

即，$\boldsymbol{A}^{\mathrm{T}}(i,\ j)=\boldsymbol{A}(j,\ i)$. 特别地，$\boldsymbol{A}$ 的行（列）向量组就是 $\boldsymbol{A}^{\mathrm{T}}$ 的列（行）向量组.

$\boldsymbol{A}(i,\ j)$ 表示 $\boldsymbol{A}$ 的 $(i,\ j)$-元.

例如，列向量（也就是 $n\times 1$ 型矩阵）的转置是行向量（即 $1\times n$ 型矩阵）；又例如，

$$\begin{pmatrix}2 & -1 & 3\\0 & 2 & -5\end{pmatrix}^{\mathrm{T}}=\begin{pmatrix}2 & 0\\-1 & 2\\3 & -5\end{pmatrix}.$$

一般地，利用矩阵的向量形式（参见 2.1.2）可得：

$$(\boldsymbol{\alpha}_1 \quad \cdots \quad \boldsymbol{\alpha}_n)^{\mathrm{T}}=\begin{pmatrix}\boldsymbol{\alpha}_1^{\mathrm{T}}\\ \vdots \\ \boldsymbol{\alpha}_n^{\mathrm{T}}\end{pmatrix}.$$

由矩阵的秩的定义（参见定义 2.3.2）我们立即得到如下命题.

由此可立即得到习题 2.3 的第 6 题的解答.

命题3.1.1 对任意矩阵 $\boldsymbol{A}$ 都有：$r(\boldsymbol{A})=r(\boldsymbol{A}^{\mathrm{T}})$.

利用矩阵的转置可以引入如下重要概念.①

把 $\boldsymbol{A}$ 的每个元取相反数得到的矩阵为 $-\boldsymbol{A}$.

定义3.1.2 若矩阵 $\boldsymbol{A}$ 满足 $\boldsymbol{A}=\boldsymbol{A}^{\mathrm{T}}$，则称 $\boldsymbol{A}$ 是一个对称阵. 若矩阵 $\boldsymbol{A}$ 满足 $\boldsymbol{A}^{\mathrm{T}}=-\boldsymbol{A}$，则称 $\boldsymbol{A}$ 是一个反对称阵.

例如，

$$\begin{pmatrix}-1 & 2 & 0\\2 & 0 & -3\\0 & -3 & 5\end{pmatrix},\ \begin{pmatrix}3 & -2 & 1\\-2 & 1 & 6\\1 & 6 & 0\end{pmatrix}$$

是对称阵.

例3.1.1 若 $\boldsymbol{A}$ 既是对称阵，又是反对称阵，则 $\boldsymbol{A}=\boldsymbol{0}$.

下面我们介绍矩阵的加法运算：矩阵的加法运算就是求矩阵的和的运算.

矩阵的和是针对同阶矩阵而言的.

定义3.1.3 设 $\boldsymbol{A}$，$\boldsymbol{B}$ 是两个 $m\times n$ 型矩阵，则 $\boldsymbol{A}$ 与 $\boldsymbol{B}$ 的和 $\boldsymbol{A}+\boldsymbol{B}$ 是一个 $m\times n$ 型矩阵，其 (i,j)-元为

$$(\boldsymbol{A}+\boldsymbol{B})(i,j)=\boldsymbol{A}(i,j)+\boldsymbol{B}(i,j),\ 1\leqslant i\leqslant m,\ 1\leqslant j\leqslant n.$$

例如，向量的和（参见定义 2.1.3）是矩阵的和的特殊情况. 又例如，

$$\begin{pmatrix}-1 & 2 & 0\\3 & 6 & -5\end{pmatrix}+\begin{pmatrix}8 & 3 & -1\\0 & 4 & 9\end{pmatrix}=\begin{pmatrix}7 & 5 & -1\\3 & 10 & 4\end{pmatrix},$$

而

$$\begin{pmatrix}-1 & 2 & 0\\3 & 6 & -5\end{pmatrix}+\begin{pmatrix}8 & 3 & -1 & -1\\0 & 4 & 9 & 7\end{pmatrix}$$

① 对称阵必然是 $n\times n$ 型矩阵.

是没有意义的.

矩阵的和的行向量形式和列向量形式分别为

$$(\boldsymbol{\alpha}_1 \quad \cdots \quad \boldsymbol{\alpha}_n)+(\boldsymbol{\gamma}_1 \quad \cdots \quad \boldsymbol{\gamma}_n)=(\boldsymbol{\alpha}_1+\boldsymbol{\gamma}_1 \quad \cdots \quad \boldsymbol{\alpha}_n+\boldsymbol{\gamma}_n),$$

$$\begin{pmatrix}\boldsymbol{\beta}_1\\ \vdots\\ \boldsymbol{\beta}_m\end{pmatrix}+\begin{pmatrix}\boldsymbol{\delta}_1\\ \vdots\\ \boldsymbol{\delta}_m\end{pmatrix}=\begin{pmatrix}\boldsymbol{\beta}_1+\boldsymbol{\delta}_1\\ \vdots\\ \boldsymbol{\beta}_m+\boldsymbol{\delta}_m\end{pmatrix}.$$

由于向量组 $\boldsymbol{\alpha}_1+\boldsymbol{\gamma}_1$，…，$\boldsymbol{\alpha}_n+\boldsymbol{\gamma}_n$ 可以由向量组 $\boldsymbol{\alpha}_1$，…，$\boldsymbol{\alpha}_n$，$\boldsymbol{\gamma}_1$，…，$\boldsymbol{\gamma}_n$ 线性表出，由命题 2.2.11 和例 2.2.12 我们得到如下命题.

命题3.1.2 对任意 $m\times n$ 型矩阵 $\boldsymbol{A}$，$\boldsymbol{B}$ 有：

$$r(\boldsymbol{A}+\boldsymbol{B})\leqslant r(\boldsymbol{A})+r(\boldsymbol{B}).$$

矩阵的和与秩的关系.

矩阵的加法运算具有如下基本性质：

- 满足交换律：$\boldsymbol{A}+\boldsymbol{B}=\boldsymbol{B}+\boldsymbol{A}$；
- 满足结合律：$(\boldsymbol{A}+\boldsymbol{B})+\boldsymbol{C}=\boldsymbol{A}+(\boldsymbol{B}+\boldsymbol{C})$.
- $(\boldsymbol{A}+\boldsymbol{B})^{\mathrm{T}}=\boldsymbol{A}^{\mathrm{T}}+\boldsymbol{B}^{\mathrm{T}}$.

验证左右两边的 $(i,\ j)$-元相等.

由于矩阵的加法满足结合律，所以，若干个同型矩阵的和是有意义的.

矩阵的加法运算有逆运算，即可以定义同阶矩阵的减法为：对应的数相减. 例如

$$\begin{pmatrix}-1 & 2 & 0\\ 3 & 6 & -5\end{pmatrix}-\begin{pmatrix}8 & 3 & -1\\ 0 & 4 & 9\end{pmatrix}=\begin{pmatrix}-9 & -1 & 1\\ 3 & 2 & -14\end{pmatrix}.$$

特别地，可以“移项”：若 $\boldsymbol{A}+\boldsymbol{B}=\boldsymbol{C}$，则 $\boldsymbol{A}=\boldsymbol{C}-\boldsymbol{B}$；可以“消去”：若 $\boldsymbol{A}+\boldsymbol{B}=\boldsymbol{A}+\boldsymbol{C}$，则 $\boldsymbol{B}=\boldsymbol{C}$.

即矩阵的加法满足“消去律”.

接下来我们介绍矩阵的数乘运算.

定义3.1.4 设 $\boldsymbol{A}=\begin{pmatrix}a_{11} & a_{12} & \cdots & a_{1n}\\ a_{21} & a_{22} & \cdots & a_{2n}\\ \vdots & \vdots & & \vdots\\ a_{m1} & a_{m2} & \cdots & a_{mn}\end{pmatrix}$ 是任意 $m\times n$ 型矩阵，k 是任意数，则 k 与 $\boldsymbol{A}$ 的数乘 $k\boldsymbol{A}$ 是如下矩阵：

$$k\boldsymbol{A}=\begin{pmatrix}ka_{11} & ka_{12} & \cdots & ka_{1n}\\ ka_{21} & ka_{22} & \cdots & ka_{2n}\\ \vdots & \vdots & & \vdots\\ ka_{m1} & ka_{m2} & \cdots & ka_{mn}\end{pmatrix}.$$

用数去乘以矩阵的每个 $(i,\ j)$-元.

例如，向量的数乘（参见定义 2.1.3）是矩阵的数乘的特殊情况. 又例如，

$$-2\begin{pmatrix}-1 & 0 & \frac{1}{3}\\ \frac{1}{2} & -2 & 3\end{pmatrix}=\begin{pmatrix}2 & 0 & -\frac{2}{3}\\ -1 & 4 & -6\end{pmatrix}.$$

矩阵的数乘的行向量形式和列向量形式分别为

$$k(\boldsymbol{\alpha}_1 \quad \cdots \quad \boldsymbol{\alpha}_n)=(k\boldsymbol{\alpha}_1 \quad \cdots \quad k\boldsymbol{\alpha}_n),$$

$$k\begin{pmatrix}\boldsymbol{\beta}_1\\ \vdots\\ \boldsymbol{\beta}_m\end{pmatrix}=\begin{pmatrix}k\boldsymbol{\beta}_1\\ \vdots\\ k\boldsymbol{\beta}_m\end{pmatrix}.$$

矩阵的数乘具有如下基本性质：

- 如果 $k\boldsymbol{A}=\boldsymbol{0}$，则 $k=0$ 或 $\boldsymbol{A}=\boldsymbol{0}$.
- 对任意数 k，l 和任意矩阵 $\boldsymbol{A}$ 有：$k(l\boldsymbol{A})=(kl)\boldsymbol{A}$.
- 对任意数 k 和矩阵 $\boldsymbol{A}$ 有：$(k\boldsymbol{A})^{\mathrm{T}}=k\boldsymbol{A}^{\mathrm{T}}$.
- 分配律成立：对任意数 k，l 和矩阵 $\boldsymbol{A}$ 有：

$$(k+l)\boldsymbol{A}=k\boldsymbol{A}+l\boldsymbol{A};$$

对任意数 k 和任意 $m\times n$ 阶矩阵 $\boldsymbol{A}$，$\boldsymbol{B}$ 有

$$k(\boldsymbol{A}+\boldsymbol{B})=k\boldsymbol{A}+k\boldsymbol{B}.$$

若干个同型矩阵可以作线性组合.

例3.1.2 直接计算得：

$$-2\begin{pmatrix}-1 & 0 & -1\\ 2 & -2 & 3\end{pmatrix}-\begin{pmatrix}-1 & 1 & -2\\ -1 & -2 & -3\end{pmatrix}+3\begin{pmatrix}0 & 0 & -1\\ 1 & -2 & 3\end{pmatrix}$$

$$=\begin{pmatrix}3 & -1 & 1\\ 0 & 0 & 6\end{pmatrix}.$$

下面的例子很重要.①

例3.1.3 对任意 n 阶方阵 $\boldsymbol{A}$，证明：$\frac{1}{2}(\boldsymbol{A}+\boldsymbol{A}^{\mathrm{T}})$ 是一个对称阵且 $\boldsymbol{A}$ 可以写为一个对称阵和一个反对称阵的和.

证明： 注意到，$(\boldsymbol{A}^{\mathrm{T}})^{\mathrm{T}}=\boldsymbol{A}$，所以，

$$\left(\frac{1}{2}(\boldsymbol{A}+\boldsymbol{A}^{\mathrm{T}})\right)^{\mathrm{T}}=\frac{1}{2}(\boldsymbol{A}^{\mathrm{T}}+\boldsymbol{A}),$$

即 $\frac{1}{2}(\boldsymbol{A}+\boldsymbol{A}^{\mathrm{T}})$ 是对称阵. 类似地，可以得到 $\frac{1}{2}(\boldsymbol{A}-\boldsymbol{A}^{\mathrm{T}})$ 是反对称阵. 所以

① 称 $\frac{1}{2}(\boldsymbol{A}+\boldsymbol{A}^{\mathrm{T}})$ 为 $\boldsymbol{A}$ 的对称化.

$$A=\frac{1}{2}(A+A^{\mathrm{T}})+\frac{1}{2}(A-A^{\mathrm{T}})$$

是一个对称阵与一个反对称阵的和. □

矩阵的乘法运算的定义有很好的几何背景. 为简便起见，我们直接介绍它的定义. 我们先规定一个 n 维行向量和一个 n 维列向量的乘积为

比较标准内积的定义 4.3.1.

$$(c_1 \quad c_2 \quad \cdots \quad c_n)\begin{pmatrix} d_1 \\ d_2 \\ \vdots \\ d_n \end{pmatrix}$$

$$=c_1d_1+c_2d_2+\cdots+c_nd_n. \tag{3.1.1}$$

对应的分量相乘再相加.

由此我们介绍如下矩阵的乘积的定义.

定义3.1.5 设 A 是任意的 $m\times n$ 型矩阵，B 是任意的 $n\times s$ 型矩阵，则 A，B 的乘积 AB 为一个 $m\times s$ 型矩阵，其 (i, j)-元为 A 的第 i 个行向量与 B 的第 j 个列向量的乘积.

只有当 A 的列数等于 B 的行数时，乘积 AB 才有意义.

例3.1.4 设 $A=\begin{pmatrix} -1 & 1 & 0 \\ 1 & 1 & 1 \end{pmatrix}$，$B=\begin{pmatrix} -1 & 0 \\ 1 & -1 \\ 3 & -2 \end{pmatrix}$. 则 AB 有意义，且是一个 2×2 型矩阵，其 (i, j)-元为:

$(AB)(1, 1)=A$ 的第 1 行与 B 的第 1 列的乘积 $=-1\times(-1)+1\times 1+0\times 3=2$;

$(AB)(1, 2)=A$ 的第 1 行与 B 的第 2 列的乘积 $=-1\times 0+1\times(-1)+0\times(-2)=-1$;

$(AB)(2, 1)=A$ 的第 2 行与 B 的第 1 列的乘积 $=1\times(-1)+1\times 1+1\times 3=3$;

$(AB)(2, 2)=A$ 的第 2 行与 B 的第 2 列的乘积 $=1\times 0+1\times(-1)+1\times(-2)=-3$.

即 $AB=\begin{pmatrix} 2 & -1 \\ 3 & -3 \end{pmatrix}$.

类似地，BA 也有意义，且是一个 3×3 型矩阵. 根据定义，用与上述讨论类似的计算可得

一般地，$AB\neq BA$.

$$BA=\begin{pmatrix} 1 & -1 & 0 \\ -2 & 0 & -1 \\ -5 & 1 & -2 \end{pmatrix}.$$

例3.1.5 设 A 与 B 可以相乘. 如果 A 的第 i 个行向量是零向量（即 A 有零行），则 AB 的第 i 个行向量也是零向量；如果 B 的第 j 个列

向量是零向量（即 $\boldsymbol{B}$ 有零列），则 $\boldsymbol{AB}$ 的第 j 个列向量也是零向量. 特别地，任意矩阵与零矩阵的乘积（如果可以相乘）是零矩阵.

注3.1.1 数的除法运算是乘法运算的逆运算，例如，如果 $ax=b$（a，b 是数且 $a\neq 0$），则 $x=a^{-1}b$. 但是，矩阵的乘法运算没有逆运算，因此矩阵没有除法运算，即给定矩阵 $\boldsymbol{A}$，$\boldsymbol{B}$，即使 $\boldsymbol{A}\neq\boldsymbol{0}$，也未必存在 $\boldsymbol{X}$ 使得 $\boldsymbol{AX}=\boldsymbol{B}$. 例如，当 $\boldsymbol{A}$ 有零行而 $\boldsymbol{B}$ 没有零行时，就不存在 $\boldsymbol{X}$ 使得 $\boldsymbol{AX}=\boldsymbol{B}$. 例 3.2.18 给出了 $\boldsymbol{AX}=\boldsymbol{B}$ 有解的一个充要条件.

一般地，即使 $\boldsymbol{AB}$ 有意义，$\boldsymbol{BA}$ 也未必有意义，例如，若 $\boldsymbol{A}$ 是 3×3 阶矩阵而 $\boldsymbol{B}$ 是 3×1 型矩阵，则 $\boldsymbol{AB}$ 是 3×1 型矩阵，而 $\boldsymbol{BA}$ 没有意义.

即矩阵的乘法不满足交换律.

对任意的两个 $n\times n$ 型矩阵 $\boldsymbol{A}$，$\boldsymbol{B}$，$\boldsymbol{AB}$ 和 $\boldsymbol{BA}$ 都是有意义的，且都是 $n\times n$ 型矩阵. 特别注意，一般情况下，此时仍然有可能 $\boldsymbol{AB}\neq\boldsymbol{BA}$. 例如

$$\begin{pmatrix}1&1\\-1&0\end{pmatrix}\begin{pmatrix}-1&1\\1&1\end{pmatrix}=\begin{pmatrix}0&2\\1&-1\end{pmatrix}，\text{但是，}$$

$$\begin{pmatrix}-1&1\\1&1\end{pmatrix}\begin{pmatrix}1&1\\-1&0\end{pmatrix}=\begin{pmatrix}-2&-1\\0&1\end{pmatrix}.$$

即矩阵的乘法运算不满足消去律，亦即 $\boldsymbol{AB}=\boldsymbol{0}$ 推不出 $\boldsymbol{A}=\boldsymbol{0}$ 或 $\boldsymbol{B}=\boldsymbol{0}$.

矩阵的乘法运算还有一个与数的乘法不同的现象，即当 $\boldsymbol{A}\neq\boldsymbol{0}$ 且 $\boldsymbol{B}\neq\boldsymbol{0}$ 时有可能 $\boldsymbol{AB}=\boldsymbol{0}$. 例如，

$$\begin{pmatrix}1&-1\\-1&1\end{pmatrix}\begin{pmatrix}3&-2\\3&-2\end{pmatrix}=\begin{pmatrix}0&0\\0&0\end{pmatrix}.$$

矩阵的乘法运算有如下基本性质.①

即多个矩阵的乘积不依赖于运算的先后顺序.

- 满足结合律：即 $(\boldsymbol{AB})\boldsymbol{C}=\boldsymbol{A}(\boldsymbol{BC})$ 对任意可以相乘的矩阵都成立.
- 满足分配律：即 $\boldsymbol{A}(\boldsymbol{B}+\boldsymbol{C})=\boldsymbol{AB}+\boldsymbol{AC}$ 对任意可以相乘、相加的矩阵都成立；

与加法的关系.

且 $(\boldsymbol{B}+\boldsymbol{C})\boldsymbol{A}=\boldsymbol{BA}+\boldsymbol{CA}$ 对任意可以相乘、相加的矩阵都成立.

与数乘的关系.

- 对任意数 k 有 $k\boldsymbol{AB}=\boldsymbol{A}(k\boldsymbol{B})=(k\boldsymbol{A})\boldsymbol{B}$ 对任意可以相乘的矩阵都成立.

与转置的关系.

- 对任意可以相乘的矩阵 $\boldsymbol{A}$，$\boldsymbol{B}$ 都有

$$(\boldsymbol{AB})^{\mathrm{T}}=\boldsymbol{B}^{\mathrm{T}}\boldsymbol{A}^{\mathrm{T}}. \qquad (3.1.2)$$

例3.1.6 设 $\boldsymbol{\alpha}$，$\boldsymbol{\beta}$ 都是三维列向量，$\boldsymbol{\beta}^{\mathrm{T}}$ 表示 $\boldsymbol{\beta}$ 的转置，如果 $\boldsymbol{A}=\boldsymbol{\alpha\beta}^{\mathrm{T}}=\begin{pmatrix}2&1&1\\4&2&2\\-2&-1&-1\end{pmatrix}$，求 $\boldsymbol{\alpha}^{\mathrm{T}}\boldsymbol{\beta}$ 与 $\boldsymbol{A}^{2\,021}$.

---

① 根据矩阵相等的定义，验证左右两边的矩阵的阶相同，且每个 $(i，j)$-元都相等.

解：设 $\boldsymbol{\alpha}=(a_1, a_2, a_3)^{\mathrm{T}}$，$\boldsymbol{\beta}=(b_1, b_2, b_3)^{\mathrm{T}}$，则

$$\boldsymbol{\alpha}\boldsymbol{\beta}^{\mathrm{T}}=\begin{pmatrix} a_1b_1 & a_1b_2 & a_1b_3 \\ a_2b_1 & a_2b_2 & a_2b_3 \\ a_3b_1 & a_3b_2 & a_3b_3 \end{pmatrix}, \boldsymbol{\alpha}^{\mathrm{T}}\boldsymbol{\beta}=\boldsymbol{\beta}^{\mathrm{T}}\boldsymbol{\alpha}=a_1b_1+a_2b_2+a_3b_3,$$

因此， $\boldsymbol{\alpha}^{\mathrm{T}}\boldsymbol{\beta}=2+2+(-1)=3$，$(\boldsymbol{\alpha}^{\mathrm{T}}\boldsymbol{\beta})^{2\,020}=3^{2\,020}$，

$$\boldsymbol{A}^{2\,021}=\boldsymbol{\alpha}(\boldsymbol{\beta}^{\mathrm{T}}\boldsymbol{\alpha})(\boldsymbol{\beta}^{\mathrm{T}}\boldsymbol{\alpha})\cdots(\boldsymbol{\beta}^{\mathrm{T}}\boldsymbol{\alpha})\boldsymbol{\beta}^{\mathrm{T}}=(\boldsymbol{\beta}^{\mathrm{T}}\boldsymbol{\alpha})^{2\,020}\boldsymbol{\alpha}\boldsymbol{\beta}^{\mathrm{T}}$$

$$=3^{2\,020}\begin{pmatrix} 2 & 1 & 1 \\ 4 & 2 & 2 \\ -2 & -1 & -1 \end{pmatrix}.$$ □

下面的例子是很重要的，与二次型（参见 5.1 节）有关.

例3.1.7 设 $\boldsymbol{x}=\begin{pmatrix} x_1 \\ x_2 \\ x_3 \end{pmatrix}$，$\boldsymbol{A}=\begin{pmatrix} 1 & -3 & 2 \\ 1 & 0 & -1 \\ 0 & 5 & -2 \end{pmatrix}$，则

$$\boldsymbol{x}^{\mathrm{T}}\boldsymbol{A}\boldsymbol{x}=x_1^2-2x_3^2-2x_1x_2+2x_1x_3+4x_2x_3.$$

设 $\boldsymbol{B}=\begin{pmatrix} 1 & -1 & 1 \\ -1 & 0 & 2 \\ 1 & 2 & -2 \end{pmatrix}$，则

$\boldsymbol{B}$ 是 $\boldsymbol{A}$ 的对称化.

$$\boldsymbol{x}^{\mathrm{T}}\boldsymbol{B}\boldsymbol{x}=x_1^2-2x_3^2-2x_1x_2+2x_1x_3+4x_2x_3=\boldsymbol{x}^{\mathrm{T}}\boldsymbol{A}\boldsymbol{x}.$$

例3.1.8 设 $\boldsymbol{A}$，$\boldsymbol{B}$ 是 $n\times n$ 型对称阵，则

$$(\boldsymbol{AB})^{\mathrm{T}}=\boldsymbol{B}^{\mathrm{T}}\boldsymbol{A}^{\mathrm{T}}=\boldsymbol{BA}.$$

因此，一般地，对称阵的乘积未必是对称阵.

下面我们考虑矩阵乘积的向量形式. 我们有如下结论.①

引理3.1.1 设 $\boldsymbol{A}$ 是 $m\times n$ 型矩阵，$\boldsymbol{B}$ 是 $n\times s$ 型矩阵，则 $\boldsymbol{AB}$ 的每个列向量都可由 $\boldsymbol{A}$ 的列向量线性表出；$\boldsymbol{AB}$ 的每个行向量都可由 $\boldsymbol{B}$ 的行向量线性表出.

由此引理和命题 2.2.11 我们得到如下重要结论.

命题3.1.3 设 $\boldsymbol{A}$ 是 $m\times n$ 型矩阵，$\boldsymbol{B}$ 是 $n\times s$ 型矩阵，则

$$r(\boldsymbol{AB})\leqslant\min(r(\boldsymbol{A}), r(\boldsymbol{B})). \tag{3.1.3}$$

即矩阵乘积的秩不超过因子的秩.

例3.1.9 设 $\boldsymbol{A}$ 是任意的 3×2 型矩阵，$\boldsymbol{B}$ 是任意的 2×3 型矩阵，则 $\boldsymbol{AB}$ 是 3×3 型矩阵. 由于 $r(\boldsymbol{A})\leqslant2$，$r(\boldsymbol{B})\leqslant2$（参见命题 2.3.1），所

① 可以直接验证，也可以用分块矩阵来验证，参见例 3.2.16.

以，$r(\boldsymbol{AB})\leqslant 2$.

例3.1.10 设 $\boldsymbol{A}=(a_1 \ \cdots \ a_n)$，$\boldsymbol{B}=\begin{pmatrix} b_1 \\ \vdots \\ b_n \end{pmatrix}$，则

$$\boldsymbol{AB}=a_1b_1+\cdots+a_nb_n;$$

$$\boldsymbol{BA}=\begin{pmatrix} a_1b_1 & \cdots & a_nb_1 \\ \vdots & & \vdots \\ a_1b_n & \cdots & a_nb_n \end{pmatrix}.$$

注意到，$r(\boldsymbol{AB})\leqslant 1$，$r(\boldsymbol{AB})\leqslant \min(r(\boldsymbol{A}),\ r(\boldsymbol{B}))\leqslant 1$.

单位阵是标准型矩阵，参见定义1.3.29.

在数的乘法运算中，数 1 是一个很特别的数. 对于矩阵的乘法运算而言，有类似于数 1 的矩阵，即单位阵. 一个 n 阶单位阵是如下的 $n\times n$ 型矩阵：

$$\boldsymbol{I}_n=\begin{pmatrix} 1 & 0 & \cdots & 0 \\ 0 & 1 & \cdots & 0 \\ \vdots & \vdots & \ddots & \vdots \\ 0 & 0 & \cdots & 1 \end{pmatrix}. \tag{3.1.4}$$

很多情况下也用 $\boldsymbol{E}$ 表示单位阵.

在不引起混淆的情况下，也可以用 $\boldsymbol{I}$ 表示单位阵. 易见，$r(\boldsymbol{I}_n)=n$. 下面的例子给出了单位阵的乘法性质.

例3.1.11 对任意 $m\times n$ 型矩阵 $\boldsymbol{A}$ 有：

$$\boldsymbol{I}_m\boldsymbol{A}=\boldsymbol{A}=\boldsymbol{AI}_n.$$

矩阵的乘法与矩阵的初等变换有密切联系，这个联系对于可逆矩阵和矩阵的分类有重要意义（参见 3.2 节）. 为了讨论这种联系，我们介绍如下一类重要矩阵.

定义3.1.6 由单位阵 $\boldsymbol{I}_n$ 经过一次初等变换得到的矩阵称为一个 n 阶初等矩阵.

由于初等行（列）变换只有三类，所以，初等矩阵只有三类，分别对应于 1°，2°，3°型初等行（列）变换. 以 3 阶初等矩阵为例：

1° 型初等矩阵：$\begin{pmatrix} 0 & 0 & 1 \\ 0 & 1 & 0 \\ 1 & 0 & 0 \end{pmatrix}$；

2° 型初等矩阵：$\begin{pmatrix} 1 & 0 & a \\ 0 & 1 & 0 \\ 0 & 0 & 1 \end{pmatrix}$，其中 a 是任意数；

3° 型初等矩阵：$\begin{pmatrix}1&0&0\\0&c&0\\0&0&1\end{pmatrix}$，其中 c 是任意非零数.

注意，矩阵的初等变换分为初等行变换和初等列变换两类，但是，初等矩阵没有初等行矩阵或初等列矩阵的说法．例如，把 $\boldsymbol{I}_3$ 的第 3 行的 a 倍加到第 1 行，或者把 $\boldsymbol{I}_3$ 的第 1 列的 a 倍加到第 3 列，都得到上面的 2°型 3 阶初等矩阵.

为了说明矩阵的初等变换与矩阵乘法的关系，我们先看如下的例子.

例3.1.12 设 $\boldsymbol{A}=\begin{pmatrix}a_{11}&a_{12}&a_{13}\\a_{21}&a_{22}&a_{23}\end{pmatrix}$．直接计算可得：

$$\begin{pmatrix}0&1\\1&0\end{pmatrix}\begin{pmatrix}a_{11}&a_{12}&a_{13}\\a_{21}&a_{22}&a_{23}\end{pmatrix}=\begin{pmatrix}a_{21}&a_{22}&a_{23}\\a_{11}&a_{12}&a_{13}\end{pmatrix};$$

$$\begin{pmatrix}a_{11}&a_{12}&a_{13}\\a_{21}&a_{22}&a_{23}\end{pmatrix}\begin{pmatrix}1&0&-2\\0&1&0\\0&0&1\end{pmatrix}=\begin{pmatrix}a_{11}&a_{12}&-2a_{11}+a_{13}\\a_{21}&a_{22}&-2a_{21}+a_{23}\end{pmatrix}.$$

注意到，在第一个等式中，右边的矩阵恰好是由 $\boldsymbol{A}$ 交换第 1，2 行得到的矩阵；在第二个等式中，右边的矩阵恰好是把 $\boldsymbol{A}$ 的第 1 列的 -2 倍加到第 3 列得到的矩阵.

把例 3.1.12 中的讨论推广，我们有如下重要结论.①

定理3.1.1 设 $\boldsymbol{A}$ 是任意的 $m\times n$ 型矩阵，则对 $\boldsymbol{A}$ 作一次初等行变换得到的矩阵等于用相应的 m 阶初等矩阵左乘 $\boldsymbol{A}$ 得到的矩阵；对 $\boldsymbol{A}$ 作一次初等列变换得到的矩阵等于用相应的 n 阶初等矩阵右乘 $\boldsymbol{A}$ 得到的矩阵.

在定理 3.1.1 中取 $\boldsymbol{A}$ 为一个 n 阶初等矩阵，我们得到初等矩阵的基本性质.② 这个推论在 3.2 节有重要应用.

推论3.1.1 （1）设 $\boldsymbol{P}(i,\ j)$ 是 1°型 n 阶初等矩阵（即由 $\boldsymbol{I}_n$ 交换 i，j 行得到的初等矩阵），则

$$\boldsymbol{P}(i,\ j)^2=\boldsymbol{P}(i,\ j)\boldsymbol{P}(i,\ j)=\boldsymbol{I}_n.$$

（2）设 $\boldsymbol{P}(i,\ j\pm a(i))$ 是 2°型 n 阶初等矩阵（即 $\boldsymbol{P}(i,\ j\pm a(i))$ 是把 $\boldsymbol{I}_n$ 的第 i 行的 $\pm a$ 倍加到第 j 行得到的初等矩阵）.

$$\begin{aligned}&\boldsymbol{P}(i,\ j+a(i))\boldsymbol{P}(i,\ j-a(i))\\=&\boldsymbol{P}(i,\ j-a(i))\boldsymbol{P}(i,\ j+a(i))=\boldsymbol{I}_n.\end{aligned}$$

（3）设 $\boldsymbol{P}(c(i))$ 和 $\boldsymbol{P}(\frac{1}{c}(i))$ 是 3°型 n 阶初等矩阵（即 $\boldsymbol{P}(c(i))$ 和

---

① 其证明过程与例 3.1.12 类似．可以用 3.2 节中的分块矩阵简化证明过程．细节从略.

② 这个推论也可以不用定理 3.1.1 而直接验证得到.

$\boldsymbol{P}(\frac{1}{c}(i))$ 是分别用非零数 c 和 $\frac{1}{c}$ 乘以 $\boldsymbol{I}_n$ 的第 i 行得到的初等矩阵)，则

$$\boldsymbol{P}(c(i))\boldsymbol{P}(\frac{1}{c}(i))=\boldsymbol{P}(\frac{1}{c}(i))\boldsymbol{P}(c(i))=\boldsymbol{I}_n.$$

由于任意矩阵都可以经过初等变换变为标准型矩阵（参见定理 1.3.2），而矩阵的初等变换不改变矩阵的秩（参见引理 2.3.3），所以，由定理 3.1.1 得到如下关于矩阵的秩的刻画.

定理3.1.2 设 $\boldsymbol{A}$ 是任意的 $m\times n$ 型矩阵，则 $r(\boldsymbol{A})=r \Leftrightarrow$ 存在若干个 m 阶初等矩阵 $\boldsymbol{P}_1$，…，$\boldsymbol{P}_s$ 和若干个 n 阶初等矩阵 $\boldsymbol{Q}_1$，…，$\boldsymbol{Q}_t$ 使得

$$\boldsymbol{P}_s\cdots\boldsymbol{P}_1\boldsymbol{A}\boldsymbol{Q}_1\cdots\boldsymbol{Q}_t$$

是有 r 个 1 的标准型矩阵.

在本节的最后我们利用矩阵的乘法介绍线性方程组的矩阵形式.

记线性方程组（1.1.3）的系数矩阵为 $\boldsymbol{A}$，常数项组成的列向量为 $\boldsymbol{\beta}$. 令 $\boldsymbol{x}=\begin{pmatrix}x_1\\x_2\\\vdots\\x_n\end{pmatrix}$，则

$$\boldsymbol{A}\boldsymbol{x}=\begin{pmatrix}a_{11}x_1+\cdots+a_{1n}x_n\\a_{21}x_1+\cdots+a_{2n}x_n\\\vdots\\a_{m1}x_1+\cdots+a_{mn}x_n\end{pmatrix},$$

即 $\boldsymbol{A}\boldsymbol{x}$ 的第 i 个分量恰好是方程组（1.1.3）的第 i 个方程的左边，因此，

对任意 $m\times n$ 型矩阵 $\boldsymbol{A}$ 和 $m\times 1$ 型矩阵 $\boldsymbol{\beta}$，$\boldsymbol{A}\boldsymbol{x}=\boldsymbol{\beta}$ 是一个 n 元线性方程组.

$$\text{方程组}(1.1.3)\Leftrightarrow\boldsymbol{A}\boldsymbol{x}=\boldsymbol{\beta}. \tag{3.1.5}$$

称 $\boldsymbol{A}\boldsymbol{x}=\boldsymbol{\beta}$ 为方程组（1.1.3）的矩阵形式.①

利用矩阵的运算，线性方程组的矩阵形式在应用中可以简化讨论.

例3.1.13 设 $\boldsymbol{\xi}_1$，…，$\boldsymbol{\xi}_s$ 是线性方程组 $\boldsymbol{A}\boldsymbol{x}=\boldsymbol{\beta}$ 的解. 证明：对任意数 a_1，…，a_s，都有：$a_1\boldsymbol{\xi}_1+\cdots+a_s\boldsymbol{\xi}_s$ 是方程组 $\boldsymbol{A}\boldsymbol{x}=(a_1+\cdots+a_s)\boldsymbol{\beta}$ 的解.

证明：由假设有：$\boldsymbol{A}\boldsymbol{\xi}_i=\boldsymbol{\beta}$，$1\leqslant i\leqslant s$，所以，

$$\boldsymbol{A}(a_i\boldsymbol{\xi}_i)=a_i\boldsymbol{\beta},\ 1\leqslant i\leqslant s.$$

把这 s 个等式左右两边相加即得

$$\boldsymbol{A}(a_1\boldsymbol{\xi}_1+\cdots+a_s\boldsymbol{\xi}_s)=(a_1+\cdots+a_s)\boldsymbol{\beta},$$

① 一般地，含有未知矩阵的等式称为矩阵方程. 因此，线性方程组实际上是一个矩阵方程.

所以结论成立. □

例3.1.14 设$\boldsymbol{A}$是任意$m \times n$型矩阵，k是任意的非零数. 证明：$r(\boldsymbol{A})=r(k\boldsymbol{A})$.

即用非零数乘数乘矩阵，不改变秩.

证明：法一：设$\boldsymbol{A}$的列向量组为$\boldsymbol{\alpha}_1$，…，$\boldsymbol{\alpha}_n$，则$k\boldsymbol{A}$的列向量组为$k\boldsymbol{\alpha}_1$，…，$k\boldsymbol{\alpha}_n$. 由于$k \neq 0$，所以这两个向量组是等价的，从而秩相等，因此$r(\boldsymbol{A})=r(k\boldsymbol{A})$.

法二：由于k是非零数，所以齐次线性方程组$\boldsymbol{A}\boldsymbol{x}=\boldsymbol{0}$与$k\boldsymbol{A}\boldsymbol{x}=\boldsymbol{0}$的解集相同，特别地，它们的基础解系所包含的向量个数相等，即$n-r(\boldsymbol{A})=n-r(k\boldsymbol{A})$，所以结论成立.

法三：用初等行变换把$\boldsymbol{A}$变为阶梯形矩阵$\boldsymbol{J}$，则这些初等行变换把$k\boldsymbol{A}$变为$k\boldsymbol{J}$. 由于k是非零数，所以，$k\boldsymbol{J}$也是阶梯形矩阵，且与$\boldsymbol{J}$的有相同的主元个数，从而$r(\boldsymbol{A})=r(k\boldsymbol{A})$. □

下面的重要例子是线性方程组的矩阵形式的一个应用.

例3.1.15 对任意$m \times n$型实矩阵$\boldsymbol{A}$都有：

实矩阵就是每个(i,j)-元都是实数的矩阵.

$$r(\boldsymbol{A}^{\mathrm{T}}\boldsymbol{A})=r(\boldsymbol{A}).$$

证明：考虑n元齐次线性方程组

(I) $\boldsymbol{A}\boldsymbol{x}=\boldsymbol{0}$.

(II) $\boldsymbol{A}^{\mathrm{T}}\boldsymbol{A}\boldsymbol{x}=\boldsymbol{0}$.

(因为（I）的基础解系含有$n-r(\boldsymbol{A})$个解向量，而（II）的基础解系含有$n-r(\boldsymbol{A}^{\mathrm{T}}\boldsymbol{A})$个解向量，所以，只需验证（I）与（II）的解集相同.)

设$\boldsymbol{\xi}$是（I）的任意一个解，即$\boldsymbol{A}\boldsymbol{\xi}=\boldsymbol{0}$. 两边左乘$\boldsymbol{A}^{\mathrm{T}}$，得

$$\boldsymbol{A}^{\mathrm{T}}\boldsymbol{A}\boldsymbol{\xi}=\boldsymbol{A}^{\mathrm{T}}\boldsymbol{0}=\boldsymbol{0},$$

即$\boldsymbol{\xi}$是（II）的解. 反之，设$\boldsymbol{\eta}$是（II）的任意一个解，即$\boldsymbol{A}^{\mathrm{T}}\boldsymbol{A}\boldsymbol{\eta}=\boldsymbol{0}$. 两边左乘$\boldsymbol{\eta}^{\mathrm{T}}$，得

$\boldsymbol{\eta}^{\mathrm{T}}$是行向量，所以$\boldsymbol{\eta}^{\mathrm{T}}\boldsymbol{0}$是数0.

$$\boldsymbol{\eta}^{\mathrm{T}}\boldsymbol{A}^{\mathrm{T}}\boldsymbol{A}\boldsymbol{\eta}=\boldsymbol{\eta}^{\mathrm{T}}\boldsymbol{0}=0，即(\boldsymbol{A}\boldsymbol{\eta})^{\mathrm{T}}(\boldsymbol{A}\boldsymbol{\eta})=0.$$

设$\boldsymbol{A}\boldsymbol{\eta}=\begin{pmatrix} c_1 \\ \vdots \\ c_m \end{pmatrix}$，$c_i$是实数. 代入上式，得

$$(c_1 \quad \cdots \quad c_m)\begin{pmatrix} c_1 \\ \vdots \\ c_m \end{pmatrix}=c_1^2+\cdots+c_m^2=0.$$

而$c_i^2 \geqslant 0$，所以，由$c_1^2+\cdots+c_m^2=0$得$c_i=0$，$1 \leqslant i \leqslant m$，即$\boldsymbol{A}\boldsymbol{\eta}=\boldsymbol{0}$，因此，$\boldsymbol{\eta}$也是（I）的一个解.

综上，(I）与（II）的解集相同，从而它们的基础解系包含相同个数的解向量，即$n-r(\boldsymbol{A})=n-r(\boldsymbol{A}^{\mathrm{T}}\boldsymbol{A})$，所以，结论成立. □

习题 3.1

1. 计算：

$$-2\begin{pmatrix}a & 1 & a\\ 1 & b & -1\end{pmatrix}+3\begin{pmatrix}1 & a & 0\\ b & 1 & 0\end{pmatrix}.$$

2. 计算：

$$\begin{pmatrix}-1 & 0 & 1\\ 1 & 1 & -1\end{pmatrix}\begin{pmatrix}1 & 0 & 0\\ 0 & -1 & 2\\ 0 & 0 & 1\end{pmatrix}^{\mathrm{T}}\begin{pmatrix}1 & -1\\ 0 & 1\\ 2 & -2\end{pmatrix}.$$

3. 判断下列说法是否正确，并说明理由.

(1) 设 $\boldsymbol{A}$，$\boldsymbol{B}$ 都是 2×3 型矩阵且 $r(\boldsymbol{A})=r(\boldsymbol{B})=2$，则 $\boldsymbol{A}+\boldsymbol{B}$ 的秩可能为 $2+2=4$.

(2) 设 $\boldsymbol{A}=\begin{pmatrix}1 & 2 & -1\\ 0 & 0 & 0\\ 2 & 1 & 1\end{pmatrix}$，则不存在矩阵 $\boldsymbol{X}$ 使得 $\boldsymbol{AX}=\begin{pmatrix}1 & 0\\ 0 & -1\\ 0 & 0\end{pmatrix}$.

(3) 设 $\boldsymbol{A}\neq\boldsymbol{0}$ 且 $\boldsymbol{AB}=\boldsymbol{AC}$，则 $\boldsymbol{B}=\boldsymbol{C}$.

$\boldsymbol{A}^2$ 表示 $\boldsymbol{AA}$.

(4) 设 $\boldsymbol{A}$，$\boldsymbol{B}$ 都是 $n\times n$ 型矩阵，则

$$(\boldsymbol{A}+\boldsymbol{B})(\boldsymbol{A}-\boldsymbol{B})=\boldsymbol{A}^2-\boldsymbol{B}^2.$$

(5) 如果 $m\times n$ 型矩阵 $\boldsymbol{A}$ 满足 $\boldsymbol{A\beta}=\boldsymbol{0}$，其中 $\boldsymbol{\beta}$ 是任意的 $n\times1$ 型矩阵，则 $\boldsymbol{A}=\boldsymbol{0}$.

4. 利用线性方程组的向量形式重新证明引理 2.4.1.

5. 设 $\boldsymbol{A}$ 是 $n\times n$ 型矩阵，$tr(\boldsymbol{A})$ 表示 $\boldsymbol{A}$ 的全部 (i, i)-元的和.

(1) 对任意 $n\times n$ 型矩阵 $\boldsymbol{A}$，$\boldsymbol{B}$，证明：

$$tr(\boldsymbol{A}+\boldsymbol{B})=tr(\boldsymbol{A})+tr(\boldsymbol{B});$$
$$tr(k\boldsymbol{A})=ktr(\boldsymbol{A})(k\text{ 是任意数});$$
$$tr(\boldsymbol{AB})=tr(\boldsymbol{BA}).$$

(2) 设 $\boldsymbol{A}$ 是 $n\times n$ 型实矩阵且 $tr(\boldsymbol{A}^{\mathrm{T}}\boldsymbol{A})=0$. 证明：$\boldsymbol{A}=\boldsymbol{0}$.

§3.2 方阵、分块矩阵、可逆矩阵

在 3.1 节中我们讨论了一般情形下的矩阵的运算. 本节我们首先讨论方阵和分块矩阵①的运算性质，然后讨论可逆矩阵的基本性质及其应

① 分块矩阵是线性代数的一个重要工具，有广泛的应用.

用，包括逆矩阵的计算以及矩阵的相抵分类.①

定义3.2.1 $n\times n$ 型矩阵称为 n 阶方阵. 一个方阵的 (i, i)-元称为对角元.

通常，把一阶方阵 (a) 等同于数 a.

例如，对称阵（参见定义 3.1.2）是方阵；当一个线性方程组的未知数个数等于方程个数时，其系数矩阵是一个方阵. 在第 1 章和第 2 章里我们用了阶梯形矩阵（包括行简化阶梯形矩阵和标准型矩阵）. 对于方阵我们有如下概念.

定义3.2.2 设 $\boldsymbol{A}$ 是 n 阶方阵. 如果当 $i>j$ 时有 $\boldsymbol{A}(i, j)=0$，则称 $\boldsymbol{A}$ 是一个上三角阵；如果当 $i<j$ 时有 $\boldsymbol{A}(i, j)=0$，则称 $\boldsymbol{A}$ 是一个下三角阵. 如果 $\boldsymbol{A}$ 既是上三角阵，又是下三角阵，则称 $\boldsymbol{A}$ 是一个对角阵.

例如，单位阵 $\boldsymbol{I}_n$ 是对角阵，又例如，

上三角阵未必是阶梯形矩阵. n 阶零方阵 $\boldsymbol{0}$ 是对角阵.

$$\begin{pmatrix}-1 & 2 & 0 & 1\\ 0 & 0 & 1 & 2\\ 0 & 0 & 2 & -1\\ 0 & 0 & 0 & 1\end{pmatrix}, \begin{pmatrix}-1 & 0 & 0\\ 2 & 3 & 0\\ 1 & 0 & 0\end{pmatrix}, \begin{pmatrix}3 & 0 & 0\\ 0 & 0 & 0\\ 0 & 0 & -2\end{pmatrix}$$

分别是一个 4 阶上三角阵、3 阶下三角阵和 3 阶对角阵.

例3.2.1 n 阶对称阵的和仍然是对称阵；n 阶上（下）三角阵的和、数乘和乘积仍然是上（下）三角阵. 特别地，n 阶对角阵的和、数乘和乘积仍然是对角阵.

设 $\boldsymbol{A}$ 是任意的 n 阶方阵，则 $\boldsymbol{A}$ 可以与自身相乘. 我们介绍如下术语.②

定义3.2.3 设 $\boldsymbol{A}$ 是任意的 n 阶方阵，k 是正整数. 称 $\boldsymbol{A}^k=\boldsymbol{A}\boldsymbol{A}\cdots\boldsymbol{A}$（$k$ 个 $\boldsymbol{A}$ 的乘积）为 $\boldsymbol{A}$ 的 k 次幂. 规定 $\boldsymbol{A}^0=\boldsymbol{I}_n$. 对任意的数 a_0，a_1，…，a_m，称

$$a_0\boldsymbol{I}_n+a_1\boldsymbol{A}+\cdots+a_k\boldsymbol{A}^k+\cdots+a_m\boldsymbol{A}^m$$

为 $\boldsymbol{A}$ 的一个多项式.

例3.2.2 直接计算可得：

$$\begin{pmatrix}0 & 1 & 0\\ 0 & 0 & 1\\ 0 & 0 & 0\end{pmatrix}^3=\boldsymbol{0}.$$

即 $\boldsymbol{A}^k=\boldsymbol{0}$ 推导不出 $\boldsymbol{A}=\boldsymbol{0}$，再次说明矩阵的乘法运算不满足消去律.

例3.2.3 设 $\boldsymbol{A}$ 是任意方阵，k 是任意正整数. 证明：

$$(\boldsymbol{A}^k)^{\mathrm{T}}=(\boldsymbol{A}^{\mathrm{T}})^k.$$

① 在线性代数中，对矩阵进行分类的方法主要有三种：按相抵、相似（参见第 4 章）以及合同（参见第 5 章）进行分类.

② 方阵的多项式对于线性代数具有重要意义. 限于篇幅，本书不作进一步的讨论.

证明：由 $(\boldsymbol{AB})^{\mathrm{T}}=\boldsymbol{B}^{\mathrm{T}}\boldsymbol{A}^{\mathrm{T}}$ 即得：

$$(\boldsymbol{A}\cdots\boldsymbol{A})^{\mathrm{T}}=\boldsymbol{A}^{\mathrm{T}}\cdots\boldsymbol{A}^{\mathrm{T}},$$

从而结论成立. □

这里，* 处的表达式较复杂，没有列出. 实际上，大多数情形下只考虑三角阵或对角阵的对角元.

例3.2.4 任意上（下）三角阵的任意多项式仍然是上（下）三角阵. 例如，直接计算可得：

$$\begin{pmatrix} a_{11} & a_{12} & \cdots & a_{1n} \\ 0 & a_{22} & \cdots & a_{2n} \\ \vdots & \vdots & & \vdots \\ 0 & 0 & \cdots & a_{nn} \end{pmatrix}^k = \begin{pmatrix} a_{11}^k & * & * & * \\ 0 & a_{22}^k & * & * \\ \vdots & \vdots & & \vdots \\ 0 & 0 & \cdots & a_{nn}^k \end{pmatrix}.$$

特别地，对角阵的任意多项式仍然是对角阵. 因此，上（下）三角阵的计算，特别是对角阵的计算，相对较为简便.

若矩阵 $\boldsymbol{A}$，$\boldsymbol{B}$ 满足 $\boldsymbol{AB}=\boldsymbol{BA}$，则称 $\boldsymbol{A}$ 与 $\boldsymbol{B}$ 可交换. 可交换的两个矩阵必然是阶数相同的方阵.

例3.2.5 设 a 是任意数. 称 $a\boldsymbol{I}_n$ 是 n 阶数量阵. n 阶数量阵与任意的 n 阶方阵都可交换.

我们有如下结论.

命题3.2.1 设 $\boldsymbol{A}$ 是任意的 n 阶方阵，$\boldsymbol{B}$ 是 $\boldsymbol{A}$ 的一个多项式，则 $\boldsymbol{AB}=\boldsymbol{BA}$，即任意方阵与它的任意多项式可交换.

证明：先验证 $\boldsymbol{A}$ 与 $\boldsymbol{A}$ 的 k 次幂可交换：

$$\boldsymbol{A}\boldsymbol{A}^k=(\boldsymbol{A}\boldsymbol{A})\boldsymbol{A}^{k-1}=\cdots=\boldsymbol{A}^k\boldsymbol{A}.$$

利用分配律.

其次，设 $\boldsymbol{B}=a_0\boldsymbol{I}_n+a_1\boldsymbol{A}+\cdots+a_m\boldsymbol{A}^m$，则

$$\begin{aligned}\boldsymbol{AB}&=(a_0\boldsymbol{A}\boldsymbol{I}_n+a_1\boldsymbol{A}\boldsymbol{A}+\cdots+\cdots+a_m\boldsymbol{A}\boldsymbol{A}^m)\\&=(a_0\boldsymbol{I}_n+a_1\boldsymbol{A}+\cdots+a_m\boldsymbol{A}^m)\boldsymbol{A}\\&=\boldsymbol{BA}.\end{aligned}$$

□

一般地，当矩阵的行数和列数较小时，有关计算可能会简单一些. 线性代数的一个重要技巧是，把行数和列数较大的矩阵转化为行数和列数较小的矩阵来进行计算. 我们先看一个例子.

例3.2.6 设 $\boldsymbol{A}=\begin{pmatrix} 1 & -2 & 0 & 0 \\ 3 & 2 & 0 & 0 \\ 0 & 0 & 3 & 6 \\ 0 & 0 & -1 & 7 \end{pmatrix}$. 如果我们在 $\boldsymbol{A}$ 中的第 2，3 行之间添加一条水平的虚线，在第 2，3 列之间添加一条竖直的虚线，就把 $\boldsymbol{A}$ 分成了 $2\times2=4$ 个块：

$$A=\left(\begin{array}{cc:cc}1&-2&0&0\\3&2&0&0\\ \hdashline 0&0&3&6\\0&0&-1&7\end{array}\right).\qquad(3.2.1)$$

即把 A 的行分为两组：第 1，2 行作为一组，第 3，4 行作为另一组，再把 A 的列分为两组：第 1，2 列作为一组，第 3，4 列作为另一组. 令

$$A_{11}=\begin{pmatrix}1&-2\\3&2\end{pmatrix},\ A_{22}=\begin{pmatrix}3&6\\-1&7\end{pmatrix},$$

则 A 可以形式地写为

$$A=\begin{pmatrix}A_{11}&0\\0&A_{22}\end{pmatrix},\qquad(3.2.2)$$

即 A 可以形式地看成一个 2 阶 "对角阵".

把式（3.2.2）进行推广，我们介绍如下概念.

定义3.2.4　称如下的 $s\times t$ 型表格

$$A=\begin{pmatrix}A_{11}&A_{12}&\cdots&A_{1t}\\A_{21}&A_{22}&\cdots&A_{2t}\\\vdots&\vdots&&\vdots\\A_{s1}&A_{s2}&\cdots&A_{st}\end{pmatrix}\qquad(3.2.3)$$

是一个 $s\times t$ 型分块矩阵，其中，A_{ij}（$1\leqslant i\leqslant s$，$1\leqslant j\leqslant t$）是矩阵且满足：对每个 i，A_{i1}，…，A_{it} 所包含的行数都相等；对每个 j，A_{1j}，…，A_{sj} 所包含的列数都相等. A_{ij} 称为 A 的 (i,j)-块.

不要求 A_{ij} 是方阵.

如果把分块矩阵 A 的每个块的元全部写出，则 A 就是一个矩阵，其 (i,j)-元位于某个块 A_{pq} 中. 两个分块矩阵相等 $\Leftrightarrow$ 它们作为矩阵相等 $\Leftrightarrow$ 它们的每个 (i,j)-块都相等.

例3.2.7　对任意 $m\times n$ 型矩阵 A，把 A 的每个 (i,j)-元看成一个 1×1 型矩阵，则 A 本身就是一个分块矩阵. 所以，分块矩阵实际上是矩阵的推广.

例3.2.8　非齐次线性方程组 $Ax=\beta$ 的增广矩阵 $\widetilde{A}$ 是一个分块矩阵：

$$\widetilde{A}=(A\quad\beta).$$

把例 3.2.6 中的讨论推广，我们得到如下概念.

定义3.2.5　设 A 是任意的 $m\times n$ 型矩阵. 在 A 中沿水平方向添加 $(s-1)$ 条虚线，沿竖直方向添加 $(t-1)$ 条虚线，从而把 A 的行分成 s

这里不要求 A 是方阵.

组，把 $\boldsymbol{A}$ 的列分成 t 组，因此也就把 $\boldsymbol{A}$ 分成了 st 个子矩阵. 记位于行的第 i 组和位于列的第 j 组的子矩阵记为 $\boldsymbol{A}_{ij}$（$1\leqslant i\leqslant s$，$1\leqslant j\leqslant t$）. 把这些子矩阵按在 $\boldsymbol{A}$ 中的位置拼成分块矩阵（3.2.3），称为 $\boldsymbol{A}$ 的一个分块矩阵.

子矩阵的定义参见习题2.3的第5题.

例如，矩阵（3.2.2）是矩阵（3.2.1）的一个分块矩阵. 对同一个矩阵，不同的分块方式得到不同的分块矩阵.

下面的几个例子给出了常见的分块矩阵.

按定义，准上（下）三角阵、准对角阵必然是方阵.

例3.2.9 设 $\boldsymbol{A}_{ii}(1\leqslant i\leqslant s)$ 都是方阵. 则分块矩阵

$$\begin{pmatrix} \boldsymbol{A}_{11} & \boldsymbol{A}_{12} & \cdots & \boldsymbol{A}_{1s} \\ \boldsymbol{0} & \boldsymbol{A}_{22} & \cdots & \boldsymbol{A}_{2s} \\ \vdots & \vdots & & \vdots \\ \boldsymbol{0} & \boldsymbol{0} & \cdots & \boldsymbol{A}_{ss} \end{pmatrix}$$

是一个准上三角阵. 类似地，可以定义准下三角阵. 特别地，既是准上三角阵，又是准下三角阵的分块矩阵称为准对角阵：

$$\begin{pmatrix} \boldsymbol{A}_{11} & \boldsymbol{0} & \cdots & \boldsymbol{0} \\ \boldsymbol{0} & \boldsymbol{A}_{22} & \cdots & \boldsymbol{0} \\ \vdots & \vdots & & \vdots \\ \boldsymbol{0} & \boldsymbol{0} & \cdots & \boldsymbol{A}_{ss} \end{pmatrix}.$$

下面的例子给出的结论是很有用的.

$\boldsymbol{A}_1$，$\boldsymbol{A}_2$ 不必是方阵.

例3.2.10 设 $\boldsymbol{M}=\begin{pmatrix} \boldsymbol{A}_1 & \boldsymbol{0} \\ \boldsymbol{0} & \boldsymbol{A}_2 \end{pmatrix}$. 证明：

$$r(\boldsymbol{M})=r(\boldsymbol{A}_1)+r(\boldsymbol{A}_2).$$

证明：在 $\boldsymbol{A}_1$ 位于的行上对 $\boldsymbol{M}$ 作初等行变换（不影响 $\boldsymbol{A}_2$），使得 $\boldsymbol{A}_1$ 变为阶梯形矩阵 $\boldsymbol{J}_1$；在 $\boldsymbol{A}_2$ 位于的行上继续作初等行变换（不影响 $\boldsymbol{J}_1$），使得 $\boldsymbol{A}_2$ 变为阶梯形矩阵 $\boldsymbol{J}_2$. 即可以通过初等行变化把 $\boldsymbol{M}$ 变为矩阵 $\boldsymbol{J}=\begin{pmatrix} \boldsymbol{J}_1 & \boldsymbol{0} \\ \boldsymbol{0} & \boldsymbol{J}_2 \end{pmatrix}$. 如果 $\boldsymbol{J}_1$ 有零行，则可以把这些零行交换到 $\boldsymbol{J}_2$ 的零行下面. 总之，可以把 $\boldsymbol{J}$ 看成一个阶梯形矩阵. 而初等行变换不改变矩阵的秩，所以，

$$r(\boldsymbol{M})=r(\boldsymbol{J})=r(\boldsymbol{J}_1)+r(\boldsymbol{J}_2)=r(\boldsymbol{A}_1)+r(\boldsymbol{A}_2). \qquad \square$$

例3.2.11 任意的 n（$n>1$）阶方阵 $\boldsymbol{A}=(a_{ij})$ 都有如下形式的分块矩阵：

$$\boldsymbol{A}=\begin{pmatrix} a_{11} & \boldsymbol{\alpha}^{\mathrm{T}} \\ \boldsymbol{\beta} & \boldsymbol{B} \end{pmatrix}, \tag{3.2.4}$$

其中，$\boldsymbol{\alpha}^{\mathrm{T}}=(a_{12}\quad\cdots\quad a_{1n})$，$\boldsymbol{\beta}=\begin{pmatrix}a_{21}\\ \vdots\\ a_{n1}\end{pmatrix}$，$\boldsymbol{B}$ 是 $\boldsymbol{A}$ 的后 $(n-1)$ 行和后 $(n-1)$ 列构成的子矩阵.（可以用这种类型的分块矩阵证明第 4 章中的定理 4.3.3.）

例3.2.12 任意的 n（$n>1$）阶方阵 $\boldsymbol{A}=(a_{ij})$ 都有如下形式的分块矩阵：

$$\boldsymbol{A}=\begin{pmatrix}\boldsymbol{B} & \boldsymbol{\alpha}\\ \boldsymbol{\beta}^{\mathrm{T}} & a_{nn}\end{pmatrix},\tag{3.2.5}$$

其中，$\boldsymbol{B}$ 是 $\boldsymbol{A}$ 的前 $(n-1)$ 行和前 $(n-1)$ 列构成的 $(n-1)$ 阶方阵，$\boldsymbol{\alpha}=\begin{pmatrix}a_{1n}\\ \vdots\\ a_{n-1,\,n}\end{pmatrix}$，$\boldsymbol{\beta}^{\mathrm{T}}=(a_{n1}\quad\cdots\quad a_{n-1,\,n})$.（可以用这种分块矩阵去证明第 5 章的定理 5.2.2.）

例3.2.13 • 对任意 $m\times n$ 型矩阵 $\boldsymbol{A}$，$\boldsymbol{A}$ 的列向量形式是 $\boldsymbol{A}$ 的一个分块矩阵：把 $\boldsymbol{A}$ 的行分为一组，列分为 n 组（每组只包含一列）即得；同理，$\boldsymbol{A}$ 的行向量形式也是 $\boldsymbol{A}$ 的一个分块矩阵：把 $\boldsymbol{A}$ 的列分为一组，行分为 m 组（每组只包含一行）即得.

参见定义 2.1.2.

• 任意标准型矩阵（参见定义（1.3.9））都可以写为如下分块矩阵：

$$\begin{pmatrix}\boldsymbol{I}_r & \boldsymbol{0}\\ \boldsymbol{0} & \boldsymbol{0}\end{pmatrix}.\tag{3.2.6}$$

标准型矩阵不一定是方阵，因此分块矩阵（3.2.6）未必是准对角阵.

下面的定理给出了用分块矩阵简化矩阵运算的合理性.①

定理3.2.1 在对给定的矩阵作转置、数乘、加法和乘法运算时，把所给矩阵分块，使得相应的分块矩阵能够按如下规则进行计算，则得到的分块矩阵等于原矩阵未分块时在相应计算下得到的矩阵.

• 转置：

$$\begin{pmatrix}\boldsymbol{A}_{11} & \cdots & \boldsymbol{A}_{1t}\\ \vdots & & \vdots\\ \boldsymbol{A}_{s1} & \cdots & \boldsymbol{A}_{st}\end{pmatrix}^{\mathrm{T}}=\begin{pmatrix}\boldsymbol{A}_{11}^{\mathrm{T}} & \cdots & \boldsymbol{A}_{s1}^{\mathrm{T}}\\ \vdots & & \vdots\\ \boldsymbol{A}_{1t}^{\mathrm{T}} & \cdots & \boldsymbol{A}_{st}^{\mathrm{T}}\end{pmatrix}.$$

即先整体转置，然后对每一分块转置.

• 数乘：

$$k\begin{pmatrix}\boldsymbol{A}_{11} & \cdots & \boldsymbol{A}_{1t}\\ \vdots & & \vdots\\ \boldsymbol{A}_{s1} & \cdots & \boldsymbol{A}_{st}\end{pmatrix}=\begin{pmatrix}k\boldsymbol{A}_{11} & \cdots & k\boldsymbol{A}_{1t}\\ \vdots & & \vdots\\ k\boldsymbol{A}_{s1} & \cdots & k\boldsymbol{A}_{st}\end{pmatrix}.$$

用数 k 去数乘每一分块.

① 需要验证所得的分块矩阵作为矩阵等于原矩阵的运算结果. 证明过程较复杂，细节从略.

对应的分块作为矩阵相加. 因此,两个分块矩阵的分块方式必须相同才能相加.

● 加法:

$$\begin{pmatrix} \boldsymbol{A}_{11} & \cdots & \boldsymbol{A}_{1t} \\ \vdots & & \vdots \\ \boldsymbol{A}_{s1} & \cdots & \boldsymbol{A}_{st} \end{pmatrix} + \begin{pmatrix} \boldsymbol{B}_{11} & \cdots & \boldsymbol{B}_{1t} \\ \vdots & & \vdots \\ \boldsymbol{B}_{s1} & \cdots & \boldsymbol{B}_{st} \end{pmatrix} = \begin{pmatrix} \boldsymbol{A}_{11}+\boldsymbol{B}_{11} & \cdots & \boldsymbol{A}_{1t}+\boldsymbol{B}_{1t} \\ \vdots & & \vdots \\ \boldsymbol{A}_{s1}+\boldsymbol{B}_{s1} & \cdots & \boldsymbol{A}_{st}+\boldsymbol{B}_{st} \end{pmatrix}.$$

只有当左边分块矩阵的列的分组方式与右边分块矩阵的行的分组方式相同时,才能相乘.

● 乘法:

$$\begin{pmatrix} \boldsymbol{A}_{11} & \cdots & \boldsymbol{A}_{1t} \\ \vdots & & \vdots \\ \boldsymbol{A}_{s1} & \cdots & \boldsymbol{A}_{st} \end{pmatrix} \begin{pmatrix} \boldsymbol{B}_{11} & \cdots & \boldsymbol{B}_{1r} \\ \vdots & & \vdots \\ \boldsymbol{B}_{t1} & \cdots & \boldsymbol{B}_{tr} \end{pmatrix} = \begin{pmatrix} \boldsymbol{C}_{11} & \cdots & \boldsymbol{C}_{1r} \\ \vdots & & \vdots \\ \boldsymbol{C}_{s1} & \cdots & \boldsymbol{C}_{sr} \end{pmatrix},$$

其中,$\boldsymbol{C}_{pq}$ 是左边的分块矩阵的第 p 行与右边的分块矩阵的第 q 列对应的分块相乘再相加得到的矩阵:

$$\boldsymbol{C}_{pq}=\boldsymbol{A}_{p1}\boldsymbol{B}_{1q}+\boldsymbol{A}_{p2}\boldsymbol{B}_{2q}+\cdots+\boldsymbol{A}_{pt}\boldsymbol{B}_{tq}.$$

例3.2.14 我们用分块矩阵来计算 $\boldsymbol{A}^2$, 其中,$\boldsymbol{A}$ 由例 3.2.6 给出. 把 $\boldsymbol{A}$ 分块为矩阵 (3.2.2). 直接计算,得

$$\boldsymbol{A}_{11}^2=\begin{pmatrix} 1 & -2 \\ 3 & 2 \end{pmatrix}^2=\begin{pmatrix} -5 & -6 \\ 9 & -2 \end{pmatrix},$$

$$\boldsymbol{A}_{22}^2=\begin{pmatrix} 3 & 6 \\ -1 & 7 \end{pmatrix}^2=\begin{pmatrix} 3 & 60 \\ -10 & 43 \end{pmatrix}.$$

于是,由定理 3.2.1,得

$$\boldsymbol{A}^2=\begin{pmatrix} \boldsymbol{A}_{11}^2 & \boldsymbol{0} \\ \boldsymbol{0} & \boldsymbol{A}_{22}^2 \end{pmatrix}=\begin{pmatrix} -5 & -6 & 0 & 0 \\ 9 & -2 & 0 & 0 \\ 0 & 0 & 3 & 60 \\ 0 & 0 & -10 & 43 \end{pmatrix}.$$

例3.2.15 把例 3.2.4 推广到准上(下)三角阵,即得准上(下)三角阵的任意多项式仍然是准上(下)三角阵. 例如,直接计算可得:

准上(下)三角阵是方阵;方阵的多项式参见定义 3.2.3.

$$\begin{pmatrix} \boldsymbol{A}_{11} & \boldsymbol{A}_{12} & \cdots & \boldsymbol{A}_{1s} \\ \boldsymbol{0} & \boldsymbol{A}_{22} & \cdots & \boldsymbol{A}_{2s} \\ \vdots & \vdots & & \vdots \\ \boldsymbol{0} & \boldsymbol{0} & \cdots & \boldsymbol{A}_{ss} \end{pmatrix}^k = \begin{pmatrix} \boldsymbol{A}_{11}^k & * & * & * \\ 0 & \boldsymbol{A}_{22}^k & * & * \\ \vdots & \vdots & & \vdots \\ \boldsymbol{0} & \boldsymbol{0} & \cdots & \boldsymbol{A}_{ss}^k \end{pmatrix}.$$

特别地，准对角阵的任意多项式仍然是准对角阵.

下面我们给出几个例子来说明分块矩阵的应用.

例3.2.16　设 $\boldsymbol{A}$ 是 $m\times n$ 型矩阵，$\boldsymbol{B}$ 是 $n\times s$ 型矩阵. 设 $\boldsymbol{A}$ 的列向量形式为

矩阵乘积的行向量和列向量，参见引理 3.1.1.

$$\boldsymbol{A}=(\boldsymbol{\alpha}_1 \quad \cdots \quad \boldsymbol{\alpha}_n).$$

设 $\boldsymbol{B}=\begin{pmatrix} b_{11} & \cdots & b_{1s} \\ \vdots & & \vdots \\ b_{n1} & \cdots & b_{ns}\end{pmatrix}$. 把 $\boldsymbol{B}$ 看成 $n\times s$ 型分块矩阵. 则由分块矩阵的运算（定理 3.2.1）可得：

$$\begin{aligned}\boldsymbol{AB}&=(\boldsymbol{\alpha}_1 \quad \cdots \quad \boldsymbol{\alpha}_n)\begin{pmatrix} b_{11} & \cdots & b_{1s} \\ \vdots & & \vdots \\ b_{n1} & \cdots & b_{ns}\end{pmatrix} \\ &=(b_{11}\boldsymbol{\alpha}_1+\cdots+b_{n1}\boldsymbol{\alpha}_n \quad \cdots \quad b_{1s}\boldsymbol{\alpha}_1+\cdots+b_{ns}\boldsymbol{\alpha}_n),\end{aligned} \tag{3.2.7}$$

即 $\boldsymbol{AB}$ 的列向量都是 $\boldsymbol{A}$ 的列向量的线性组合. 类似地，可以计算 $\boldsymbol{AB}$ 的行向量.

进一步，乘积 $\boldsymbol{AB}$ 的列向量也可以用如下方式来表达. 设 $\boldsymbol{B}$ 的列向量组为 $\boldsymbol{\beta}_1$，…，$\boldsymbol{\beta}_s$. 把 $\boldsymbol{A}$ 看成 1×1 型分块矩阵，把 $\boldsymbol{B}$ 看成 $1\times s$ 型分块矩阵. 由于 $\boldsymbol{A}$ 与 $\boldsymbol{\beta}_i$ 是可以相乘的，所以由定理 3.2.1，得

$$\begin{aligned}\boldsymbol{AB}&=\boldsymbol{A}(\boldsymbol{\beta}_1 \quad \boldsymbol{\beta}_2 \quad \cdots \quad \boldsymbol{\beta}_s) \\ &=(\boldsymbol{A\beta}_1 \quad \boldsymbol{A\beta}_2 \quad \cdots \quad \boldsymbol{A\beta}_s),\end{aligned} \tag{3.2.8}$$

由此我们得到了 $\boldsymbol{AB}$ 的列向量形式. 注意，式（3.2.7）与式（3.2.8）本质上是相同的. 对 $\boldsymbol{AB}$ 的行向量形式可以进行类似的讨论.

利用式（3.2.8）可以得到矩阵的秩的一个不等式.

例3.2.17　设 $\boldsymbol{A}$ 是 $m\times n$ 型矩阵，$\boldsymbol{B}$ 是 $n\times s$ 型矩阵，且 $\boldsymbol{AB}=\boldsymbol{0}$. 证明：$r(\boldsymbol{A})+r(\boldsymbol{B})\leqslant n$.

证明： 设 $\boldsymbol{B}=(\boldsymbol{\beta}_1 \quad \boldsymbol{\beta}_2 \quad \cdots \quad \boldsymbol{\beta}_s)$. 则由式（3.2.8）可得：

$$\boldsymbol{AB}=\boldsymbol{0}\Leftrightarrow \boldsymbol{A\beta}_i=\boldsymbol{0},\ 1\leqslant i\leqslant s,$$

即 $\boldsymbol{AB}=\boldsymbol{0}$ 等价于 $\boldsymbol{B}$ 的每个列向量都是齐次线性方程组 $\boldsymbol{Ax}=\boldsymbol{0}$ 的解，从而，$\boldsymbol{B}$ 的列向量组可以由 $\boldsymbol{Ax}=\boldsymbol{0}$ 的一个基础解系线性表出，而基础解系的秩是 $n-r(\boldsymbol{A})$，因此，

线性方程组的矩阵形式参见式 (3.1.5)、参见命题 2.4.1 和命题 2.2.11.

$$r(\boldsymbol{B})\leqslant n-r(\boldsymbol{A}),$$

这就是所求的不等式. □

下面的例子利用分块矩阵，把线性方程组解的存在性判别定理（参见定理 2.3.1）推广到一类矩阵方程上.

给出了矩阵方程 $\boldsymbol{AX}=\boldsymbol{B}$ 有解的一个充要条件.

例3.2.18　设 $\boldsymbol{A}$ 是 $m\times n$ 型矩阵，$\boldsymbol{B}$ 是 $m\times s$ 型矩阵. 于是有分块矩

阵 $(\boldsymbol{A}\quad \boldsymbol{B})$，则存在矩阵 $\boldsymbol{X}$ 使得 $\boldsymbol{AX}=\boldsymbol{B}\Leftrightarrow r(\boldsymbol{A})=r(\boldsymbol{A}\quad \boldsymbol{B})$.

证明： 设 $\boldsymbol{A}=(\boldsymbol{\alpha}_1\quad\cdots\quad\boldsymbol{\alpha}_n)$，$\boldsymbol{B}=(\boldsymbol{\beta}_1\quad\cdots\quad\boldsymbol{\beta}_s)$. 注意到，$\boldsymbol{\alpha}_i$，$\boldsymbol{\beta}_j$ 都是 m 维列向量，则

存在矩阵 $\boldsymbol{X}$ 使得 $\boldsymbol{AX}=\boldsymbol{B}$

$\Leftrightarrow$ 存在数 x_{1j}，…，x_{nj} $(1\leqslant j\leqslant s)$ 使得

$$\boldsymbol{\beta}_j=x_{1j}\boldsymbol{\alpha}_1+\cdots+x_{nj}\boldsymbol{\alpha}_n=(\boldsymbol{\alpha}_1\quad\cdots\quad\boldsymbol{\alpha}_n)\begin{pmatrix}x_{1j}\\ \vdots\\ x_{nj}\end{pmatrix}$$

$\Leftrightarrow$ 向量组 $\boldsymbol{\alpha}_1\cdots\boldsymbol{\alpha}_n$ 和 $\boldsymbol{\alpha}_1\cdots\boldsymbol{\alpha}_n$，$\boldsymbol{\beta}_1\cdots\boldsymbol{\beta}_s$ 等价

参见推论 2.2.3.

$\Leftrightarrow r(\boldsymbol{\alpha}_1\quad\cdots\quad\boldsymbol{\alpha}_n)=r(\boldsymbol{\alpha}_1\quad\cdots\quad\boldsymbol{\alpha}_n\quad\boldsymbol{\beta}_1\quad\cdots\quad\boldsymbol{\beta}_s)$

$\Leftrightarrow r(\boldsymbol{A})=r(\boldsymbol{A}\quad\boldsymbol{B})$. □

作为分块矩阵的应用，我们介绍如下结论，该结论为最小二乘法提供了依据.[①]

命题3.2.2 设 $\boldsymbol{A}$ 是任意的 $m\times n$ 型实矩阵，则对任意的 m 维列向量 $\boldsymbol{\beta}$，线性方程组 $\boldsymbol{A}^{\mathrm{T}}\boldsymbol{A}\boldsymbol{x}=\boldsymbol{A}^{\mathrm{T}}\boldsymbol{\beta}$ 总是有解.

增广矩阵是分块矩阵.

证明： 由定理 2.3.1（或者例 3.2.18），只需证明线性方程组 $\boldsymbol{A}^{\mathrm{T}}\boldsymbol{A}\boldsymbol{x}=\boldsymbol{A}^{\mathrm{T}}\boldsymbol{\beta}$ 的系数矩阵 $\boldsymbol{A}^{\mathrm{T}}\boldsymbol{A}$ 的秩等于其增广矩阵 $(\boldsymbol{A}^{\mathrm{T}}\boldsymbol{A}\quad\boldsymbol{A}^{\mathrm{T}}\boldsymbol{\beta})$ 的秩. 事实上，我们有：

$$\begin{aligned}r(\boldsymbol{A}^{\mathrm{T}}\boldsymbol{A})&\leqslant r((\boldsymbol{A}^{\mathrm{T}}\boldsymbol{A}\quad\boldsymbol{A}^{\mathrm{T}}\boldsymbol{\beta}))\ \text{（习题 2.3 的第 5 题）}\\&=r(\boldsymbol{A}^{\mathrm{T}}(\boldsymbol{A}\quad\boldsymbol{\beta}))\ \text{（分块矩阵的乘法）}\\&\leqslant r(\boldsymbol{A}^{\mathrm{T}})\ \text{（命题 3.1.3）}\\&=r(\boldsymbol{A})\ \text{（命题 3.1.1）}\\&=r(\boldsymbol{A}^{\mathrm{T}}\boldsymbol{A})\ \text{（例 3.1.15）}\end{aligned}$$

所以，$r((\boldsymbol{A}^{\mathrm{T}}\boldsymbol{A}\quad\boldsymbol{A}^{\mathrm{T}}\boldsymbol{\beta}))=r(\boldsymbol{A}^{\mathrm{T}}\boldsymbol{A})$，从而结论成立. □

下面我们进一步讨论矩阵的乘法运算. 由注 3.1.1 可知，矩阵的乘法运算没有逆运算，从而没有除法运算，即对一般的矩阵 $\boldsymbol{A}$，没有类似于非零数 a 的倒数 a^{-1} 的矩阵. 但某些矩阵确实具有与非零数类似的性质，而且这类矩阵具有重要意义. 为此，我们介绍如下可逆矩阵的概念.

矩阵的乘法不满足交换律.

定义3.2.6 设矩阵 $\boldsymbol{A}$ 满足：存在矩阵 $\boldsymbol{B}$ 使得 $\boldsymbol{AB}=\boldsymbol{I}_n$ 且 $\boldsymbol{BA}=\boldsymbol{I}_n$，则称 $\boldsymbol{A}$ 是一个可逆矩阵（可逆阵），称 $\boldsymbol{A}$ 是可逆的，$\boldsymbol{B}$ 是 $\boldsymbol{A}$ 的逆矩阵. 可逆矩阵也称为非奇异矩阵.

易见，n 阶单位阵 $\boldsymbol{I}_n$ 是可逆的. 由定义 3.2.6 我们有如下推论.[②]

推论3.2.1 设矩阵 $\boldsymbol{A}$ 是可逆矩阵，则 $\boldsymbol{A}$ 必然是方阵，其逆矩阵也

① 最小二乘法在线性规划、概率统计中有重要应用.

② 因此，可逆矩阵是针对方阵而言的. 一般地，有广义逆矩阵的概念. 限于篇幅，本书不讨论广义逆矩阵.

是方阵，且是唯一的.

证明：设 $\boldsymbol{A}$ 是 $m\times n$ 型矩阵. 由于 $\boldsymbol{A}$ 可逆，所以有逆矩阵 $\boldsymbol{B}$，则 $\boldsymbol{B}$ 必然是 $n\times s$ 型的. 从而 $\boldsymbol{AB}$ 是 $m\times s$ 型的. 但 $\boldsymbol{AB}=\boldsymbol{I}_n$ 是 $n\times n$ 型的，所以必然有 $m=s=n$，即 $\boldsymbol{A}$ 是 n 阶方阵.

设 $\boldsymbol{B}_1$ 和 $\boldsymbol{B}_2$ 都是 $\boldsymbol{A}$ 的逆矩阵，则

参见例 3.1.11.

$$\boldsymbol{B}_1=\boldsymbol{B}_1\boldsymbol{I}_n=\boldsymbol{B}_1(\boldsymbol{AB}_2)=(\boldsymbol{B}_1\boldsymbol{A})\boldsymbol{B}_2=\boldsymbol{I}_n\boldsymbol{B}_2=\boldsymbol{B}_2,$$

矩阵乘法满足结合律.

所以，$\boldsymbol{A}$ 的逆矩阵是唯一的. □

由于可逆矩阵的逆矩阵具有唯一性，所以我们可以用记号 $\boldsymbol{A}^{-1}$ 来表示可逆矩阵 $\boldsymbol{A}$ 的逆矩阵，即

$$\boldsymbol{AA}^{-1}=\boldsymbol{A}^{-1}\boldsymbol{A}=\boldsymbol{I}_n,$$

从而，由定义 3.2.6 可得 $\boldsymbol{A}^{-1}$ 可逆且

$$(\boldsymbol{A}^{-1})^{-1}=\boldsymbol{A}. \tag{3.2.9}$$

注3.2.1 设 $\boldsymbol{A}$ 不是方阵，则也可能存在矩阵 $\boldsymbol{B}$ 使得 $\boldsymbol{AB}$ 是单位阵. 例如，

$$\begin{pmatrix}1&0&0\\0&1&0\end{pmatrix}\begin{pmatrix}1&0\\0&1\\0&0\end{pmatrix}=\begin{pmatrix}1&0\\0&1\end{pmatrix}.$$

定义 3.2.6 中的条件“$\boldsymbol{AB}=\boldsymbol{I}_n$ 且 $\boldsymbol{BA}=\boldsymbol{I}_n$”保证了逆矩阵的唯一性.

例3.2.19 设 $\boldsymbol{A}$ 是 n 阶方阵. 如果 $\boldsymbol{A}$ 有零行，则对任意矩阵 $\boldsymbol{B}$，乘积 $\boldsymbol{AB}$ 都有零行（参见例 3.1.5），从而 $\boldsymbol{AB}$ 不可能是单位阵，因此，$\boldsymbol{A}$ 不可逆，即任意含有零行的方阵都是不可逆的. 同理，任意含有零列的矩阵也是不可逆的. 特别地，n 阶零方阵 $\boldsymbol{0}$ 是不可逆的.

可逆阵具有如下类似于非零数的基本性质.

引理3.2.1 （1）设 $\boldsymbol{A}$ 是 n 阶可逆阵，则矩阵方程 $\boldsymbol{AX}=\boldsymbol{B}$ 有唯一解 $\boldsymbol{X}=\boldsymbol{A}^{-1}\boldsymbol{B}$. 类似地，矩阵方程 $\boldsymbol{YA}=\boldsymbol{C}$ 有唯一解 $\boldsymbol{Y}=\boldsymbol{CA}^{-1}$.

（2）设 $\boldsymbol{P}$，$\boldsymbol{Q}$ 分别是 m，n 阶可逆阵，则矩阵方程 $\boldsymbol{PZQ}=\boldsymbol{C}$ 有唯一解 $\boldsymbol{Z}=\boldsymbol{P}^{-1}\boldsymbol{CQ}^{-1}$.

（3）设 $\boldsymbol{A}$ 是 n 阶可逆阵. 如果 $\boldsymbol{AB}=\boldsymbol{AC}$，则 $\boldsymbol{B}=\boldsymbol{C}$. 特别地，如果 $\boldsymbol{AB}=\boldsymbol{0}$，则 $\boldsymbol{B}=\boldsymbol{0}$.

证明：（1）在 $\boldsymbol{AX}=\boldsymbol{B}$ 两边左乘 $\boldsymbol{A}^{-1}$ 即得 $\boldsymbol{X}=\boldsymbol{A}^{-1}\boldsymbol{B}$；在 $\boldsymbol{YA}=\boldsymbol{C}$ 两边右乘 $\boldsymbol{A}^{-1}$ 即得 $\boldsymbol{Y}=\boldsymbol{CA}^{-1}$.

（2）在 $\boldsymbol{PZQ}=\boldsymbol{C}$ 两边分别左乘、右乘 $\boldsymbol{P}^{-1}$，$\boldsymbol{Q}^{-1}$ 即得 $\boldsymbol{Z}=\boldsymbol{P}^{-1}\boldsymbol{CQ}^{-1}$.

（3）在 $\boldsymbol{AB}=\boldsymbol{AC}$ 两边左乘 $\boldsymbol{A}^{-1}$ 即得 $\boldsymbol{B}=\boldsymbol{C}$. □

即左乘或右乘可逆阵不改变矩阵的秩.

下面的结论给出了可逆矩阵的另一个重要性质.①

命题3.2.3 设 $\boldsymbol{A}$ 是任意的 $m\times n$ 型矩阵，则对任意 m 型可逆阵 $\boldsymbol{P}$ 和任意 n 阶可逆阵 $\boldsymbol{Q}$ 有：

$$r(\boldsymbol{PA})=r(\boldsymbol{A})=r(\boldsymbol{AQ})=r(\boldsymbol{PAQ}).$$

证明：由命题 3.1.3 可得：

$$r(\boldsymbol{A})\geqslant r(\boldsymbol{PA})\geqslant r(\boldsymbol{P}^{-1}(\boldsymbol{PA}))=r((\boldsymbol{P}^{-1}\boldsymbol{P})\boldsymbol{A})=r(\boldsymbol{A}),$$

所以，$r(\boldsymbol{A})=r(\boldsymbol{PA})$. 同理可证，$r(\boldsymbol{A})=r(\boldsymbol{AQ})$ 成立. □

下面我们讨论方阵的可逆性与矩阵的转置、加法、数乘和乘法之间的关系.

引理3.2.2 设 $\boldsymbol{A}$ 是 n 阶方阵，则 $\boldsymbol{A}$ 可逆 $\Leftrightarrow$ $\boldsymbol{A}^{\mathrm{T}}$ 可逆，且 $(\boldsymbol{A}^{\mathrm{T}})^{-1}=(\boldsymbol{A}^{-1})^{\mathrm{T}}$.

证明：如果 $\boldsymbol{A}$ 可逆，即 $\boldsymbol{AA}^{-1}=\boldsymbol{A}^{-1}\boldsymbol{A}=\boldsymbol{I}_n$. 两边取转置即得（参见(3.1.2))：

$$(\boldsymbol{A}^{-1})^{\mathrm{T}}\boldsymbol{A}^{\mathrm{T}}=\boldsymbol{A}^{\mathrm{T}}(\boldsymbol{A}^{-1})^{\mathrm{T}}=\boldsymbol{I}_n^{\mathrm{T}}=\boldsymbol{I}_n,$$

从而由逆矩阵的唯一性可知结论成立. □

注3.2.2 设 $\boldsymbol{A}$，$\boldsymbol{B}$ 是 n 阶方阵. 如果 $\boldsymbol{A}$，$\boldsymbol{B}$ 可逆，则 $\boldsymbol{A}+\boldsymbol{B}$ 未必可逆. 例如，

$$\boldsymbol{A}=\boldsymbol{I}_2,\ \boldsymbol{B}=\begin{pmatrix}1 & 0\\ 0 & -1\end{pmatrix},\ \boldsymbol{A}+\boldsymbol{B}=\begin{pmatrix}2 & 0\\ 0 & 0\end{pmatrix}.$$

反之，如果 $\boldsymbol{A}+\boldsymbol{B}$ 可逆，则 $\boldsymbol{A}$，$\boldsymbol{B}$ 未必可逆. 例如，

$$\boldsymbol{A}=\begin{pmatrix}1 & 0\\ 0 & 0\end{pmatrix},\ \boldsymbol{B}=\begin{pmatrix}0 & 0\\ 0 & 1\end{pmatrix},\ \boldsymbol{A}+\boldsymbol{B}=\boldsymbol{I}_2.$$

引理3.2.3 设 $\boldsymbol{A}$ 是 n 阶方阵，k 是非零数，则 $\boldsymbol{A}$ 可逆 $\Leftrightarrow$ $k\boldsymbol{A}$ 可逆，且 $(k\boldsymbol{A})^{-1}=\frac{1}{k}\boldsymbol{A}^{-1}$.

证明：设 $\boldsymbol{A}$ 可逆，则 $\boldsymbol{AA}^{-1}=\boldsymbol{A}^{-1}\boldsymbol{A}=\boldsymbol{I}_n$，从而

$$(k\boldsymbol{A})(\frac{1}{k}\boldsymbol{A}^{-1})=(\frac{1}{k}\boldsymbol{A}^{-1})(k\boldsymbol{A})=\boldsymbol{I}_n,$$

从而由逆矩阵的唯一性可知结论成立. □

$\boldsymbol{A}$，$\boldsymbol{B}$ 不一定可交换.

引理3.2.4 设 $\boldsymbol{A}$，$\boldsymbol{B}$ 是 n 阶可逆矩阵，则乘积 $\boldsymbol{AB}$ 可逆，且 $(\boldsymbol{AB})^{-1}=\boldsymbol{B}^{-1}\boldsymbol{A}^{-1}$. 更一般地，设 $\boldsymbol{A}_1$，…，$\boldsymbol{A}_s$ 是 n 阶可逆矩阵，则

① 这个结论也可以用推论 3.2.2 来证明：可逆阵是若干个初等矩阵的乘积，所以左乘或右乘可逆阵等价于左乘或右乘若干个初等矩阵，从而（由定理 3.1.1）等价于对矩阵 $\boldsymbol{A}$ 作若干步初等变换，而矩阵的初等变换不改变矩阵的秩.

$$(\boldsymbol{A}_1\cdots\boldsymbol{A}_s)^{-1}=\boldsymbol{A}_s^{-1}\cdots\boldsymbol{A}_1^{-1},$$

证明： 只需验证引理中的前半部分. 由于矩阵的乘法满足结合律，所以我们有：

该引理的逆命题也是成立的，参见下面的命题 3.2.4.

$$(\boldsymbol{AB})(\boldsymbol{B}^{-1}\boldsymbol{A}^{-1})=\boldsymbol{A}(\boldsymbol{BB}^{-1})\boldsymbol{A}^{-1}=\boldsymbol{AA}^{-1}=\boldsymbol{I}_n,$$
$$(\boldsymbol{B}^{-1}\boldsymbol{A}^{-1})(\boldsymbol{AB})=\boldsymbol{B}^{-1}(\boldsymbol{A}^{-1}\boldsymbol{A})\boldsymbol{B}=\boldsymbol{B}^{-1}\boldsymbol{B}=\boldsymbol{I}_n,$$

从而，由可逆矩阵的定义和逆矩阵的唯一性即得结论成立. □

直接用定义去判断一个矩阵是否可逆是不方便的，因此我们需要别的判别法. 为此我们介绍如下重要引理，该引理可由推论 3.1.1 直接得到.

引理3.2.5 初等矩阵都是可逆矩阵，且其逆矩阵仍然是初等矩阵.

有了上述准备，我们可以得到如下重要结论.

定理3.2.2 设 $\boldsymbol{A}$ 是任意的 n 阶方阵，则

因此，可逆矩阵又称为满秩方阵.

$$\boldsymbol{A}\text{ 是可逆矩阵} \Leftrightarrow r(\boldsymbol{A})=n.$$

证明： $\Leftarrow$：设 $r(\boldsymbol{A})=n$. 于是，由定理 3.1.2 可知，存在若干 n 阶初等矩阵 $\boldsymbol{P}_1$，…，$\boldsymbol{P}_s$ 和 $\boldsymbol{Q}_1$，…，$\boldsymbol{Q}_t$ 使得

$$\boldsymbol{P}_s\cdots\boldsymbol{P}_1\boldsymbol{A}\boldsymbol{Q}_1\cdots\boldsymbol{Q}_t=\boldsymbol{I}_n. \tag{3.2.10}$$

由引理 3.2.5 可知，$\boldsymbol{P}_i$，$\boldsymbol{Q}_j$ 可逆，从而式（3.2.10）可以写为

$$\boldsymbol{A}=\boldsymbol{P}_1^{-1}\cdots\boldsymbol{P}_s^{-1}\boldsymbol{Q}_t^{-1}\cdots\boldsymbol{Q}_1^{-1}. \tag{3.2.11}$$

于是，由引理 3.2.4 可知 $\boldsymbol{A}$ 可逆.

$\Rightarrow$：假设 $\boldsymbol{A}$ 可逆，即 $\boldsymbol{AA}^{-1}=\boldsymbol{A}^{-1}\boldsymbol{A}=\boldsymbol{I}_n$，从而，由命题 3.1.3，得

$$n\geqslant r(\boldsymbol{A})\geqslant r(\boldsymbol{AA}^{-1})=r(\boldsymbol{I}_n)=n,$$

所以，$r(\boldsymbol{A})=n$ 成立. □

由定理 3.2.2 可得，引理 3.2.4 的逆命题也是成立的，即如下命题.

命题3.2.4 设 $\boldsymbol{A}_1$，…，$\boldsymbol{A}_s$ 是 n 阶方阵，则乘积 $\boldsymbol{A}_1\cdots\boldsymbol{A}_s$ 是可逆阵 $\Leftrightarrow$ 每个 $\boldsymbol{A}_i$ 都可逆.

证明： $\Leftarrow$：就是引理 3.2.4.

$\Rightarrow$：如果 $\boldsymbol{A}_1\cdots\boldsymbol{A}_s$ 是可逆阵，则 $r(\boldsymbol{A}_1\cdots\boldsymbol{A}_s)=n$，从而，由乘积的秩不超过因子的秩（命题 3.1.3）得，对每个 i 有：

$$n\geqslant r(\boldsymbol{A}_i)\geqslant r(\boldsymbol{A}_1\cdots\boldsymbol{A}_s)=n,$$

即 $r(\boldsymbol{A}_i)=n$，从而 $\boldsymbol{A}_i$（$1\leqslant i\leqslant s$）可逆. □

由定理 3.2.2 可以得到如下有用的推论.

推论3.2.2 设 $\boldsymbol{A}$ 是任意的 n 阶方阵，则

$$\begin{aligned}\boldsymbol{A}\text{ 可逆} &\Leftrightarrow \boldsymbol{A}\text{ 可以分解为若干个 } n \text{ 阶初等矩阵的乘积；}\\ &\Leftrightarrow \boldsymbol{A}\text{ 的行向量组线性无关；}\end{aligned}$$

定理 3.2.2 和推论 3.2.2 都是判断一个方阵是否可逆的重要方法. 除此之外，还可以用行列式来判断一个方阵是否可逆，参见命题 3.3.3.

$\Leftrightarrow \boldsymbol{A}$ 的列向量组线性无关；

$\Leftrightarrow$齐次线性方程组 $\boldsymbol{Ax}=\boldsymbol{0}$ 只有零解；

$\Leftrightarrow$对任意 n 维列向量 $\boldsymbol{\beta}$，线性方程组

$\boldsymbol{Ax}=\boldsymbol{\beta}$ 有唯一解；

$\Leftrightarrow$存在 n 阶方阵 $\boldsymbol{B}$ 使得 $\boldsymbol{AB}=\boldsymbol{I}_n$，此时，$\boldsymbol{A}^{-1}=\boldsymbol{B}$；

$\Leftrightarrow$存在 n 阶方阵 $\boldsymbol{B}$ 使得 $\boldsymbol{BA}=\boldsymbol{I}_n$，此时，$\boldsymbol{A}^{-1}=\boldsymbol{B}$.

证明：如果 $\boldsymbol{A}$ 可逆，则 $r(\boldsymbol{A})=n$，从而由定理 3.1.2 可知，存在若干个 n 阶初等矩阵 $\boldsymbol{P}_1$，…，$\boldsymbol{P}_s$ 和 $\boldsymbol{Q}_1$，…，$\boldsymbol{Q}_t$ 使得式（3.2.11）成立. 又由引理 3.2.5 可知，每个 $\boldsymbol{P}_i^{-1}$，$\boldsymbol{Q}_j^{-1}$ 都是初等矩阵，所以，$\boldsymbol{A}$ 可以分解为若干个 n 阶初等矩阵的乘积.

反之，如果 $\boldsymbol{A}$ 是若干个初等矩阵的乘积，则由初等矩阵可逆以及可逆阵的乘积仍然可逆即得 $\boldsymbol{A}$ 可逆.

如果存在 n 阶可逆阵 $\boldsymbol{B}$ 使得 $\boldsymbol{AB}=\boldsymbol{I}_n$，则

$$n\geqslant r(\boldsymbol{A})\geqslant r(\boldsymbol{AB})=r(\boldsymbol{I}_n)=n,$$

从而，$r(\boldsymbol{A})=n$，因此 $\boldsymbol{A}$ 可逆. 由可逆矩阵的唯一性，此时，$\boldsymbol{A}^{-1}=\boldsymbol{B}$.

其余结论由矩阵的秩的定义和线性方程组解的存在性判别定理即得. □

推论 3.2.2 的一个直接应用是，可以用矩阵的初等变换来求逆矩阵. 这个方法是程序化的，是求逆矩阵的重要方法之一.①

设 n 阶方阵 $\boldsymbol{A}$ 可逆，则其逆矩阵 $\boldsymbol{A}^{-1}$ 也可逆，从而由推论 3.2.2 可知，存在若干个初等阵 $\boldsymbol{P}_1$，…，$\boldsymbol{P}_s$ 使得

$$\boldsymbol{A}^{-1}=\boldsymbol{P}_1\cdots\boldsymbol{P}_s,$$

于是，

$$\boldsymbol{I}_n=\boldsymbol{A}^{-1}\boldsymbol{A}=\boldsymbol{P}_1\cdots\boldsymbol{P}_s\boldsymbol{A}; \tag{3.2.12}$$

另外，

$$\boldsymbol{A}^{-1}=\boldsymbol{P}_1\cdots\boldsymbol{P}_s=\boldsymbol{P}_1\cdots\boldsymbol{P}_s\boldsymbol{I}_n. \tag{3.2.13}$$

由定理 3.1.1 和式（3.2.12）可知，$\boldsymbol{A}$ 可以经过若干初等行变换变为单位阵，而式（3.2.13）表明，对单位阵 $\boldsymbol{I}_n$ 作完全相同的初等行变换就可以得到 $\boldsymbol{A}^{-1}$.

一般情况下，给定任意方阵 $\boldsymbol{A}$，在计算逆矩阵之前，应该先判断 $\boldsymbol{A}$ 是否可逆. 由定理 3.2.2，只需判断 $r(\boldsymbol{A})=n$ 是否成立. 而由算法 2.3.1，可以只用初等行变换就能把 $\boldsymbol{A}$ 化为阶梯形矩阵 $\boldsymbol{J}$，从而由 $\boldsymbol{J}$ 的主元个数即得 $r(\boldsymbol{A})$.

① 可以用别的方法求逆矩阵，例如，利用行列式，参见定理 3.3.5.

综合上述分析，我们得到如下算法.

算法3.2.1　（用初等行变换判断矩阵是否可逆，如果可逆，求其逆矩阵）

任意给定 n 阶方阵 $\boldsymbol{A}$.

（1）对 $n\times 2n$ 阶矩阵 $(\boldsymbol{A}\vdots\boldsymbol{I}_n)$ 作初等行变换，使得其前 n 列构成的子矩阵变为一个阶梯形矩阵 $\boldsymbol{J}$（设其后 n 列构成的子矩阵为 $\boldsymbol{B}$）：

$$(\boldsymbol{A}\vdots\boldsymbol{I}_n)\xrightarrow{\text{只用初等行变换}}(\boldsymbol{J}\vdots\boldsymbol{B}).$$

把 $\boldsymbol{A}$ 和 $\boldsymbol{I}_n$ 拼成 $n\times 2n$ 型矩阵，是为了保证对 $\boldsymbol{A}$ 和 $\boldsymbol{I}_n$ 同时作完全相同的初等行变换.

（2）判断：如果 $\boldsymbol{J}$ 的主元个数（也就是 $r(\boldsymbol{A})$）小于 n，则 $\boldsymbol{A}$ 不可逆，算法结束；否则，$\boldsymbol{A}$ 可逆，进入下一步.

（3）对（1）中得到的 $n\times 2n$ 型矩阵 $(\boldsymbol{J}\vdots\boldsymbol{B})$ 继续作初等行变换，使得其前 n 列构成的子矩阵变为一个标准型矩阵（必然为 n 阶单位阵 $\boldsymbol{I}_n$），则其后 n 列构成的子矩阵就是 $\boldsymbol{A}^{-1}$ ：

$$(\boldsymbol{J}\vdots\boldsymbol{B})\xrightarrow{\text{只用初等行变换}}(\boldsymbol{I}_n\vdots\boldsymbol{A}^{-1}).$$

例3.2.20　判断 $\boldsymbol{A}=\begin{pmatrix}-1&0&2\\3&1&5\\2&1&7\end{pmatrix}$ 是否可逆，如果可逆，求其逆矩阵.

解：作初等行变换，得

$$\left(\begin{array}{ccc:ccc}-1&0&2&1&0&0\\3&1&5&0&1&0\\2&1&7&0&0&1\end{array}\right)\to\left(\begin{array}{ccc:ccc}-1&0&2&1&0&0\\0&1&11&3&1&0\\0&0&0&-1&-1&1\end{array}\right),$$

所以，$\boldsymbol{A}$ 不可逆. □

例3.2.21　判断 $\begin{pmatrix}-1&6\\3&1\end{pmatrix}$ 是否可逆，如果可逆，求其逆矩阵.

解：作初等行变换，得

$$\left(\begin{array}{cc:cc}-1&6&1&0\\3&1&0&1\end{array}\right)\to\left(\begin{array}{cc:cc}-1&6&1&0\\0&19&3&1\end{array}\right),$$

所以，原矩阵可逆. 继续作初等行变换，得

$$\to\left(\begin{array}{cc:cc}1&0&-\frac{1}{19}&\frac{6}{19}\\0&1&\frac{3}{19}&\frac{1}{19}\end{array}\right),$$

所以，逆矩阵为 $\begin{pmatrix}-\frac{1}{19}&\frac{6}{19}\\\frac{3}{19}&\frac{1}{19}\end{pmatrix}$. □

例3.2.22 判断$A=\begin{pmatrix}-1&0&2\\3&1&-1\\2&1&0\end{pmatrix}$是否可逆，如果可逆，求其逆矩阵.

解：作初等行变换，得

$$\left(\begin{array}{ccc:ccc}-1&0&2&1&0&0\\3&1&-1&0&1&0\\2&1&0&0&0&1\end{array}\right)\to\left(\begin{array}{ccc:ccc}-1&0&2&1&0&0\\0&1&5&3&1&0\\0&0&-1&-1&-1&1\end{array}\right),$$

所以，A 可逆. 继续作初等行变换，得

$$\to\left(\begin{array}{ccc:ccc}1&0&-2&-1&0&0\\0&1&5&3&1&0\\0&0&1&1&1&-1\end{array}\right)\to\left(\begin{array}{ccc:ccc}1&0&0&1&2&-2\\0&1&0&-2&-4&5\\0&0&1&1&1&-1\end{array}\right),$$

所以，$A^{-1}=\begin{pmatrix}1&2&-2\\-2&-4&5\\1&1&-1\end{pmatrix}$. □

利用推论 3.2.2 和可逆矩阵可以得到矩阵分类方面的结果. 我们先介绍如下概念.①

也称 A 等价于 B.

定义3.2.7 设 A，B 是两个 $m\times n$ 型矩阵. 如果 A 可以经过若干步初等变换变为 B，则称 A 相抵于 B.

"相抵"关系具有对称性.

由于初等变换是可逆的，即如果 A 可以经过若干步初等变换变为 B，则 B 也可以经过若干步初等变换变为 A. 所以，此时，我们可以说 A 和 B 是相抵的. 下面是线性代数中的一个基本结论.

定理3.2.3 设 A，B 是两个 $m\times n$ 型矩阵，则

A 和 B 是相抵的 $\Leftrightarrow r(A)=r(B)$

$\Leftrightarrow$ 存在可逆阵 P 和 Q 使得 $PAQ=B$.

证明：如果 A 和 B 是相抵的，则由初等变换不改变矩阵的秩可得 $r(A)=r(B)$；反之，设 $r(A)=r(B)=r$，则 A 和 B 的标准型相同（参见定义 2.3.3），从而由定理 1.3.2 可知，A 和 B 都相抵于标准型矩阵 $\begin{pmatrix}I_r&0\\0&0\end{pmatrix}$，因此，$A$ 和 B 是相抵的.

如果存在可逆阵 P 和 Q 使得 $PAQ=B$，则由左乘或右乘可逆阵不改变矩阵的秩（参见命题 3.2.3）可得 $r(A)=r(B)$，从而，由前面所证

① 我们之所以沿用参考文献［1］中的"相抵"而不用"等价"，是因为定义 3.2.7 所描述的矩阵之间的关系本身就是一个等价关系，即它满足反身性、对称性和传递性.

的结论得 $\boldsymbol{A}$ 和 $\boldsymbol{B}$ 是相抵的. 反之，假设 $\boldsymbol{A}$ 和 $\boldsymbol{B}$ 是相抵的，即存在若干个 m 阶初等矩阵 $\boldsymbol{P}_1$，…，$\boldsymbol{P}_s$ 和 n 阶初等矩阵 $\boldsymbol{Q}_1$，…，$\boldsymbol{Q}_t$ 使得（参见定理 3.1.1）：

$$\boldsymbol{P}_s\cdots\boldsymbol{P}_1\boldsymbol{A}\boldsymbol{Q}_1\cdots\boldsymbol{Q}_t=\boldsymbol{B}.$$

由于初等矩阵可逆，且可逆阵的乘积可逆，所以，

$$\boldsymbol{P}=\boldsymbol{P}_s\cdots\boldsymbol{P}_1 \quad \text{和} \quad \boldsymbol{Q}=\boldsymbol{Q}_1\cdots\boldsymbol{Q}_t$$

是可逆阵，且 $\boldsymbol{PAQ}=\boldsymbol{B}$. □

下面的推论从矩阵乘法的角度解释了矩阵的秩这个概念.

推论3.2.3 设 $\boldsymbol{A}$ 是任意的 $m\times n$ 型矩阵，则

$r(\boldsymbol{A})=r \Leftrightarrow$ 存在可逆阵 $\boldsymbol{P},\boldsymbol{Q}$ 使得

$$\boldsymbol{PAQ}=\begin{pmatrix}\boldsymbol{I}_r & \boldsymbol{0}\\ \boldsymbol{0} & \boldsymbol{0}\end{pmatrix}.$$

证明： 由定理 3.2.3 可得：$r(\boldsymbol{A})=r\Leftrightarrow\boldsymbol{A}$ 和 $\begin{pmatrix}\boldsymbol{I}_r & \boldsymbol{0}\\ \boldsymbol{0} & \boldsymbol{0}\end{pmatrix}$ 是相抵的. □

注3.2.3 推论 3.2.2 的另一个直接应用是，在判断一个方阵 $\boldsymbol{A}$ 是否可逆时，我们只需验证是否存在 n 阶方阵 $\boldsymbol{B}$ 使得 $\boldsymbol{AB}=\boldsymbol{I}_n$ 和 $\boldsymbol{BA}=\boldsymbol{I}_n$ 这两个等式中的一个成立即可.

这个注记非常重要.

我们给出下面的两个例子来说明推论 3.2.2 的应用.

例3.2.23 设 $\boldsymbol{M}=\begin{pmatrix}\boldsymbol{A} & \boldsymbol{B}\\ \boldsymbol{0} & \boldsymbol{C}\end{pmatrix}$ 是准上三角阵. 证明：$\boldsymbol{M}$ 可逆 $\Leftrightarrow\boldsymbol{A}$ 和 $\boldsymbol{C}$ 均可逆，并在 $\boldsymbol{M}$ 可逆时证明 $\boldsymbol{M}^{-1}$ 也是准上三角阵.

给出了准上（下）三角阵可逆的一个判别法，是一个很有用的结论.

证明： $\Leftarrow$：（待定系数法）设 $\boldsymbol{A}$ 和 $\boldsymbol{C}$ 均可逆. 设

$$\begin{pmatrix}\boldsymbol{A} & \boldsymbol{B}\\ \boldsymbol{0} & \boldsymbol{C}\end{pmatrix}\begin{pmatrix}\boldsymbol{X} & \boldsymbol{Y}\\ \boldsymbol{Z} & \boldsymbol{W}\end{pmatrix}=\begin{bmatrix}\boldsymbol{I}_m & \boldsymbol{0}\\ \boldsymbol{0} & \boldsymbol{I}_n\end{bmatrix}, \tag{3.2.14}$$

其中，m，n 分别是 $\boldsymbol{A}$，$\boldsymbol{C}$ 的阶数. 由分块矩阵的乘法，式（3.2.14）等价于

$$\begin{cases}\boldsymbol{AX}+\boldsymbol{BZ}=\boldsymbol{I}_m\\ \boldsymbol{AY}+\boldsymbol{BW}=\boldsymbol{0}\\ \boldsymbol{CZ}=\boldsymbol{0}\\ \boldsymbol{CW}=\boldsymbol{I}_n\end{cases}. \tag{3.2.15}$$

由于 $\boldsymbol{C}$ 可逆，所以由式（3.2.15）的第三个等式得（参见引理 3.2.1）：$\boldsymbol{Z}=\boldsymbol{0}$，代入式（3.2.15）的第一个等式得：$\boldsymbol{AX}=\boldsymbol{I}_m$，从而由 $\boldsymbol{A}$ 可逆得：$\boldsymbol{X}=\boldsymbol{A}^{-1}$；由式（3.2.15）的最后一个等式得 $\boldsymbol{W}=\boldsymbol{C}^{-1}$；代入式（3.2.15）的第二个等式得

$$AY = -BC^{-1}，从而，Y = -A^{-1}BC^{-1}.$$

综上，式（3.2.14）为

$$\begin{pmatrix} A & B \\ 0 & C \end{pmatrix}\begin{pmatrix} A^{-1} & -A^{-1}BC^{-1} \\ 0 & C^{-1} \end{pmatrix} = \begin{pmatrix} I_m & 0 \\ 0 & I_n \end{pmatrix}$$

是（$m+n$）阶单位阵，从而 M 可逆，且

$$\begin{pmatrix} A & B \\ 0 & C \end{pmatrix}^{-1} = \begin{pmatrix} A^{-1} & -A^{-1}BC^{-1} \\ 0 & C^{-1} \end{pmatrix}$$

仍然是准上三角阵.

$\Rightarrow$：假设 M 可逆. 设 $M^{-1} = \begin{pmatrix} X & Y \\ Z & W \end{pmatrix}$，则有式（3.2.14）成立，从而有式（3.2.15）成立. 于是，由式（3.2.15）的最后一个等式可知 C 可逆，从而，由式（3.2.15）的第三个等式得 $Z=0$；代入式（3.2.15）的第一个等式得 $AX=I_m$，所以，A 也是可逆的. □

注3.2.4 例 3.2.23 的结论可以推广到更一般的准上（下）三角阵，即准上（下）三角阵可逆当且仅当每个（i，i）-块都是可逆的，且可逆的准上（下）三角阵的逆矩阵仍然是准上（下）三角阵. 特别地，准对角阵可逆当且仅当每个（i，i）-块都可逆，且

$$\begin{pmatrix} A_1 & 0 & \cdots & 0 \\ 0 & A_2 & \cdots & 0 \\ \vdots & \vdots & & \vdots \\ 0 & 0 & \cdots & A_s \end{pmatrix}^{-1} = \begin{pmatrix} A_1^{-1} & 0 & \cdots & 0 \\ 0 & A_2^{-1} & \cdots & 0 \\ \vdots & \vdots & & \vdots \\ 0 & 0 & \cdots & A_s^{-1} \end{pmatrix} \tag{3.2.16}$$

这里关于上（下）三角阵和对角阵的结论也可以用行列式来证明，参见例 3.3.21（3）和定理 3.3.5.

由于每个上（下）三角阵也是准上（下）三角阵，所以，上（下）三角阵可逆当且仅当每个（i，i）-元可逆，且可逆的上（下）三角阵的逆矩阵仍然是上（下）三角阵. 特别地，对角阵可逆当且仅当每个对角元非零，且

$$\begin{pmatrix} d_1 & 0 & \cdots & 0 \\ 0 & d_2 & \cdots & 0 \\ \vdots & \vdots & & \vdots \\ 0 & 0 & \cdots & d_n \end{pmatrix}^{-1} = \begin{pmatrix} \frac{1}{d_1} & 0 & \cdots & 0 \\ 0 & \frac{1}{d_2} & \cdots & 0 \\ \vdots & \vdots & & \vdots \\ 0 & 0 & \cdots & \frac{1}{d_n} \end{pmatrix}. \tag{3.2.17}$$

当然，式（3.2.16）和式（3.2.17）也可以直接验证.

例3.2.24 已知 n 阶方阵 A 满足 $A^2-3A+2I_n=0$.

（1）证明：A 可逆，并求出其逆矩阵.

（2）设$k \neq 1$，2. 证明：$\boldsymbol{A}-k\boldsymbol{I}_n$ 可逆，并求出其逆矩阵.

当 $k=1$ 或 2 时，有什么结论？

证明：（1）由 $\boldsymbol{A}^2-3\boldsymbol{A}+2\boldsymbol{I}_n=\boldsymbol{0}$，得

$$\boldsymbol{A}(\boldsymbol{A}-3\boldsymbol{I}_n)=-2\boldsymbol{I}_n,\ 即\ \boldsymbol{A}\left(-\frac{1}{2}(\boldsymbol{A}-3\boldsymbol{I}_n)\right)=\boldsymbol{I}_n,$$

所以，$\boldsymbol{A}$ 可逆，且 $\boldsymbol{A}^{-1}=-\frac{1}{2}(\boldsymbol{A}-3\boldsymbol{I}_n)$.

（2）（法一：用换元法）设 $\boldsymbol{B}=\boldsymbol{A}-k\boldsymbol{I}_n$，即 $\boldsymbol{A}=\boldsymbol{B}+k\boldsymbol{I}_n$，代入 $\boldsymbol{A}^2-3\boldsymbol{A}+2\boldsymbol{I}_n=\boldsymbol{0}$，得

$$\boldsymbol{B}^2+(2k-3)\boldsymbol{B}+(k^2-3k+2)\boldsymbol{I}_n=\boldsymbol{0},$$

即 $\boldsymbol{B}(\boldsymbol{B}+(2k-3)\boldsymbol{I}_n)=-(k^2-3k+2)\boldsymbol{I}_n$. 由于 $k\neq 1$，2，所以，$k^2-3k+2\neq 0$，于是，

$$\boldsymbol{B}\left(\frac{-1}{k^2-3k+2}(\boldsymbol{B}+(2k-3)\boldsymbol{I}_n)\right)=\boldsymbol{I}_n,$$

所以，$\boldsymbol{B}=\boldsymbol{A}-k\boldsymbol{I}_n$ 可逆，且

$$\begin{aligned}(\boldsymbol{A}-k\boldsymbol{I}_n)^{-1}&=\boldsymbol{B}^{-1}\\&=\frac{-1}{k^2-3k+2}(\boldsymbol{B}+(2k-3)\boldsymbol{I}_n)\\&=\frac{-1}{k^2-3k+2}(\boldsymbol{A}-k\boldsymbol{I}_n+(2k-3)\boldsymbol{I}_n)\\&=\frac{-1}{k^2-3k+2}(\boldsymbol{A}+(k-3)\boldsymbol{I}_n).\end{aligned}$$

（法二：用待定系数法）假设

$(\boldsymbol{A}-k\boldsymbol{I}_n)(x\boldsymbol{A}+y\boldsymbol{I}_n)=\boldsymbol{I}_n$，其中，数 x，y 待定.

即 $x\boldsymbol{A}^2+(y-kx)\boldsymbol{A}-(ky+1)\boldsymbol{I}_n=\boldsymbol{0}$. 把 $\boldsymbol{A}^2=3\boldsymbol{A}-2\boldsymbol{I}_n$ 代入，得

$$((3-k)x+y)\boldsymbol{A}-(2x+ky+1)\boldsymbol{I}_n=\boldsymbol{0}.$$

令 $(3-k)x+y=0$，$2x+ky+1=0$，得（注意到 $k\neq 1$，2）

$$x=\frac{-1}{k^2-3k+2},\ y=\frac{-k+3}{k^2-3k+2}.$$

所以，取

$$\boldsymbol{C}=x\boldsymbol{A}+y\boldsymbol{I}_n=\frac{-1}{k^2-3k+2}\boldsymbol{A}+\frac{-k+3}{k^2-3k+2}\boldsymbol{I}_n,$$

则有 $(\boldsymbol{A}-k\boldsymbol{I}_n)\boldsymbol{C}=\boldsymbol{I}_n$，从而，$\boldsymbol{A}-k\boldsymbol{I}_n$ 可逆，且

$$(\boldsymbol{A}-k\boldsymbol{I}_n)^{-1}=\boldsymbol{C}=\frac{-1}{k^2-3k+2}\boldsymbol{A}+\frac{-k+3}{k^2-3k+2}\boldsymbol{I}_n.$$

□

注3.2.5 在例 3.2.24（2）中，还可以用如下反证法来证明当 $k\neq 1, 2$ 时，$\boldsymbol{A}-k\boldsymbol{I}_n$ 可逆.

假设 $\boldsymbol{A}-k\boldsymbol{I}_n$ 不可逆，则由推论 3.2.2 可知，齐次线性方程组 $(\boldsymbol{A}-k\boldsymbol{I}_n)\boldsymbol{x}=\boldsymbol{0}$ 有非零解. 任取一个非零解 $\boldsymbol{\alpha}$，即 $\boldsymbol{A\alpha}=k\boldsymbol{\alpha}$，从而由 $\boldsymbol{A}^2-3\boldsymbol{A}+2\boldsymbol{I}_n=\boldsymbol{0}$，得

$$\begin{aligned}\boldsymbol{0}=(\boldsymbol{A}^2-3\boldsymbol{A}+2\boldsymbol{I}_n)\boldsymbol{\alpha}&=k^2\boldsymbol{\alpha}-3k\boldsymbol{\alpha}+2\boldsymbol{\alpha}\\&=(k^2-3k+2)\boldsymbol{\alpha},\end{aligned}$$

而 $\boldsymbol{\alpha}\neq\boldsymbol{0}$，所以，$k^2-3k+2=0$，与 $k\neq 1, 2$ 矛盾.

下面的例子给出了一个用可逆矩阵把分块矩阵化为准对角阵的方法，这是线性代数中的一个重要方法.①

$\boldsymbol{M}$ 的左上角是可逆阵.

例3.2.25 设 $\boldsymbol{M}=\begin{pmatrix}\boldsymbol{A}&\boldsymbol{B}\\\boldsymbol{C}&\boldsymbol{D}\end{pmatrix}$，其中 $\boldsymbol{A}$ 是可逆的 r 阶方阵，$\boldsymbol{D}$ 是任意的 s 阶方阵，则由分块矩阵的乘法，得

$$\begin{aligned}&\begin{bmatrix}\boldsymbol{I}_r&\boldsymbol{0}\\-\boldsymbol{CA}^{-1}&\boldsymbol{I}_s\end{bmatrix}\begin{pmatrix}\boldsymbol{A}&\boldsymbol{B}\\\boldsymbol{C}&\boldsymbol{D}\end{pmatrix}\begin{bmatrix}\boldsymbol{I}_r&-\boldsymbol{A}^{-1}\boldsymbol{B}\\\boldsymbol{0}&\boldsymbol{I}_s\end{bmatrix}\\=&\begin{pmatrix}\boldsymbol{A}&\boldsymbol{B}\\\boldsymbol{0}&\boldsymbol{D}-\boldsymbol{CA}^{-1}\boldsymbol{B}\end{pmatrix}\begin{bmatrix}\boldsymbol{I}_r&-\boldsymbol{A}^{-1}\boldsymbol{B}\\\boldsymbol{0}&\boldsymbol{I}_s\end{bmatrix}\\=&\begin{pmatrix}\boldsymbol{A}&\boldsymbol{0}\\\boldsymbol{0}&\boldsymbol{D}-\boldsymbol{CA}^{-1}\boldsymbol{B}\end{pmatrix}\end{aligned}$$

是一个准对角阵.

习题 3.2

1. 设 $\boldsymbol{A}=\begin{bmatrix}1&0&-1\\-1&1&1\\0&1&-1\end{bmatrix}$. 计算 $\boldsymbol{A}^2-2\boldsymbol{A}+3\boldsymbol{I}_3$.

2. 设 $\boldsymbol{A}=\begin{bmatrix}0&1&0\\0&0&1\\0&0&0\end{bmatrix}$. 求所有与 $\boldsymbol{A}$ 可交换的矩阵.

3. 设 $\boldsymbol{M}=\begin{pmatrix}\boldsymbol{A}&\boldsymbol{0}\\\boldsymbol{C}&\boldsymbol{B}\end{pmatrix}$ 是准下三角阵. 证明：$\boldsymbol{M}$ 可逆 $\Leftrightarrow$ $\boldsymbol{A}$ 和 $\boldsymbol{B}$ 都可逆，并求 $\boldsymbol{M}^{-1}$.

4. 判断矩阵 $\boldsymbol{A}=\begin{bmatrix}0&2&-1\\1&-3&2\\1&-1&2\end{bmatrix}$ 是否可逆，如果可逆，求 $\boldsymbol{A}^{-1}$.

---

① 这个方法是矩阵的初等变换（参见定理 1.3.2）的推广，称为分块矩阵的广义初等变换.

5. 设 $\boldsymbol{A}=\begin{pmatrix}1 & -1 & 0\\ 0 & 1 & -2\\ 0 & 0 & 1\end{pmatrix}$，$\boldsymbol{B}=\begin{pmatrix}-1 & 1\\ 2 & 0\\ 1 & -3\end{pmatrix}$．求矩阵 $\boldsymbol{X}$ 使得 $\boldsymbol{AX}=\boldsymbol{B}$．

6. 设 n 阶方阵 $\boldsymbol{A}$ 满足 $\boldsymbol{A}^3=\boldsymbol{0}$. 证明：$\boldsymbol{A}-2\boldsymbol{I}_n$ 可逆.

7. 设 $\boldsymbol{A}=\begin{pmatrix}-1 & 3 & 5\\ 2 & -4 & 7\\ 1 & -1 & 12\end{pmatrix}$．问：下面的矩阵中哪些是与 $\boldsymbol{A}$ 相抵（或等价）的？说明理由.

$$\boldsymbol{B}_1=\begin{pmatrix}-1 & 3 & 2\\ 0 & 1 & 2\end{pmatrix},\ \boldsymbol{B}_2=\begin{pmatrix}6 & 7 & 8\\ 3 & -1 & 3\\ 3 & 8 & 5\end{pmatrix},$$

$$\boldsymbol{B}_3=\begin{pmatrix}1 & 0 & 0\\ 0 & 0 & 0\\ 0 & 0 & 1\end{pmatrix},\ \boldsymbol{B}_4=\begin{pmatrix}1 & 2 & 0\\ 0 & 1 & 0\\ 0 & 0 & 0\end{pmatrix}.$$

8. 判断下列说法是否正确，并说明理由.

(1) 如果 $\boldsymbol{A}$ 满足 $\boldsymbol{A}^2=\boldsymbol{I}_n$，则 $\boldsymbol{A}=\boldsymbol{I}_n$ 或 $\boldsymbol{A}=-\boldsymbol{I}_n$．

(2) 设 $\boldsymbol{A}$，$\boldsymbol{B}$ 是 n 阶方阵，则 $(\boldsymbol{A}-\boldsymbol{B})(\boldsymbol{A}^2+\boldsymbol{AB}+\boldsymbol{B}^2)=\boldsymbol{A}^3-\boldsymbol{B}^3$.

(3) 准上三角阵 $\begin{pmatrix}\boldsymbol{A} & \boldsymbol{B}\\ \boldsymbol{0} & \boldsymbol{C}\end{pmatrix}$ 的秩等于 $r(\boldsymbol{A})+r(\boldsymbol{C})$．

(4) 设 $\boldsymbol{A}$，$\boldsymbol{B}$ 是 n 阶可逆方阵. 则 $\boldsymbol{A}$，$\boldsymbol{B}$ 可交换 $\Leftrightarrow \boldsymbol{A}^{-1}$，$\boldsymbol{B}^{-1}$ 可交换.

(5) 如果矩阵 $\boldsymbol{A}$，$\boldsymbol{B}$ 可以相乘，则它们的分块矩阵也能够相乘.

9. 设 n 阶方阵 $\boldsymbol{A}$ 满足 $\boldsymbol{A}^2-6\boldsymbol{A}+5\boldsymbol{I}_n=\boldsymbol{0}$. 证明：

$$r(\boldsymbol{A}-5\boldsymbol{I}_n)+r(\boldsymbol{A}-\boldsymbol{I}_n)=n.$$

10. 设 n 阶方阵 $\boldsymbol{A}$ 不是数量阵且满足 $\boldsymbol{A}^2-5\boldsymbol{A}+6\boldsymbol{I}_n=\boldsymbol{0}$，$a$ 是数. 证明：$\boldsymbol{A}-a\boldsymbol{I}_n$ 可逆 $\Leftrightarrow a\neq 2$ 且 $a\neq 3$.

数量阵的定义，参见例 3.2.5.

§3.3 行列式

行列式是刻画矩阵性质的重要工具①，有广泛的应用. 本节我们主要介绍行列式的基本性质、计算和应用. 行列式有不同的等价的定义方式. 这里我们用排列来定义行列式.

把任意给定的 n 个互不相同的对象按任意顺序排成一列，就得到这

① 行列式与几何也有密切关系.

n个对象的一个排列，称为一个n元排列. 通常，把这n个不同的对象编号为1，2，…，n. 因此，一个n元排列可以写为如下形式：

在$i_1\cdots i_n$中，i_k表示第k个位置上的数.

$$i_1i_2\cdots i_n，其中\ i_k\in\{1,2,\cdots,n\}\ 互不相同. \tag{3.3.1}$$

为简便起见，在以下讨论中，n元排列都指的是1，2，…，n的排列. 易见，n元排列共有$n!$个.

例3.3.1 对任意整数n，$12\cdots n$称为自然排列；45312是一个5元排列；所有的3元排列为

$$123，132，213，231，312，321.$$

关于n元排列有如下重要概念.[①]

定义3.3.1 设$i_1\cdots i_n$是任意的n元排列. 如果当$j<k$时有$i_j>i_k$，则称(i_j, i_k)是该排列的一个逆对；$i_1\cdots i_n$的所有逆对的个数记为$\tau(i_1\cdots i_n)$. 称$(-1)^{\tau(i_1\cdots i_n)}$为排列$i_1\cdots i_n$的符号.

对排列中的每个数，统计位于它右边且比它小的数的个数.

例3.3.2 (1) 在自然排列$12\cdots n$中没有逆对，所以，$\tau(12\cdots n)=0$，从而其符号为$(-1)^0=1$.

(2) 在排列$n(n-1)\cdots 21$中，全部逆对为

$(n, n-1)$，$(n, n-2)$，…，$(n, 2)$，$(n, 1)$，共$n-1$个；

$(n-1, n-2)$，…，$(n-1, 2)$，$(n-1, 1)$，共$n-2$个；

……

$(3, 2)$，$(3, 1)$，共2个；

$(2, 1)$，共1个.

所以，

$$\begin{aligned}\tau(n(n-1)\cdots 21)&=(n-1)+(n-2)+\cdots+2+1\\&=\frac{n(n-1)}{2},\end{aligned}$$

从而其符号为$(-1)^{\frac{n(n-1)}{2}}$.

(3) 在排列45312中，全部逆对为

$$(4,3),(4,1),(4,2);(5,3),(5,1),(5,2);(3,1),(3,2).$$

所以，$\tau(45312)=8$，从而其符号为$(-1)^8=1$.

回忆：$\boldsymbol{A}(i, j)$表示$\boldsymbol{A}$的(i, j)-元.

利用排列的符号我们可以介绍行列式的定义. 设$\boldsymbol{A}$是任意n阶方阵. 对任意一个n元排列$i_1i_2\cdots i_n$，有如下$\boldsymbol{A}$的n个元的乘积[②]：

① 符号为1的排列称为偶排列，符号为-1的排列称为奇排列.

② 式(3.3.2)是取自$\boldsymbol{A}$的位于不同行不同列的n个元的乘积，且$i_1i_2\cdots i_n$是这n个元的列指标构成的排列.

$$\boldsymbol{A}(1,i_1)\boldsymbol{A}(2,i_2)\cdots\boldsymbol{A}(n,i_n). \tag{3.3.2}$$

在 $\boldsymbol{A}$ 的第 k 行取第 i_k 列的元构成的乘积.

再把这个数乘以 $i_1i_2\cdots i_n$ 的符号，得到

$$(-1)^{\tau(i_1i_2\cdots i_n)}\boldsymbol{A}(1,i_1)\boldsymbol{A}(2,i_2)\cdots\boldsymbol{A}(n,i_n). \tag{3.3.3}$$

注意到，由于 n 元排列有 $n!$ 个，所以，这样的项有 $n!$ 个.（每个这样的项的运算结果是一个数.）

定义3.3.2　设 $\boldsymbol{A}$ 为 n 阶方阵. 把由式（3.3.3）给出的全部 $n!$ 个项相加，得到的和称为 $\boldsymbol{A}$ 的行列式，记为 $|\boldsymbol{A}|$ 或 $\det(\boldsymbol{A})$，并称 $|\boldsymbol{A}|$（或 $\det(\boldsymbol{A})$）是一个 n 阶行列式.

行列式是由方阵确定的数.

对于给定的具体的 n 阶方阵

$$\begin{pmatrix} a_{11} & a_{12} & \cdots & a_{1n} \\ a_{21} & a_{22} & \cdots & a_{2n} \\ \vdots & \vdots & & \vdots \\ a_{n1} & a_{n2} & \cdots & a_{nn} \end{pmatrix}$$

即把方阵两边的圆括号改为竖直的线段，就表示该方阵的行列式.

其行列式记为

$$\begin{vmatrix} a_{11} & a_{12} & \cdots & a_{1n} \\ a_{21} & a_{22} & \cdots & a_{2n} \\ \vdots & \vdots & & \vdots \\ a_{n1} & a_{n2} & \cdots & a_{nn} \end{vmatrix}. \tag{3.3.4}$$

例3.3.3　若 n 阶方阵 $\boldsymbol{A}$ 有零行（或零列），则由式（3.3.3）给出的每一项都等于0，所以 $|\boldsymbol{A}|=0$. 逆命题不成立，即 $\boldsymbol{A}$ 没有零行（或零列），则仍然有可能 $|\boldsymbol{A}|=0$. 参见下面的命题 3.3.3.

例3.3.4　设 $\boldsymbol{A}$ 是 5 阶方阵. 问

$$\boldsymbol{A}(2,3)\boldsymbol{A}(1,2)\boldsymbol{A}(3,5)\boldsymbol{A}(5,4)\boldsymbol{A}(4,1)$$

是否出现在 $|\boldsymbol{A}|$ 的定义式中？如果是，在 $|\boldsymbol{A}|$ 的定义式中应该带什么符号？

解：由于

$$\begin{aligned}&\boldsymbol{A}(2,3)\boldsymbol{A}(1,2)\boldsymbol{A}(3,5)\boldsymbol{A}(5,4)\boldsymbol{A}(4,1)\\ =&\boldsymbol{A}(1,2)\boldsymbol{A}(2,3)\boldsymbol{A}(3,5)\boldsymbol{A}(4,1)\boldsymbol{A}(5,4)\end{aligned}$$

而列指标构成了一个 5 元排列 23514，所以，它出现在 $|\boldsymbol{A}|$ 的定义式中. 又由于 23514 的全部逆对为

$$(2,1);\ (3,1);\ (5,1),\ (5,4).$$

所以，$\tau(23514)=4$，$(-1)^4=1$，从而，它在 $|\boldsymbol{A}|$ 的定义式中应该带正号. □

注意到，在行列式的定义式中出现的项式（3.3.3）中，矩阵元是

按行指标构成的自然排列而进行排列的. 这种对“行”的偏好在逻辑上是没有问题的，因为有如下结论.①

即转置后行列式的值不变.

命题3.3.1 对任意方阵 $\boldsymbol{A}$ 都有：$|\boldsymbol{A}|=|\boldsymbol{A}^{\mathrm{T}}|$.

因此，对任意 n 阶方阵 $\boldsymbol{A}$，其行列式 $|\boldsymbol{A}|$ 也等于如下 $n!$ 项的和：

$$(-1)^{\tau(j_1j_2\cdots j_n)}\boldsymbol{A}(j_1,1)\boldsymbol{A}(j_2,2)\cdots\boldsymbol{A}(j_n,n),$$

其中，$j_1j_2\cdots j_n$ 是任意 n 元排列.

命题 3.3.1 保证了，在行列式中，行和列的地位是平等的. 因此，在讨论行列式的性质及相关问题时，只需要讨论行或列的情形即可.

行列式的基本问题之一是计算问题，即给定一个 n 阶行列式，如何计算它的值? 对于阶数不超过 3 的行列式，可以直接用行列式的定义来计算行列式的值.

这里，$|a|$ 表示行列式，而不是绝对值.

例3.3.5 （1）一阶行列式的情形. 设 $\boldsymbol{A}=(a)$ 是一阶方阵，其行列式为 $|a|$. 一阶行列式的定义式中只有 $n!=1!=1$ 项. 由于 1 元排列只有 1 个，且 1 元排列 1 没有逆对，所以，$\boldsymbol{A}(1,1)$ 前的符号为正号 $[(-1)^0=1]$，从而 $|a|=a$.

（2）二阶行列式的情形. 设 $\boldsymbol{A}=\begin{pmatrix}a_{11}&a_{12}\\a_{21}&a_{22}\end{pmatrix}$ 是二阶方阵. 于是 $|\boldsymbol{A}|$ 的定义式中有 $2!=2$ 项（即 2 元排列有 2 个：12，21）：

即二阶行列式的值等于对角线上的数的乘积减去反对角线上的数的乘积.

$$(-1)^{\tau(12)}\boldsymbol{A}(1,1)\boldsymbol{A}(2,2)=a_{11}a_{22},$$
$$(-1)^{\tau(21)}\boldsymbol{A}(1,2)\boldsymbol{A}(2,1)=-a_{12}a_{21},$$

把上面两项相加即得：

$$\begin{vmatrix}a_{11}&a_{12}\\a_{21}&a_{22}\end{vmatrix}=a_{11}a_{22}-a_{12}a_{21}. \tag{3.3.5}$$

（3）三阶行列式的情形. 设 $\boldsymbol{A}=\begin{pmatrix}a_{11}&a_{12}&a_{13}\\a_{21}&a_{22}&a_{23}\\a_{31}&a_{32}&a_{33}\end{pmatrix}$ 是三阶方阵. 于是 $|\boldsymbol{A}|$ 的定义式中有 $3!=6$ 项（即 3 元排列有 6 个）：

$$(-1)^{\tau(123)}\boldsymbol{A}(1,1)\boldsymbol{A}(2,2)\boldsymbol{A}(3,3)=a_{11}a_{22}a_{33},$$
$$(-1)^{\tau(132)}\boldsymbol{A}(1,1)\boldsymbol{A}(2,3)\boldsymbol{A}(3,2)=-a_{11}a_{23}a_{32},$$
$$(-1)^{\tau(213)}\boldsymbol{A}(1,2)\boldsymbol{A}(2,1)\boldsymbol{A}(3,3)=-a_{12}a_{21}a_{33},$$
$$(-1)^{\tau(231)}\boldsymbol{A}(1,2)\boldsymbol{A}(2,3)\boldsymbol{A}(3,1)=a_{12}a_{23}a_{31},$$
$$(-1)^{\tau(312)}\boldsymbol{A}(1,3)\boldsymbol{A}(2,1)\boldsymbol{A}(3,2)=a_{13}a_{21}a_{32},$$
$$(-1)^{\tau(321)}\boldsymbol{A}(1,3)\boldsymbol{A}(2,2)\boldsymbol{A}(3,1)=-a_{13}a_{22}a_{31}.$$

① 仿照例 3.3.4 中的讨论，用行列式的定义即可证明. 细节从略.

把上面6项相加即得：

$$\begin{vmatrix} a_{11} & a_{12} & a_{13} \\ a_{21} & a_{22} & a_{23} \\ a_{31} & a_{32} & a_{33} \end{vmatrix}$$

$$= a_{11}a_{22}a_{33} + a_{12}a_{23}a_{31} + a_{13}a_{21}a_{32} - a_{11}a_{23}a_{32} - a_{12}a_{21}a_{33} - a_{13}a_{22}a_{31}. \tag{3.3.6}$$

可以在三阶行列式中画线来记忆式式(3.3.6).

例3.3.6 计算下面的行列式：

$$\begin{vmatrix} 3 & -2 \\ 1 & 0 \end{vmatrix}, \begin{vmatrix} 1 & 4 & 7 \\ 8 & -2 & -5 \\ 6 & 9 & 3 \end{vmatrix}.$$

解：

$$\begin{vmatrix} 3 & -2 \\ 1 & 0 \end{vmatrix} = 3\times 0-(-2)\times 1=2;$$

$$\begin{vmatrix} 1 & 4 & 7 \\ 8 & -2 & -5 \\ 6 & 9 & 3 \end{vmatrix}$$

$$=1\times(-2)\times 3+4\times(-5)\times 6+7\times 8\times 9 -1\times(-5)\times 9-4\times 8\times 3-7\times(-2)\times 6=411.$$

□

一般地，对于 n 阶行列式（特别是当 $n\geqslant 4$ 时）如果用行列式的定义来计算行列式的值，会涉及计算 $n!$ 项，其中的每项都涉及 n 个数的乘积和一个 n 元排列的符号，所以，运算量随阶数 n 的增大而快速增加. 因此，需要进一步讨论行列式的性质. 在进一步讨论之前，我们先看下面的重要例子.

例3.3.7 求 n 阶上三角阵的行列式

$$\begin{vmatrix} a_{11} & a_{12} & \cdots & a_{1n} \\ 0 & a_{22} & \cdots & a_{2n} \\ \vdots & \vdots & \ddots & \vdots \\ 0 & 0 & \cdots & a_{nn} \end{vmatrix}$$

的值.

解： 任取上三角阵 $\boldsymbol{A}$ 的行列式的定义式中的一项：

$$(-1)^{\tau(i_1 i_2 \cdots i_n)}\boldsymbol{A}(1, i_1)(2, i_2)\cdots\boldsymbol{A}(n-1, i_{n-1})\boldsymbol{A}(n, i_n).$$

假设 $i_n\neq n$，则由 $\boldsymbol{A}(n, i_n)=0$ 可知该项一定为零. 所以，我们不妨设 $i_n=n$. 于是，$i_{n-1}\leqslant n-1$.

假设 $i_{n-1}<n-1$，则由 $\boldsymbol{A}(n-1, i_{n-1})=0$ 可知，该项一定为零.

所以，我们不妨设 $i_{n-1}=n-1$.

继续上述讨论我们得到：如果 $i_1i_2\cdots i_n\neq 12\cdots n$，则该项一定为零. 所以，$|\boldsymbol{A}|$ 只剩下一项需要计算，即

对角元的乘积.

$$\begin{vmatrix} a_{11} & a_{12} & \cdots & a_{1n} \\ 0 & a_{22} & \cdots & a_{2n} \\ \vdots & \vdots & & \vdots \\ 0 & 0 & \cdots & a_{nn} \end{vmatrix}=(-1)^{\tau(12\cdots n)}a_{11}a_{22}\cdots a_{nn}$$

$$=a_{11}a_{22}\cdots a_{nn}.$$ □

例 3.3.7 中的讨论也适用于下三角阵（或者利用命题 3.3.1）. 即我们有如下引理.

引理3.3.1 任意 n 阶上（下）三角阵的行列式等于其 n 个对角元的乘积. 特别地，n 阶对角阵的行列式等于其 n 个对角元的乘积.

定义3.3.3 n 阶上（下）三角阵的行列式称为 n 阶三角行列式.

这里的结论可以推广，参见习题 3.3 的第 2 题.

例3.3.8 当 $d\neq 0$ 或 $f\neq 0$ 时，$\begin{vmatrix} a & b & c \\ d & e & 0 \\ f & 0 & 0 \end{vmatrix}$ 不是三角行列式. 仿照例 3.3.7 中的讨论（或者，由于是 3 阶行列式，所以可以直接利用式 (3.3.6)）得：

$$\begin{vmatrix} a & b & c \\ d & e & 0 \\ f & 0 & 0 \end{vmatrix}=-cef.$$

由于阶梯形方阵是上三角阵，所以阶梯形方阵的行列式等于其所有主元的乘积，从而我们有如下推论.

推论3.3.1 设 $\boldsymbol{J}$ 是阶梯形方阵，则 $|\boldsymbol{J}|\neq 0\Leftrightarrow r(\boldsymbol{J})=n$.

引理 3.3.1 提示我们：是否有可能把任意 n 阶行列式转化为三角行列式来进行计算？由于任意矩阵都可以经过初等行变换变为阶梯形矩阵（参见定理 1.3.1），而 $n\times n$ 型阶梯形矩阵是上三角阵，所以，有可能利用矩阵的初等变换来计算行列式，从而达到简化计算的目的. 为此，我们需要考查矩阵的初等变换对行列式的值的影响.

例3.3.9 由式（3.3.5）可知：

$$\begin{vmatrix} a & b \\ c & d \end{vmatrix}=ad-bc;$$

$$\begin{vmatrix} c & d \\ a & b \end{vmatrix}=cb-da=-(ad-bc).$$

一般地，我们有如下结论.①

① 利用 n 元排列的性质和定义 3.3.2 可以直接验证. 细节从略.

引理3.3.2 交换行列式的两行（列），其余行（列）不变，则行列式的值变号.

即行列式关于行（列）向量具有反对称性.

引理 3.3.2 不仅给出了初等行（列）变换对行列式的影响，还给出了如下有用的推论.

推论3.3.2 设 $\boldsymbol{A}$ 是 n 阶方阵且 $n>1$. 如果 $\boldsymbol{A}$ 有两行（两列）相同，则 $|\boldsymbol{A}|=0$.

这是下面的命题 3.3.3 的特殊情形.

证明： 设 $\boldsymbol{A}$ 的第 i 个行向量与第 j 个行向量相同，则交换 i，j 行后行列式不变；但是，由引理3.3.2知，行列式又应该变号，所以，$|\boldsymbol{A}|=-|\boldsymbol{A}|$，从而 $|\boldsymbol{A}|=0$. 列的情形类似. □

行列式还具有如下基本性质. 考虑行列式的定义式中出现的项式(3.3.3) 以及 $\boldsymbol{A}$ 的第 i 行的元. 如果每个 $\boldsymbol{A}(i, j)$ 都是两个数的和：$\boldsymbol{A}(i, j)=b_j+c_j$，$1\leqslant j\leqslant n$，则式(3.3.3) 可以拆成两项的和，从而 $|\boldsymbol{A}|$ 可以写为两个行列式的和；如果每个 $\boldsymbol{A}(i, j)$ 都有公因子 k：$\boldsymbol{A}(i, j)=ka_{ij}$，$1\leqslant j\leqslant n$，则 $|\boldsymbol{A}|$ 的全部 $n!$ 个项式 (3.3.3)

$$(-1)^{\tau(i_1\cdots i_j\cdots i_n)}\boldsymbol{A}(1, i_1)\cdots ka_{i, i_j}\cdots\boldsymbol{A}(n, i_n)$$

都有公因子 k. 于是，$|\boldsymbol{A}|$ 等于提出第 i 行的公因子后的行列式的 k 倍.

综上，我们得到如下引理.

引理3.3.3 对任意的 n 阶行列式都有：

即行列式关于行（列）向量具有线性性质.

$$\begin{vmatrix} a_{11} & \cdots & a_{1n} \\ \vdots & & \vdots \\ b_1+c_1 & \cdots & b_n+c_n \\ \vdots & & \vdots \\ a_{n1} & \cdots & a_{nn} \end{vmatrix} = \begin{vmatrix} a_{11} & \cdots & a_{1n} \\ \vdots & & \vdots \\ b_1 & \cdots & b_n \\ \vdots & & \vdots \\ a_{n1} & \cdots & a_{nn} \end{vmatrix} + \begin{vmatrix} a_{11} & \cdots & a_{1n} \\ \vdots & & \vdots \\ c_1 & \cdots & c_n \\ \vdots & & \vdots \\ a_{n1} & \cdots & a_{nn} \end{vmatrix},$$

$$\begin{vmatrix} a_{11} & \cdots & a_{1n} \\ \vdots & & \vdots \\ ka_{i1} & \cdots & ka_{in} \\ \vdots & & \vdots \\ a_{n1} & \cdots & a_{nn} \end{vmatrix} = k\begin{vmatrix} a_{11} & \cdots & a_{1n} \\ \vdots & & \vdots \\ a_{i1} & \cdots & a_{in} \\ \vdots & & \vdots \\ a_{n1} & \cdots & a_{nn} \end{vmatrix},$$

其中，$1\leqslant i\leqslant n$，k 是任意的数. 对列向量有类似的结论.

推论3.3.3 若 n 阶方阵 $\boldsymbol{A}$ 有两行（或两列）成比例，则 $|\boldsymbol{A}|=0$.

这是下面的命题 3.3.3 的特殊情形.

证明： 不妨设 $\boldsymbol{A}$ 的第 i 行是第 j 行的 k 倍. 于是，由引理 3.3.3 可知，$|\boldsymbol{A}|=k|\boldsymbol{B}|$，其中，$|\boldsymbol{B}|$ 为从 $|\boldsymbol{A}|$ 的第 j 行提出公因子 k 后得到的行列式. 由于 $\boldsymbol{B}$ 中有两行相同，所以，由推论 3.3.2 可知 $|\boldsymbol{B}|=0$. □

注3.3.1 利用方阵的列向量形式，可以把引理 3.3.3 的结论简写为

$$\begin{aligned}&|\boldsymbol{\alpha}_1 \quad \cdots \quad \boldsymbol{\beta}+\boldsymbol{\gamma} \quad \cdots \quad \boldsymbol{\alpha}_n|\\ =&|\boldsymbol{\alpha}_1 \quad \cdots \quad \boldsymbol{\beta} \quad \cdots \quad \boldsymbol{\alpha}_n|+|\boldsymbol{\alpha}_1 \quad \cdots \quad \boldsymbol{\gamma} \quad \cdots \quad \boldsymbol{\alpha}_n|;\\ &|\boldsymbol{\alpha}_1 \quad \cdots \quad k\boldsymbol{\alpha}_i \quad \cdots \quad \boldsymbol{\alpha}_n|\\ =&k|\boldsymbol{\alpha}_1 \quad \cdots \quad \boldsymbol{\alpha}_i \quad \cdots \quad \boldsymbol{\alpha}_n|.\end{aligned}$$

行向量形式的情形类似.

注3.3.2 由引理 3.3.3 可知，一般地，方阵的和的行列式不等于行列式的和. 例如

$$\begin{aligned}&\begin{vmatrix} a_{11}+b_{11} & a_{12}+b_{12} \\ a_{21}+b_{21} & a_{22}+b_{22} \end{vmatrix}\\ =&\begin{vmatrix} a_{11} & a_{12} \\ a_{21}+b_{21} & a_{22}+b_{22} \end{vmatrix}+\begin{vmatrix} b_{11} & b_{12} \\ a_{21}+b_{21} & a_{22}+b_{22} \end{vmatrix}\\ =&\begin{vmatrix} a_{11} & a_{12} \\ a_{21} & a_{22} \end{vmatrix}+\begin{vmatrix} a_{11} & a_{12} \\ b_{21} & b_{22} \end{vmatrix}+\begin{vmatrix} b_{11} & b_{12} \\ a_{21} & a_{22} \end{vmatrix}+\begin{vmatrix} b_{11} & b_{12} \\ b_{21} & b_{22} \end{vmatrix}.\end{aligned}$$

由引理 3.3.3 可知，行列式与方阵的数乘运算之间有明确的关系，即有如下推论.

推论3.3.4 对任意的 n 阶行列式和任意的数 k 都有：

$$|k\boldsymbol{A}|=k^n|\boldsymbol{A}|.$$

到此为止，我们讨论了行列式与矩阵的转置（命题 3.3.1）、加法（注 3.3.2）和数乘（推论 3.3.4）之间的关系. 下面的结果在线性代数中具有重要地位.①

定理3.3.1 设 $\boldsymbol{A}$，$\boldsymbol{B}$ 是 n 阶方阵，则 $|\boldsymbol{AB}|=|\boldsymbol{A}||\boldsymbol{B}|$.

对于阶数相同的方阵，乘积的行列式等于行列式的乘积.

由定理 3.3.1 得：对任意 s 个 n 阶方阵 $\boldsymbol{A}_1$，…，$\boldsymbol{A}_s$ 都有：

$$|\boldsymbol{A}_1\cdots\boldsymbol{A}_s|=|\boldsymbol{A}_1|\cdots|\boldsymbol{A}_s|. \tag{3.3.7}$$

特别地，对任意 n 阶方阵 $\boldsymbol{A}$ 有：

$$|\boldsymbol{A}^s|=|\boldsymbol{A}|^s\text{，其中，}s\text{ 是正整数.} \tag{3.3.8}$$

利用引理 3.3.2 和引理 3.3.3 可得矩阵的初等变换与行列式之间关系的刻画，即有如下命题.

命题3.3.2 设 n 阶方阵 $\boldsymbol{A}$ 经过一次初等行（列）变换变为 $\boldsymbol{B}$. 则：

1°型：行列式的值变号.

（1）如果交换 $\boldsymbol{A}$ 的第 i，j 行（列）且其余行（列）不变而得到 $\boldsymbol{B}$，则 $|\boldsymbol{B}|=-|\boldsymbol{A}|$.

2°型：行列式的值不变.

（2）如果把 $\boldsymbol{A}$ 的第 i 行（列）的若干倍加到第 j 行（列）且其余行（列）不变而得到 $\boldsymbol{B}$，则 $|\boldsymbol{B}|=|\boldsymbol{A}|$.

① 可以用行列式的定义及引理 3.3.2、引理 3.3.3 去证明，也可以用初等矩阵及命题 3.3.2 去证明，还可以用分块矩阵和拉普拉斯展开式定理（参见定理 3.3.3）去证明. 细节从略.

(3) 如果用非零数 c 乘以 $\boldsymbol{A}$ 的第 i 行（列）且其余行（列）不变而得到 $\boldsymbol{B}$，则 $|\boldsymbol{B}|=c|\boldsymbol{A}|$.

3°型：行列式的值变为 c 倍.

证明：(1) 由引理 3.3.2 即得.

(2) 由于 $\boldsymbol{B}$ 的第 j 个行向量是 $\boldsymbol{A}$ 的第 i 个行向量的倍数与 $\boldsymbol{A}$ 的第 j 个行向量的和，所以，由引理 3.3.3，$|\boldsymbol{B}|$ 可以写为两个行列式的和，其中一个是 $|\boldsymbol{A}|$ 本身，另一个行列式的第 j 行与第 i 行只相差一个倍数，从而由推论 3.3.3 可知，该行列式为 0. 所以，$|\boldsymbol{B}|=|\boldsymbol{A}|$.

(3) 由引理 3.3.3 即得. □

由命题 3.3.2 可知，可以用矩阵的初等变换来计算行列式. 一般地，利用初等变换把行列式转化为三角行列式可以简化计算.

例3.3.10 计算行列式：$\begin{vmatrix} 0 & a & 0 \\ b & 0 & 0 \\ 0 & 0 & c \end{vmatrix}$.

解：

$$\begin{vmatrix} 0 & a & 0 \\ b & 0 & 0 \\ 0 & 0 & c \end{vmatrix} = -\begin{vmatrix} b & 0 & 0 \\ 0 & a & 0 \\ 0 & 0 & c \end{vmatrix} = -abc.$$ □

例3.3.11 计算行列式：$\begin{vmatrix} 0 & 3 & -2 \\ 1 & -5 & 2 \\ 2 & -4 & 3 \end{vmatrix}$.

解：

$$\begin{vmatrix} 0 & 3 & -2 \\ 1 & -5 & 2 \\ 2 & -4 & 3 \end{vmatrix} = -\begin{vmatrix} 1 & -5 & 2 \\ 0 & 3 & -2 \\ 2 & -4 & 3 \end{vmatrix} = -\begin{vmatrix} 1 & -5 & 2 \\ 0 & 3 & -2 \\ 0 & 6 & -1 \end{vmatrix}$$

$$= -\begin{vmatrix} 1 & -5 & 2 \\ 0 & 3 & -2 \\ 0 & 0 & 3 \end{vmatrix}$$

$$= -1\times3\times3=-9.$$ □

例3.3.12 计算行列式：$\begin{vmatrix} a & 1 & 1 & 1 \\ 1 & a & 1 & 1 \\ 1 & 1 & a & 1 \\ 1 & 1 & 1 & a \end{vmatrix}$.

解：

$$\begin{vmatrix} a & 1 & 1 & 1 \\ 1 & a & 1 & 1 \\ 1 & 1 & a & 1 \\ 1 & 1 & 1 & a \end{vmatrix} = \begin{vmatrix} a+3 & 1 & 1 & 1 \\ a+3 & a & 1 & 1 \\ a+3 & 1 & a & 1 \\ a+3 & 1 & 1 & a \end{vmatrix}$$

把后面各列加到第 1 列，然后从第 1 列中提出公因子 $(a+3)$.

$$=(a+3)\begin{vmatrix}1&1&1&1\\1&a&1&1\\1&1&a&1\\1&1&1&a\end{vmatrix}$$

$$=(a+3)\begin{vmatrix}1&1&1&1\\0&a-1&0&0\\0&0&a-1&0\\0&0&0&a-1\end{vmatrix}$$

$$=(a+3)(a-1)^3.$$ □

由命题 3.3.2 我们立即得到如下推论.

即 $\boldsymbol{A}$ 与 $\boldsymbol{B}$ 相抵. 此时, 一般地, $|\boldsymbol{A}|\neq|\boldsymbol{B}|$.

推论3.3.5 设n 阶方阵$\boldsymbol{A}$ 经过若干初等变换变为$\boldsymbol{B}$. 则 $|\boldsymbol{A}|\neq 0\Leftrightarrow|\boldsymbol{B}|\neq 0$.

证明： 不妨设 $\boldsymbol{A}$ 经过一次初等行变换变为 $\boldsymbol{B}$. 则由命题 3.3.2 可知，或者 $|\boldsymbol{B}|=-|\boldsymbol{A}|$，或者 $|\boldsymbol{B}|=|\boldsymbol{A}|$，或者 $|\boldsymbol{B}|=c|\boldsymbol{A}|$，其中，$c$ 是非零的数. 所以结论成立. □

由此我们可以得到如下重要结论：

命题3.3.3 设 $\boldsymbol{A}$ 是 n 阶方阵. 则 $\boldsymbol{A}$ 可逆 $\Leftrightarrow|\boldsymbol{A}|\neq 0$，或者，等价地，$|\boldsymbol{A}|=0\Leftrightarrow r(\boldsymbol{A})<n$.

证明： 我们用两种方法证明这个命题.

法一：用初等变换把 $\boldsymbol{A}$ 变为阶梯形矩阵 $\boldsymbol{J}$. 由于 $r(\boldsymbol{A})=r(\boldsymbol{J})$，所以，

$$\begin{aligned}\boldsymbol{A}\text{ 可逆}&\Leftrightarrow r(\boldsymbol{A})=n\\&\Leftrightarrow r(\boldsymbol{J})=n\\&\Leftrightarrow|\boldsymbol{J}|\neq 0\quad(\text{推论 3.3.1})\\&\Leftrightarrow|\boldsymbol{A}|\neq 0.\quad(\text{推论 3.3.5})\end{aligned}$$

法二：

$\Rightarrow$：设 $\boldsymbol{A}$ 可逆，即 $\boldsymbol{A}^{-1}$ 存在且

$$\boldsymbol{A}\boldsymbol{A}^{-1}=\boldsymbol{I}_n.$$

两边取行列式，并由定理 3.3.1 得：

$$|\boldsymbol{A}\boldsymbol{A}^{-1}|=|\boldsymbol{A}||\boldsymbol{A}^{-1}|=|\boldsymbol{I}_n|=1,$$

所以，$|\boldsymbol{A}|\neq 0$ 且 $|\boldsymbol{A}^{-1}|=|\boldsymbol{A}|^{-1}$.

$\Leftarrow$：设 $|\boldsymbol{A}|\neq 0$. 用反证法. 假设 $\boldsymbol{A}$ 不可逆. 则 $r(\boldsymbol{A})<n$. 所以，$\boldsymbol{A}$ 的列向量 $\boldsymbol{\beta}_1$，…，$\boldsymbol{\beta}_n$ 线性相关. 于是，至少有一个列向量可以由其余向量线性表出（参见命题 2.2.3）. 不妨设第 i 个列向量可以由其余列向量线性表出，即存在数 k_j（$j\neq i$）使得：

$$\boldsymbol{\beta}_i=k_1\boldsymbol{\beta}_1+\cdots+k_{i-1}\boldsymbol{\beta}_{i-1}+k_{i+1}\boldsymbol{\beta}_{i+1}+\cdots+k_n\boldsymbol{\beta}_n.$$

设把 $\boldsymbol{A}$ 的第 j（$j\neq i$）列的 $-k_j$ 倍加到第 i 列后得到的矩阵为 $\boldsymbol{B}$，则 $\boldsymbol{B}$ 的第 i 列变为零列，从而由命题 3.3.2 得：

$$|\boldsymbol{A}|=|\boldsymbol{B}|=0,$$

与 $|\boldsymbol{A}|\neq 0$ 矛盾. □

从法二的证明过程我们得到：当 $\boldsymbol{A}$ 可逆时有

$$|\boldsymbol{A}^{-1}|=|\boldsymbol{A}|^{-1}. \tag{3.3.9}$$

下面的推论说明在一定条件下可以用行列式来判定齐次线性方程组解的存在性，这在第 4 章中有重要应用.

推论3.3.6　设齐次线性方程组的系数矩阵是方阵 $\boldsymbol{A}$，则该齐次线性方程组有非零解 $\Leftrightarrow |\boldsymbol{A}|=0$.

证明： 该齐次线性方程组有非零解 $\Leftrightarrow r(\boldsymbol{A})<n$（参见定理 2.3.1）. 于是，由命题 3.3.3 可知结论成立. □

下面举例说明命题 3.3.3 的应用.

命题 3.3.3 还有一个重要应用，参见下面的定理 3.3.2.

例3.3.13　设 $\boldsymbol{A}$ 为 $m\times n$ 型矩阵，$\boldsymbol{B}$ 为 $n\times m$ 型矩阵，且 $m\neq n$. 证明：$|\boldsymbol{AB}|$ 与 $|\boldsymbol{BA}|$ 中至少有一个为 0.

证明： 设 $m>n$. 由于 $\boldsymbol{AB}$ 是 m 阶方阵，而 $\boldsymbol{AB}$ 的秩满足（命题 3.1.3）：

由于 $\boldsymbol{A}$，$\boldsymbol{B}$ 不是方阵，所以不能用定理 3.3.1 去计算 $|\boldsymbol{AB}|$ 和 $|\boldsymbol{BA}|$.

$$r(\boldsymbol{AB})\leqslant r(\boldsymbol{A})\leqslant \min(m,n)=n<m,$$

所以，$\boldsymbol{AB}$ 不可逆，从而 $|\boldsymbol{AB}|=0$. $m<n$ 的情形类似. □

例3.3.14　用行列式重新证明命题 3.2.4 中的结论：设 $\boldsymbol{A}_1$，…，$\boldsymbol{A}_s$ 是 n 阶方阵. 则

$$\boldsymbol{A}_1\cdots\boldsymbol{A}_s\text{可逆}\Leftrightarrow\text{每个 }\boldsymbol{A}_i\text{ 都可逆}.$$

证明： 由定理 3.3.1 和命题 3.3.3 得：

$$\begin{aligned}\boldsymbol{A}_1\cdots\boldsymbol{A}_s\text{可逆}&\Leftrightarrow |\boldsymbol{A}_1\cdots\boldsymbol{A}_s|=|\boldsymbol{A}_1|\cdots|\boldsymbol{A}_s|\neq 0\\&\Leftrightarrow\text{每个 }\boldsymbol{A}_i\text{ 都满足 }|\boldsymbol{A}_i|\neq 0\\&\Leftrightarrow\text{每个 }\boldsymbol{A}_i\text{ 都可逆}.\end{aligned}$$

□

例3.3.15　设 $\boldsymbol{\alpha}_1$，$\boldsymbol{\alpha}_2$，…，$\boldsymbol{\alpha}_n$ 是 n 个 n 维列向量. 可以用行列式来判断该向量组是否线性无关. 具体说来，设

$$\boldsymbol{A}=(\boldsymbol{\alpha}_1\quad\boldsymbol{\alpha}_2\quad\cdots\quad\boldsymbol{\alpha}_n).$$

由命题 3.3.3 得：$\boldsymbol{\alpha}_1$，$\boldsymbol{\alpha}_2$，…，$\boldsymbol{\alpha}_n$ 线性相关 $\Leftrightarrow |\boldsymbol{A}|=0$.

现在我们再回到行列式与矩阵的秩的关系这个问题上来. 命题 3.3.3 表明：当 n 阶行列式 $|\boldsymbol{A}|=0$ 时有 $r(\boldsymbol{A})<n$. 但是，$r(\boldsymbol{A})$ 的具体值没有直接给出. 下面的重要结论进一步揭示了行列式与矩阵的秩的关

系. 为了叙述简便，我们介绍下面的概念.

不要求 $\boldsymbol{A}$ 是方阵；$s\leqslant m$ 且 $s\leqslant n$.

定义3.3.4 设 $\boldsymbol{A}$ 是任意的 $m\times n$ 型矩阵. 称 $\boldsymbol{A}$ 的任意 $s\times s$ 型子矩阵的行列式为 $\boldsymbol{A}$ 的一个 s 阶子式.

定理3.3.2 设 $\boldsymbol{A}$ 是任意的 $m\times n$ 型矩阵. 则

(1) $r(\boldsymbol{A})\geqslant r\Leftrightarrow \boldsymbol{A}$ 至少有一个 r 阶子式不为 0.

(2) $r(\boldsymbol{A})\leqslant r\Leftrightarrow \boldsymbol{A}$ 的所有阶数大于 r 的子式全为 0.

实际上，只需验证 $\boldsymbol{A}$ 的所有 $r+1$ 阶子式. 参见推论 3.3.7.

即 $r(\boldsymbol{A})=r\Leftrightarrow \boldsymbol{A}$ 至少有一个 r 阶子式不为 0 且所有阶数大于 r 的子式全为 0.

参见命题 2.2.1.

证明： (1) $\Leftarrow$：设 $\boldsymbol{A}$ 有一个 $r\times r$ 型子矩阵 $\boldsymbol{B}$，$|\boldsymbol{B}|\neq 0$，则 $r(\boldsymbol{B})=r$，从而 $\boldsymbol{B}$ 的行向量线性无关. 把 $\boldsymbol{B}$ 的行向量组伸长，则得到 $\boldsymbol{A}$ 的 r 个线性无关的行向量，即 $\boldsymbol{A}$ 的行向量中至少有 r 个是线性无关的，所以，$r(\boldsymbol{A})\geqslant r$.

$\Rightarrow$：设 $r(\boldsymbol{A})\geqslant r$，则 $\boldsymbol{A}$ 至少有 r 个行向量线性无关. 不妨设 $\boldsymbol{A}$ 的前 r 个行向量是线性无关的. 令 $\boldsymbol{C}_1$ 是 $\boldsymbol{A}$ 的由前 r 行构成的子矩阵，则 $r(\boldsymbol{C}_1)=r$，从而 $\boldsymbol{C}_1$ 的列向量组的秩也是 r，即 $\boldsymbol{C}_1$ 的列向量中有 r 个列向量线性无关. 不妨设 $\boldsymbol{C}_1$ 的前 r 列线性无关. 取 $\boldsymbol{C}_1$ 的前 r 列构成的子矩阵，记为 $\boldsymbol{C}_2$，则 $\boldsymbol{C}_2$ 是 $\boldsymbol{A}$ 的一个 $r\times r$ 型子矩阵且 $r(\boldsymbol{C}_2)=r$. 于是，由命题 3.3.3，$|\boldsymbol{C}_2|\neq 0$，即 $\boldsymbol{A}$ 至少有一个 r 阶子式不为 0.

(2) $\Rightarrow$：反证法. 若 $\boldsymbol{A}$ 有一个 s（$s>r$）阶子式不为 0，则由（1）得：$r(\boldsymbol{A})\geqslant s\geqslant r+1$，与 $r(\boldsymbol{A})\leqslant r$ 矛盾.

$\Leftarrow$：反证法. 设 $r(\boldsymbol{A})=s>r$. 则由（1）得：$\boldsymbol{A}$ 至少有一个 s 阶子式不为 0，而 $s>r$，所以，与 $\boldsymbol{A}$ 的所有阶数大于 r 的子式全为 0 矛盾.

剩下的结论由（1），（2）即得. □

研究行列式，除了矩阵的初等变换（命题 3.3.3）以外，另一个重要的想法是，把高阶行列式转化为更低阶的行列式. 我们先看三阶行列式的例子.

例3.3.16 在式（3.3.6）中，任意取定三阶行列式的一行，比如第 2 行. 第 2 行的元为：a_{21}，a_{22}，a_{23}. 把式（3.3.6）右边的 6 项进行分组：分别把含 a_{21}，a_{22}，a_{23} 的项各作为一组，每组有 2 项，即

$$
\begin{aligned}
&\begin{vmatrix} a_{11} & a_{12} & a_{13} \\ a_{21} & a_{22} & a_{23} \\ a_{31} & a_{32} & a_{33} \end{vmatrix} \\
&=a_{11}a_{22}a_{33}+a_{12}a_{23}a_{31}+a_{13}a_{21}a_{32} \\
&\quad -a_{11}a_{23}a_{32}-a_{12}a_{21}a_{33}-a_{13}a_{22}a_{31} \\
&=a_{21}(a_{13}a_{32}-a_{12}a_{33})+a_{22}(a_{11}a_{33}-a_{13}a_{31}) \\
&\quad +a_{23}(a_{12}a_{31}-a_{11}a_{32}) \\
&=a_{21}\left(-\begin{vmatrix} a_{12} & a_{13} \\ a_{32} & a_{33} \end{vmatrix}\right)+a_{22}\begin{vmatrix} a_{11} & a_{13} \\ a_{31} & a_{33} \end{vmatrix}
\end{aligned}
$$

$$+a_{23}\left(-\begin{vmatrix} a_{11} & a_{12} \\ a_{31} & a_{32} \end{vmatrix}\right). \qquad (3.3.10)$$

因此，三阶行列式可以写为若干二阶行列式的表达式，且这些二阶行列式正好分别是三阶行列式中划去 a_{21}，a_{22}，a_{23} 所在的行和列后剩下的二阶行列式.

把例 3.3.16 的讨论推广，我们介绍如下概念.

定义3.3.5 设 $\boldsymbol{A}$ 是 n 阶方阵，$n>1$. 对 $\boldsymbol{A}$ 的每个 (i, j)-元 $\boldsymbol{A}(i, j)$，把在 $|\boldsymbol{A}|$ 中划去第 i 行和第 j 列后剩下的 $(n-1)$ 阶行列式记为 M_{ij}. 称 M_{ij} 为 $\boldsymbol{A}(i, j)$ 的余子式；称 $(-1)^{i+j}M_{ij}$ 为 $\boldsymbol{A}(i, j)$ 的代数余子式，记为 c_{ij}.

M_{ij} 是 $\boldsymbol{A}$ 的一个 $(n-1)$ 阶子式. 余子式与代数余子式的区别.

我们有如下重要结论.①

定理3.3.3 (拉普拉斯 (Laplace) 定理：展开式形式)

设 $\boldsymbol{A}$ 是 n 阶方阵. 任意取定 $\boldsymbol{A}$ 的第 i 行，则

用的是代数余子式，而不是余子式！

$$|\boldsymbol{A}|=\boldsymbol{A}(i, 1)c_{i1}+\boldsymbol{A}(i, 2)c_{i2}+\cdots+\boldsymbol{A}(i, n)c_{in}; \qquad (3.3.11)$$

任意取定 $\boldsymbol{A}$ 的第 j 列，则

$$|\boldsymbol{A}|=\boldsymbol{A}(1, j)c_{1j}+\boldsymbol{A}(2, j)c_{2j}+\cdots+\boldsymbol{A}(n, j)c_{nj}. \qquad (3.3.12)$$

称式 (3.3.11) 为 $|\boldsymbol{A}|$ 的按第 i 行的展开式；称式 (3.3.12) 为 $|\boldsymbol{A}|$ 的按第 j 列的展开式.

注3.3.3 定理 3.3.3 之所以对于行列式的计算具有重要意义，是因为可以把 n 阶行列式按任意一行或任意一列进行展开. 因此，如果行列式的某行或某列的 0 较多，那么按这一行或这一列展开就可以把 n 阶行列式的计算转化为较少的几个 $(n-1)$ 阶行列式的计算. 在计算行列式的值时，可以先作初等变换，使得某行或某列含有尽可能多的 0，然后用展开式进行计算.

利用展开式去计算行列式是重要的方法.

例3.3.17 按第 3 列展开，得

$$\begin{aligned}\begin{vmatrix} 8 & -9 & 0 \\ 12 & 5 & -2 \\ 7 & 6 & 0 \end{vmatrix} &=(-2)\times(-1)^{2+3}\begin{vmatrix} 8 & -9 \\ 7 & 6 \end{vmatrix} \\ &=(-2)\times(-1)\times(8\times 6-(-9)\times 7) \\ &=222.\end{aligned}$$

例3.3.18 计算行列式：$\begin{vmatrix} 3 & 2 & -1 \\ 5 & 8 & 1 \\ 6 & 9 & 2 \end{vmatrix}$.

① 该定理的证明与例 3.3.16 的讨论类似：把 $|\boldsymbol{A}|$ 的定义式中的全部 $n!$ 项按第 i 行的元分为 n 组，每组含 $(n-1)!$ 项. 注意到：$n!=n(n-1)!$. 然后用行列式的定义去验证第 j 组等于 $\boldsymbol{A}(i, j)c_{ij}$. 细节从略.

解：

分别把第 1 行的 1，2 倍加到第 2，3 行，使得第 3 列只有一个非零的数. 然后按第 3 列展开.

$$\begin{vmatrix} 3 & 2 & -1 \\ 5 & 8 & 1 \\ 6 & 9 & 2 \end{vmatrix} = \begin{vmatrix} 3 & 2 & -1 \\ 8 & 10 & 0 \\ 12 & 13 & 0 \end{vmatrix}$$

$$=(-1)\times(-1)^{1+3}\begin{vmatrix} 8 & 10 \\ 12 & 13 \end{vmatrix}$$

$$=(-1)\times 1\times(8\times 13-12\times 10)$$

$$=16.$$ □

利用拉普拉斯定理可以得到矩阵的子式的一个性质.

例3.3.19 设 $\boldsymbol{A}$ 是任意的 $m\times n$ 型矩阵. 证明：

$\boldsymbol{A}$ 的所有阶数大于 r 的子式全为 0

$\Leftrightarrow \boldsymbol{A}$ 的所有 $r+1$ 阶子式全为 0.

证明：$\Rightarrow$：由于 $r+1>r$，所以结论成立.

$\Leftarrow$ 设 $|\boldsymbol{B}|$ 是 $\boldsymbol{A}$ 的任意 $r+2$ 阶子式. 则由拉普拉斯定理，$|\boldsymbol{B}|$ 可以展开为 $\boldsymbol{A}$ 的若干个 $r+1$ 阶子式的表达式，从而，$|\boldsymbol{B}|=0$. 因此，$\boldsymbol{A}$ 的任意 $r+2$ 阶子式都为 0. 在此基础上，利用拉普拉斯定理，可以得到 $\boldsymbol{A}$ 的所有 $r+3$ 阶子式全为 0. 继续这个讨论，即得 $\boldsymbol{A}$ 的任意阶数大于 r 的子式都为 0. □

由例 3.3.19 的结论可以把定理 3.3.2 进一步改为如下结论.

不要求 $\boldsymbol{A}$ 是方阵.

推论3.3.7 设 $\boldsymbol{A}$ 是任意的 $m\times n$ 型矩阵. 则

$r(\boldsymbol{A})=r \Leftrightarrow \boldsymbol{A}$ 至少有一个 r 阶子式不为 0

且 $\boldsymbol{A}$ 的所有 $r+1$ 阶子式全为 0.

证明：由定理 3.3.2 和例 3.3.19 可得：

$r(\boldsymbol{A})=r \Leftrightarrow \boldsymbol{A}$ 至少有一个 r 阶子式不为 0

且 $\boldsymbol{A}$ 的所有阶数大于 r 的子式全为 0

$\Leftrightarrow \boldsymbol{A}$ 至少有一个 r 阶子式不为 0

且 $\boldsymbol{A}$ 的所有 $r+1$ 阶子式全为 0.

所以结论成立. □

拉普拉斯定理的矩阵形式有重要应用. 为此，我们先看如下推论.

推论3.3.8 设 $|\boldsymbol{A}|=\begin{vmatrix} a_{11} & a_{12} & \cdots & a_{1n} \\ a_{21} & a_{22} & \cdots & a_{2n} \\ \vdots & \vdots & & \vdots \\ a_{n1} & a_{n2} & \cdots & a_{nn} \end{vmatrix}$ 是任意的 n 阶行列式.

把 $|\boldsymbol{A}|$ 的第 i 行换为 k_1，…，k_n，即得右边的行列式.

任意取定 $\boldsymbol{A}$ 的第 i 行，则对任意数 k_1，…，k_n 都有：

$$k_1c_{i1}+\cdots+k_nc_{in}=\begin{vmatrix} a_{11} & a_{12} & \cdots & a_{1n} \\ a_{21} & a_{22} & \cdots & a_{2n} \\ \vdots & \vdots & & \vdots \\ a_{i-1,1} & a_{i-1,2} & \cdots & a_{i-1,n} \\ k_1 & k_2 & \cdots & k_n \\ a_{i+1,1} & a_{i+1,2} & \cdots & a_{i+1,n} \\ \vdots & \vdots & & \vdots \\ a_{n1} & a_{n2} & \cdots & a_{nn} \end{vmatrix}.$$

类似地，对第 j 列的元的代数余子式 c_{1j}，$\cdots$，c_{nj} 和任意数 d_1，$\cdots$，d_n 有：

$$d_1c_{1j}+\cdots+d_nc_{nj}=\begin{vmatrix} a_{11} & \cdots & a_{1,j-1} & d_1 & a_{1,j+1} & \cdots & a_{1n} \\ a_{21} & \cdots & a_{2,j-1} & d_2 & a_{2,j+1} & \cdots & a_{2n} \\ \vdots & & \vdots & \vdots & \vdots & & \vdots \\ a_{n1} & \cdots & a_{n,j-1} & d_n & a_{n,j+1} & \cdots & a_{nn} \end{vmatrix}.$$

把 $|\boldsymbol{A}|$ 的第 j 列换为 d_1，$\cdots$，d_n，即得右边的行列式.

证明： 把右边的行列式按第 i 行展开即得. 类似地，把右边的行列式按第 j 列展开即得. □

例3.3.20 设 $\begin{vmatrix} a_{11} & a_{12} & a_{13} \\ a_{21} & a_{22} & a_{23} \\ a_{31} & a_{32} & a_{33} \end{vmatrix}$ 的第 2 列的余子式依次为 -2，3，6. 求 $\begin{vmatrix} a_{11} & 9 & a_{13} \\ a_{21} & -1 & a_{23} \\ a_{31} & 3 & a_{33} \end{vmatrix}$.

解：

$$\begin{aligned}\begin{vmatrix} a_{11} & 9 & a_{13} \\ a_{21} & -1 & a_{23} \\ a_{31} & 3 & a_{33} \end{vmatrix} &= 9\times(-1)^{1+2}\times(-2)+(-1)\times(-1)^{2+2}\times 3 \\ &\quad +3\times(-1)^{3+2}\times 6 \\ &=-3. \end{aligned}$$

□

由拉普拉斯定理的展开式形式和推论 3.3.8 我们可以得到如下推论.

推论3.3.9 设 $|\boldsymbol{A}|$ 是 n 阶行列式，$n\geqslant 2$. 任意取定 $\boldsymbol{A}$ 的第 i，j 行. 则

$$\boldsymbol{A}(i,1)c_{j1}+\boldsymbol{A}(i,2)c_{j2}+\cdots+\boldsymbol{A}(i,n)c_{jn}=\begin{cases} |\boldsymbol{A}|, & \text{当 } i=j \text{ 时} \\ 0, & \text{当 } i\neq j \text{ 时} \end{cases}. \tag{3.3.13}$$

对于第 i 列和第 j 列有类似结论.

证明： 当 $i=j$ 时式（3.3.13）就是 $|\boldsymbol{A}|$ 的按第 i 行的展开式；当 $i\neq j$ 时，由推论 3.3.8 可知，式（3.3.13）的左边等于把 $|\boldsymbol{A}|$ 的第 j 行的元全部换为第 i 行的元而得的行列式 $|\boldsymbol{B}|$；此时 $|\boldsymbol{B}|$ 中的第 i 行和第 j 行相同，从而 $|\boldsymbol{B}|=0$. □

参见推论 3.3.2.

把式（3.3.13）写成矩阵乘法的形式. 对任意的 $1\leqslant i,\ j\leqslant n$ 有：

$$(\boldsymbol{A}(i,1)\quad \boldsymbol{A}(i,2)\quad \cdots\quad \boldsymbol{A}(i,n))\begin{pmatrix}c_{j1}\\c_{j2}\\\vdots\\c_{jn}\end{pmatrix}$$

$$=\begin{cases}|\boldsymbol{A}|, & \text{当 } i=j \text{ 时}\\ 0, & \text{当 } i\neq j \text{ 时}\end{cases}. \tag{3.3.14}$$

为此，我们介绍如下概念.

定义3.3.6 设 $\boldsymbol{A}$ 是任意的 n 阶方阵. 定义 n 阶方阵 $\boldsymbol{A}^*$ 为：其 (i,j)-元为 $\boldsymbol{A}(j,i)$ 在 $|\boldsymbol{A}|$ 中的代数余子式 c_{ji}，$1\leqslant i,\ j\leqslant n$. 称 $\boldsymbol{A}^*$ 为 $\boldsymbol{A}$ 的伴随矩阵.

例3.3.21 （1）$\begin{pmatrix}a & b\\ c & d\end{pmatrix}^*=\begin{pmatrix}d & -b\\ -c & a\end{pmatrix}$.

（2）设 $\boldsymbol{A}=\begin{pmatrix}0 & -1 & 2\\ 1 & 3 & -2\\ -1 & 1 & 2\end{pmatrix}$. 则

$$c_{11}=(-1)^{1+1}\begin{vmatrix}3 & -2\\ 1 & 2\end{vmatrix}=8;$$

$$c_{12}=(-1)^{1+2}\begin{vmatrix}1 & -2\\ -1 & 2\end{vmatrix}=0;$$

$$c_{13}=(-1)^{1+3}\begin{vmatrix}1 & 3\\ -1 & 1\end{vmatrix}=4;$$

$$c_{21}=(-1)^{2+1}\begin{vmatrix}-1 & 2\\ 1 & 2\end{vmatrix}=4;$$

$$c_{22}=(-1)^{2+2}\begin{vmatrix}0 & 2\\ -1 & 2\end{vmatrix}=2;$$

$$c_{23}=(-1)^{2+3}\begin{vmatrix}0 & -1\\ -1 & 1\end{vmatrix}=1;$$

$$c_{31}=(-1)^{3+1}\begin{vmatrix}-1 & 2\\ 3 & -2\end{vmatrix}=-4;$$

$$c_{32}=(-1)^{3+2}\begin{vmatrix}0 & 2\\ -1 & 2\end{vmatrix}=-2;$$

$$c_{33}=(-1)^{3+3}\begin{vmatrix}0 & -1\\ 1 & 3\end{vmatrix}=1,$$

所以，

$$A^*=\begin{pmatrix}c_{11} & c_{21} & c_{31}\\ c_{12} & c_{22} & c_{32}\\ c_{13} & c_{23} & c_{33}\end{pmatrix}=\begin{pmatrix}8 & 4 & -4\\ 0 & 2 & -2\\ 4 & 1 & 1\end{pmatrix}.$$

(3) 直接验证可得：任意上（下）三角阵的伴随矩阵仍然是上（下）三角阵. 细节从略.

利用伴随矩阵，由矩阵乘法的定义和式（3.3.14)，我们可以把定理 3.3.3 叙述为如下定理.

定理3.3.4 （拉普拉斯（Laplace）定理：矩阵形式）设 $\boldsymbol{A}$ 是任意的 n 阶方阵，则

即乘积 $\boldsymbol{AA}^*$ 是一个数量阵.

$$\boldsymbol{AA}^*=\boldsymbol{A}^*\boldsymbol{A}=|\boldsymbol{A}|\boldsymbol{I}_n. \tag{3.3.15}$$

例3.3.22 设 $\boldsymbol{A}$ 是任意的 n 阶方阵. 在 $\boldsymbol{AA}^*=|\boldsymbol{A}|\boldsymbol{I}_n$ 取行列式，得

参见定理 3.3.1 和推论 3.3.4.

$$|\boldsymbol{AA}^*|=|\boldsymbol{A}||\boldsymbol{A}^*|=||\boldsymbol{A}|\boldsymbol{I}_n|=|\boldsymbol{A}|^n.$$

于是，当 $\boldsymbol{A}$ 可逆时有 $|\boldsymbol{A}|\neq 0$，从而 $|\boldsymbol{A}^*|=|\boldsymbol{A}|^{n-1}\neq 0$.

下面的例子在线性代数中是熟知的，它给出了伴随矩阵的秩的刻画.

例3.3.23 设 $\boldsymbol{A}$ 是 n 阶方阵. 证明：

$$r(\boldsymbol{A}^*)=\begin{cases}n，如果\ r(\boldsymbol{A})=n\\ 1，如果\ r(\boldsymbol{A})=n-1\\ 0，如果\ r(\boldsymbol{A})<n-1\end{cases}.$$

证明：(1) 如果 $r(\boldsymbol{A})=n$，则 $\boldsymbol{A}$ 可逆，即 $|\boldsymbol{A}|\neq 0$，因此 $|\boldsymbol{A}^*|=|\boldsymbol{A}|^{n-1}\neq 0$，得 $\boldsymbol{A}^*$ 可逆，即 $r(\boldsymbol{A}^*)=n$.

(2) 设 $r(\boldsymbol{A})=n-1$，则 $|\boldsymbol{A}|=0$，从而 $\boldsymbol{AA}^*=\boldsymbol{0}$，于是，

参见例 3.2.17.

$$r(\boldsymbol{A})+r(\boldsymbol{A}^*)\leqslant n，即\ r(\boldsymbol{A}^*)\leqslant n-r(\boldsymbol{A})=1.$$

另一方面，由于 $r(\boldsymbol{A})=n-1$，所以，$\boldsymbol{A}$ 至少有一个 $(n-1)$ 阶子式不为 0，即 $\boldsymbol{A}$ 至少有一个元的代数余子式不为 0，因此 $\boldsymbol{A}^*\neq\boldsymbol{0}$，即 $r(\boldsymbol{A}^*)\geqslant 1$.

参见定理 3.3.2.

综上，此时有：$r(\boldsymbol{A}^*)=1$.

(3) 设 $r(\boldsymbol{A})<n-1$，则 $\boldsymbol{A}$ 的任意 $(n-1)$ 阶子式都为 0，特别地，$\boldsymbol{A}$ 的任意元的代数余子式都等于 0，即 $\boldsymbol{A}^*=\boldsymbol{0}$，因此，$r(\boldsymbol{A}^*)=0$. □

拉普拉斯定理的一个重要应用是如下结论，该结论给出了逆矩阵的一个表达式.

定理3.3.5 设 $\boldsymbol{A}$ 可逆，则 $\boldsymbol{A}^{-1}=\frac{1}{|\boldsymbol{A}|}\boldsymbol{A}^{*}$.

证明： 由于 $\boldsymbol{A}$ 可逆，所以，$|\boldsymbol{A}|\neq 0$，从而由式（3.3.15），得

$$\boldsymbol{A}\left(\frac{1}{|\boldsymbol{A}|}\boldsymbol{A}^{*}\right)=\boldsymbol{I}_n,$$

因此，由逆矩阵的唯一性得：$\boldsymbol{A}^{-1}=\frac{1}{|\boldsymbol{A}|}\boldsymbol{A}^{*}$. □

交换对角元，非对角元变号.

例3.3.24 设 $\begin{pmatrix} a & b \\ c & d \end{pmatrix}$ 可逆，则

$$\begin{pmatrix} a & b \\ c & d \end{pmatrix}^{-1}=\frac{1}{ad-bc}\begin{pmatrix} d & -b \\ -c & a \end{pmatrix},$$

即可以直接写出可逆的二阶方阵的逆矩阵.

一般地，用定理 3.3.5 去求逆矩阵，运算量太大，所以，该定理的重要性主要体现在理论研究中. 作为例子，我们考虑如下的 n 元线性方程组：

$$\boldsymbol{Ax}=\boldsymbol{\beta}，\text{其中 } \boldsymbol{A} \text{ 是 } n \text{ 阶方阵，} \boldsymbol{\beta}=\begin{pmatrix} d_1 \\ d_2 \\ \vdots \\ d_n \end{pmatrix}. \tag{3.3.16}$$

假设 $\boldsymbol{A}$ 可逆，则式（3.3.16）有唯一解：

$$\begin{aligned}\boldsymbol{x} &=\boldsymbol{A}^{-1}\boldsymbol{\beta} \\ &=\frac{1}{|\boldsymbol{A}|}\boldsymbol{A}^{*}\boldsymbol{\beta} \\ &=\frac{1}{|\boldsymbol{A}|}\begin{pmatrix} c_{11} & c_{21} & \cdots & c_{n1} \\ c_{12} & c_{22} & \cdots & c_{n2} \\ \vdots & \vdots & & \vdots \\ c_{1n} & c_{2n} & \cdots & c_{nn} \end{pmatrix}\begin{pmatrix} d_1 \\ d_2 \\ \vdots \\ d_n \end{pmatrix} \\ &=\frac{1}{|\boldsymbol{A}|}\begin{pmatrix} d_1c_{11}+d_2c_{21}+\cdots+d_nc_{n1} \\ d_1c_{12}+d_2c_{22}+\cdots+d_nc_{n2} \\ \vdots \\ d_1c_{1n}+d_2c_{2n}+\cdots+d_nc_{nn} \end{pmatrix}.\end{aligned}$$

如果我们把用 $\boldsymbol{\beta}$ 替换 $|\boldsymbol{A}|$ 的第 j 列后得到的 n 阶行列式记为 D_j，则由推论 3.3.8，得

$$d_1c_{1j}+d_2c_{2j}+\cdots+d_nc_{nj}=D_j,\ 1\leqslant j\leqslant n.$$

所以，

$$x=\frac{1}{|\boldsymbol{A}|}\begin{pmatrix}D_1\\D_2\\\vdots\\D_n\end{pmatrix}. \tag{3.3.17}$$

综上，我们证明了如下重要结论：

定理 3.3.6 （克莱姆（Cramer）法则）设 n 元线性方程组（3.3.16）的系数矩阵 **A** 可逆，则它的唯一解为式（3.3.17）.

克莱姆法则只适用于系数矩阵是可逆阵的线性方程组，其意义主要在于给出了这类方程组的解的具体表达式.

下面是一个典型的利用行列式来解线性方程组的例子. 当系数矩阵是方阵时，可以根据系数矩阵的行列式是否为 0 来进行讨论.

例3.3.25 已知 a 是常数. 解线性方程组

与直接对增广矩阵作初等行变换的算法 2.4.3 相比，这里的解法更为简便.

$$\begin{cases}ax_1+x_2+x_3=1\\x_1+ax_2+x_3=1.\\x_1+x_2+ax_3=1\end{cases}$$

解：原方程组的系数矩阵 $\boldsymbol{A}=\begin{pmatrix}a&1&1\\1&a&1\\1&1&a\end{pmatrix}$ 是三阶方阵，其行列式为

参见例 3.3.12.

$$|\boldsymbol{A}|=(a+2)(a-1)^2.$$

所以，当 $a+2\neq0$ 且 $a-1\neq0$ 时，**A** 可逆，从而原方程组有唯一解，且该唯一解可以用克莱姆法则求出. 由于

$$D_1=\begin{vmatrix}1&1&1\\1&a&1\\1&1&a\end{vmatrix}=(a-1)^2,$$

$$D_2=\begin{vmatrix}a&1&1\\1&1&1\\1&1&a\end{vmatrix}=(a-1)^2,$$

$$D_3=\begin{vmatrix}a&1&1\\1&a&1\\1&1&1\end{vmatrix}=(a-1)^2,$$

所以，由克莱姆法则知，原方程组的唯一解为

$$\begin{pmatrix} \frac{D_1}{|\mathbf{A}|} \\ \frac{D_2}{|\mathbf{A}|} \\ \frac{D_3}{|\mathbf{A}|} \end{pmatrix} = \begin{pmatrix} \frac{1}{a+2} \\ \frac{1}{a+2} \\ \frac{1}{a+2} \end{pmatrix}.$$

当 $a=-2$ 时，对原方程组的增广矩阵作初等行变换，得

$$\widetilde{\mathbf{A}}=\begin{pmatrix} -2 & 1 & 1 & 1 \\ 1 & -2 & 1 & 1 \\ 1 & 1 & -2 & 1 \end{pmatrix} \rightarrow \begin{pmatrix} 1 & 1 & -2 & 1 \\ 0 & -1 & 1 & 0 \\ 0 & 0 & 0 & 1 \end{pmatrix},$$

所以，$r(\mathbf{A})=2 \neq r(\widetilde{\mathbf{A}})=3$，从而，原方程组无解.

当 $a=1$ 时，对原方程组的增广矩阵作初等行变换，得

$$\widetilde{\mathbf{A}}=\begin{pmatrix} 1 & 1 & 1 & 1 \\ 1 & 1 & 1 & 1 \\ 1 & 1 & 1 & 1 \end{pmatrix} \rightarrow \begin{pmatrix} 1 & 1 & 1 & 1 \\ 0 & 0 & 0 & 0 \\ 0 & 0 & 0 & 0 \end{pmatrix},$$

所以，$r(\mathbf{A})=1=r(\widetilde{\mathbf{A}})$，小于未知数的个数 3，从而，原方程组有无穷多个解. 已经得到行简化阶梯形矩阵，自由变量是 x_2，x_3，从而原方程组同解于

$$x_1=1-x_2-x_3.$$

令 $x_2=t_1$，$x_3=t_2$ 是任意数，此时原方程组的通解为

$$\begin{pmatrix} 1-t_1-t_2 \\ t_1 \\ t_2 \end{pmatrix}, \ t_1, t_2 \text{是任意数}.$$

□

最后我们指出，拉普拉斯定理还有更一般的形式，限于篇幅，我们只介绍它的推广形式的一个应用，即如下推论.

推论3.3.10 准上（下）三角阵的行列式等于其所有对角线上的块的行列式的乘积.

该结论是三角行列式的推广，参见引理 3.3.1. 例如，

$$\begin{vmatrix} \mathbf{A} & \mathbf{B} \\ \mathbf{0} & \mathbf{C} \end{vmatrix} = |\mathbf{A}||\mathbf{C}|.$$

习题 3.3

1. 判断下列说法是否正确，并说明理由.

(1) 设 $\mathbf{A}$ 为 n 阶方阵. 任意给定两个 n 元排列 $i_1i_2\cdots i_n$ 和 $j_1j_2\cdots$

j_n，则乘积

$$A(i_1, j_1)A(i_2, j_2)\cdots A(i_n, j_n)$$

一定出现在 n 阶行列式 $|\boldsymbol{A}|$ 的定义式中.

（2）对任意数 a 和任意的正整数 n，都存在一个 n 阶方阵 $\boldsymbol{A}$ 使得 $|\boldsymbol{A}|=a$.

（3）如果 n 阶方阵 $\boldsymbol{A}$ 的每个 (i, j)-元都是整数，则 $|\boldsymbol{A}|$ 一定是整数.

（4）设 $\boldsymbol{A}$ 是任意 n 阶方阵，则 $|-\boldsymbol{A}|=-|\boldsymbol{A}|$.

（5）设 $\boldsymbol{A}$，$\boldsymbol{B}$ 是 n 阶方阵且 $\boldsymbol{A}\neq\boldsymbol{B}$，则 $|\boldsymbol{A}|\neq|\boldsymbol{B}|$.

2. 用行列式的定义计算 n 阶行列式：

$$|\boldsymbol{A}|=\begin{vmatrix} a_{11} & a_{12} & \cdots & a_{1,n-1} & a_{1n} \\ a_{21} & a_{22} & \cdots & a_{2,n-1} & 0 \\ a_{31} & a_{32} & \cdots & 0 & 0 \\ \vdots & \vdots & & \vdots & \vdots \\ a_{n1} & 0 & \cdots & 0 & 0 \end{vmatrix}.$$

3. 设 $\boldsymbol{A}$ 是 n 阶反对称矩阵，即，$\boldsymbol{A}^{\mathrm{T}}=-\boldsymbol{A}$. 证明：如果 $|\boldsymbol{A}|\neq 0$，则 n 必然是偶数.

4. 判断下列说法是否正确，并说明理由.

（1）设 $\boldsymbol{A}$，$\boldsymbol{B}$ 是 n 阶方阵且 $|\boldsymbol{A}|>0$，$|\boldsymbol{B}|>0$，则 $|\boldsymbol{A}+\boldsymbol{B}|>0$.

（2）设 $\boldsymbol{A}$，$\boldsymbol{B}$ 是 n 阶方阵且 $|\boldsymbol{A}-\boldsymbol{B}|=0$，则 $|\boldsymbol{A}|=|\boldsymbol{B}|$.

（3）设 $\boldsymbol{A}$ 是 n 阶方阵，$n>1$，k 是不等于 1 的数，则 $|k\boldsymbol{A}|=k|\boldsymbol{A}|$ 一定不成立.

（4）设 $\boldsymbol{A}$，$\boldsymbol{B}$ 是 n 阶方阵. 由于 $\boldsymbol{A}$，$\boldsymbol{B}$ 不一定可交换，所以 $|\boldsymbol{AB}|$ 与 $|\boldsymbol{BA}|$ 不一定相等.

（5）设 $\boldsymbol{A}$ 是可逆的 n 阶方阵，则由 $\boldsymbol{Ax}=\boldsymbol{0}$ 得 $|\boldsymbol{A}||\boldsymbol{x}|=0$，从而 $\boldsymbol{x}=\boldsymbol{0}$.

5. 设 $\boldsymbol{A}$ 是 n 阶方阵. 证明：齐次线性方程组 $\boldsymbol{Ax}=\boldsymbol{0}$ 有非零解 $\Leftrightarrow$ 齐次线性方程组 $\boldsymbol{A}^k\boldsymbol{x}=\boldsymbol{0}$ 有非零解，其中，k 是任意的正整数.

6. 判断下列说法是否正确，并说明理由.

（1）用初等变换把方阵 $\boldsymbol{A}$ 变为上三角阵 $\boldsymbol{J}$，则 $|\boldsymbol{A}|$ 等于 $\boldsymbol{J}$ 的全部对角元的乘积.

（2）设矩阵 $\boldsymbol{A}$ 的秩为 3，则 $\boldsymbol{A}$ 的所有三阶子式都不为 0.

（3）设非零矩阵 $\boldsymbol{A}$ 的所有四阶子式都为 0，则 $\boldsymbol{A}$ 的秩一定是 3.

（4）两个不相等的 n 阶方阵的伴随矩阵也不相等.

（5）存在三阶方阵，使得其伴随矩阵的秩为 2.

（6）设线性方程组 $\boldsymbol{Ax}=\boldsymbol{\beta}$ 的系数矩阵 $\boldsymbol{A}$ 是 n 阶方阵. 如果 $|\boldsymbol{A}|\neq$

0，则该方程组有唯一解 $\boldsymbol{x}=\frac{1}{|\boldsymbol{A}|}\boldsymbol{A}^*\boldsymbol{\beta}$.

(7) 设线性方程组 $\boldsymbol{A}\boldsymbol{x}=\boldsymbol{\beta}$ 的系数矩阵 $\boldsymbol{A}$ 是 n 阶方阵. 如果 $|\boldsymbol{A}|=0$，则该方程组没有解.

7. 计算下列行列式.[①]

(1) $\begin{vmatrix} 0 & 2 & -5 \\ 2 & 1 & -3 \\ 2 & 3 & 5 \end{vmatrix}$.

(2) $\begin{vmatrix} a & 0 & 0 & b \\ 0 & a & b & 0 \\ 0 & b & a & 0 \\ b & 0 & 0 & a \end{vmatrix}$.

8. 设 $\boldsymbol{A}$ 是三阶方阵且 $|\boldsymbol{A}|=2$. 分别求 $|(\boldsymbol{A}^{-1})^*|$ 和 $|(\boldsymbol{A}^*)^*|$ 的值.

9. 设 $\boldsymbol{A}$ 是三阶方阵且它的伴随矩阵为

$$\boldsymbol{A}^*=\begin{pmatrix} 1 & -1 & 2 \\ -1 & 1 & -2 \\ 3 & -3 & 6 \end{pmatrix}.$$

求齐次线性方程组 $\boldsymbol{A}\boldsymbol{x}=\boldsymbol{0}$ 的通解.

10. 已知 a，b 是常数. 解线性方程组

$$\begin{cases} ax_1+x_2+x_3=4 \\ ax_1+x_2+2x_3=2. \\ x_1+x_2+bx_3=1 \end{cases}$$

① 行列式的计算往往需要综合利用初等变换和展开式. 其他计算题参见习题 4.3 的第 5，6 题.

第4章　矩阵的相似

本章我们讨论矩阵的相似. 这是线性代数的重要概念之一，有广泛的应用. 我们主要讨论矩阵的可对角化问题，即一个方阵是否相似于一个对角阵的问题. 这里会涉及方阵的特征值和特征向量等重要概念. 一个非常重要的结论是，实对称矩阵总是可以对角化. 为此，我们还需要讨论内积和正交矩阵.

§4.1　矩阵的相似

矩阵的相似这个概念有很好的几何、代数背景. 这里我们从下面的一个具体的计算问题开始讨论.

例4.1.1　计算 $\boldsymbol{A}^n$，其中，$\boldsymbol{A}=\begin{pmatrix}-1 & 2\\ -3 & 4\end{pmatrix}$，$n$ 是正整数.

直接计算 $\boldsymbol{A}^n$ 会涉及数学归纳，有一定的难度，因此希望找到更简洁的算法，参见例 4.2.9. 我们知道，形状较为简单的矩阵（比如对角阵）的相关计算问题相对来说要容易一些. 例如，我们有如下结论：

对于准对角阵，写出类似于矩阵 (4.1.1) 的结论.

$$\begin{pmatrix}d_1 & & & \\ & d_2 & & \\ & & \ddots & \\ & & & d_k\end{pmatrix}^n=\begin{pmatrix}d_1^n & & & \\ & d_2^n & & \\ & & \ddots & \\ & & & d_k^n\end{pmatrix}. \qquad (4.1.1)$$

一个自然的想法是，把较为复杂的矩阵的计算问题转化为形状较为简单的矩阵的计算问题. 我们有如下命题.

设 $A = P^{T}BP$. 类似结论是否成立?

命题4.1.1 设 $A = P^{-1}BP$，则 $A^n = P^{-1}B^nP$，其中，n 是任意正整数.

证明：$A^n = (P^{-1}BP)(P^{-1}BP)\cdots(P^{-1}BP)$
$= P^{-1}B^nP$. □

我们有如下定义.

定义 4.1.1 中的 P 是否唯一?

定义4.1.1 设 A，B 是阶数相同的方阵. 如果存在可逆阵 P 使得 $A = P^{-1}BP$，则称 A 相似于 B，记为 $A \sim B$.

用定义 4.1.1 验证"相似"关系的对称性.

如果 $A \sim B$，则 $B \sim A$. 因此，"相似"关系具有对称性. 当 $A \sim B$ 时，我们可以说 A 和 B 相似. 可以用记号 $A \not\sim B$ 来表示 A 与 B 不相似.①

用定义 4.1.1 进行验证.

例4.1.2 (1) 任意方阵 A 与自身相似，即 $A \sim A$.

(2) 若 $A \sim B$，$B \sim C$，则 $A \sim C$.（这就是"相似"关系的传递性.）

(3) 设 $A \sim aI_n$，则 $A = aI_n$，即与数量阵 aI_n 相似的矩阵只有它本身. 特别地，与单位阵 I_n 相似的矩阵只有单位阵，因此，$\begin{pmatrix}1 & 1\\ 0 & 1\end{pmatrix} \not\sim \begin{pmatrix}1 & 0\\ 0 & 1\end{pmatrix}$. 任意非零方阵不可能与零方阵相似.

例4.1.3 设 $D_1 = \begin{bmatrix}a_1 & 0\\ 0 & a_2\end{bmatrix}$，$D_2 = \begin{bmatrix}a_2 & 0\\ 0 & a_1\end{bmatrix}$. 证明 $D_1 \sim D_2$.

这里的 P 是一个初等阵.

证明：取 $P = \begin{pmatrix}0 & 1\\ 1 & 0\end{pmatrix}$，则 P 可逆，$P^{-1} = \begin{pmatrix}0 & 1\\ 1 & 0\end{pmatrix}$，且

$$
\begin{aligned}
P^{-1}D_2P &= \begin{pmatrix}0 & 1\\ 1 & 0\end{pmatrix}\begin{bmatrix}a_2 & 0\\ 0 & a_1\end{bmatrix}\begin{pmatrix}0 & 1\\ 1 & 0\end{pmatrix}\\
&= \begin{bmatrix}0 & a_1\\ a_2 & 0\end{bmatrix}\begin{pmatrix}0 & 1\\ 1 & 0\end{pmatrix}\\
&= \begin{bmatrix}a_1 & 0\\ 0 & a_2\end{bmatrix}\\
&= D_1,
\end{aligned}
$$

所以结论成立. □

这个例子可以推广为如下结论，该结论完全回答了对角阵之间的相似问题.②

命题4.1.2 设 D_1，D_2 是 n 阶对角阵，则

(1) 如果 D_1，D_2 的对角元除了在对角线上的顺序不同外完全相

---

① 任意给定两个 m 阶方阵 A，B，如何判断 A 和 B 是否相似，是线性代数的一个重要问题.

② 命题 4.1.2 中的 (1) 可以仿照例 4.1.3 给出证明；(2) 可以用后面的特征多项式来证明.

同，则 $\boldsymbol{D}_1 \sim \boldsymbol{D}_2$.

(2) 反之，设 $\boldsymbol{D}_1 \sim \boldsymbol{D}_2$，则 $\boldsymbol{D}_1$，$\boldsymbol{D}_2$ 的对角元除了在对角线上的顺序不同外完全相同.

例4.1.4 $\begin{pmatrix}3&0&0\\0&1&0\\0&0&1\end{pmatrix} \sim \begin{pmatrix}1&0&0\\0&3&0\\0&0&1\end{pmatrix}$；$\begin{pmatrix}3&0&0\\0&1&0\\0&0&1\end{pmatrix} \not\sim \begin{pmatrix}3&0&0\\0&1&0\\0&0&2\end{pmatrix}$.

对于一般的两个 n 阶方阵 $\boldsymbol{A}$，$\boldsymbol{B}$，情况就复杂得多了. 我们有如下结论.

命题4.1.3 设 $\boldsymbol{A} \sim \boldsymbol{B}$，则

(1) $|\boldsymbol{A}| = |\boldsymbol{B}|$.

(2) $r(\boldsymbol{A}) = r(\boldsymbol{B})$.

逆命题不成立. 当 $|\boldsymbol{A}|=|\boldsymbol{B}|$ 且 $r(\boldsymbol{A}) = r(\boldsymbol{B})$ 时，有可能 $\boldsymbol{A} \not\sim \boldsymbol{B}$.

证明： 由 $\boldsymbol{A} \sim \boldsymbol{B}$ 可知，存在可逆阵 $\boldsymbol{P}$ 使得 $\boldsymbol{A} = \boldsymbol{P}^{-1}\boldsymbol{B}\boldsymbol{P}$.

(1) 两边对 $\boldsymbol{A} = \boldsymbol{P}^{-1}\boldsymbol{B}\boldsymbol{P}$ 取行列式. 得

参见定理 3.3.1.

$$\begin{aligned}|\boldsymbol{A}| &= |\boldsymbol{P}^{-1}\boldsymbol{B}\boldsymbol{P}|\\ &= |\boldsymbol{P}^{-1}||\boldsymbol{B}||\boldsymbol{P}|\\ &= |\boldsymbol{P}|^{-1}|\boldsymbol{B}||\boldsymbol{P}|\\ &= |\boldsymbol{B}|.\end{aligned}$$

(2) 由于左乘或右乘可逆阵不改变矩阵的秩，所以结论成立. □

参见命题 3.2.3.

命题 4.1.3 可以用于判断两个方阵不相似.

例4.1.5 (1) 设 $\boldsymbol{A} = \begin{pmatrix}1&2\\3&4\end{pmatrix}$，$\boldsymbol{B} = \begin{pmatrix}1&2\\3&7\end{pmatrix}$. 由于 $|\boldsymbol{A}| \neq |\boldsymbol{B}|$，所以 $\boldsymbol{A} \not\sim \boldsymbol{B}$.

(2) 设 $\boldsymbol{C} = \begin{pmatrix}1&-1&2\\2&1&3\\3&0&5\end{pmatrix}$，$\boldsymbol{D} = \begin{pmatrix}1&-1&2\\2&-2&4\\3&-3&6\end{pmatrix}$. 由于 $r(\boldsymbol{C}) = 2$，$r(\boldsymbol{D}) = 1$，所以，$\boldsymbol{C} \not\sim \boldsymbol{D}$.

在本节的最后，我们指出，可以用向量的语言来描述矩阵的相似.

命题4.1.4 设 $\boldsymbol{A}$，$\boldsymbol{B} = (b_{ij})$ 是 n 阶方阵，则 $\boldsymbol{A} \sim \boldsymbol{B} \Leftrightarrow$ 存在线性无关的 n 个 n 维列向量 $\boldsymbol{\xi}_1$，…，$\boldsymbol{\xi}_n$，使得

$$\boldsymbol{A}\boldsymbol{\xi}_i = b_{1i}\boldsymbol{\xi}_1 + b_{2i}\boldsymbol{\xi}_2 + \cdots + b_{ni}\boldsymbol{\xi}_n,\ 1 \leqslant i \leqslant n. \tag{4.1.2}$$

证明： $\Rightarrow$：设 $\boldsymbol{A} \sim \boldsymbol{B}$，则存在 n 阶可逆阵 $\boldsymbol{Q}$ 使得

$$\boldsymbol{Q}^{-1}\boldsymbol{A}\boldsymbol{Q} = \boldsymbol{B}，即\ \boldsymbol{A}\boldsymbol{Q} = \boldsymbol{Q}\boldsymbol{B}. \tag{4.1.3}$$

设 $\boldsymbol{Q}$ 的列向量为 $\boldsymbol{\xi}_1$，…，$\boldsymbol{\xi}_n$，即 $\boldsymbol{Q} = (\boldsymbol{\xi}_1\ \cdots\ \boldsymbol{\xi}_n)$. 则由 $\boldsymbol{Q}$ 可逆知，$\boldsymbol{\xi}_1$，…，$\boldsymbol{\xi}_n$ 线性无关，且由式 (4.1.3)，得

参见推论 3.2.2.

$$\begin{aligned}\boldsymbol{A}\boldsymbol{Q} &= \boldsymbol{A}(\boldsymbol{\xi}_1\ \cdots\ \boldsymbol{\xi}_n)\\ &= (\boldsymbol{A}\boldsymbol{\xi}_1\ \cdots\ \boldsymbol{A}\boldsymbol{\xi}_n)\end{aligned}$$

$$
\begin{aligned}
&=(\boldsymbol{\xi}_1 \quad \cdots \quad \boldsymbol{\xi}_n)\boldsymbol{B}\\
&=(\boldsymbol{\xi}_1 \quad \cdots \quad \boldsymbol{\xi}_n)\begin{pmatrix} b_{11} & \cdots & b_{1i} & \cdots & b_{1n}\\ \vdots & & \vdots & & \vdots\\ b_{n1} & \cdots & b_{ni} & \cdots & b_{nn}\end{pmatrix}\\
&=(b_{11}\boldsymbol{\xi}_1+\cdots+b_{n1}\boldsymbol{\xi}_n \quad \cdots \quad b_{1n}\boldsymbol{\xi}_1+\cdots+b_{nn}\boldsymbol{\xi}_n).
\end{aligned}
$$

分块矩阵的运算.

比较左右两边的列向量即得式（4.1.2）成立.

$\Leftarrow$：反之，设存在线性无关的 n 个 n 维列向量 $\boldsymbol{\xi}_1$，…，$\boldsymbol{\xi}_n$ 使得式（4.1.2）成立. 设 $\boldsymbol{Q}=(\boldsymbol{\xi}_1 \cdots \boldsymbol{\xi}_n)$，则 $\boldsymbol{Q}$ 是 n 阶可逆阵，且由上述计算可知，$\boldsymbol{AQ}=\boldsymbol{QB}$，即 $\boldsymbol{Q}^{-1}\boldsymbol{AQ}=\boldsymbol{B}$，从而 $\boldsymbol{A}\sim\boldsymbol{B}$. □

习题 4.1

矩阵的相似这个概念是针对方阵而言的.

1. 设 $\boldsymbol{A}$，$\boldsymbol{B}$ 是 3×2 型矩阵. 问 $\boldsymbol{A}$，$\boldsymbol{B}$ 能够相似吗？说明理由.
2. 设 $\boldsymbol{A}\sim\boldsymbol{B}$. 证明：$3\boldsymbol{A}^3+2\boldsymbol{A}-5\boldsymbol{I}_n\sim 3\boldsymbol{B}^3+2\boldsymbol{B}-5\boldsymbol{I}_n$.
3. 设 $\boldsymbol{A}\sim\boldsymbol{B}$，$\boldsymbol{C}\sim\boldsymbol{D}$. 问是否有 $\boldsymbol{A}+\boldsymbol{C}\sim\boldsymbol{B}+\boldsymbol{D}$？说明理由.
4. 设 $\boldsymbol{A}\sim\begin{pmatrix}1 & -1 & 2\\ 1 & 1 & 0\\ 2 & 0 & 2\end{pmatrix}$. 求 $|\boldsymbol{A}|$ 和 $r(\boldsymbol{A})$.
5. 设 $\boldsymbol{A}\sim\boldsymbol{B}$. 证明：$\boldsymbol{A}$ 可逆 $\Leftrightarrow$ $\boldsymbol{B}$ 可逆；且当 $\boldsymbol{A}$ 可逆时有 $\boldsymbol{A}^{-1}\sim\boldsymbol{B}^{-1}$.

参见习题 3.1 的第 5 题.

6. 对于任意方阵 $\boldsymbol{A}$，称 $\boldsymbol{A}$ 的对角元的和为 $\boldsymbol{A}$ 的**迹**，记为 $tr(\boldsymbol{A})$. 证明：如果 $\boldsymbol{A}\sim\boldsymbol{B}$，则 $tr(\boldsymbol{A})=tr(\boldsymbol{B})$，并举例说明逆命题不成立.
7. 设 $\boldsymbol{A}_1\sim\boldsymbol{B}_1$，$\boldsymbol{A}_2\sim\boldsymbol{B}_2$. 证明：

$$\begin{pmatrix}\boldsymbol{A}_1 & \boldsymbol{0}\\ \boldsymbol{0} & \boldsymbol{A}_2\end{pmatrix}\sim\begin{pmatrix}\boldsymbol{B}_1 & \boldsymbol{0}\\ \boldsymbol{0} & \boldsymbol{B}_2\end{pmatrix}.$$

8. 设 $\boldsymbol{A}=\begin{pmatrix}1 & 1\\ 0 & a\end{pmatrix}$，$\boldsymbol{B}=\begin{pmatrix}-1 & 1\\ b & 3\end{pmatrix}$. 设 $\boldsymbol{A}\sim\boldsymbol{B}$. 求 a，b 的值.

可以用基础解系或矩阵相似的定义去构造.

9. 设 $\boldsymbol{A}\sim\boldsymbol{B}$，$S_1$，$S_2$ 分别是齐次线性方程组 $\boldsymbol{Ax}=\boldsymbol{0}$ 和 $\boldsymbol{Bx}=\boldsymbol{0}$ 的解集. 证明：存在从 S_1 到 S_2 的一一映射.
10. 用矩阵相似的定义验证①：$\begin{pmatrix}1 & 1\\ 0 & 1\end{pmatrix}\sim\begin{pmatrix}1 & 0\\ 1 & 1\end{pmatrix}$.

如果 $\boldsymbol{A}\sim\boldsymbol{B}$ 且 $\boldsymbol{A}$ 可对角化，则 $\boldsymbol{B}$ 可对角化；对角阵是可对角化的.

§4.2 可对角化、特征值与特征向量

本节我们讨论一个方阵是否可以相似于一个对角阵的问题，也就是能否对角化的问题. 并不是每个矩阵都可对角化.

① 一般地，对任意方阵 $\boldsymbol{A}$ 都有 $\boldsymbol{A}\sim\boldsymbol{A}^{\mathrm{T}}$，但其证明还需要更多概念，细节从略.

例4.2.1 设 $A=\begin{pmatrix}1&1\\0&1\end{pmatrix}$. 证明：$A$ 不可对角化.

这个例子可以适当推广，参见习题4.2的第5题.

证明： 若不然，设 $A\sim D=\begin{pmatrix}\lambda&0\\0&\mu\end{pmatrix}$，即存在可逆阵 $P=\begin{pmatrix}x&y\\z&w\end{pmatrix}$ 使得 $P^{-1}AP=D$，从而，$AP=PD$，即 $\begin{pmatrix}1&1\\0&1\end{pmatrix}\begin{pmatrix}x&y\\z&w\end{pmatrix}=\begin{pmatrix}x&y\\z&w\end{pmatrix}\begin{pmatrix}\lambda&0\\0&\mu\end{pmatrix}$，即 $\begin{pmatrix}x+z&y+w\\z&w\end{pmatrix}=\begin{pmatrix}\lambda x&\mu y\\\lambda z&\mu w\end{pmatrix}$，即

这里是用"相似"的定义来证明的，讨论起来较烦琐. 利用例4.1.2 (3)和下面的定理4.2.1、例4.2.7可以立即得到本题的结论.

$$\begin{cases}(\lambda-1)x=z & ①\\(\mu-1)y=w & ②\\(\lambda-1)z=0 & ③\\(\mu-1)w=0 & ④\end{cases}$$

如果 $\lambda-1\neq0$，则由式③得 $z=0$，代入式①得 $x=0$，于是，P 有零列，与 P 可逆矛盾.

如果 $\lambda-1=0$，则由式①得 $z=0$，且由

参见习题4.1的第6题.

$$tr(A)=2=tr(D)=\lambda+\mu$$

得 $\lambda+\mu=1+\mu=2$，即 $\mu=1$，从而由式②得 $w=0$，即 P 有零行，与 P 可逆矛盾.

综上，使得 $P^{-1}AP$ 为对角阵的可逆阵 P 不存在，所以，A 不可对角化. □

我们有如下命题.

命题4.2.1 设 A 是 n 阶方阵. 若 A 既相似于对角阵 D_1，又相似于对角阵 D_2，则 D_1 与 D_2 的对角元除了在对角线上的顺序不同外完全相同.

即，若 A 可对角化，则与 A 相似的对角阵本质上是唯一的.

证明： 由"相似"关系的传递性（参见例4.1.2）得 $D_1\sim D_2$，从而由命题4.1.2即得结论. □

设 A 是 n 阶方阵且可对角化，即存在数 $\lambda_1,\cdots,\lambda_n$，使得

$$A\sim D=\begin{pmatrix}\lambda_1&0&\cdots&0\\0&\lambda_2&\cdots&0\\\vdots&\vdots&\ddots&\vdots\\0&0&\cdots&\lambda_n\end{pmatrix},\tag{4.2.1}$$

则由命题4.1.4可知，存在线性无关的 n 个 n 维向量 $\xi_1,\cdots,\xi_n$，使得

把命题4.1.4中的 B 取为这里的对角阵 D.

$$A\xi_i=\lambda_i\xi_i,\ 1\leqslant i\leqslant n.\tag{4.2.2}$$

反之，如果存在数 $\lambda_1,\cdots,\lambda_n$ 和线性无关的 n 个 n 维向量 $\xi_1,\cdots,\xi_n$

使得式（4.2.2）成立，则由命题4.1.4可知式（4.2.1）成立，即$\boldsymbol{A}$可对角化.

式（4.2.2）可以看成是如下定义的一个动机.

这里为什么要加上ξ非零的限制？

定义4.2.1 设$\boldsymbol{A}$是n阶方阵. 如果非零的n维列向量$\boldsymbol{\xi}$满足：存在数λ使得$\boldsymbol{A\xi}=\lambda\boldsymbol{\xi}$，则称$\boldsymbol{\xi}$是$\boldsymbol{A}$的属于$\lambda$的一个特征向量[①]，并称$\lambda$为$\boldsymbol{A}$的一个特征值.

利用特征向量这个概念，可以把上面的讨论结果叙述为如下定理.

定理4.2.1 设$\boldsymbol{A}$是n阶方阵，则

$\boldsymbol{A}$可对角化$\Leftrightarrow\boldsymbol{A}$有$n$个线性无关的特征向量.

进一步，如果$\boldsymbol{A}$可对角化，则与$\boldsymbol{A}$相似的对角阵的对角元都是$\boldsymbol{A}$的特征值.

在进一步讨论如何运用定理4.2.1去讨论对角化之前，我们先看几个关于特征值和特征向量的例子.

设λ，μ分别是$\boldsymbol{A}$，$\boldsymbol{B}$的特征值. 问：$\lambda+\mu$是否是$\boldsymbol{A}+\boldsymbol{B}$的特征值？

例4.2.2 设a是方阵$\boldsymbol{A}$的一个特征值. 证明：a^3是$\boldsymbol{A}^3$的一个特征值.

证明：由定义，存在非零列向量$\boldsymbol{\xi}$使得$\boldsymbol{A\xi}=a\boldsymbol{\xi}$，所以

$$\begin{aligned}\boldsymbol{A}^3\boldsymbol{\xi}&=\boldsymbol{A}^2(\boldsymbol{A\xi})=\boldsymbol{A}^2(a\boldsymbol{\xi})=a\boldsymbol{A}^2\boldsymbol{\xi}\\&=a\boldsymbol{A}(\boldsymbol{A\xi})=a\boldsymbol{A}(a\boldsymbol{\xi})\\&=a^2\boldsymbol{A\xi}=a^3\boldsymbol{\xi},\end{aligned}$$

而$\boldsymbol{\xi}\neq\boldsymbol{0}$，所以，$a^3$是$\boldsymbol{A}$的一个特征值. □

这里的“或”不能换为“和”.

例4.2.3 设n阶方阵$\boldsymbol{A}$满足$\boldsymbol{A}^2=\boldsymbol{A}$. 证明：$\boldsymbol{A}$的特征值只能是0或1.

证明：设a是$\boldsymbol{A}$的任意一个特征值，则存在非零列向量$\boldsymbol{\xi}$使得$\boldsymbol{A\xi}=a\boldsymbol{\xi}$. 于是，由$\boldsymbol{A}^2=\boldsymbol{A}$得$\boldsymbol{A}^2\boldsymbol{\xi}=\boldsymbol{A\xi}$，即$a^2\boldsymbol{\xi}=a\boldsymbol{\xi}$，从而$(a^2-a)\boldsymbol{\xi}=\boldsymbol{0}$. 而$\boldsymbol{\xi}\neq\boldsymbol{0}$，所以必然有$a^2-a=0$，即$a$只能是0或1. □

特别，$\boldsymbol{A}$不可逆$\Leftrightarrow0$是$\boldsymbol{A}$的一个特征值.

例4.2.4 设$\boldsymbol{A}$是n阶方阵. 证明：数a是$\boldsymbol{A}$的一个特征值$\Leftrightarrow a\boldsymbol{I}_n-\boldsymbol{A}$不可逆.

证明：设a是$\boldsymbol{A}$的特征值，则$\boldsymbol{A}$有属于a的特征向量，即存在非零列向量$\boldsymbol{\xi}$使得$\boldsymbol{A\xi}=a\boldsymbol{\xi}$，从而齐次线性方程组$(a\boldsymbol{I}_n-\boldsymbol{A})\boldsymbol{x}=\boldsymbol{0}$有非零解，即系数矩阵$a\boldsymbol{I}_n-\boldsymbol{A}$的秩小于$n$，所以，$a\boldsymbol{I}_n-\boldsymbol{A}$不可逆.

参见定理2.3.1.

反之，设$a\boldsymbol{I}_n-\boldsymbol{A}$不可逆，即$r(a\boldsymbol{I}_n-\boldsymbol{A})<n$，从而齐次线性方程组$(a\boldsymbol{I}_n-\boldsymbol{A})\boldsymbol{x}=\boldsymbol{0}$有非零解. 任取一个非零解$\boldsymbol{\xi}$，即$\boldsymbol{A\xi}=a\boldsymbol{\xi}$，从而$\boldsymbol{\xi}$是$\boldsymbol{A}$的属于$a$的特征向量，所以，$a$是$\boldsymbol{A}$的特征值. □

例4.2.5 设n阶方阵$\boldsymbol{A}$的各行的元素之和都等于a. 证明：a是$\boldsymbol{A}$的一个特征值.

① 有的书也称$\boldsymbol{\xi}$是$\boldsymbol{A}$的对应于特征值λ的一个特征向量.

证明：令 $\xi=\begin{pmatrix}1\\1\\\vdots\\1\end{pmatrix}$. 由假设有：

$$A\xi=\begin{pmatrix}a_{11}&a_{12}&\cdots&a_{1n}\\a_{21}&a_{22}&\cdots&a_{2n}\\\vdots&\vdots&&\vdots\\a_{n1}&a_{n2}&\cdots&a_{nn}\end{pmatrix}\begin{pmatrix}1\\1\\\vdots\\1\end{pmatrix}=\begin{pmatrix}a\\a\\\vdots\\a\end{pmatrix}$$
$$=a\xi,$$

所以 ξ 是 A 的属于 a 的特征向量，即 a 是 A 的一个特征值. □

特征值、特征向量有如下基本性质.

属于同一特征值的特征向量有无穷多个. 参见推论 4.2.2.

命题4.2.2 设 A 是 n 阶方阵.

(1) 属于 A 的特征值 λ 的特征向量的任意非零线性组合仍然是 A 的属于 λ 的特征向量.

(2) A 的任意一个特征向量 ξ 只能属于一个特征值，即如果 $A\xi=\lambda\xi$ 且 $A\xi=\mu\xi$，则 $\lambda=\mu$.

(3) A 的属于不同特征值的线性无关的特征向量组线性无关.

一般地，由几个线性无关的向量组构成的新的向量组未必仍然是线性无关的，参见习题 2.2 第 2 题.

证明：(1) 设 ξ_1，…，ξ_r 是 A 的属于 λ 的任意特征向量. 设线性组合 $k_1\xi_1+\cdots+k_r\xi_r\neq 0$，则

$$\begin{aligned}A(k_1\xi_1+\cdots+k_r\xi_r)&=k_1A\xi_1+\cdots+k_rA\xi_r\\&=k_1\lambda\xi_1+\cdots+k_r\lambda\xi_r\\&=\lambda(k_1\xi_1+\cdots+k_r\xi_r).\end{aligned}$$

从而由定义 4.2.1 可知结论成立.

(2) 由 $A\xi=\lambda\xi=\mu\xi$ 得 $(\lambda-\mu)\xi=0$；而 $\xi\neq 0$，所以，必然有 $\lambda=\mu$.

(3) 考虑 A 的两个不同特征值 λ_1 和 λ_2. 设 ξ_1，…，ξ_r 是 A 的属于 λ_1 的线性无关的特征向量，而 η_1，…，η_s 是 A 的属于 λ_2 的线性无关的特征向量，要证明向量组 ξ_1，…，ξ_r，η_1，…，η_s 线性无关. 设

$$a_1\xi_1+\cdots+a_r\xi_r+b_1\eta_1+\cdots+b_s\eta_s=0. \tag{4.2.3}$$

要证 a_i，b_j 全为 0. 两边用 A 左乘式 (4.2.3) 的两边，并利用 $A\xi_i=\lambda_1\xi_i$，$A\eta_j=\lambda_2\eta_j$ ，得

$$\lambda_1(a_1\xi_1+\cdots+a_r\xi_r)+\lambda_2(b_1\eta_1+\cdots+b_s\eta_s)=0. \tag{4.2.4}$$

用 λ_1 数乘式 (4.2.3) 的两边，得

$$\lambda_1(a_1\xi_1+\cdots+a_r\xi_r)+\lambda_1(b_1\eta_1+\cdots+b_s\eta_s)=0. \tag{4.2.5}$$

把式 (4.2.4) 和式 (4.2.5) 的左右两边分别相减，得

$$(\lambda_2-\lambda_1)(b_1\boldsymbol{\eta}_1+\cdots+b_s\boldsymbol{\eta}_s)=\mathbf{0}. \tag{4.2.6}$$

而 $\lambda_1-\lambda_2\neq 0$，所以，必然有：

$$b_1\boldsymbol{\eta}_1+\cdots+b_s\boldsymbol{\eta}_s=\mathbf{0}. \tag{4.2.7}$$

但 $\boldsymbol{\eta}_1$，…，$\boldsymbol{\eta}_s$ 线性无关，故 $b_1=\cdots=b_s=0$；代入式（4.2.3）得

$$a_1\boldsymbol{\xi}_1+\cdots+a_r\boldsymbol{\xi}_r=\mathbf{0}. \tag{4.2.8}$$

而 $\boldsymbol{\xi}_1$，…，$\boldsymbol{\xi}_r$ 线性无关，所以，$a_1=\cdots=a_r=0$.

当 $\boldsymbol{A}$ 的互不相同的特征值的个数大于 2 时，可以仿照上面的讨论，用数学归纳法证明. □

下面的推论是有用的.

逆命题不成立，即 $\boldsymbol{A}$ 可对角化，但 $\boldsymbol{A}$ 未必有 n 个互不相同的特征值.

推论4.2.1 设 n 阶方阵 $\boldsymbol{A}$ 有 n 个互不相同的特征值，则 $\boldsymbol{A}$ 可对角化.

证明：由于 $\boldsymbol{A}$ 有 n 个互不相同的特征值 λ_1，…，λ_n，而每个 λ_i 至少有一个特征向量 $\boldsymbol{\xi}_i$，所以，由命题 4.2.2（3），$\boldsymbol{\xi}_1$，…，$\boldsymbol{\xi}_n$ 线性无关，即 $\boldsymbol{A}$ 有 n 个线性无关的特征向量，从而，由定理 4.2.1 可知，$\boldsymbol{A}$ 可对角化. □

方阵的特征值和特征向量不仅对判断是否可对角化有帮助（定理 4.2.1），而且对研究方阵的其他性质也很重要，所以，方阵的特征值和特征向量的计算问题是一个基本而且重要的问题.

根据定义 4.2.1，我们有如下讨论（参考例 4.2.4）：设 $\boldsymbol{A}$ 为任意的 n 阶方阵，则

a 为 $\boldsymbol{A}$ 的特征值

$\Leftrightarrow$存在非零的 n 维列向量 $\boldsymbol{\xi}$，使得 $\boldsymbol{A\xi}=a\boldsymbol{\xi}$

$\Leftrightarrow$存在非零的 n 维列向量 $\boldsymbol{\xi}$，使得 $(a\boldsymbol{I}_n-\boldsymbol{A})\boldsymbol{\xi}=\mathbf{0}$

$\Leftrightarrow$齐次线性方程组 $(a\boldsymbol{I}_n-\boldsymbol{A})\boldsymbol{x}=\mathbf{0}$ 有非零解

$\Leftrightarrow|a\boldsymbol{I}_n-\boldsymbol{A}|=0$ （推论 3.3.6）

$\Leftrightarrow a$ 是多项式 $|\lambda\boldsymbol{I}_n-\boldsymbol{A}|$ 的根. （4.2.9）

$\boldsymbol{A}$ 的属于特征值 1 的特征向量有无穷多个；但是，线性无关的特征向量一定只有有限多个.

例4.2.6 设 $\boldsymbol{A}=\begin{pmatrix}1&-6&-3\\0&-5&-3\\0&6&4\end{pmatrix}$. 直接验证 1 是 $\boldsymbol{A}$ 的一个特征值，并求出 $\boldsymbol{A}$ 的属于 1 的所有特征向量.

解：直接计算，得

$$|\boldsymbol{I}_3-\boldsymbol{A}|=\begin{vmatrix}1-1&6&3\\0&1+5&3\\0&-6&1-4\end{vmatrix}=0,$$

所以，1 是 $\boldsymbol{A}$ 的一个特征值.

求得齐次线性方程组

$$(\lambda_1 \boldsymbol{I}_3-\boldsymbol{A})\boldsymbol{x}=(\boldsymbol{I}_3-\boldsymbol{A})\boldsymbol{x}=\mathbf{0}$$

的一个基础解系为 $\boldsymbol{\xi}_1=\begin{pmatrix}1\\0\\0\end{pmatrix}$， $\boldsymbol{\xi}_2=\begin{pmatrix}0\\-1\\2\end{pmatrix}$.

所以，$\boldsymbol{A}$ 的属于 1 的所有特征向量为

这里为什么要说明 k_1，k_2 不全为 0?

$$k_1\boldsymbol{\xi}_1+k_2\boldsymbol{\xi}_2=\begin{pmatrix}k_1\\-k_2\\2k_2\end{pmatrix},$$

其中，k_1，k_2 不全为 0. □

下面的概念在线性代数中起着重要作用.

定义4.2.2 设 $\boldsymbol{A}$ 是 n 阶方阵. 称多项式

$$f(\lambda)=|\lambda \boldsymbol{I}_n-\boldsymbol{A}|$$

为 $\boldsymbol{A}$ 的特征多项式.

所以，式（4.2.9）说的是如下推论.

推论4.2.2 设 $\boldsymbol{A}$ 是 n 阶方阵，则 a 是 $\boldsymbol{A}$ 的特征值 $\Leftrightarrow$ a 是 $\boldsymbol{A}$ 的特征多项式的根，且 $\boldsymbol{A}$ 的属于 a 的所有特征向量就是齐次线性方程组 $(a\boldsymbol{I}_n-\boldsymbol{A})\boldsymbol{x}=\mathbf{0}$ 的所有非零解，从而 $\boldsymbol{A}$ 的属于 a 的线性无关的特征向量的个数是 $n-r(a\boldsymbol{I}_n-\boldsymbol{A})$.

参见定理 2.4.1.

由定义 4.2.2 可知，对任意 n 阶方阵 $\boldsymbol{A}$，$\boldsymbol{A}$ 的特征多项式 $f(\lambda)=|\lambda \boldsymbol{I}_n-\boldsymbol{A}|$ 是一个 n 次多项式. 因此，由推论 4.2.2，求 $\boldsymbol{A}$ 的特征值等价于求 $f(\lambda)$ 的根. 但是，没有一般的求多项式的根的算法.[①]

例4.2.7 设 $\boldsymbol{A}=(a_{ij})$ 是 n 阶上三角阵，则 $\boldsymbol{A}$ 的特征多项式为

$$f(\lambda)=|\lambda \boldsymbol{I}_n-\boldsymbol{A}|=(\lambda-a_{11})(\lambda-a_{22})\cdots(\lambda-a_{nn}),$$

进一步，如果 $\boldsymbol{A}$ 的对角元互不相同，则 $\boldsymbol{A}$ 有 n 个互不相同的特征值，从而由推论 4.2.1 可知 $\boldsymbol{A}$ 可对角化.

比较习题 4.2 的第 5 题.

例4.2.8 设 $\boldsymbol{A}=\begin{pmatrix}0&1\\-1&0\end{pmatrix}$，则 $\boldsymbol{A}$ 的特征多项式为

$$f(\lambda)=|\lambda \boldsymbol{I}_2-\boldsymbol{A}|=\begin{vmatrix}\lambda&-1\\1&\lambda\end{vmatrix}=\lambda^2+1.$$

由于 $f(\lambda)=\lambda^2+1$ 没有实根，所以，$\boldsymbol{A}$ 没有实特征值，因此更没有特征

注意，这里的 $f(\lambda)$

① **代数基本定理：任意 n 次多项式恰有 n 个复根**，其中，可能有重复的根. 例如，$f(\lambda)=(\lambda-1)(\lambda^2+1)^2$ 是 5 次多项式，有 5 个复根：1，i，i，-i，-i，其中，$\mathrm{i}=\sqrt{-1}$ 是虚数单位. 显然，一个多项式未必有实数根. 代数基本定理是数学中著名的定理之一，肯定了多项式的复根的存在性，但是没有一般的求根方法.

有两个不同的虚根，所以，$\boldsymbol{A}$ 在复数域上可对角化，即存在可逆的复矩阵 $\boldsymbol{P}$ 使得 $\boldsymbol{P}^{-1}\boldsymbol{A}\boldsymbol{P}$ 是对角阵. 本书只在实数域上考虑.

向量，从而 $\boldsymbol{A}$ 不可对角化.

方阵的特征多项式有如下重要性质.

命题4.2.3 设 n 阶方阵 $\boldsymbol{A}$，$\boldsymbol{B}$ 满足 $\boldsymbol{A}\sim\boldsymbol{B}$，则 $\boldsymbol{A}$ 和 $\boldsymbol{B}$ 的特征多项式相等，从而，$\boldsymbol{A}$ 与 $\boldsymbol{B}$ 的特征值相同.

事实上，由 $\boldsymbol{A}\sim\boldsymbol{B}$ 可知，存在可逆阵 $\boldsymbol{P}$ 使得 $\boldsymbol{P}^{-1}\boldsymbol{A}\boldsymbol{P}=\boldsymbol{B}$，于是①，

$$\begin{aligned}|\lambda \boldsymbol{I}_n-\boldsymbol{B}|&=|\lambda \boldsymbol{I}_n-\boldsymbol{P}^{-1}\boldsymbol{A}\boldsymbol{P}|=|\boldsymbol{P}^{-1}(\lambda \boldsymbol{I}_n-\boldsymbol{A})\boldsymbol{P}|\\&=|\boldsymbol{P}^{-1}||\lambda \boldsymbol{I}_n-\boldsymbol{A}||\boldsymbol{P}|\\&=|\lambda \boldsymbol{I}_n-\boldsymbol{A}|.\end{aligned}$$

设 $\boldsymbol{A}$ 是 n 阶方阵. 把 $\boldsymbol{A}$ 用初等变换化为阶梯形矩阵 $\boldsymbol{J}$. $\boldsymbol{B}$ 与 $\boldsymbol{J}$ 的特征多项式是否相同？

到此为止，我们得到解决可对角化问题的一个算法.

算法4.2.1 （设 $\boldsymbol{A}$ 是 n 阶方阵，判断 $\boldsymbol{A}$ 是否可对角化；如果可对角化，求可逆阵 $\boldsymbol{P}$ 使得 $\boldsymbol{P}^{-1}\boldsymbol{A}\boldsymbol{P}$ 是对角阵.）

如果 $\boldsymbol{A}$ 有 n 个互不相同的特征值，此时就能断言 $\boldsymbol{A}$ 可对角化了.

（1）求出 $\boldsymbol{A}$ 的特征多项式 $f(\lambda)=|\lambda \boldsymbol{I}_n-\boldsymbol{A}|$，在此基础上求出 $f(\lambda)$ 的全部互不相同的根 λ_i（$1\leqslant i\leqslant s$），即得到 $\boldsymbol{A}$ 的全部互不相同的特征值.

（2）对每个 λ_i（$1\leqslant i\leqslant s$），求出齐次线性方程组 $(\lambda_i\boldsymbol{I}_n-\boldsymbol{A})\boldsymbol{x}=\boldsymbol{0}$ 的一个基础解系：$\boldsymbol{\xi}_{i1}$，$\boldsymbol{\xi}_{i2}$，…，$\boldsymbol{\xi}_{it_i}$.

（3）判断：如果 $t_1+\cdots+t_s<n$，则 $\boldsymbol{A}$ 不可对角化，算法结束.

（4）如果 $t_1+\cdots+t_s=n$，则 $\boldsymbol{A}$ 可对角化；此时，把所有基础解系中的解向量 $\boldsymbol{\xi}_{11}$，…，$\boldsymbol{\xi}_{1t_1}$（属于 λ_1 的），…，$\boldsymbol{\xi}_{s1}$，…，$\boldsymbol{\xi}_{st_s}$（属于 λ_s 的）拼成一个方阵 $\boldsymbol{P}$，则②

特征向量是列向量；基础解系的排序决定了对角元的顺序：参见式（4.2.1）和式（4.2.2）. 这里只是选定一种排序法；由命题 4.2.1 可知，不同的排序不影响对角化：只需特征向量在 $\boldsymbol{P}$ 中的顺序与对角阵的对角元的顺序一致.

$$\boldsymbol{P}^{-1}\boldsymbol{A}\boldsymbol{P}=\begin{pmatrix}\lambda_1&&&&&&&&\\&\ddots&&&&&&&\\&&\lambda_1&&&&&&\\&&&\lambda_2&&&&&\\&&&&\ddots&&&&\\&&&&&\lambda_2&&&\\&&&&&&\ddots&&\\&&&&&&&\lambda_s&\\&&&&&&&&\ddots\\&&&&&&&&&\lambda_s\end{pmatrix}$$

其中，λ_i 在对角线上出现的次数是 t_i.（为简便起见，非对角线上的 0 未写出.）

用分块矩阵可以把这个对角阵写得更简洁些.

现在我们用矩阵的对角化来讨论例 4.1.1.

① 事实上，这里用到了多项式环上的行列式的性质：乘积的行列式等于行列式的乘积，对于多项式环上的 n 阶方阵仍然成立.

② 由命题 4.2.2（3），$\boldsymbol{P}$ 一定可逆.

例4.2.9 计算：A^n，其中，$A=\begin{pmatrix}-1 & 2\\ -3 & 4\end{pmatrix}$，$n$ 是正整数.

解：A 的特征多项式为

$$f(\lambda)=|\lambda I_2-A|=\begin{vmatrix}\lambda+1 & -2\\ 3 & \lambda-4\end{vmatrix}$$
$$=\lambda^2-3\lambda+2$$
$$=(\lambda-1)(\lambda-2).$$

所以，A 有两个互不相同的特征值：$\lambda_1=1$，$\lambda_2=2$.

此时就可以断定 A 可对角化了.

对 $\lambda_1=1$，齐次线性方程组 $(\lambda_1 I_2-A)x=0$ 的基础解系可以取为 $\xi_1=\begin{pmatrix}1\\1\end{pmatrix}$.

对 $\lambda_2=2$，齐次线性方程组 $(\lambda_2 I_2-A)x=0$ 的基础解系可以取为 $\xi_2=\begin{pmatrix}2\\3\end{pmatrix}$.

于是，A 有两个线性无关的特征向量，所以，A 可对角化. 令 $P=(\xi_1\quad \xi_2)=\begin{pmatrix}1 & 2\\ 1 & 3\end{pmatrix}$，则

注意不要写成 PAP^{-1} 了.

$$P^{-1}AP=\begin{pmatrix}1 & 0\\ 0 & 2\end{pmatrix}，即 A=P\begin{pmatrix}1 & 0\\ 0 & 2\end{pmatrix}P^{-1},$$

从而，(参见命题 4.1.1)

$$A^n=P\begin{pmatrix}1 & 0\\ 0 & 2\end{pmatrix}^n P^{-1}$$
$$=\begin{pmatrix}1 & 2\\ 1 & 3\end{pmatrix}\begin{bmatrix}1^n & 0\\ 0 & 2^n\end{bmatrix}\begin{pmatrix}1 & 2\\ 1 & 3\end{pmatrix}^{-1}$$
$$=\begin{pmatrix}1 & 2\\ 1 & 3\end{pmatrix}\begin{bmatrix}1^n & 0\\ 0 & 2^n\end{bmatrix}\begin{pmatrix}3 & -2\\ -1 & 1\end{pmatrix}$$
$$=\begin{bmatrix}3-2^{n+1} & -2+2^{n+1}\\ 3-3\cdot 2^n & -2+3\cdot 2^n\end{bmatrix}.$$

□

例4.2.10 设 $A=\begin{bmatrix}1 & -6 & -3\\ 0 & -5 & -3\\ 0 & 6 & 4\end{bmatrix}$. 判断 A 是否可对角化. 若能对角化，写出一个与 A 相似的对角阵.

解：A 的特征多项式为

$$f(\lambda)=\begin{vmatrix}\lambda-1 & 6 & 3\\ 0 & \lambda+5 & 3\\ 0 & -6 & \lambda-4\end{vmatrix}$$

$$=(\lambda-1)^2(\lambda+2),$$

A 的不同特征值的个数小于3，所以，必须进一步检查 A 是否有 3 个线性无关的特征向量.

基础解系的选取不唯一.

所以，$\boldsymbol{A}$ 只有两个互不相同的特征值 $\lambda_1=1$，$\lambda_2=-2$.

对 $\lambda_1=1$，求得 $(\lambda_1\boldsymbol{I}_3-\boldsymbol{A})\boldsymbol{x}=(\boldsymbol{I}_3-\boldsymbol{A})\boldsymbol{x}=\boldsymbol{0}$ 的一个基础解系：$\boldsymbol{\xi}_{11}=\begin{pmatrix}1\\0\\0\end{pmatrix}$，$\boldsymbol{\xi}_{12}=\begin{pmatrix}0\\-1\\2\end{pmatrix}$.

对 $\lambda_2=-2$，求得 $(\lambda_2\boldsymbol{I}_3-\boldsymbol{A})\boldsymbol{x}=(-2\boldsymbol{I}_3-\boldsymbol{A})\boldsymbol{x}=\boldsymbol{0}$ 的一个基础解系：$\boldsymbol{\xi}_{21}=\begin{pmatrix}-1\\-1\\1\end{pmatrix}$.

也就是说，$\boldsymbol{A}$ 有 3 个线性无关的特征向量，所以 $\boldsymbol{A}$ 可对角化.

令 $\boldsymbol{P}=(\boldsymbol{\xi}_{11}\quad\boldsymbol{\xi}_{12}\quad\boldsymbol{\xi}_{21})=\begin{pmatrix}1&0&-1\\0&-1&-1\\0&2&1\end{pmatrix}$，则

$$\boldsymbol{P}^{-1}\boldsymbol{A}\boldsymbol{P}=\begin{pmatrix}1&0&0\\0&1&0\\0&0&-2\end{pmatrix}.$$ □

例4.2.11 设 $\boldsymbol{A}=\begin{pmatrix}0&0&1\\1&0&0\\0&0&1\end{pmatrix}$，判断 $\boldsymbol{A}$ 是否可对角化. 若能对角化，写出一个与 $\boldsymbol{A}$ 相似的对角阵.

解: $\boldsymbol{A}$ 的特征多项式为

$$f(\lambda)=|\lambda\boldsymbol{I}_3-\boldsymbol{A}|$$
$$=\begin{vmatrix}\lambda&0&-1\\-1&\lambda&0\\0&0&\lambda-1\end{vmatrix}=\lambda^2(\lambda-1),$$

即 $\boldsymbol{A}$ 只有两个互不相同的特征值：$\lambda_1=0$，$\lambda_2=1$.

对 $\lambda_1=0$，求得 $(\lambda_1\boldsymbol{I}_3-\boldsymbol{A})\boldsymbol{x}=-\boldsymbol{A}\boldsymbol{x}=\boldsymbol{0}$ 的一个基础解系：$\boldsymbol{\xi}_1=\begin{pmatrix}0\\1\\0\end{pmatrix}$.

对 $\lambda_2=1$，求得 $(\lambda_2\boldsymbol{I}_3-\boldsymbol{A})\boldsymbol{x}=(\boldsymbol{I}_3-\boldsymbol{A})\boldsymbol{x}=\boldsymbol{0}$ 的一个基础解系：$\boldsymbol{\xi}_2=\begin{pmatrix}1\\1\\1\end{pmatrix}$.

也就是说，$\boldsymbol{A}$ 只有两个线性无关的特征向量，所以 $\boldsymbol{A}$ 不可对角化.

□

在本节的最后，我们不加证明地介绍如下关于特征值的一个重要结论.[①]

命题4.2.4 设 $\boldsymbol{A}$ 是 n 阶方阵，其特征多项式为

$$f(\lambda)=|\lambda\boldsymbol{I}_n-\boldsymbol{A}|=(\lambda-\lambda_1)(\lambda-\lambda_2)\cdots(\lambda-\lambda_n),$$

其中，λ_i 中可能有相同的. 则

(1) $|\boldsymbol{A}|=\lambda_1\cdots\lambda_n$.

(2) 对任意多项式 $g(x)=a_0+a_1x+a_2x^2+\cdots+a_mx^m$，$n$ 阶方阵

$$g(\boldsymbol{A})=a_0\boldsymbol{I}_n+a_1\boldsymbol{A}+a_2\boldsymbol{A}^2+\cdots+a_m\boldsymbol{A}^m$$

的全部特征值为 $g(\lambda_1)$，$g(\lambda_2)$，…，$g(\lambda_n)$，特别地，

$$|g(\boldsymbol{A})|=g(\lambda_1)g(\lambda_2)\cdots g(\lambda_n).$$

(3) 如果 $\boldsymbol{A}$ 可逆，则 $\boldsymbol{A}^{-1}$ 的全部特征值为 $\frac{1}{\lambda_1}$，…，$\frac{1}{\lambda_n}$.（比较习题 4.2 第 1 题.）

$\boldsymbol{A}$ 的特征值可能有相同的，所以 $\boldsymbol{A}$ 不一定可对角化.

一般地，如果 λ，μ 分别是 $\boldsymbol{A}$，$\boldsymbol{B}$ 的特征值，则 $\lambda+\mu$ 未必是 $\boldsymbol{A}+\boldsymbol{B}$ 的特征值.

一般地，$|\boldsymbol{A}+\boldsymbol{B}|\neq|\boldsymbol{A}|+|\boldsymbol{B}|$.

例4.2.12 设方阵 $\boldsymbol{A}$ 的特征多项式为

$$f(\lambda)=(\lambda+1)^2(\lambda+2).$$

(1) 求 $|\boldsymbol{A}|$.

(2) 设 $\boldsymbol{B}=\boldsymbol{A}^2-2\boldsymbol{A}-\boldsymbol{I}_3$. 求 $|\boldsymbol{B}|$.

(3) 设 a 是数. 证明：$a\boldsymbol{I}_3+\boldsymbol{A}$ 可逆 $\Leftrightarrow a\neq 1, 2$.

$\boldsymbol{A}$ 不一定可对角化.

比较例 4.2.4.

解： (1) $\boldsymbol{A}$ 的全部特征值为 -1，-1，-2，所以

$$|\boldsymbol{A}|=(-1)\times(-1)\times(-2)=-2.$$

不要把 $|\boldsymbol{A}|$ 写成 $(-1)\times(-2)$ 了.

(2) 设 $g(x)=x^2-2x-1$，则 $\boldsymbol{B}=g(\boldsymbol{A})$，从而 $\boldsymbol{B}$ 的全部特征值为 $g(-1)$，$g(-1)$，$g(-2)$，因此，

$$|\boldsymbol{B}|=g(-1)g(-1)g(-2)=2\times2\times7=28.$$

(3) 设 $h(x)=a+x$，则 $a\boldsymbol{I}_3+\boldsymbol{A}=h(\boldsymbol{A})$，从而 $a\boldsymbol{I}_3+\boldsymbol{A}$ 的全部特征值为 $h(-1)$，$h(-1)$，$h(-2)$，因此

$$\begin{aligned}|a\boldsymbol{I}_3+\boldsymbol{A}|&=h(-1)h(-1)h(-2)\\&=(a+(-1))(a+(-1))(a+(-2))\\&=(a-1)^2(a-2),\end{aligned}$$

即 $|a\boldsymbol{I}_3+\boldsymbol{A}|\neq0\Leftrightarrow a\neq1, 2$，所以，结论成立. □

参见命题 3.3.3.

① 可以用特征多项式的定义及多项式的根与系数的关系证明 (1)；如果 $\boldsymbol{A}$ 可对角化，则 (2) 和 (3) 可以容易得到. 一般地，(2) 和 (3) 可以用约当标准型理论证明，细节从略.

习题 4.2

1. 设 $\boldsymbol{A}$ 可逆且 λ 为 $\boldsymbol{A}$ 的一个特征值. 证明：$\lambda \neq 0$ 且 $\dfrac{1}{\lambda}$ 是 $\boldsymbol{A}^{-1}$ 的一个特征值.

2. 设 $\boldsymbol{\xi}$，$\boldsymbol{\eta}$ 是 $\boldsymbol{A}$ 的分别属于 λ，μ 的特征向量，且 $\lambda \neq \mu$. 证明：$\boldsymbol{\xi}+\boldsymbol{\eta}$ 不可能是 $\boldsymbol{A}$ 的特征向量.

命题 4.2.4 说的是 $\boldsymbol{A}^3-2\boldsymbol{A}+2\boldsymbol{I}_n$ 的所有特征值都具有这种形式.

3. 设 a 是 n 阶方阵 $\boldsymbol{A}$ 的一个特征值. 证明：a^3-2a+2 是 $\boldsymbol{A}^3-2\boldsymbol{A}+2\boldsymbol{I}_n$ 的一个特征值.

4. 求 $\boldsymbol{A}=\begin{pmatrix}1 & 2\\ 0 & 1\end{pmatrix}$ 的全部特征值和特征向量.

需证明 $\boldsymbol{A}$ 的线性无关的特征向量至多有 $n-1$ 个.

5. 设 $\boldsymbol{A}=(a_{ij})$ 是对角元相同且至少有一个非对角元不为 0 的 n 阶上三角阵. 证明：$\boldsymbol{A}$ 不可对角化.

6. 设 n 阶方阵 $\boldsymbol{A}$ 可对角化. 证明：$\boldsymbol{A}^4-2\boldsymbol{A}^2+5\boldsymbol{I}_n$ 也可对角化. 进一步假设 $\boldsymbol{A}$ 可逆. 证明：$\boldsymbol{A}^{-1}$ 也可对角化.

7. 设 n 阶方阵 $\boldsymbol{A}$ 可对角化. 证明：$\boldsymbol{A}$ 的特征多项式可以分解为 n 个一次式的乘积. 举例说明逆命题不成立.

利用命题 4.2.4.

8. 设方阵 $\boldsymbol{A}$ 的特征多项式为 $f(\lambda)=(\lambda-1)(\lambda+1)^2$. 设 $\boldsymbol{A}^*$ 是 $\boldsymbol{A}$ 的伴随矩阵. 求 $(\boldsymbol{A}^*)^3-2\boldsymbol{A}-\boldsymbol{I}_3$ 的行列式.

9. 设 $\boldsymbol{A}=\begin{pmatrix}3 & 2 & -1\\ -2 & -2 & 2\\ 3 & 6 & -1\end{pmatrix}$. 对任意正整数 n，求 $\boldsymbol{A}^n$.

先分析 $\boldsymbol{A}$ 的特征值，参考例 4.2.3. 利用命题 3.1.2 和例 3.2.17 的结论.

10. 设 n 阶方阵 $\boldsymbol{A}$ 满足：$\boldsymbol{A}^2-3\boldsymbol{A}+2\boldsymbol{I}_n=\boldsymbol{0}$. 证明：$\boldsymbol{A}$ 可对角化.

§4.3　内积、正交阵与实对称阵

本节我们主要讨论线性代数的一个重要结论：实对称矩阵总是可对角化的. 这个结论有广泛应用. 为此，我们需要讨论实向量之间的内积和正交阵. 内积和正交阵也是几何中非常重要的概念.①

把平面向量的内积（也叫作数量积或点积）推广到 n 维向量上，就得到如下概念.②

① 我们的讨论限制在实数域上；如果没有特别的说明，向量都是列向量.

② 严格地说，这里的内积应该称为标准内积，因为还有用其他公式定义的内积.

定义4.3.1　n 维向量 $\boldsymbol{\xi}=\begin{pmatrix}x_1\\x_2\\\vdots\\x_n\end{pmatrix}$ 和 $\boldsymbol{\eta}=\begin{pmatrix}y_1\\y_2\\\vdots\\y_n\end{pmatrix}$ 的内积为（比较式(3.1.1))：

$$(\boldsymbol{\xi},\boldsymbol{\eta})=x_1y_1+x_2y_2+\cdots+x_ny_n. \tag{4.3.1}$$

如果 $(\boldsymbol{\xi},\boldsymbol{\eta})=0$，则称 $\boldsymbol{\xi}$ 与 $\boldsymbol{\eta}$ 正交.

注意，式（4.3.1）也可以写成

$$(\boldsymbol{\xi},\boldsymbol{\eta})=\boldsymbol{\xi}^{\mathrm{T}}\boldsymbol{\eta}=\boldsymbol{\eta}^{\mathrm{T}}\boldsymbol{\xi}. \tag{4.3.2}$$

$\boldsymbol{\xi}^{\mathrm{T}}$，$\boldsymbol{\eta}^{\mathrm{T}}$ 是行向量，$\boldsymbol{\xi}$，$\boldsymbol{\eta}$ 是列向量. 不要把 $\boldsymbol{\xi}^{\mathrm{T}}\boldsymbol{\eta}$ 写成 $\boldsymbol{\xi}\boldsymbol{\eta}^{\mathrm{T}}$ 了. 顺便考虑一下矩阵 $\boldsymbol{\xi}\boldsymbol{\eta}^{\mathrm{T}}$ 的秩.

注意，内积具有对称性，即 $(\boldsymbol{\xi},\boldsymbol{\eta})=(\boldsymbol{\eta},\boldsymbol{\xi})$. 进一步，$(\boldsymbol{\xi},\boldsymbol{\xi})\geqslant 0$，且 $(\boldsymbol{\xi},\boldsymbol{\xi})=0$ 等价于 $\boldsymbol{\xi}=\mathbf{0}$. n 维零向量 $\mathbf{0}$ 与任意的 n 维向量都正交. 内积具有“线性”性质，即

$$(a\boldsymbol{\xi}+b\boldsymbol{\eta},\boldsymbol{\gamma})=a(\boldsymbol{\xi},\boldsymbol{\gamma})+b(\boldsymbol{\eta},\boldsymbol{\gamma}),\ a,b \text{ 为任意数.} \tag{4.3.3}$$

例4.3.1　设 $\boldsymbol{\xi}=\begin{pmatrix}1\\-1\\2\end{pmatrix}$，$\boldsymbol{\eta}=\begin{pmatrix}0\\1\\3\end{pmatrix}$，则

$$(\boldsymbol{\xi},\boldsymbol{\eta})=1\times 0+(-1)\times 1+2\times 3=5.$$

进一步，$\boldsymbol{\gamma}=\begin{pmatrix}x\\y\\z\end{pmatrix}$ 与 $\boldsymbol{\xi}$ 正交等价于 $x-y+2z=0$.

$x-y+2z=0$ 的几何含义是什么？

例4.3.2　设

$$\boldsymbol{\xi}_1=\begin{pmatrix}1\\-3\\5\\-2\\1\end{pmatrix},\ \boldsymbol{\xi}_2=\begin{pmatrix}-2\\1\\-3\\1\\-4\end{pmatrix},\ \boldsymbol{\xi}_3=\begin{pmatrix}-1\\-7\\9\\-4\\-5\end{pmatrix}.$$

求出所有与 $\boldsymbol{\xi}_1$，$\boldsymbol{\xi}_2$，$\boldsymbol{\xi}_3$ 都正交的向量.

解：设 $\boldsymbol{\xi}=\begin{pmatrix}x_1\\x_2\\x_3\\x_4\\x_5\end{pmatrix}$，则 $\boldsymbol{\xi}$ 与 $\boldsymbol{\xi}_1$，$\boldsymbol{\xi}_2$，$\boldsymbol{\xi}_3$ 都正交 $\Leftrightarrow \boldsymbol{\xi}^{\mathrm{T}}\boldsymbol{\xi}_1=\boldsymbol{\xi}^{\mathrm{T}}\boldsymbol{\xi}_2=\boldsymbol{\xi}^{\mathrm{T}}\boldsymbol{\xi}_3=0$，即 $\begin{cases}x_1-3x_2+5x_3-2x_4+x_5=0\\-2x_1+x_2-3x_3+x_4-4x_5=0\\-x_1-7x_2+9x_3-4x_4-5x_5=0\end{cases}$. 求得一个基础解系

从内积的角度看齐次线性方程组的几何意义.

参见例 2.4.8.

为 $\begin{pmatrix}-4\\7\\5\\0\\0\end{pmatrix}$，$\begin{pmatrix}1\\-3\\0\\5\\0\end{pmatrix}$，$\begin{pmatrix}-11\\-2\\0\\0\\5\end{pmatrix}$.

于是，满足条件的所有 $\boldsymbol{\xi}$ 为

$$\boldsymbol{\xi}=t_1\boldsymbol{\eta}_1+t_2\boldsymbol{\eta}_2+t_3\boldsymbol{\eta}_3=\begin{pmatrix}-4t_1+t_2-11t_3\\7t_1-3t_2-2t_3\\5t_1\\5t_2\\5t_3\end{pmatrix},$$

其中，t_1，t_2，t_3 是任意的数. □

正交向量组有如下基本性质.

从而必然有 $r\leqslant n$，参见命题 2.2.2.

引理4.3.1 设 n 维向量 $\boldsymbol{\xi}_1$，…，$\boldsymbol{\xi}_r$ 都不是零向量且两两正交（即当 $i\neq j$ 时有 $(\boldsymbol{\xi}_i,\boldsymbol{\xi}_j)=0$），则 $\boldsymbol{\xi}_1$，…，$\boldsymbol{\xi}_r$ 线性无关.

证明：设 $a_1\boldsymbol{\xi}_1+\cdots+a_r\boldsymbol{\xi}_r=\mathbf{0}$. 对每个 i，两边用 $\boldsymbol{\xi}_i$ 作内积（也就是，两边用 $\boldsymbol{\xi}_i^{\mathrm{T}}$ 左乘)，得

$$a_i(\boldsymbol{\xi}_i,\boldsymbol{\xi}_i)=a_i\boldsymbol{\xi}_i^{\mathrm{T}}\boldsymbol{\xi}_i=0.$$

由于 $\boldsymbol{\xi}_i\neq\mathbf{0}$，所以，$(\boldsymbol{\xi}_i,\boldsymbol{\xi}_i)>0$，从而必然有 $a_i=0$. □

对任意 n 维向量 $\boldsymbol{\xi}$，定义 $\boldsymbol{\xi}$ 的长度为①

$$\|\boldsymbol{\xi}\|=\sqrt{(\boldsymbol{\xi},\boldsymbol{\xi})}=\sqrt{\boldsymbol{\xi}^{\mathrm{T}}\boldsymbol{\xi}}. \tag{4.3.4}$$

对任意数 a 和向量 $\boldsymbol{\xi}$ 有 $\|a\boldsymbol{\xi}\|=|a|\|\boldsymbol{\xi}\|$.

注意，只有 $\mathbf{0}$ 的长度是 0. 长度为 1 的向量称为**单位向量**. 对任意非零向量 $\boldsymbol{\xi}$，向量 $\dfrac{1}{\|\boldsymbol{\xi}\|}\boldsymbol{\xi}$ 是单位向量，称为 $\boldsymbol{\xi}$ 的单位化.

例4.3.3 设 $\boldsymbol{\xi}$ 和 $\boldsymbol{\eta}$ 正交，则

$$(\boldsymbol{\xi}+\boldsymbol{\eta},\boldsymbol{\xi}-\boldsymbol{\eta})=\|\boldsymbol{\xi}\|^2-\|\boldsymbol{\eta}\|^2$$

成立.

回忆 n 维基本向量：

$$\boldsymbol{\varepsilon}_1=\begin{pmatrix}1\\0\\\vdots\\0\\0\end{pmatrix},\ \boldsymbol{\varepsilon}_2=\begin{pmatrix}0\\1\\\vdots\\0\\0\end{pmatrix},\ \cdots,\ \boldsymbol{\varepsilon}_n=\begin{pmatrix}0\\0\\\vdots\\0\\1\end{pmatrix}. \tag{4.3.5}$$

① 不等式 $(\boldsymbol{\xi},\boldsymbol{\eta})^2\leqslant\|\boldsymbol{\xi}\|^2\|\boldsymbol{\eta}\|^2$ 成立. 这就是著名的柯西（Cauchy）不等式，是均值不等式的推广. 可以用二次函数证明，细节从略.

这个向量组满足：两两正交；都是单位向量；向量的个数是 n . 一般地，我们有如下概念.①

定义4.3.2 设 n 个 n 维向量 $\boldsymbol{\gamma}_1$，$\boldsymbol{\gamma}_2$，…，$\boldsymbol{\gamma}_n$ 满足：

$$(\boldsymbol{\gamma}_i, \boldsymbol{\gamma}_j)=0\ (i\neq j)\ 且\ \|\boldsymbol{\gamma}_i\|=1\ (1\leqslant i\leqslant n),$$

则称向量组 $\boldsymbol{\gamma}_1$，$\boldsymbol{\gamma}_2$，…，$\boldsymbol{\gamma}_n$ 是一个标准正交基（也可以简称为标正基）. 对行向量也可以类似地定义标准正交基.

由引理 4.3.1，任意标准正交基必然是线性无关的，从而，任意 n 维向量都可以由一个标准正交基线性表出. 除了由基本向量式（4.3.5）给出的标准正交基外，还有其他标准正交基. 标准正交基有重要应用.

为了构造标准正交基，我们先证明：利用任意 m 个线性无关的向量构成的向量组，总可以构造一个与之等价的两两正交的向量组. 这就是线性代数中著名的施密特正交化方法，它给出了构造标准正交基的一个重要方法.

向量组的等价：参见定义 2.2.2.

算法4.3.1 （施密特（Schmidt）正交化方法）任意给定 m 个线性无关的 n 维向量 $\boldsymbol{\xi}_1$，…，$\boldsymbol{\xi}_m$（必然有 $m\leqslant n$).

（1）设 $\boldsymbol{\eta}_1=\boldsymbol{\xi}_1$.（$\boldsymbol{\eta}_1\neq\mathbf{0}$，因此可以进行下一步.）

（2）设 $\boldsymbol{\eta}_2=\boldsymbol{\xi}_2-\dfrac{(\boldsymbol{\xi}_2, \boldsymbol{\eta}_1)}{\|\boldsymbol{\eta}_1\|^2}\boldsymbol{\eta}_1$.（$\boldsymbol{\eta}_2\neq\mathbf{0}$，因此可以进行下一步.）

分母 $\|\boldsymbol{\eta}_1\|>0$.

（3）设 $\boldsymbol{\eta}_3=\boldsymbol{\xi}_3-\dfrac{(\boldsymbol{\xi}_3, \boldsymbol{\eta}_2)}{\|\boldsymbol{\eta}_2\|^2}\boldsymbol{\eta}_2-\dfrac{(\boldsymbol{\xi}_3, \boldsymbol{\eta}_1)}{\|\boldsymbol{\eta}_1\|^2}\boldsymbol{\eta}_1$.（$\boldsymbol{\eta}_3\neq\mathbf{0}$，因此可以进行下一步.）

$\boldsymbol{\eta}_1$，$\boldsymbol{\eta}_2$ 与 $\boldsymbol{\xi}_1$，$\boldsymbol{\xi}_2$ 等价，由此得 $\|\boldsymbol{\eta}_2\|>0$.

（4）……

（5）设 $\boldsymbol{\eta}_k=\boldsymbol{\xi}_k-\dfrac{(\boldsymbol{\xi}_k, \boldsymbol{\eta}_{k-1})}{\|\boldsymbol{\eta}_{k-1}\|^2}\boldsymbol{\eta}_{k-1}-\cdots-\dfrac{(\boldsymbol{\xi}_k, \boldsymbol{\eta}_1)}{\|\boldsymbol{\eta}_1\|^2}\boldsymbol{\eta}_1$.

（6）……

（7）设 $\boldsymbol{\eta}_m=\boldsymbol{\xi}_m-\dfrac{(\boldsymbol{\xi}_m, \boldsymbol{\eta}_{m-1})}{\|\boldsymbol{\eta}_{m-1}\|^2}\boldsymbol{\eta}_{m-1}-\cdots-\dfrac{(\boldsymbol{\xi}_m, \boldsymbol{\eta}_1)}{\|\boldsymbol{\eta}_1\|^2}\boldsymbol{\eta}_1$.

$\boldsymbol{\eta}_1$，…，$\boldsymbol{\eta}_m$ 与 $\boldsymbol{\xi}_1$，…，$\boldsymbol{\xi}_m$ 等价.

这是一个递归算法：在求出前 $k-1$ 个向量的基础上，计算第 k 个向量. 这个算法有很好的几何解释. 在构造过程中，我们已经看到，得到的向量组 $\boldsymbol{\eta}_1$，…，$\boldsymbol{\eta}_m$ 与事先给定的线性无关的向量组 $\boldsymbol{\xi}_1$，…，$\boldsymbol{\xi}_m$ 是等价的. 我们有如下结论.

定理4.3.1 设 $\boldsymbol{\xi}_1$，…，$\boldsymbol{\xi}_m$ 是 m 个线性无关的 n 维向量，则由算法 4.3.1 得到的 $\boldsymbol{\eta}_1$，…，$\boldsymbol{\eta}_m$ 是两两正交的.

"线性无关"的条件必不可少.

证明： 只需用归纳法证明：对任意 $2\leqslant k\leqslant m$，$\boldsymbol{\eta}_1$，…，$\boldsymbol{\eta}_{k-1}$，$\boldsymbol{\eta}_k$ 两两正交.

当 $k=2$ 时：在算法 4.3.1（2）的两边用 $\boldsymbol{\eta}_1$ 作内积，得

① 严格地说，应该是关于标准内积式（4.3.1）的标准正交基.

$$(\boldsymbol{\eta}_2, \boldsymbol{\eta}_1)=(\xi_2, \boldsymbol{\eta}_1)-\frac{(\xi_2, \boldsymbol{\eta}_1)}{\|\boldsymbol{\eta}_1\|^2}(\boldsymbol{\eta}_1, \boldsymbol{\eta}_1)$$
$$=(\xi_2, \boldsymbol{\eta}_1)-(\xi_2, \boldsymbol{\eta}_1) \quad (\text{注意到 } \|\boldsymbol{\eta}_1\|^2=(\boldsymbol{\eta}_1, \boldsymbol{\eta}_1).)$$
$$=0,$$

即 $\boldsymbol{\eta}_2$ 与 $\boldsymbol{\eta}_1$ 正交.

由归纳假设，$\boldsymbol{\eta}_1$，…，$\boldsymbol{\eta}_{k-1}$ 两两正交，所以只需验证，$\boldsymbol{\eta}_k$ 与每个 $\boldsymbol{\eta}_j$ 正交，其中 $1\leqslant j\leqslant k-1$.

由于 $(\boldsymbol{\eta}_{j'}, \boldsymbol{\eta}_j)=0$，$1\leqslant j'\neq j\leqslant k-1$，所以，在算法 4.3.1 (5) 的两边用 $\boldsymbol{\eta}_j$ 作内积，得

$$(\boldsymbol{\eta}_k, \boldsymbol{\eta}_j)=(\xi_k, \boldsymbol{\eta}_j)-\frac{(\xi_k, \boldsymbol{\eta}_j)}{\|\boldsymbol{\eta}_j\|^2}(\boldsymbol{\eta}_j, \boldsymbol{\eta}_j)$$
$$=(\xi_k, \boldsymbol{\eta}_j)-(\xi_k, \boldsymbol{\eta}_j) \quad (\text{注意到 } \|\boldsymbol{\eta}_j\|^2=(\boldsymbol{\eta}_j, \boldsymbol{\eta}_j).)$$
$$=0,$$

即 $\boldsymbol{\eta}_k$ 与 $\boldsymbol{\eta}_j$ 正交. 从而由归纳法，结论成立. □

例4.3.4 设 $\xi_1=\begin{pmatrix}1\\0\\-1\end{pmatrix}$，$\xi_2=\begin{pmatrix}1\\1\\-1\end{pmatrix}$，则 ξ_1，ξ_2 线性无关. 由施密特正交化，得

$$\boldsymbol{\eta}_1=\xi_1,$$
$$\boldsymbol{\eta}_2=\xi_2-\frac{(\xi_2, \boldsymbol{\eta}_1)}{\|\boldsymbol{\eta}_1\|^2}\boldsymbol{\eta}_1=\xi_2-\frac{1}{2}\xi_1=\begin{pmatrix}0\\1\\0\end{pmatrix},$$

则 $\boldsymbol{\eta}_1$，$\boldsymbol{\eta}_2$ 两两正交，且与 ξ_1，ξ_2 等价.

定理 4.3.1 的重要推论是如下结论，该结论给出了构造标准正交基的方法.

把 $\boldsymbol{\eta}_i$ 单位化.

推论4.3.1 任取 n 个 n 维线性无关的向量 ξ_1，…，ξ_n. 设 $\boldsymbol{\eta}_1$，…，$\boldsymbol{\eta}_n$ 是由算法 4.3.1 得到的向量组. 令 $\boldsymbol{\gamma}_i=\frac{1}{\|\boldsymbol{\eta}_i\|}\boldsymbol{\eta}_i$，$1\leqslant i\leqslant n$，则 $\boldsymbol{\gamma}_1$，…，$\boldsymbol{\gamma}_n$ 是一个标准正交基.

下面的结论说的是标准正交基的扩充问题.

推论4.3.2 设 $\boldsymbol{\gamma}$ 是任意一个 n 维单位向量，则存在一个标准正交基 $\boldsymbol{\gamma}_1=\boldsymbol{\gamma}$，$\boldsymbol{\gamma}_2$，…，$\boldsymbol{\gamma}_n$.

证明： 由于 $\boldsymbol{\gamma}$ 不是零向量，所以，存在 ξ_2，…，ξ_n，使得 $\boldsymbol{\gamma}$，ξ_2，…，ξ_n 线性无关.① 于是，对这个向量组作施密特正交化，再单位

① 这里要用到基的扩充定理：对任意由线性无关的 n 维向量构成的向量组 ξ_1，…，ξ_m，都存在 n 维向量 ξ_{m+1}，…，ξ_n 使得 ξ_1，…，ξ_m，ξ_{m+1}，…，ξ_n 线性无关. 参见习题 2.2 的第 5 (7) 题.

化，即得结论. □

标准正交基可以用矩阵的语言来描述. 设 $\boldsymbol{\gamma}_1, \cdots, \boldsymbol{\gamma}_n$ 是任意一个标准正交基. 把这些列向量拼成一个 n 阶方阵：

$$\boldsymbol{P}=(\boldsymbol{\gamma}_1 \quad \boldsymbol{\gamma}_2 \quad \cdots \quad \boldsymbol{\gamma}_n),$$

则 $\boldsymbol{P}$ 的列向量都是单位向量且两两正交，即

$$(\boldsymbol{\gamma}_i, \boldsymbol{\gamma}_j)=\boldsymbol{\gamma}_i^{\mathrm{T}}\boldsymbol{\gamma}_j=\begin{cases}1, & i=j\\ 0, & i\neq j\end{cases}.$$

从而

分块矩阵的乘法.

$$\begin{aligned}\boldsymbol{P}^{\mathrm{T}}\boldsymbol{P} &= \begin{pmatrix}\boldsymbol{\gamma}_1^{\mathrm{T}}\\ \boldsymbol{\gamma}_2^{\mathrm{T}}\\ \vdots \\ \boldsymbol{\gamma}_n^{\mathrm{T}}\end{pmatrix}(\boldsymbol{\gamma}_1 \quad \boldsymbol{\gamma}_2 \quad \cdots \quad \boldsymbol{\gamma}_n)\\ &= \begin{pmatrix}\boldsymbol{\gamma}_1^{\mathrm{T}}\boldsymbol{\gamma}_1 & \boldsymbol{\gamma}_1^{\mathrm{T}}\boldsymbol{\gamma}_2 & \cdots & \boldsymbol{\gamma}_1^{\mathrm{T}}\boldsymbol{\gamma}_n\\ \boldsymbol{\gamma}_2^{\mathrm{T}}\boldsymbol{\gamma}_1 & \boldsymbol{\gamma}_2^{\mathrm{T}}\boldsymbol{\gamma}_2 & \cdots & \boldsymbol{\gamma}_2^{\mathrm{T}}\boldsymbol{\gamma}_n\\ \vdots & \vdots & \ddots & \vdots\\ \boldsymbol{\gamma}_n^{\mathrm{T}}\boldsymbol{\gamma}_1 & \boldsymbol{\gamma}_n^{\mathrm{T}}\boldsymbol{\gamma}_2 & \cdots & \boldsymbol{\gamma}_n^{\mathrm{T}}\boldsymbol{\gamma}_n\end{pmatrix}\\ &= \begin{pmatrix}1 & 0 & \cdots & 0\\ 0 & 1 & \cdots & 0\\ \vdots & \vdots & \ddots & \vdots\\ 0 & 0 & \cdots & 1\end{pmatrix}=\boldsymbol{I}_n.\end{aligned}$$

于是我们有如下定义.

定义4.3.3　设 $\boldsymbol{P}$ 为 n 阶方阵. 如果 $\boldsymbol{P}^{\mathrm{T}}\boldsymbol{P}=\boldsymbol{I}_n$ 是单位阵，则称 $\boldsymbol{P}$ 是一个正交阵.

这里的方阵是指实方阵.

易见，单位阵是正交阵. 更一般地，由上述讨论立即得到如下推论.

推论4.3.3　方阵 $\boldsymbol{P}$ 是正交阵 $\Leftrightarrow$ $\boldsymbol{P}$ 的列向量构成一个标准正交基.

正交阵有如下基本性质.

命题4.3.1　(1) 如果 $\boldsymbol{P}$ 是正交阵，则 $\boldsymbol{P}$ 可逆，且 $\boldsymbol{P}^{-1}$ 也是正交阵.

(2) 任意正交阵的行列式是 1 或 -1.

若 $|\boldsymbol{P}|=1$ 或 -1，$\boldsymbol{P}$ 是不是正交阵？

(3) 正交阵的乘积仍然是正交阵.

(4) 若 $\boldsymbol{P}_1, \boldsymbol{P}_2$ 分别是 m，n 阶正交阵，则准对角阵

$$\begin{pmatrix}\boldsymbol{P}_1 & \boldsymbol{0}\\ \boldsymbol{0} & \boldsymbol{P}_2\end{pmatrix}$$

也是正交阵.

证明：(1) 由于 $\boldsymbol{P}$ 是 n 阶正交阵，所以 $\boldsymbol{P}^{\mathrm{T}}\boldsymbol{P}=\boldsymbol{I}_n$，于是 $\boldsymbol{P}$ 可逆且 $\boldsymbol{P}^{-1}=\boldsymbol{P}^{\mathrm{T}}$，从而 $\boldsymbol{P}\boldsymbol{P}^{\mathrm{T}}=\boldsymbol{I}_n$，因此

$$(\boldsymbol{P}^{-1})^{\mathrm{T}}\boldsymbol{P}^{-1}=(\boldsymbol{P}^{\mathrm{T}})^{-1}\boldsymbol{P}^{-1}=(\boldsymbol{P}\boldsymbol{P}^{\mathrm{T}})^{-1}=\boldsymbol{I}_n^{-1}=\boldsymbol{I}_n,$$

即 $\boldsymbol{P}^{-1}$ 也是正交阵.

(2) 设 $\boldsymbol{P}$ 是 n 阶正交阵，则 $\boldsymbol{P}^{\mathrm{T}}\boldsymbol{P}=\boldsymbol{I}_n$. 两边取行列式，得

$$|\boldsymbol{P}^{\mathrm{T}}\boldsymbol{P}|=|\boldsymbol{I}_n|=1,\ \text{即}\ |\boldsymbol{P}^{\mathrm{T}}||\boldsymbol{P}|=|\boldsymbol{P}|^2=1,$$

所以，$|\boldsymbol{P}|=1$ 或 $|\boldsymbol{P}|=-1$.

(3) 设 $\boldsymbol{P}_1$，$\boldsymbol{P}_2$ 是 n 阶正交阵，则

$$(\boldsymbol{P}_1\boldsymbol{P}_2)^{\mathrm{T}}(\boldsymbol{P}_1\boldsymbol{P}_2)=\boldsymbol{P}_2^{\mathrm{T}}(\boldsymbol{P}_1^{\mathrm{T}}\boldsymbol{P}_1)\boldsymbol{P}_2=\boldsymbol{P}_2^{\mathrm{T}}\boldsymbol{P}_2=\boldsymbol{I}_n,$$

所以，$\boldsymbol{P}_1\boldsymbol{P}_2$ 是正交阵.

(4) 由

$$\begin{pmatrix}\boldsymbol{P}_1 & \boldsymbol{0}\\ \boldsymbol{0} & \boldsymbol{P}_2\end{pmatrix}^{\mathrm{T}}\begin{pmatrix}\boldsymbol{P}_1 & \boldsymbol{0}\\ \boldsymbol{0} & \boldsymbol{P}_2\end{pmatrix}=\begin{pmatrix}\boldsymbol{P}_1^{\mathrm{T}}\boldsymbol{P}_1 & \boldsymbol{0}\\ \boldsymbol{0} & \boldsymbol{P}_2^{\mathrm{T}}\boldsymbol{P}_2\end{pmatrix}=\begin{pmatrix}\boldsymbol{I}_m & \boldsymbol{0}\\ \boldsymbol{0} & \boldsymbol{I}_n\end{pmatrix}=\boldsymbol{I}_{m+n}$$

可知，$\begin{pmatrix}\boldsymbol{P}_1 & \boldsymbol{0}\\ \boldsymbol{0} & \boldsymbol{P}_2\end{pmatrix}$ 是正交阵. □

下面的结论刻画了正交阵的几何性质.

命题4.3.2 设 $\boldsymbol{P}$ 是 n 阶正交阵，则对任意 n 维向量 $\boldsymbol{\xi}$，$\boldsymbol{\eta}$ 有 $(\boldsymbol{\xi},\boldsymbol{\eta})=(\boldsymbol{P\xi},\boldsymbol{P\eta})$.

证明： 直接计算：

$$\begin{aligned}(\boldsymbol{P\xi},\boldsymbol{P\eta})&=(\boldsymbol{P\xi})^{\mathrm{T}}(\boldsymbol{P\eta})=\boldsymbol{\xi}^{\mathrm{T}}(\boldsymbol{P}^{\mathrm{T}}\boldsymbol{P})\boldsymbol{\eta}\\&=\boldsymbol{\xi}^{\mathrm{T}}\boldsymbol{I}_n\boldsymbol{\eta}=\boldsymbol{\xi}^{\mathrm{T}}\boldsymbol{\eta}\\&=(\boldsymbol{\xi},\boldsymbol{\eta}).\end{aligned}$$ □

有了上述概念，我们来讨论实对称阵的基本性质. 实对称阵是重要的矩阵，有广泛的应用. 首先，我们不加证明地介绍如下重要结论.①

定理4.3.2 任意 n 阶实对称阵都有且仅有 n 个特征值（可能有重复的)，且所有特征值都是实数.

注意，如果 $\boldsymbol{A}$ 不对称，则 $\boldsymbol{A}$ 可能没有实特征值，参见前面的例 4.2.8.

其次，实对称阵的特征向量有如下重要性质.

命题4.3.3 设 $\boldsymbol{A}$ 是实对称阵，$\boldsymbol{\xi}$，$\boldsymbol{\eta}$ 是 $\boldsymbol{A}$ 的分别属于特征值 λ，μ 的特征向量，且 $\lambda\neq\mu$，则 $(\boldsymbol{\xi},\boldsymbol{\eta})=0$.

即实对称阵的属于不同特征值的特征向量是正交的.

证明： 由定义，直接计算得：

$$\lambda(\boldsymbol{\xi},\boldsymbol{\eta})=(\lambda\boldsymbol{\xi},\boldsymbol{\eta})=(\boldsymbol{A\xi},\boldsymbol{\eta})=(\boldsymbol{A\xi})^{\mathrm{T}}\boldsymbol{\eta}$$

---

① 设 $\boldsymbol{A}$ 是 n 阶实对称阵. $\boldsymbol{A}$ 的特征多项式 $f(\lambda)=|\lambda\boldsymbol{I}_n-\boldsymbol{A}|$ 是一个 n 次多项式，从而由代数基本定理，$f(\lambda)$ 有且仅有 n 个复根，即 $\boldsymbol{A}$ 有 n 个复特征值（其中可能有重复的)，然后用复向量的内积去证明每个特征值都必然是实数. 细节从略.

$$
\begin{aligned}
&=\boldsymbol{\xi}^{\mathrm{T}}(\boldsymbol{A}^{\mathrm{T}}\boldsymbol{\eta})=\boldsymbol{\xi}^{\mathrm{T}}(\boldsymbol{A}\boldsymbol{\eta})\\
&=(\boldsymbol{\xi},\boldsymbol{A}\boldsymbol{\eta})=(\boldsymbol{\xi},\mu\boldsymbol{\eta})\\
&=\mu(\boldsymbol{\xi},\boldsymbol{\eta}),
\end{aligned}
$$

即 $(\lambda-\mu)(\boldsymbol{\xi},\boldsymbol{\eta})=0$；而 $\lambda\neq\mu$，所以，$(\boldsymbol{\xi},\boldsymbol{\eta})=0$. □

到此为止，我们可以介绍本节的主要结论了.

定理4.3.3　设 $\boldsymbol{A}$ 是任意实对称阵，则存在正交阵 $\boldsymbol{P}$ 使得 $\boldsymbol{P}^{\mathrm{T}}\boldsymbol{A}\boldsymbol{P}=\boldsymbol{P}^{-1}\boldsymbol{A}\boldsymbol{P}$ 是对角阵，且该对角阵的对角元恰好是 $\boldsymbol{A}$ 的全部特征值.

即实对称阵总是可以对角化的；更准确地说，实对称阵总是可以正交相似于一个对角阵.

证明： 由定理 4.2.1 和命题 4.2.3 可知，与 $\boldsymbol{A}$ 相似的对角阵的对角元恰好是 $\boldsymbol{A}$ 的全部特征值. 所以，只需证明前半部分. 我们对实对称阵的阶数 n 作归纳.①

$n=1$ 的情形. 设 $\boldsymbol{A}=(a)$ 是任意的一阶方阵. 取 $\boldsymbol{P}=(1)$ 为一阶单位阵，则 $\boldsymbol{P}^{\mathrm{T}}\boldsymbol{A}\boldsymbol{P}=(a)$ 是一阶对角阵，结论成立.

假设结论对任意的 $n-1$ 阶实对称阵成立.

设 $\boldsymbol{A}$ 是任意的 n 阶实对称阵. 由定理 4.3.2，我们可以任意取定 $\boldsymbol{A}$ 的一个实特征值 λ 及其一个特征向量 $\boldsymbol{\xi}$. 令 $\boldsymbol{\gamma}=\frac{1}{\|\boldsymbol{\xi}\|}\boldsymbol{\xi}$，则 $\boldsymbol{\gamma}$ 是 n 维单位向量，且 $\boldsymbol{\gamma}$ 也是 $\boldsymbol{A}$ 的属于 λ 的特征向量：$\boldsymbol{A}\boldsymbol{\gamma}=\lambda\boldsymbol{\gamma}$. 从而由推论 4.3.2，存在一个标准正交基 $\boldsymbol{\gamma}_1=\boldsymbol{\gamma}$，$\boldsymbol{\gamma}_2$，…，$\boldsymbol{\gamma}_n$. 把这个标准正交基拼成一个 n 阶方阵：

$\boldsymbol{A}$ 是实对称阵这个条件保证了可以用定理 4.3.2. 这里，$\boldsymbol{A}$ 的实特征值的存在性是整个证明的基础.

$$
\boldsymbol{P}_1=(\boldsymbol{\gamma}_1\quad\boldsymbol{\gamma}_2\quad\cdots\quad\boldsymbol{\gamma}_n).
$$

则由推论 4.3.3 可知 $\boldsymbol{P}_1$ 是一个正交阵，且

$$
\begin{aligned}
\boldsymbol{A}\boldsymbol{P}_1&=\boldsymbol{A}(\boldsymbol{\gamma}_1\quad\boldsymbol{\gamma}_2\quad\cdots\quad\boldsymbol{\gamma}_n)\\
&=(\boldsymbol{A}\boldsymbol{\gamma}_1\quad\boldsymbol{A}\boldsymbol{\gamma}_2\quad\cdots\quad\boldsymbol{A}\boldsymbol{\gamma}_n)\\
&=(\lambda\boldsymbol{\gamma}_1\quad\boldsymbol{A}\boldsymbol{\gamma}_2\quad\cdots\quad\boldsymbol{A}\boldsymbol{\gamma}_n).
\end{aligned}
\tag{4.3.6}
$$

由于 $\boldsymbol{\gamma}_1$，$\boldsymbol{\gamma}_2$，…，$\boldsymbol{\gamma}_n$ 是一个标准正交基，所以，任意 n 维向量都可以由它线性表出. 特别地，对每个 $2\leqslant i\leqslant n$，$\boldsymbol{A}\boldsymbol{\gamma}_i$ 可以由它线性表出，即存在数 b_{ij} 使得

每个 $\boldsymbol{A}\boldsymbol{\gamma}_i$ 都是一个 n 维列向量.

$$
\begin{aligned}
\boldsymbol{A}\boldsymbol{\gamma}_i&=b_{1i}\boldsymbol{\gamma}_1+b_{2i}\boldsymbol{\gamma}_2+\cdots+b_{ni}\boldsymbol{\gamma}_n\\
&=(\boldsymbol{\gamma}_1\quad\boldsymbol{\gamma}_2\quad\cdots\quad\boldsymbol{\gamma}_n)\begin{pmatrix}b_{1i}\\ b_{2i}\\ \vdots\\ b_{ni}\end{pmatrix}.
\end{aligned}
$$

代入式 (4.3.6)，得

① 这个定理的另一个证明方法是证明欧式空间可以分解为实对称阵的特征子空间的直和. 这里的证明要求熟悉分块矩阵的运算.

$$AP_1=(\gamma_1\quad\gamma_2\quad\cdots\quad\gamma_n)\begin{pmatrix}\lambda & b_{12} & \cdots & b_{1n}\\ 0 & b_{22} & \cdots & b_{2n}\\ \vdots & \vdots & & \vdots\\ 0 & b_{n2} & \cdots & b_{nn}\end{pmatrix}$$

$$=P_1\begin{pmatrix}\lambda & b_{12} & \cdots & b_{1n}\\ 0 & b_{22} & \cdots & b_{2n}\\ \vdots & \vdots & & \vdots\\ 0 & b_{n2} & \cdots & b_{nn}\end{pmatrix}. \tag{4.3.7}$$

令

$$\boldsymbol{\delta}=(b_{12}\quad\cdots\quad b_{1n}),\ B=\begin{pmatrix}b_{22} & \cdots & b_{2n}\\ \vdots & & \vdots\\ b_{n2} & \cdots & b_{nn}\end{pmatrix}.$$

于是，利用分块矩阵，式（4.3.7）可以写为

$$AP_1=P_1\begin{pmatrix}\lambda & \boldsymbol{\delta}\\ \mathbf{0} & B\end{pmatrix},\ 即\ P_1^{-1}AP_1=\begin{pmatrix}\lambda & \boldsymbol{\delta}\\ \mathbf{0} & B\end{pmatrix}. \tag{4.3.8}$$

这里又要用到 A 是对称阵的条件.

由于 P_1 是正交阵，即 $P_1^{-1}=P_1^{\mathrm T}$，所以，

$$(P_1^{-1}AP_1)^{\mathrm T}=(P_1^{\mathrm T}AP_1)^{\mathrm T}=P_1^{\mathrm T}A^{\mathrm T}(P_1^{\mathrm T})^{\mathrm T}=P_1^{-1}AP_1,$$

即 $P_1^{-1}AP_1$ 也是对称阵，从而，式（4.3.8）的右边也必然是对称阵，即

$$\begin{pmatrix}\lambda & \boldsymbol{\delta}\\ \mathbf{0} & B\end{pmatrix}=\begin{pmatrix}\lambda & \boldsymbol{\delta}\\ \mathbf{0} & B\end{pmatrix}^{\mathrm T}=\begin{pmatrix}\lambda & \mathbf{0}\\ \boldsymbol{\delta}^{\mathrm T} & B^{\mathrm T}\end{pmatrix},$$

所以必然有：$\boldsymbol{\delta}=\mathbf{0}$，$B=B^{\mathrm T}$. 于是式（4.3.7）成为

$$P_1^{-1}AP_1=\begin{pmatrix}\lambda & \mathbf{0}\\ \mathbf{0} & B\end{pmatrix}, \tag{4.3.9}$$

其中，B 是 $n-1$ 阶实对称矩阵，从而由归纳假设，存在 $n-1$ 阶正交阵 P_2 使得

$$P_2^{-1}BP_2=D, \tag{4.3.10}$$

参见命题 4.3.1 (4).

其中，D 是 $n-1$ 阶对角阵. 注意到 $\begin{pmatrix}1 & \mathbf{0}\\ \mathbf{0} & P_2\end{pmatrix}$ 是正交阵. 令

$$P=P_1\begin{pmatrix}1 & \mathbf{0}\\ \mathbf{0} & P_2\end{pmatrix}. \tag{4.3.11}$$

参见命题 4.3.1 (3).

则 P 是正交阵，且由式（4.3.8）和式（4.3.10），得

$$P^{-1}AP=\left(P_1\begin{pmatrix}1 & \mathbf{0}\\ \mathbf{0} & P_2\end{pmatrix}\right)^{-1}A\left(P_1\begin{pmatrix}1 & \mathbf{0}\\ \mathbf{0} & P_2\end{pmatrix}\right)$$

$$=\begin{pmatrix}1 & \mathbf{0}\\ \mathbf{0} & \boldsymbol{P}_2\end{pmatrix}^{-1}(\boldsymbol{P}_1^{-1}\boldsymbol{A}\boldsymbol{P}_1)\begin{pmatrix}1 & \mathbf{0}\\ \mathbf{0} & \boldsymbol{P}_2\end{pmatrix}$$

$$=\begin{pmatrix}1 & \mathbf{0}\\ \mathbf{0} & \boldsymbol{P}_2^{-1}\end{pmatrix}\begin{pmatrix}\lambda & \mathbf{0}\\ \mathbf{0} & \boldsymbol{B}\end{pmatrix}\begin{pmatrix}1 & \mathbf{0}\\ \mathbf{0} & \boldsymbol{P}_2\end{pmatrix}$$

$$=\begin{pmatrix}\lambda & \mathbf{0}\\ \mathbf{0} & \boldsymbol{P}_2^{-1}\boldsymbol{B}\boldsymbol{P}_2\end{pmatrix}$$

$$=\begin{pmatrix}\lambda & \mathbf{0}\\ \mathbf{0} & \boldsymbol{D}\end{pmatrix}$$

是一个对角阵. 由归纳法，结论成立. □

例4.3.5　设实对称阵 $\boldsymbol{A}$ 的特征多项式为

$$f(\lambda)=\lambda^2(\lambda+2)^2.$$

问：$\boldsymbol{A}$ 能否对角化？若能，写出一个与 $\boldsymbol{A}$ 相似的对角阵.

如果 $\boldsymbol{A}$ 不是对称阵，则 $\boldsymbol{A}$ 不一定能对角化.

解： 因为 $\boldsymbol{A}$ 是实对称阵，所以，由定理 4.3.3 可知，$\boldsymbol{A}$ 可对角化，且与 $\boldsymbol{A}$ 相似的对角阵的对角元恰好是 $\boldsymbol{A}$ 的全部特征值，从而 $\boldsymbol{A}\sim$
$$\begin{pmatrix}0&0&0&0\\0&0&0&0\\0&0&-2&0\\0&0&0&-2\end{pmatrix}.$$ □

例4.3.6　设 $\boldsymbol{A}$，$\boldsymbol{B}$ 是 n 阶实对称阵. 证明：

回忆：命题 4.2.3 的逆命题不成立.

$$\boldsymbol{A}\sim\boldsymbol{B}\Leftrightarrow\boldsymbol{A}\text{ 与 }\boldsymbol{B}\text{ 的特征多项式相等}.$$

证明： 设 $\boldsymbol{A}\sim\boldsymbol{B}$，则由命题 4.2.3 可知，$\boldsymbol{A}$ 与 $\boldsymbol{B}$ 的特征多项式相同.

反之，设 $\boldsymbol{A}$ 与 $\boldsymbol{B}$ 的特征多项式相同，则 $\boldsymbol{A}$ 与 $\boldsymbol{B}$ 有完全相同的特征值. 而 $\boldsymbol{A}$，$\boldsymbol{B}$ 都是实对称阵，所以都可以对角化，即都可以相似于对角阵，其对角元就是特征值. 所以，$\boldsymbol{A}$，$\boldsymbol{B}$ 可以相似于同一个对角阵，从而由相似关系的传递性，$\boldsymbol{A}$ 与 $\boldsymbol{B}$ 相似. □

由定理 4.3.3 和定理 4.2.1 可知，任意 n 阶实对称阵一定有 n 个线性无关的特征向量，于是，一定可以按算法 4.2.1 求出一个可逆阵 $\boldsymbol{P}$ 使得 $\boldsymbol{P}^{-1}\boldsymbol{A}\boldsymbol{P}$ 是对角阵. 但是，在实际运用中，通常要求构造一个正交阵 $\boldsymbol{P}$ 使得 $\boldsymbol{P}^{-1}\boldsymbol{A}\boldsymbol{P}$ 是对角阵，根据推论 4.3.3，这等价于要求构造一个由特征向量构成的标准正交基，从而，在这种情况下，需要对算法 4.2.1 作适当修改.

为了利用实对称阵的特征向量构造标准正交基，可以考虑使用施密特正交化方法（参见算法 4.3.1）. 首先，注意到，对由属于同一个特征值的特征向量构成的向量组作施密特正交化，再单位化，得到的每个向量是原向量组的非零线性组合，从而仍然是特征向量（参见命题 4.2.2 (1)）. 其次，由命题 4.3.3 可知，实对称阵的属于不同特征值的特征向量是正交的，因此，在求正交阵时，我们并不需要把所有线性无关的特征向量都求出以后再作施密特正交化，而是只需要对每个特征值的线性无关的特征向量作施密特正交化，再单位化即可.

于是，我们得到如下算法.

算法4.3.2 给定 n 阶实对称阵 $\boldsymbol{A}$，求正交阵 $\boldsymbol{P}$ 使得

$$\boldsymbol{P}^{-1}\boldsymbol{AP}=\boldsymbol{P}^{\mathrm{T}}\boldsymbol{AP}$$

是对角阵.

（1）求出 $\boldsymbol{A}$ 的特征多项式 $f(\lambda)=|\lambda\boldsymbol{I}_n-\boldsymbol{A}|$，在此基础上得到 $\boldsymbol{A}$ 的所有互不相同的特征值 λ_1，…，$\lambda_s(s\leqslant n)$.

（2）对每个 λ_i（$1\leqslant i\leqslant s$），求出齐次线性方程组 $(\lambda_i\boldsymbol{I}_n-\boldsymbol{A})\boldsymbol{x}=\boldsymbol{0}$ 的一个基础解系：$\boldsymbol{\xi}_{i1}$，$\boldsymbol{\xi}_{i2}$，…，$\boldsymbol{\xi}_{it_i}$. 并对 $\boldsymbol{\xi}_{i1}$，$\boldsymbol{\xi}_{i2}$，…，$\boldsymbol{\xi}_{it_i}$ 作施密特正交化，再单位化，得到 $\boldsymbol{\gamma}_{i1}$，$\boldsymbol{\gamma}_{i2}$，…，$\boldsymbol{\gamma}_{it_i}$.

$\boldsymbol{\gamma}_{i1}$，$\boldsymbol{\gamma}_{i2}$，…，$\boldsymbol{\gamma}_{it_i}$ 仍然是 $(\lambda_i\boldsymbol{I}_n-\boldsymbol{A})\boldsymbol{x}=\boldsymbol{0}$ 的一个基础解系.

（3）把（2）中得到的所有向量 $\boldsymbol{\gamma}_{11}$，…，$\boldsymbol{\gamma}_{1t_1}$（属于 λ_1 的），…，$\boldsymbol{\gamma}_{s1}$，…，$\boldsymbol{\gamma}_{st_s}$（属于 λ_s 的）拼成一个方阵 $\boldsymbol{P}$，则 $\boldsymbol{P}$ 是正交阵，且

一定有 $t_1+\cdots+t_s=n$.

$$\boldsymbol{P}^{-1}\boldsymbol{AP}=\begin{pmatrix}\lambda_1\boldsymbol{I}_{t1} & \boldsymbol{0} & \cdots & \boldsymbol{0}\\ \boldsymbol{0} & \lambda_2\boldsymbol{I}_{t2} & \cdots & \boldsymbol{0}\\ \vdots & \vdots & \ddots & \vdots\\ \boldsymbol{0} & \boldsymbol{0} & \cdots & \lambda_s\boldsymbol{I}_{ts}\end{pmatrix},$$

不用计算 $\boldsymbol{P}^{-1}\boldsymbol{AP}$ 即可直接得到它是对角阵.

其中，$\boldsymbol{I}_{t_i}$ 是 t_i 阶单位阵.

例4.3.7 设 $\boldsymbol{A}=\begin{pmatrix}1 & 2\\ 2 & 3\end{pmatrix}$. 求正交阵 $\boldsymbol{P}$ 使得 $\boldsymbol{P}^{-1}\boldsymbol{AP}$ 是对角阵.

解： 由于 $\boldsymbol{A}$ 是实对称阵，所以，满足条件的正交阵 $\boldsymbol{P}$ 是存在的.

$\boldsymbol{A}$ 的特征多项式为 $f(\lambda)=|\lambda\boldsymbol{I}_2-\boldsymbol{A}|=\lambda^2-4\lambda-1$.

于是，$\boldsymbol{A}$ 的全部互不相同的特征值为 $\lambda_1=2+\sqrt{5}$，$\lambda_2=2-\sqrt{5}$.

对于 $\lambda_1=2+\sqrt{5}$，求得齐次线性方程组 $(\lambda_1\boldsymbol{I}_2-\boldsymbol{A})\boldsymbol{x}=\boldsymbol{0}$ 的一个基础解系为 $\boldsymbol{\xi}_1=\begin{pmatrix}\dfrac{\sqrt{5}-1}{2}\\ 1\end{pmatrix}$，单位化后，得 $\boldsymbol{\gamma}_1=\dfrac{\sqrt{2}}{\sqrt{5-\sqrt{5}}}\begin{pmatrix}\dfrac{\sqrt{5}-1}{2}\\ 1\end{pmatrix}$.

由于属于 λ_1 的线性无关的特征向量只有一个，所以，不需要施密特正交化，只需要单位化就可以了.

对于 $\lambda_2=2-\sqrt{5}$，求得齐次线性方程组 $(\lambda_2\boldsymbol{I}_2-\boldsymbol{A})\boldsymbol{x}=\boldsymbol{0}$ 的一个基础解系为 $\boldsymbol{\xi}_2=\begin{pmatrix}\dfrac{-\sqrt{5}-1}{2}\\ 1\end{pmatrix}$，单位化后，得 $\boldsymbol{\gamma}_2=\dfrac{\sqrt{2}}{\sqrt{5+\sqrt{5}}}\begin{pmatrix}\dfrac{-\sqrt{5}-1}{2}\\ 1\end{pmatrix}$.

令 $\boldsymbol{P}=(\boldsymbol{\gamma}_1\quad\boldsymbol{\gamma}_2)$，则 $\boldsymbol{P}$ 为正交阵，且

$$\boldsymbol{P}^{-1}\boldsymbol{AP}=\begin{pmatrix}2+\sqrt{5} & 0\\ 0 & 2-\sqrt{5}\end{pmatrix}.$$ □

例4.3.8 设 $\boldsymbol{A}=\begin{pmatrix}2&2&-2\\2&5&-4\\-2&-4&5\end{pmatrix}$. 求正交阵 $\boldsymbol{P}$ 使得 $\boldsymbol{P}^{-1}\boldsymbol{A}\boldsymbol{P}$ 是对角阵.

解： 由于 $\boldsymbol{A}$ 是实对称阵，所以，满足条件的正交阵 $\boldsymbol{P}$ 是存在的.

一般地，运算量较大，涉及求行列式、多项式的根、解齐次线性方程组、施密特正交化、单位化.

$\boldsymbol{A}$ 的特征多项式为

$$f(\lambda)=\begin{vmatrix}\lambda-2&-2&2\\-2&\lambda-5&4\\2&4&\lambda-5\end{vmatrix}=(\lambda-1)^2(\lambda-10).$$

（先把第 2 行加到第 3 行，然后可提出因式 $(\lambda-1)$.）

所以，$\boldsymbol{A}$ 的全部互不相同的特征值为 $\lambda_1=1$，$\lambda_2=10$.

$\boldsymbol{A}$ 有 3 个特征值 1，1，10；但互不相同的只有 1，10.

方程组 $(\lambda_1\boldsymbol{I}_3-\boldsymbol{A})\boldsymbol{x}=\boldsymbol{0}$ 的一个基础解系为

$$\boldsymbol{\xi}_{11}=\begin{pmatrix}2\\0\\1\end{pmatrix},\ \boldsymbol{\xi}_{12}=\begin{pmatrix}-2\\1\\0\end{pmatrix}.$$

作施密特正交化，再单位化，得

$$\boldsymbol{\gamma}_{11}=\frac{1}{\sqrt{5}}\begin{pmatrix}2\\0\\1\end{pmatrix},\ \boldsymbol{\gamma}_{12}=\frac{\sqrt{5}}{3}\begin{pmatrix}-\frac{2}{5}\\1\\\frac{4}{5}\end{pmatrix}.$$

方程组 $(\lambda_2\boldsymbol{I}_3-\boldsymbol{A})\boldsymbol{x}=\boldsymbol{0}$ 的一个基础解系为 $\boldsymbol{\xi}_{21}=\begin{pmatrix}-1\\-2\\2\end{pmatrix}$，单位化，得

$$\boldsymbol{\gamma}_{21}=\frac{1}{3}\begin{pmatrix}-1\\-2\\2\end{pmatrix}.$$

令 $\boldsymbol{P}=(\boldsymbol{\gamma}_{11}\quad\boldsymbol{\gamma}_{12}\quad\boldsymbol{\gamma}_{21})$，则 $\boldsymbol{P}$ 是正交阵且

$$\boldsymbol{P}^{-1}\boldsymbol{A}\boldsymbol{P}=\begin{pmatrix}1&0&0\\0&1&0\\0&0&10\end{pmatrix}.$$

□

习题 4.3

1. 设 $\boldsymbol{\xi}_1=\begin{pmatrix}1\\-2\\0\end{pmatrix}$，$\boldsymbol{\xi}_2=\begin{pmatrix}1\\0\\-1\end{pmatrix}$. 求所有与 $\boldsymbol{\xi}_1$，$\boldsymbol{\xi}_2$ 都正交的向量.

2. 设 n 维向量 $\boldsymbol{\xi}$ 与 n 个线性无关的 n 维向量正交. 证明：$\boldsymbol{\xi}=\mathbf{0}$.

3. 设 $\boldsymbol{\xi}_1=\begin{pmatrix}1\\1\\0\\0\end{pmatrix}$，$\boldsymbol{\xi}_2=\begin{pmatrix}1\\0\\1\\0\end{pmatrix}$，$\boldsymbol{\xi}_3=\begin{pmatrix}1\\0\\0\\1\end{pmatrix}$. 求一个与 $\boldsymbol{\xi}_1$，$\boldsymbol{\xi}_2$，$\boldsymbol{\xi}_3$ 等价的两两正交的向量组.

4. 设 $\boldsymbol{A}$ 是 n 阶方阵.

(1) 设存在 n 维非零列向量 $\boldsymbol{\xi}$ 使得 $\boldsymbol{A\xi}=2\boldsymbol{\xi}$. 证明：$\boldsymbol{A}$ 不可能是正交阵.

(2) 假设 $\boldsymbol{A}$ 是正交阵. 证明：$2\boldsymbol{I}_n-\boldsymbol{A}$ 是可逆阵.

5. 设 $\boldsymbol{A}=\begin{pmatrix}4&-1&-1&1\\-1&4&1&-1\\-1&1&4&-1\\1&-1&-1&4\end{pmatrix}$. 问 $\boldsymbol{A}$ 能否对角化？若能对角化，求一个与 $\boldsymbol{A}$ 相似的对角阵.

6. 设 $\boldsymbol{A}=\begin{pmatrix}1&-2&-4\\-2&4&-2\\-4&-2&1\end{pmatrix}$. 求正交阵 $\boldsymbol{P}$ 使得 $\boldsymbol{P}^{-1}\boldsymbol{AP}$ 是对角阵，并写出一个这样的对角阵.

7. 设 $\boldsymbol{A}$ 是 n 阶实对称阵且 $\boldsymbol{A}^2=\mathbf{0}$. 证明：$\boldsymbol{A}=\mathbf{0}$.

8. 设 $\boldsymbol{A}$ 是 n 阶实对称阵，且它的特征值都是正数. 证明：存在 n 阶实对称阵 $\boldsymbol{B}$ 使得 $\boldsymbol{A}=\boldsymbol{B}^2$.

可以考虑 $\boldsymbol{C}=\boldsymbol{A}-\boldsymbol{B}$.

9. 设 $\boldsymbol{A}$，$\boldsymbol{B}$ 是 n 阶实对称阵，满足：对任意 n 维向量 $\boldsymbol{\xi}$ 都有 $\boldsymbol{\xi}^{\mathrm{T}}\boldsymbol{A\xi}=\boldsymbol{\xi}^{\mathrm{T}}\boldsymbol{B\xi}$. 证明：$\boldsymbol{A}=\boldsymbol{B}$.

10. 设 $\boldsymbol{P}$，$\boldsymbol{Q}$ 是 n 阶正交阵，且 $|\boldsymbol{P}|=1$，$|\boldsymbol{Q}|=-1$. 证明：$|\boldsymbol{P}+\boldsymbol{Q}|=0$.

第5章　二次型与正定阵

利用实对称阵去讨论实二次型是线性代数中的重要方法. n 元实二次型是 n 元二次齐次多项式，是一类性质很好的 n 元函数，有广泛的应用. n 元实二次型与 n 阶实对称阵之间有一一对应关系. 因此，实二次型也为实对称阵的刻画提供了工具.

本章我们首先讨论与实二次型有关的一些重要概念，利用矩阵的合同这个概念去描述实二次型的标准型，在此基础上讨论标准型的计算问题；然后我们讨论正定二次型和正定阵的基本性质.

在本章中，如果没有特别说明，二次型指的都是实二次型.

本书不涉及别的域上的二次型.

§5.1　二次型的矩阵与标准型

一个 n 元二次型就是一个 n 元二次齐次（即只含二次项）函数. 本章我们通常用 x_1，…，x_n（或 y_1，…，y_n）表示 n 个变元.

例5.1.1　$f(x_1, x_2, x_3)=x_1x_2+x_2x_3$ 是一个三元二次型；$g(y_1, y_2)=y_1^3-2y_2^2$ 不是二次型；$h(x_1, x_2, x_3)=x_1^2+2x_2^2-3x_2^2-3x_1+1$ 也不是二次型.

例5.1.2　二元二次型 $f(x_1, x_2)=x_1^2-x_2^2$ 只有平方项，我们容易看出它的值域是 $(-\infty, +\infty)$，它的零点（即函数值为 0 的点）(x_1, x_2) 位于直线 $x_1+x_2=0$ 和直线 $x_1-x_2=0$ 上.

但是二元二次型 $g(x_1, x_2)=x_1^2-2x_1x_2+3x_2^2$ 有交叉项 $-2x_1x_2$，该交叉项的函数值可正可负. 我们可以对它进行变形：

二次三项式有配方法：$ax^2+bxy+cy^2=a(x+\frac{b}{2a}y)^2+(c-\frac{b^2}{4a})y^2$（$a\neq 0$）.

$$g(x_1, x_2)=x_1^2-2x_1x_2+3x_2^2$$

$$=(x_1-x_2)^2+2x_2^2,$$

由此我们可以看出，这个函数的值域是 $[0, +\infty)$，而且它的零点只有一个，即坐标原点 $(0, 0)$.

于是，一个自然而且重要的问题是，一般的 n 元二次型是否都可以通过“变形”变为只有平方项而没有交叉项的二次型？这个问题可以用矩阵来解答.

任意 n 元二次型都可以写成 $\boldsymbol{x}^{\mathrm{T}}\boldsymbol{B}\boldsymbol{x}$ 的形式，其中，$\boldsymbol{B}$ 是 n 阶方阵，但是，对于任意的非零二次型，写法不唯一.

例5.1.3 考虑三元二次型

$$f(x_1, x_2, x_3)=x_1^2+2x_2^2-3x_3^2+4x_1x_2+2x_1x_3-5x_2x_3.$$

如果我们令 $\boldsymbol{x}=\begin{pmatrix}x_1\\x_2\\x_3\end{pmatrix}$，则由矩阵乘法可得：

$$\boldsymbol{x}^{\mathrm{T}}\begin{pmatrix}1&3&0\\1&2&-3\\2&-2&-3\end{pmatrix}\boldsymbol{x}=(x_1\quad x_2\quad x_3)\begin{pmatrix}1&3&0\\1&2&-3\\2&-2&-3\end{pmatrix}\begin{pmatrix}x_1\\x_2\\x_3\end{pmatrix}$$
$$=f(x_1, x_2, x_3).$$

但是，我们还可以有别的写法：

$$f(x_1, x_2, x_3)=(x_1\quad x_2\quad x_3)\begin{pmatrix}1&2&1\\2&2&-\frac{5}{2}\\1&-\frac{5}{2}&-3\end{pmatrix}\begin{pmatrix}x_1\\x_2\\x_3\end{pmatrix}$$
$$=\boldsymbol{x}^{\mathrm{T}}\begin{pmatrix}1&2&1\\2&2&-\frac{5}{2}\\1&-\frac{5}{2}&-3\end{pmatrix}\boldsymbol{x}.$$

这种不唯一性对讨论问题是不方便的. 注意到，上述第二个写法中出现的三阶方阵是一个实对称阵.

即任意二次型 $\boldsymbol{x}^{\mathrm{T}}\boldsymbol{B}\boldsymbol{x}$，取 $\boldsymbol{B}$ 的对称化：$\boldsymbol{A}=\frac{1}{2}(\boldsymbol{B}+\boldsymbol{B}^{\mathrm{T}})$，参见例 3.1.3.

一般地，任意给定一个 n 元二次型 $f(x_1, \cdots, x_n)$，都可以用下面的方法构造一个 n 阶实对称阵 $\boldsymbol{A}$：把 $f(x_1, \cdots, x_n)$ 的平方项的系数依次写在 $\boldsymbol{A}$ 的对角线上，把交叉项 $b_{ij}x_ix_j$（$1\leqslant i<j\leqslant n$）的系数的一半 $\frac{1}{2}b_{ij}$ 分别写在 $\boldsymbol{A}$ 的 (i, j) 位置和 (j, i) 位置. 于是，

$$f(x_1, \cdots, x_n)=\boldsymbol{x}^{\mathrm{T}}\boldsymbol{A}\boldsymbol{x}，其中，\boldsymbol{x}=\begin{pmatrix}x_1\\x_2\\\vdots\\x_n\end{pmatrix}.$$

我们有如下引理.

引理5.1.1　令 $\boldsymbol{x}=\begin{pmatrix}x_1\\x_2\\\vdots\\x_n\end{pmatrix}$，则对任意的 n 元二次型 $f(x_1, x_2, \cdots, x_n)$，都存在唯一的 n 阶实对称阵 $\boldsymbol{A}$ 使得 $f(x_1, \cdots, x_n)=\boldsymbol{x}^{\mathrm{T}}\boldsymbol{A}\boldsymbol{x}$.

存在性参见上述构造；唯一性参见习题4.3的第9题.

定义5.1.1　称上述引理中的 $\boldsymbol{A}$ 为 $f(x_1, \cdots, x_n)$ 的矩阵；称 $r(\boldsymbol{A})$ 为 $f(x_1, \cdots, x_n)$ 的秩.

于是，我们总可以把 n 元二次型唯一地写成

$$f(x_1, \cdots, x_n)=\boldsymbol{x}^{\mathrm{T}}\boldsymbol{A}\boldsymbol{x},\ \boldsymbol{A}^{\mathrm{T}}=\boldsymbol{A}$$

的形式. 引理5.1.1表明：存在如下的一一对应：

$$\{n\ \text{元实二次型}\}\leftrightarrow\{n\ \text{阶实对称阵}\}:$$
$$\boldsymbol{x}^{\mathrm{T}}\boldsymbol{A}\boldsymbol{x}\leftrightarrow\boldsymbol{A},\ \text{其中},\ \boldsymbol{A}^{\mathrm{T}}=\boldsymbol{A}. \tag{5.1.1}$$

例5.1.4　$f(x_1, x_2, x_3)=x_1^2-4x_1x_2+3x_2x_3$ 的矩阵为

$$\begin{pmatrix}1 & -2 & 0\\-2 & 0 & \frac{3}{2}\\0 & \frac{3}{2} & 0\end{pmatrix};$$

$g(x_1, x_2, x_3)=-x_1x_2$ 的矩阵为

$$\begin{pmatrix}0 & -\frac{1}{2} & 0\\-\frac{1}{2} & 0 & 0\\0 & 0 & 0\end{pmatrix}.$$

而不是

$$\begin{pmatrix}0 & -\frac{1}{2}\\-\frac{1}{2} & 0\end{pmatrix}.$$

研究函数的重要方法之一是换元法. 我们有如下定义.

定义5.1.2　设 $\boldsymbol{C}=(c_{ij})$ 是 n 阶可逆阵. 称变换 $\boldsymbol{x}=\boldsymbol{C}\boldsymbol{y}$（即 $\begin{pmatrix}x_1\\x_2\\\vdots\\x_n\end{pmatrix}=\begin{pmatrix}c_{11} & c_{12} & \cdots & c_{1n}\\c_{21} & c_{22} & \cdots & c_{2n}\\\vdots & \vdots & & \vdots\\c_{n1} & c_{n2} & \cdots & c_{nn}\end{pmatrix}\begin{pmatrix}y_1\\y_2\\\vdots\\y_n\end{pmatrix}$）是一个非退化线性替换. 进一步，如果 $\boldsymbol{C}$ 是正交阵，则称 $\boldsymbol{x}=\boldsymbol{C}\boldsymbol{y}$ 是正交变换.

就是解析几何中的坐标变换.

如果 $\boldsymbol{C}$ 是正交阵，则 $\|\boldsymbol{x}\|=\|\boldsymbol{C}\boldsymbol{y}\|=\|\boldsymbol{y}\|$.

设 $f(x_1, \cdots, x_n)=\boldsymbol{x}^{\mathrm{T}}\boldsymbol{A}\boldsymbol{x}$（$\boldsymbol{A}^{\mathrm{T}}=\boldsymbol{A}$）是一个 n 元二次型. 作非退

化线性替换 $\boldsymbol{x}=\boldsymbol{C}\boldsymbol{y}$ ，得

$$\boldsymbol{x}^{\mathrm{T}}\boldsymbol{A}\boldsymbol{x}\xlongequal{\boldsymbol{x}=\boldsymbol{C}\boldsymbol{y}}(\boldsymbol{C}\boldsymbol{y})^{\mathrm{T}}\boldsymbol{A}(\boldsymbol{C}\boldsymbol{y})=\boldsymbol{y}^{\mathrm{T}}(\boldsymbol{C}^{\mathrm{T}}\boldsymbol{A}\boldsymbol{C})\boldsymbol{y}. \tag{5.1.2}$$

注意到，式(5.1.2) 的右边是变量 y_1，…，y_n 的二次型，记为 $g(y_1, y_2, \cdots, y_n)$. 由于

$$(\boldsymbol{C}^{\mathrm{T}}\boldsymbol{A}\boldsymbol{C})^{\mathrm{T}}=\boldsymbol{C}^{\mathrm{T}}\boldsymbol{A}^{\mathrm{T}}(\boldsymbol{C}^{\mathrm{T}})^{\mathrm{T}}=\boldsymbol{C}^{\mathrm{T}}\boldsymbol{A}\boldsymbol{C},$$

即 $\boldsymbol{C}^{\mathrm{T}}\boldsymbol{A}\boldsymbol{C}$ 是 n 阶实对称阵，从而由引理 5.1.1，二次型 $g(y_1, y_2, \cdots, y_n)$ 的矩阵就是 $\boldsymbol{C}^{\mathrm{T}}\boldsymbol{A}\boldsymbol{C}$.

至此，我们得到线性代数中的一个重要概念.①

定义5.1.3 对于两个 n 阶方阵 $\boldsymbol{A}$，$\boldsymbol{B}$，如果存在可逆阵 $\boldsymbol{C}$ 使得 $\boldsymbol{B}=\boldsymbol{C}^{\mathrm{T}}\boldsymbol{A}\boldsymbol{C}$，则称 $\boldsymbol{A}$ 与 $\boldsymbol{B}$ 合同.

作为练习.

例5.1.5 用定义 5.1.3 进行验证：

（1）任意方阵 $\boldsymbol{A}$ 与它自身合同.

（2）若 $\boldsymbol{A}$ 与 $\boldsymbol{B}$ 合同，则 $\boldsymbol{B}$ 与 $\boldsymbol{A}$ 合同.

（3）若 $\boldsymbol{A}$ 与 $\boldsymbol{B}$ 合同，$\boldsymbol{B}$ 与 $\boldsymbol{C}$ 合同，则 $\boldsymbol{A}$ 与 $\boldsymbol{C}$ 合同.（这就是“合同”关系的传递性.）

（4）与对称阵合同的方阵必然是对称阵，特别地，与对角阵合同的方阵只能是对称阵.

利用合同这个概念，由式（5.1.2）我们得到如下结论，该结论表明二次型之间的非退化线性替换与矩阵的合同是一致的.

此时，也称二次型 f 与 g 是等价的.

推论5.1.1 对于 n 元二次型 $f(x_1, \cdots, x_n)=\boldsymbol{x}^{\mathrm{T}}\boldsymbol{A}\boldsymbol{x}$ 与 $g(y_1, \cdots, y_n)=\boldsymbol{y}^{\mathrm{T}}\boldsymbol{B}\boldsymbol{y}$（$\boldsymbol{A}^{\mathrm{T}}=\boldsymbol{A}$，$\boldsymbol{B}^{\mathrm{T}}=\boldsymbol{B}$）有：$\boldsymbol{A}$ 与 $\boldsymbol{B}$ 合同 $\Leftrightarrow$ 存在非退化线性替换 $\boldsymbol{x}=\boldsymbol{C}\boldsymbol{y}$ 使得

$$f(x_1, \cdots, x_n)\xlongequal{\boldsymbol{x}=\boldsymbol{C}\boldsymbol{y}}g(y_1, \cdots, y_n).$$

我们先看对角阵的例子.

$\boldsymbol{D}_1 \not\simeq \boldsymbol{D}_2$.

例5.1.6 设 $\boldsymbol{D}_1=\begin{pmatrix}2&0&0\\0&-3&0\\0&0&0\end{pmatrix}$，$\boldsymbol{D}_2=\begin{pmatrix}1&0&0\\0&-1&0\\0&0&0\end{pmatrix}$. 证明：$\boldsymbol{D}_1$ 与 $\boldsymbol{D}_2$ 合同.

证明：可以用两种方法来证明.

法一：(用定义 5.1.3) 由于

$$\begin{pmatrix}\frac{1}{\sqrt{2}}&0&0\\0&-\frac{1}{\sqrt{3}}&0\\0&0&1\end{pmatrix}^{\mathrm{T}}\begin{pmatrix}2&0&0\\0&-3&0\\0&0&0\end{pmatrix}\begin{pmatrix}\frac{1}{\sqrt{2}}&0&0\\0&-\frac{1}{\sqrt{3}}&0\\0&0&1\end{pmatrix}=\begin{pmatrix}1&0&0\\0&-1&0\\0&0&0\end{pmatrix},$$

① “合同”这个概念是针对方阵而言的；任意两个 n 阶方阵 $\boldsymbol{A}$，$\boldsymbol{B}$ 是否有“合同”关系，往往是不易判断的.

所以结论成立.

法二：（用推论 5.1.1）考虑由 $\boldsymbol{D}_1$ 给出的二次型：

$$f(x_1, x_2, x_3)=\boldsymbol{x}^{\mathrm{T}}\boldsymbol{D}_1\boldsymbol{x}=2x_1^2-3x_2^2$$

和由 $\boldsymbol{D}_2$ 给出的二次型：

$$g(y_1, y_2, y_3)=\boldsymbol{y}^{\mathrm{T}}\boldsymbol{D}_2\boldsymbol{y}=y_1^2-y_2^2.$$

作非退化线性替换：$\boldsymbol{x}=\boldsymbol{C}\boldsymbol{y}$，其中 $\boldsymbol{C}=\begin{pmatrix}\frac{1}{\sqrt{2}} & 0 & 0\\ 0 & -\frac{1}{\sqrt{3}} & 0\\ 0 & 0 & 1\end{pmatrix}$，则

$$f(x_1, x_2, x_3)\xlongequal{\boldsymbol{x}=\boldsymbol{C}\boldsymbol{y}}g(y_1, y_2, y_3),$$

从而由推论 5.1.1 可知，$\boldsymbol{D}_1$ 与 $\boldsymbol{D}_2$ 合同. □

例 5.1.6 实际上是下述定理的特殊情况.①

定理5.1.1　（**惯性定理**）设 $\boldsymbol{D}_1$，$\boldsymbol{D}_2$ 是 n 阶实对角阵，则 $\boldsymbol{D}_1$ 与 $\boldsymbol{D}_2$ 合同 $\Leftrightarrow$ $\boldsymbol{D}_1$ 与 $\boldsymbol{D}_2$ 的正对角元的个数相等，且 $\boldsymbol{D}_1$ 与 $\boldsymbol{D}_2$ 的负对角元的个数也相等.

即两个实对角阵是否合同只取决于它们的对角元的符号，而不是具体的数值. 在对角元有重复的情况下，要重复计数.

例5.1.7　设 $\boldsymbol{D}=\begin{pmatrix}-2 & 0 & 0 & 0\\ 0 & 5 & 0 & 0\\ 0 & 0 & -2 & 0\\ 0 & 0 & 0 & 0\end{pmatrix}$，则由定理 5.1.1 得：与 $\boldsymbol{D}$ 合同的对角阵是具有如下形式的**所有**对角阵（因此，有无穷多）：$\begin{pmatrix}a & 0 & 0 & 0\\ 0 & b & 0 & 0\\ 0 & 0 & c & 0\\ 0 & 0 & 0 & d\end{pmatrix}$，其中，$a$，$b$，$c$，$d$ 满足条件：有两个为负，一个为正，一个为 0 的**任意** 4 个数.

正如例 5.1.2，我们讨论非退化线性替换的目的是要"化简"二次型. 为此，我们给出如下定义.②

定义5.1.4　如果存在非退化线性替换 $\boldsymbol{x}=\boldsymbol{C}\boldsymbol{y}$ 使得二次型 $f(x_1, \cdots, x_n)=\boldsymbol{x}^{\mathrm{T}}\boldsymbol{A}\boldsymbol{x}$（$\boldsymbol{A}^{\mathrm{T}}=\boldsymbol{A}$）变为 $g(y_1, \cdots, y_n)=d_1y_1^2+\cdots+d_ny_n^2$，则称 $g(y_1, \cdots, y_n)$ 为 $f(x_1, \cdots, x_n)$ 的一个标准型. 一个没有交叉项的二次型也称为一个标准型.

① 惯性定理是线性代数中的一个重要定理. "$\Leftarrow$"的证明可以仿照例 5.1.6 中的方法；但是，"$\Rightarrow$"的证明就要复杂一些了.

② 标准型也称为标准形.

由于标准型没有交叉项，所以，标准型的矩阵是对角阵. 因此，由推论 5.1.1 可知，一个二次型是否有标准型等价于其矩阵是否与一个对角阵合同.

把二次型的标准型的问题转化为矩阵的合同问题.

在介绍一般结论之前，我们先看一个具体例子.

例5.1.8 设 $f(x_1, x_2, x_3)=x_1^2+3x_2^2+x_3^2-2x_1x_2$. 问 $f(x_1, x_2, x_3)$ 是否有标准型？如果有，求出它的一个标准型.

解： 我们用下面的两种方法来解答.

法一：首先，$f(x_1, x_2, x_3)$ 的矩阵为

$$\boldsymbol{A}=\begin{pmatrix}1 & -1 & 0\\ -1 & 3 & 0\\ 0 & 0 & 1\end{pmatrix}.$$

求得 $\boldsymbol{A}$ 的特征值为 $\lambda_1=2+\sqrt{2}$，$\lambda_2=2-\sqrt{2}$，$\lambda_3=1$.

这里，没有必要写出正交阵 $\boldsymbol{P}$ 的具体表达式.

由于 $\boldsymbol{A}$ 是实对称阵，所以，存在正交阵 $\boldsymbol{P}$ 使得

$$\boldsymbol{P}^{-1}\boldsymbol{A}\boldsymbol{P}=\begin{pmatrix}\lambda_1 & 0 & 0\\ 0 & \lambda_2 & 0\\ 0 & 0 & \lambda_3\end{pmatrix}.$$

正交相似关系是合同关系.

由于 $\boldsymbol{P}$ 是正交阵，所以，$\boldsymbol{P}^{-1}=\boldsymbol{P}^{\mathrm{T}}$，因此，上式表明 $\boldsymbol{A}$ 合同于对角阵 $\begin{pmatrix}\lambda_1 & 0 & 0\\ 0 & \lambda_2 & 0\\ 0 & 0 & \lambda_3\end{pmatrix}$；从而，通过正交变换 $\boldsymbol{x}=\boldsymbol{P}\boldsymbol{y}$ 就可以把 $f(x_1, x_2, x_3)$ 化为 $\lambda_1y_1^2+\lambda_2y_2^2+\lambda_3y_3^2$；所以，$\lambda_1y_1^2+\lambda_2y_2^2+\lambda_3y_3^2$ 就是 $f(x_1, x_2, x_3)$ 的一个标准型.

配方法.

法二：注意到：

$$\begin{aligned}f(x_1, x_2, x_3)&=x_1^2+3x_2^2+x_3^2-2x_1x_2\\&=(x_1-x_2)^2+2x_2^2+x_3^2.\end{aligned}$$

于是，令 $\begin{cases}y_1=x_1-x_2\\ y_2=x_2\\ y_3=x_3\end{cases}$，即 $\begin{cases}x_1=y_1+y_2\\ x_2=y_2\\ x_3=y_3\end{cases}$，则在这个非退化线性替换下，$f(x_1, x_2, x_3)$ 变为 $y_1^2+2y_2^2+y_3^2$.

所以，$f(x_1, x_2, x_3)$ 有一个标准型 $y_1^2+2y_2^2+y_3^2$. □

例 5.1.8 是如下定理的特殊情况. 该定理回答了本节开始时提出的问题.

这里，正、负特征值中可能有重复的，在数个数时要重复计数，不能只取互不相同的.

定理5.1.2 任意二次型都有标准型. 进一步，设二次型 $f(x_1, x_2, \cdots, x_n)=\boldsymbol{x}^{\mathrm{T}}\boldsymbol{A}\boldsymbol{x}$（$\boldsymbol{A}^{\mathrm{T}}=\boldsymbol{A}$）的矩阵 $\boldsymbol{A}$ 有 p 个正特征值，q 个负特征值，则

$$d_1y_1^2+\cdots+d_ny_n^2 \tag{5.1.3}$$

是 $f(x_1, \cdots, x_n)$ 的标准型 $\Leftrightarrow d_1, \cdots, d_n$ 中有 p 个正数和 q 个负数.

因此，非零的二次型有无穷多个标准型！

证明：二次型的标准型的存在性①：由于 $\boldsymbol{A}$ 是实对称阵，所以，由定理 4.3.3，存在正交阵 $\boldsymbol{P}$ 使得

$$\boldsymbol{P}^{-1}\boldsymbol{A}\boldsymbol{P}=\boldsymbol{P}^{\mathrm{T}}\boldsymbol{A}\boldsymbol{P}=\boldsymbol{D}=\begin{pmatrix}\lambda_1 & 0 & \cdots & 0\\ 0 & \lambda_2 & \cdots & 0\\ \vdots & \vdots & \ddots & \vdots\\ 0 & 0 & \cdots & \lambda_n\end{pmatrix} \tag{5.1.4}$$

是对角阵，其中，$\lambda_1, \cdots, \lambda_n$ 为 $\boldsymbol{A}$ 的全部特征值. 于是，

参考例 5.1.8 中的法一.

$$\lambda_1 y_1^2+\cdots+\lambda_n y_n^2 \tag{5.1.5}$$

就是 $f(x_1, \cdots, x_n)$ 的一个标准型.

$\Rightarrow$：假设式（5.1.3）是 $f(x_1, \cdots, x_n)$ 的一个标准型. 由于式（5.1.5）也是 $f(x_1, \cdots, x_n)$ 的一个标准型，所以，式（5.1.3）的矩阵 $\boldsymbol{D}_1$ 和式（5.1.5）的矩阵 $\boldsymbol{D}$ 都与 $f(x_1, x_2, \cdots, x_n)$ 的矩阵 $\boldsymbol{A}$ 合同，从而 $\boldsymbol{D}_1$ 与 $\boldsymbol{D}$ 合同. 注意到 $\boldsymbol{D}$ 有 p 个正对角元，q 个负对角元，而对角阵 $\boldsymbol{D}_1$ 的对角元是 $d_1, \cdots, d_n$，所以，由定理 5.1.1 可知，$d_1, \cdots, d_n$ 中有 p 个正数和 q 个负数.

$\Leftarrow$：如果 $d_1, \cdots, d_n$ 中有 p 个正数和 q 个负数，则由定理 5.1.1 可知，$\boldsymbol{D}$ 与 $\boldsymbol{D}_1$ 合同，即存在可逆阵 $\boldsymbol{C}$ 使得

$$\boldsymbol{C}^{\mathrm{T}}\boldsymbol{D}\boldsymbol{C}=\boldsymbol{D}_1. \tag{5.1.6}$$

于是，由式（5.1.4）和式（5.1.6），得

$$\begin{aligned}(\boldsymbol{PC})^{\mathrm{T}}\boldsymbol{A}(\boldsymbol{PC})&=\boldsymbol{C}^{\mathrm{T}}(\boldsymbol{P}^{\mathrm{T}}\boldsymbol{A}\boldsymbol{P})\boldsymbol{C}\\ &=\boldsymbol{C}^{\mathrm{T}}\boldsymbol{D}\boldsymbol{C}\\ &=\boldsymbol{D}_1,\end{aligned}$$

此即表明，$f(x_1, \cdots, x_n)$ 的矩阵 $\boldsymbol{A}$ 与对角阵 $\boldsymbol{D}_1$ 合同，从而，在非退化线性替换 $\boldsymbol{x}=(\boldsymbol{PC})\boldsymbol{y}$ 下 $f(x_1, \cdots, x_n)$ 变为式（5.1.3）. 因此，式（5.1.3）是 $f(x_1, \cdots, x_n)$ 的一个标准型. □

定理 5.1.2 的矩阵版本是如下定理.

定理5.1.3 设 $\boldsymbol{A}$ 是 n 阶实对称阵，有 p 个正特征值和 q 个负特征值，则对角阵 $\boldsymbol{D}=\begin{pmatrix}d_1 & 0 & \cdots & 0\\ 0 & d_2 & \cdots & 0\\ \vdots & \vdots & \ddots & \vdots\\ 0 & 0 & \cdots & d_n\end{pmatrix}$ 与 $\boldsymbol{A}$ 合同 $\Leftrightarrow d_1, \cdots, d_n$ 中有 p

因此，与非零实对称阵合同的对角阵有无穷多！

① 证明标准型的存在性有多种方法，例如，配方法、对 $\boldsymbol{A}$ 作正交变换、利用欧氏空间的分解. 这里用的是正交变换.

个正数和 q 个负数.

利用合同，一般只能得到正、负特征值的个数，得不到特征值本身.

例5.1.9 设实对称阵 $\boldsymbol{A}$ 合同于对角阵

$$\begin{pmatrix} -3 & 0 & 0 & 0 \\ 0 & 6 & 0 & 0 \\ 0 & 0 & 2 & 0 \\ 0 & 0 & 0 & 0 \end{pmatrix}.$$

则 $\boldsymbol{A}$ 必然有一个负特征值、两个正特征值和一个零特征值.

根据定理 5.1.2 和定理 5.1.3（这两个定理都依赖于惯性定理，即定理 5.1.1），我们得到如下概念. 这个概念在几何、物理中具有重要意义.

$p+q=?$

定义5.1.5 设二次型 $f(x_1, \cdots, x_n)$ 的矩阵 $\boldsymbol{A}$ 有 p 个正特征值和 q 个负特征值.（正、负特征值中如果有重复的，要重复计数.）称 p，q 分别为 $f(x_1, \cdots, x_n)$ 的正惯性指数、负惯性指数；也称 p，q 分别为实对称阵 $\boldsymbol{A}$ 的正惯性指数、负惯性指数.

利用惯性指数和定理 5.1.2 可得如下推论.

推论5.1.2 设 $f(x_1, \cdots, x_n)$ 和 $g(y_1, \cdots, y_n)$ 是 n 元二次型. 则它们有相同的正惯性指数和负惯性指数 $\Leftrightarrow$ 存在非退化线性替换 $\boldsymbol{x}=\boldsymbol{C}\boldsymbol{y}$ 把 $f(x_1, \cdots, x_n)$ 变为 $g(y_1, \cdots, y_n)$.

特别地，设 $f(x_1, \cdots, x_n)$ 的正惯性指数为 p，负惯性指数为 q，则

$$y_1^2+\cdots+y_p^2-y_{p+1}^2-\cdots-y_{p+q}^2 \tag{5.1.7}$$

是 $f(x_1, \cdots, x_n)$ 的一个标准型，称为 $f(x_1, \cdots, x_n)$ 的规范型.①

利用惯性指数和定理 5.1.3 可得如下推论.

推论5.1.3 设 $\boldsymbol{A}$，$\boldsymbol{B}$ 为 n 阶实对称阵，则 $\boldsymbol{A}$ 与 $\boldsymbol{B}$ 合同 $\Leftrightarrow$ $\boldsymbol{A}$，$\boldsymbol{B}$ 有相同的正惯性指数和负惯性指数. 特别地，设 $\boldsymbol{A}$ 的正惯性指数为 p，负惯性指数为 q，则 $\boldsymbol{A}$ 合同于 $\begin{pmatrix} \boldsymbol{I}_p & \boldsymbol{0} & \boldsymbol{0} \\ \boldsymbol{0} & -\boldsymbol{I}_q & \boldsymbol{0} \\ \boldsymbol{0} & \boldsymbol{0} & \boldsymbol{0} \end{pmatrix}$.

注意，正、负惯性指数是利用特征值的语言定义的，而一般情况下特征值不易求得. 下面的推论由定理 5.1.2 和定理 5.1.3 直接得到，可以用于求惯性指数.

推论5.1.4 (1) 设 $d_1y_1^2+\cdots+d_ny_n^2$ 是二次型 $f(x_1, \cdots, x_n)$ 的任意一个标准型，则 $f(x_1, \cdots, x_n)$ 的正惯性指数就是 $d_1, \cdots, d_n$ 中正数的个数，负惯性指数就是 $d_1, \cdots, d_n$ 中负数的个数.

① 规范型也称为规范形.

（2）设 $\boldsymbol{D}=\begin{pmatrix} d_1 & & & \\ & d_2 & & \\ & & \ddots & \\ & & & d_n \end{pmatrix}$ 是任意一个与实对称阵 $\boldsymbol{A}$ 合同的对角阵，则 $\boldsymbol{A}$ 的正惯性指数就是 d_1，…，d_n 中正数的个数，负惯性指数就是 d_1，…，d_n 中负数的个数.

在本节的最后我们讨论计算问题. 虽然非零二次型的标准型有无穷多，但是，根据定理 5.1.2，只要知道其正、负惯性指数，实际上也就知道该二次型的所有标准型了. 进一步地，由推论 5.1.4，只需要求出二次型的任意一个标准型，其正、负惯性指数就得到了. 下面我们介绍常见的三种求标准型的方法.

即求二次型的所有标准型，等价于只求它的一个标准型.

一、配方法

例5.1.10　求 $f(x_1, x_2, x_3)=x_1^2+2x_2^2-3x_3^2-2x_1x_2+3x_2x_3$ 的一个标准型及其惯性指数.

解：（先考虑只含 x_1 的那些项；配方后考虑剩下的项.）

$$\begin{aligned} f(x_1, x_2, x_3) &= (x_1-x_2)^2+x_2^2+3x_2x_3-3x_3^2 \\ &= (x_1-x_2)^2+(x_2+\frac{3}{2}x_3)^2+(-3-\frac{9}{4})x_3^2 \\ &= (x_1-x_2)^2+(x_2+\frac{3}{2}x_3)^2-\frac{21}{4}x_3^2. \end{aligned}$$

所以，$y_1^2+y_2^2-\dfrac{21}{4}y_3^2$ 就是它的一个标准型，正惯性指数为 2，负惯性指数为 -1. □

例5.1.11　求 $f(x_1, x_2, x_3)=x_1x_2-x_2x_3$ 的一个标准型及其惯性指数.

解：（注意到，$f(x_1, x_2, x_3)$ 没有平方项，所以，不能直接配方.）

先作非退化线性替换：$\begin{cases} x_1=y_1+y_2 \\ x_2=y_1-y_2 \\ x_3=y_3 \end{cases}$

利用平方差公式.

$$\begin{aligned} f(x_1, x_2, x_3) &= (y_1+y_2)(y_1-y_2)-(y_1-y_2)y_3 \\ &= y_1^2-y_2^2-y_1y_3+y_2y_3 \\ &= (y_1-\frac{1}{2}y_3)^2-\frac{1}{4}y_3^2-y_2^2+y_2y_3 \\ &= (y_1-\frac{1}{2}y_3)^2-(y_2-\frac{1}{2}y_3)^2. \end{aligned}$$

所以，$z_1^2-z_2^2$ 就是 $f(x_1, x_2, x_3)$ 的一个标准型，正惯性指数为 1，负惯性指数为 1. □

合同变换法可以直接得到非退化线性替换中的可逆矩阵.

二、合同变换法

该方法的原理如下：设 $\boldsymbol{A}$ 是任意的 n 阶实对称阵. 由定理 5.1.3，$\boldsymbol{A}$ 一定可以合同于一个对角阵.

假设可逆阵 $\boldsymbol{C}$ 满足：$\boldsymbol{C}^{\mathrm{T}}\boldsymbol{AC}=\boldsymbol{D}$ 是一个对角阵.

参见推论 3.2.2.

由于 $\boldsymbol{C}$ 可逆，所以，$\boldsymbol{C}$ 可以写成若干初等阵的乘积：

$$\boldsymbol{C}=\boldsymbol{P}_1\boldsymbol{P}_2\cdots\boldsymbol{P}_s\text{，}\boldsymbol{P}_i\text{是某些初等阵.}\tag{5.1.8}$$

代入 $\boldsymbol{C}^{\mathrm{T}}\boldsymbol{AC}=\boldsymbol{D}$，得

$$\boldsymbol{P}_s^{\mathrm{T}}(\cdots(\boldsymbol{P}_1^{\mathrm{T}}\boldsymbol{A}\boldsymbol{P}_1)\cdots)\boldsymbol{P}_s=\boldsymbol{D}.\tag{5.1.9}$$

注意到，$\boldsymbol{P}_1^{\mathrm{T}}\boldsymbol{A}\boldsymbol{P}_1$ 表示对 $\boldsymbol{A}$ 作了一次初等行变换后再作一次相同的初等列变换（也可以看成是先作了一次初等列变换后再作一次相同的初等行变换）. 一般地，我们有如下定义.

交换第 i，j 行，再交换第 i，j 列；把第 i 行的 a 倍加到第 j 行，再把第 i 列的 a 倍加到第 j 列；用非零的 c 乘以第 i 行，再用 c 乘以第 i 列.

定义5.1.6 对一个矩阵作了一次初等行变换后再作一次相同的初等列变换（或者，对一个矩阵作了一次初等列变换后再作一次相同的行变换），称为对这个矩阵作了一次合同变换.

因此，由定理 3.1.1 可知，式（5.1.9）的含义是：对 $\boldsymbol{A}$ 作了 s 次合同变换后得到对角阵 $\boldsymbol{D}$. 把式（5.1.8）改写为

$$\boldsymbol{C}=\boldsymbol{I}_n\boldsymbol{C}=\boldsymbol{I}_n\boldsymbol{P}_1\boldsymbol{P}_2\cdots\boldsymbol{P}_s.\tag{5.1.10}$$

此式表明，经过上述 s 次合同变换中的初等列变换后单位阵变成了 $\boldsymbol{C}$.

所以，对 $2n\times n$ 型矩阵 $\begin{pmatrix}\boldsymbol{A}\\ \cdots\\ \boldsymbol{I}_n\end{pmatrix}$ 作若干步合同变换时，就对 $\boldsymbol{A}$ 和 $\boldsymbol{I}_n$ 作了完全相同的初等列变换，从而，当 $\boldsymbol{A}$ 被变成对角阵 $\boldsymbol{D}$ 时，下面的 $\boldsymbol{I}_n$ 就被变成了 $\boldsymbol{C}$，使得 $\boldsymbol{C}^{\mathrm{T}}\boldsymbol{AC}=\boldsymbol{D}$ 是对角阵. 于是得到如下算法.

算法 5.1.1 （设 $f(x_1,\ \cdots,\ x_n)=\boldsymbol{x}^{\mathrm{T}}\boldsymbol{Ax}$，$\boldsymbol{A}^{\mathrm{T}}=\boldsymbol{A}$. 求非退化线性替换 $\boldsymbol{x}=\boldsymbol{Cy}$ 使得 $f(x_1,\ \cdots,\ x_n)$ 变为标准型，等价地，求可逆阵 $\boldsymbol{C}$ 使得 $\boldsymbol{C}^{\mathrm{T}}\boldsymbol{AC}$ 是对角阵）

比较求逆矩阵的算法 3.2.1.

$$\begin{pmatrix}\boldsymbol{A}\\ \cdots\\ \boldsymbol{I}_n\end{pmatrix}_{2n\times n}\xrightarrow{\text{合同变换}}\begin{bmatrix}\boldsymbol{D}\\ \cdots\\ \boldsymbol{C}\end{bmatrix}_{2n\times n},\tag{5.1.11}$$

其中，$\boldsymbol{D}$ 为对角阵.

例5.1.12 设

$$f(x_1,\ x_2,\ x_3)=7x_1^2+5x_2^2+3x_3^2-8x_1x_2+8x_2x_3.$$

求 $f(x_1,\ x_2,\ x_3)$ 的一个标准型及惯性指数，并写出相应的非退化线性替换 $\boldsymbol{x}=\boldsymbol{Cy}$.

解： $f(x_1,\ x_2,\ x_3)$ 的矩阵为 $\boldsymbol{A}=\begin{pmatrix}7&-4&0\\-4&5&4\\0&4&3\end{pmatrix}$. 作合同变换：

$$\begin{pmatrix}A\\ \hdashline I_3\end{pmatrix}=\begin{pmatrix}7&-4&0\\-4&5&4\\0&4&3\\ \hdashline 1&0&0\\0&1&0\\0&0&1\end{pmatrix}\to\begin{pmatrix}7&0&0\\0&\frac{19}{7}&4\\0&4&3\\ \hdashline 1&\frac{4}{7}&0\\0&1&0\\0&0&1\end{pmatrix}$$

把第 1 行的 $\frac{4}{7}$ 倍加到第 2 行，再把第 1 列的 $\frac{4}{7}$ 倍加到第 2 列.

$$\to\begin{pmatrix}7&0&0\\0&\frac{19}{7}&0\\0&0&-\frac{55}{19}\\ \hdashline 1&\frac{4}{7}&-\frac{16}{19}\\0&1&-\frac{28}{19}\\0&0&1\end{pmatrix}=\begin{pmatrix}D\\ \hdashline C\end{pmatrix}.$$

把第 2 行的 $-\frac{28}{19}$ 倍加到第 3 行，再把第 2 列的 $-\frac{28}{19}$ 倍加到第 3 列.

令 $\boldsymbol{C}=\begin{pmatrix}1&\frac{4}{7}&-\frac{16}{19}\\0&1&-\frac{28}{19}\\0&0&1\end{pmatrix}$，则在非退化线性替换 $\boldsymbol{x}=\boldsymbol{C}\boldsymbol{y}$ 下得到 $f(x_1, x_2, x_3)$ 的一个标准型为：$7y_1^2+\frac{19}{7}y_2^2-\frac{55}{19}y_3^2$，从而，$f(x_1, x_2, x_3)$ 的正惯性指数为 2，负惯性指数为 1. □

三、正交变换法

在实际应用中，有时候需要用正交变换求二次型的标准型. 因此，这种情况下的算法就是：对实对称阵 $\boldsymbol{A}$，求正交阵 $\boldsymbol{P}$ 使得 $\boldsymbol{P}^{\mathrm{T}}\boldsymbol{A}\boldsymbol{P}$ 是对角阵，参见算法 4.3.2.

例5.1.13 设 $f(x_1, x_2, x_3)=x_1x_2+x_1x_3-x_2x_3$. 求正交变换 $\boldsymbol{x}=\boldsymbol{P}\boldsymbol{y}$ 使得 $f(x_1, x_2, x_3)$ 变为标准型.

正交变换有很好的几何性质，用正交变换法得到的标准型的平方项的系数必然是特征值；但是运算量较大.

解：原二次型的矩阵为 $\boldsymbol{A}=\begin{pmatrix}0&\frac{1}{2}&\frac{1}{2}\\\frac{1}{2}&0&-\frac{1}{2}\\\frac{1}{2}&-\frac{1}{2}&0\end{pmatrix}$，其特征多项式为

$$f(\lambda)=|\lambda\boldsymbol{I}_3-\boldsymbol{A}|=\begin{vmatrix}\lambda & -\frac{1}{2} & -\frac{1}{2}\\ -\frac{1}{2} & \lambda & \frac{1}{2}\\ -\frac{1}{2} & \frac{1}{2} & \lambda\end{vmatrix}$$

$$=\left(\lambda-\frac{1}{2}\right)^2(\lambda+1),$$

所以，$\boldsymbol{A}$ 的全部互不相同的特征值为 $\lambda_1=\frac{1}{2}$，$\lambda_2=-1$.

对于 $\lambda_1=\frac{1}{2}$，求得方程组 $(\lambda_1\boldsymbol{I}_3-\boldsymbol{A})\boldsymbol{x}=\boldsymbol{0}$ 的一个基础解系为

$$\boldsymbol{\xi}_{11}=\begin{pmatrix}1\\0\\1\end{pmatrix},\boldsymbol{\xi}_{12}=\begin{pmatrix}1\\1\\0\end{pmatrix},$$

正交化并单位化后，得

$$\boldsymbol{\gamma}_{11}=\frac{\sqrt{2}}{2}\begin{pmatrix}1\\0\\1\end{pmatrix},\boldsymbol{\gamma}_{12}=\frac{\sqrt{6}}{3}\begin{pmatrix}\frac{1}{2}\\1\\-\frac{1}{2}\end{pmatrix}.$$

对于 $\lambda_2=-1$，求得方程组 $(\lambda_2\boldsymbol{I}_3-\boldsymbol{A})\boldsymbol{x}=\boldsymbol{0}$ 的一个基础解系为

$$\boldsymbol{\xi}_{21}=\begin{pmatrix}-1\\1\\1\end{pmatrix},$$

单位化后，得

$$\boldsymbol{\gamma}_{21}=\frac{\sqrt{3}}{3}\begin{pmatrix}-1\\1\\1\end{pmatrix}.$$

令 $\boldsymbol{P}=(\boldsymbol{\gamma}_{11}\quad\boldsymbol{\gamma}_{12}\quad\boldsymbol{\gamma}_{21})$. 作正交替换 $\boldsymbol{x}=\boldsymbol{P}\boldsymbol{y}$，则得到原二次型的标准型：$\frac{1}{2}y_1^2+\frac{1}{2}y_2^2-y_3^2$. □

习题 5.1

1. 设 $\boldsymbol{A}$ 与 $\boldsymbol{B}$ 合同. 证明：

(1) $r(\boldsymbol{A})=r(\boldsymbol{B})$.

(2) $|\boldsymbol{A}|$ 与 $|\boldsymbol{B}|$ 同为正，或同为负，或同为 0.

(3) 设$\boldsymbol{A}$可逆，则$\boldsymbol{B}$可逆且$\boldsymbol{A}^{-1}$与$\boldsymbol{B}^{-1}$合同.

2. 设$\boldsymbol{A}$与$\boldsymbol{B}$合同，$\boldsymbol{C}$与$\boldsymbol{D}$合同. 证明：$\begin{pmatrix}\boldsymbol{A} & \boldsymbol{0}\\ \boldsymbol{0} & \boldsymbol{C}\end{pmatrix}$与$\begin{pmatrix}\boldsymbol{B} & \boldsymbol{0}\\ \boldsymbol{0} & \boldsymbol{D}\end{pmatrix}$合同.

3. 设$f(x_1, x_2, x_3)=(x_1-2x_3)^2-3x_2^2$. 通过换元$\begin{cases}y_1=x_1-2x_3\\ y_2=x_2\end{cases}$可以得到$f(x_1, x_2, x_3)=y_1^2-3y_2^2$. 问：这里的换元是否为非退化线性替换？若不是，请写出正确的非退化线性替换.

4. 举例说明：当$\boldsymbol{A}$与$\boldsymbol{B}$合同时，不一定有：$\boldsymbol{A}\sim\boldsymbol{B}$；当$\boldsymbol{A}\sim\boldsymbol{B}$时不一定有$\boldsymbol{A}$与$\boldsymbol{B}$合同.

5. 设$\boldsymbol{A}$与$\boldsymbol{B}$都是n阶实对称阵. 证明：若$\boldsymbol{A}\sim\boldsymbol{B}$，则$\boldsymbol{A}$与$\boldsymbol{B}$合同.

6. 设二次型$f(x_1, x_2, x_3)$的矩阵$\boldsymbol{A}$可逆. 证明：

(1) 如果$d_1y_1^2+d_2y_2^2+d_3y_3^2$是$f(x_1, x_2, x_3)$的一个标准型，则$\frac{1}{d_1}y_1^2+\frac{1}{d_2}y_2^2+\frac{1}{d_3}y_3^2$是二次型$g(x_1, x_2, x_3)=\boldsymbol{x}^{\mathrm{T}}\boldsymbol{A}^{-1}\boldsymbol{x}$的一个标准型.

(2) 二次型$h(x_1, x_2, x_3)=\boldsymbol{x}^{\mathrm{T}}\boldsymbol{A}^2\boldsymbol{x}$的规范型为$y_1^2+y_2^2+y_3^2$.

7. 设三元实二次型$g(x_1, x_2, x_3)$的矩阵是$\boldsymbol{A}$. 方阵$\boldsymbol{B}$的特征多项式为$f(\lambda)=(\lambda-1)(\lambda+2)^2$，且$\boldsymbol{B}$与$\boldsymbol{A}$合同. 证明：对任意$\boldsymbol{x}=\begin{pmatrix}x_1\\x_2\\x_3\end{pmatrix}$都有：

$$-2(x_1^2+x_2^2+x_3^2)\leqslant\boldsymbol{x}^{\mathrm{T}}\boldsymbol{B}\boldsymbol{x}\leqslant(x_1^2+x_2^2+x_3^2).$$

8. 用配方法求二次型

$$f(x_1, x_2, x_3)=x_2^2+x_3^2-2x_1x_2+4x_2x_3$$

的标准型.

9. 设$\boldsymbol{A}=\begin{pmatrix}-1 & 1 & -3\\ 1 & -2 & -2\\ -3 & -2 & 2\end{pmatrix}$. 用合同变换求可逆阵$\boldsymbol{C}$使得$\boldsymbol{C}^{\mathrm{T}}\boldsymbol{A}\boldsymbol{C}$为对角阵，并求$\boldsymbol{A}$的正惯性指数和负惯性指数.

10. 用正交变换求二次型

$$f(x_1, x_2, x_3)=2x_1^2+5x_2^2+2x_3^2-4x_1x_2-8x_1x_3-4x_2x_3$$

的标准型，并求$f(x_1, x_2, x_3)$的正惯性指数和负惯性指数.

§5.2 正定二次型和正定阵

正定二次型是一类重要的二次型，有广泛的应用. 本节讨论正定二次型和正定阵的基本性质.

定义5.2.1 如果二次型 $f(x_1, \cdots, x_n)$ 的值域是 $[0, +\infty)$，而且只有当 $x_1=\cdots=x_n=0$ 时函数值才为0，则称 $f(x_1, \cdots, x_n)$ 是一个正定二次型.

抛物线.

例5.2.1 一元二次型 $f(x_1)=ax_1^2$（$a\neq 0$）是正定的 $\Leftrightarrow a>0$.

例5.2.2 如果 n 元二次型 $f(x_1, \cdots, x_n)$ 和 $g(x_1, \cdots, x_n)$ 都是正定的，则 $f(x_1, \cdots, x_n)+g(x_1, \cdots, x_n)$ 也是正定的.

"整体"正定推出"部分"正定.

例5.2.3 设二次型 $f(x_1, x_2, x_3)$ 是正定的. 令 $g(x_1)=f(x_1, 0, 0)$，则 $g(x_1)$ 是正定的. 令 $h(x_1, x_2)=f(x_1, x_2, 0)$，则 $h(x_1, x_2)$ 是一个正定的二元二次型.

如果一个二次型是标准型，即没有交叉项，则我们很容易判断它是否正定.

例5.2.4 二次型 $f(x_1, x_2, x_3)=2x_1^2+\sqrt{5}x_2^2+5x_3^2$ 是正定的；而 $g(y_1, y_2, y_3)=y_1^2-\sqrt{3}y_2^2+y_3^2$ 不是正定的；$h(z_1, z_2, z_3)=z_1^2+2z_2^2$ 也不是正定的.

我们有如下结论.

引理5.2.1 设 $f(x_1, \cdots, x_n)=d_1x_1^2+\cdots+d_nx_n^2$ 是一个标准型，则 $f(x_1, \cdots, x_n)$ 是正定的 $\Leftrightarrow$ 每个 d_i（$1\leqslant i\leqslant n$）都是正数.

证明：$\Leftarrow$：设每个 d_i（$1\leqslant i\leqslant n$）都是正数，则对任意 x_i 都有 $f(x_1, \cdots, x_n)\geqslant 0$；又由于 $d_ix_i^2\geqslant 0$，所以，如果 $f(x_1, \cdots, x_n)=0$，则必然有 $d_ix_i^2=0(1\leqslant i\leqslant n)$. 而 $d_i>0$，所以，必然有 $x_i=0$，$1\leqslant i\leqslant n$，即仅当 $x_1=\cdots=x_n=0$ 时才有 $f(x_1, \cdots, x_n)=0$. 所以，$f(x_1, \cdots, x_n)$ 是正定的.

反证法. 取特殊值.

$\Rightarrow$：设 $f(x_1, \cdots, x_n)$ 是正定的. 假设有一个 $d_i\leqslant 0$. 取特殊值：$x_j=0$（$j\neq i$），$x_i=-1$，则有函数值：

$$f(0, \cdots, 0, -1, 0, \cdots, 0)=d_i\leqslant 0,$$

与 $f(x_1, \cdots, x_n)$ 是正定二次型矛盾. □

根据定理5.1.2，任意二次型都有标准型，因此，引理5.2.1提示我们是否可以利用二次型的标准型来判断其正定性. 答案是肯定的. 我们先证明如下引理.

即正定性在非退化线性替换下不变.

引理5.2.2 设二次型 $f(x, \cdots, x_n)$ 经过非退化线性替换 $\boldsymbol{x}=\boldsymbol{C}\boldsymbol{y}$ 变为 $g(y_1, \cdots, y_n)$，则 $f(x_1, \cdots, x_n)$ 是正定的 $\Leftrightarrow g(y_1, \cdots, y_n)$ 是正定的.

证明：$\Rightarrow$：设 $f(x_1, \cdots, x_n)$ 是正定的. 对任意 $\boldsymbol{y}=\begin{pmatrix} y_1 \\ y_2 \\ \vdots \\ y_n \end{pmatrix}$ 有：

$g(y_1,\cdots,y_n)\xlongequal{\mathbf{y}=\mathbf{C}^{-1}\mathbf{x}}f(x_1,\cdots,x_n)\geqslant 0$；并且，如果 $g(y_1,\cdots,y_n)=0$，则 $f(x_1,\cdots,x_n)=0$，从而 $\mathbf{x}=\mathbf{0}$，因此 $\mathbf{y}=\mathbf{C}^{-1}\mathbf{x}=\mathbf{C}^{-1}\mathbf{0}=\mathbf{0}$，所以，$g(y_1,\cdots,y_n)$ 是正定的.

$\Leftarrow$：设 $g(y_1,\cdots,y_n)$ 是正定的. 对任意 $\mathbf{x}=\begin{pmatrix}x_1\\x_2\\\vdots\\x_n\end{pmatrix}$ 有：$f(x_1,\cdots,x_n)\xlongequal{\mathbf{x}=\mathbf{C}\mathbf{y}}g(y_1,\cdots,y_n)\geqslant 0$；并且，如果 $f(x_1,\cdots,x_n)=0$，则 $g(y_1,\cdots,y_n)=0$，从而 $\mathbf{y}=\mathbf{0}$，因此 $\mathbf{x}=\mathbf{C}\mathbf{y}=\mathbf{C}\mathbf{0}=\mathbf{0}$，所以，$f(x_1,\cdots,x_n)$ 是正定的. □

于是，由引理 5.2.2、引理 5.2.1 和推论 5.1.4 我们得到如下判别定理.

定理5.2.1　n 元二次型 $f(x_1,\cdots,x_n)$ 是正定的 $\Leftrightarrow$ 其正惯性指数为 n.

正定二次型的规范型是什么？

证明：设二次型 $f(x_1,\cdots,x_n)$ 的正惯性指数为 p. 任取它的一个标准型 $d_1y_1^2+\cdots+d_ny_n{}^2$，即存在非退化线性替换 $\mathbf{x}=\mathbf{C}\mathbf{y}$ 使得

$$f(x_1,\cdots,x_n)\xlongequal{\mathbf{x}=\mathbf{C}\mathbf{y}}d_1y_1^2+\cdots+d_ny_n^2,$$

则由推论 5.1.4，$d_1,\cdots,d_n$ 中有 p 个正数.

由引理 5.2.2，$f(x_1,\cdots,x_n)$ 是正定的等价于 $d_1y_1^2+\cdots+d_ny_n^2$ 是正定的；而由引理 5.2.2，$d_1y_1^2+\cdots+d_ny_n^2$ 是正定的等价于每个 d_i $(1\leqslant i\leqslant n)$ 都是正数，即等价于 $p=n$. □

由定理 5.2.1 和定理 5.1.2 立即得到如下推论.

推论5.2.1　n 元二次型是正定的 $\Leftrightarrow$ 它的任意标准型的系数都是正数.

例5.2.5　设 $f(x_1,x_2,x_3)=x_1^2+100x_3^2-4x_1x_2$. 由于（用配方法较简便）

$$\begin{aligned}f(x_1,x_2,x_3)&=x_1^2+100x_3^2-4x_1x_2\\&=(x_1-2x_2)^2-4x_2^2+100x_3^2,\end{aligned}$$

所以，$f(x_1,x_2,x_3)$ 有一个标准型为 $y_1^2-4y_2^2+100y_3^2$，从而其正惯性指数为 $2<3$，所以，$f(x_1,x_2,x_3)$ 不是正定的.

例5.2.6　设 $f(x_1,x_2,x_3)=\mathbf{x}^{\mathrm{T}}\mathbf{A}\mathbf{x}$，$\mathbf{A}^{\mathrm{T}}=\mathbf{A}$. 已知 $\mathbf{A}$ 的特征多项式为 $f(\lambda)=(\lambda+1)(\lambda+2)(\lambda-3)$，则 $f(x_1,x_2,x_3)$ 的正惯性指数为 1，从而 $f(x_1,x_2,x_3)$ 不是正定的. 令

$$g(x_1,x_2,x_3)=f(x_1,x_2,x_3)+3(x_1^2+x_2^2+x_3^2).$$

问 $g(x_1,x_2,x_3)$ 是否正定？

解：法一：$g(x_1, x_2, x_3)$ 的矩阵为 $\boldsymbol{B}=\boldsymbol{A}+3\boldsymbol{I}_3$，从而，$\boldsymbol{B}$ 的特征多项式为

$$\begin{aligned}g(\lambda)&=|\lambda\boldsymbol{I}_3-\boldsymbol{B}|=|(\lambda-3)\boldsymbol{I}_3-\boldsymbol{A}|\\&=(\lambda-3+1)(\lambda-3+2)(\lambda-3-3)\\&=(\lambda-2)(\lambda-1)(\lambda-6),\end{aligned}$$

所以，$\boldsymbol{B}$ 的全部特征值为 2，1，6，所以，$g(x_1, x_2, x_3)$ 的正惯性指数为 3，从而是正定的.

法二：由于 $\boldsymbol{A}$ 的全部特征值为 -1，-2，3，所以存在正交阵 $\boldsymbol{P}$，使得

$$f(x_1, x_2, x_3)\xlongequal{\boldsymbol{x}=\boldsymbol{P}\boldsymbol{y}}-y_1^2-2y_2^2+3y_3^2.$$

正交变换保持长度不变.

由于 $\boldsymbol{P}$ 是正交阵，所以，当 $\boldsymbol{x}=\boldsymbol{P}\boldsymbol{y}$ 时有：

$$x_1^2+x_2^2+x_3^2=y_1^2+y_2^2+y_3^2.$$

所以，

$$\begin{aligned}g(x_1, x_2, x_3)&\xlongequal{\boldsymbol{x}=\boldsymbol{P}\boldsymbol{y}}(-y_1^2-2y_2^2+3y_3^2)+3(y_1^2+y_2^2+y_3^2)\\&=2y_1^2+y_2^2+6y_3^2,\end{aligned}$$

即 $g(x_1, x_2, x_3)$ 有一个系数全大于 0 的标准型 $2y_1^2+y_2^2+6y_3^2$，从而是正定的. □

下面我们讨论如何利用矩阵讨论二次型的正定性. 为此，我们引入如下定义.

矩阵的正定性是针对实对称阵而言的.

定义5.2.2 设 $\boldsymbol{A}$ 是 n 阶实对称阵. 如果二次型

$$f(x_1, \cdots, x_n)=\boldsymbol{x}^{\mathrm{T}}\boldsymbol{A}\boldsymbol{x}$$

是正定的，则称 $\boldsymbol{A}$ 是正定的.

逆命题是否成立?

例5.2.7 设 $\boldsymbol{A}$ 是正定阵. 证明：$\boldsymbol{A}$ 的每个对角元 a_{ii} 都必然是正数.

证明：设 $f(x_1, \cdots, x_n)=\boldsymbol{x}^{\mathrm{T}}\boldsymbol{A}\boldsymbol{x}$，则由 $\boldsymbol{A}$ 是正定阵可知，$f(x_1, \cdots, x_n)$ 是正定的，从而，对每个 i，一元二次型

$$g(x_i)=f(0, \cdots, x_i, 0, \cdots, 0)=a_{ii}x_i^2$$

也是正定的（参见例 5.2.3）. 于是，必然有 $a_{ii}>0$. □

例如，不用计算，就可以直接断定 $\begin{pmatrix}3 & 2 & 9\\2 & -1 & 10\\9 & 10 & 7\end{pmatrix}$ 不是正定的.

例5.2.8 设 $\boldsymbol{A}$，$\boldsymbol{B}$ 都是 n 阶正定阵. 证明：$\boldsymbol{A}+\boldsymbol{B}$ 也是正定阵.

证明：首先，由 $(\boldsymbol{A}+\boldsymbol{B})^{\mathrm{T}}=\boldsymbol{A}^{\mathrm{T}}+\boldsymbol{B}^{\mathrm{T}}=\boldsymbol{A}+\boldsymbol{B}$ 可知，$\boldsymbol{A}+\boldsymbol{B}$ 是实对称阵.

其次，由于 $\boldsymbol{A}$，$\boldsymbol{B}$ 都是 n 阶正定阵，所以 n 元二次型

$$f(x_1, \cdots, x_n)=\boldsymbol{x}^{\mathrm{T}}\boldsymbol{A}\boldsymbol{x}, g(x_1, \cdots, x_n)=\boldsymbol{x}^{\mathrm{T}}\boldsymbol{B}\boldsymbol{x}$$

都是正定的；从而 $f(x_1, \cdots, x_n)+g(x_1, \cdots, x_n)$ 是正定的（参见例 5.2.2），而

$$f(x_1, \cdots, x_n)+g(x_1, \cdots, x_n)=\boldsymbol{x}^{\mathrm{T}}(\boldsymbol{A}+\boldsymbol{B})\boldsymbol{x},$$

即 $f(x_1, \cdots, x_n)+g(x_1, \cdots, x_n)$ 的矩阵是 $\boldsymbol{A}+\boldsymbol{B}$，所以，$\boldsymbol{A}+\boldsymbol{B}$ 是正定的. □

由定理 5.2.1 立即得到如下推论.

推论5.2.2 设 $\boldsymbol{A}$ 是 n 阶实对称阵，则

$\boldsymbol{A}$ 是正定的 $\Leftrightarrow \boldsymbol{A}$ 的正惯性指数为 n

$\Leftrightarrow \boldsymbol{A}$ 的所有特征值都是正数

$\Leftrightarrow \boldsymbol{A}$ 与单位阵 $\boldsymbol{I}_n$ 合同.

例5.2.9 设 $\boldsymbol{A}$，$\boldsymbol{B}$ 都是 n 阶实对称阵，且 $\boldsymbol{A}$ 是正定的. 证明：存在可逆阵 $\boldsymbol{C}$ 使得 $\boldsymbol{C}^{\mathrm{T}}\boldsymbol{A}\boldsymbol{C}$ 和 $\boldsymbol{C}^{\mathrm{T}}\boldsymbol{B}\boldsymbol{C}$ 都是对角阵.

虽然每个实对称阵都能合同于对角阵（参见定理 5.1.3），但是，一般地，两个实对称阵不一定能“同时”合同于对角阵.

证明： 由于 $\boldsymbol{A}$ 是正定的，所以，$\boldsymbol{A}$ 与单位阵 $\boldsymbol{I}_n$ 合同，即存在可逆阵 $\boldsymbol{C}_1$ 使得 $\boldsymbol{C}_1^{\mathrm{T}}\boldsymbol{A}\boldsymbol{C}_1=\boldsymbol{I}_n$.

由于 $\boldsymbol{C}_1^{\mathrm{T}}\boldsymbol{B}\boldsymbol{C}_1$ 也是实对称阵，所以，存在正交阵 $\boldsymbol{P}$ 使得 $\boldsymbol{P}^{\mathrm{T}}(\boldsymbol{C}_1^{\mathrm{T}}\boldsymbol{B}\boldsymbol{C}_1)\boldsymbol{P}=\boldsymbol{D}$ 是对角阵.

令 $\boldsymbol{C}=\boldsymbol{C}_1\boldsymbol{P}$，则 $\boldsymbol{C}$ 是可逆阵，且

$$\begin{aligned}\boldsymbol{C}^{\mathrm{T}}\boldsymbol{A}\boldsymbol{C}&=(\boldsymbol{C}_1\boldsymbol{P})^{\mathrm{T}}\boldsymbol{A}(\boldsymbol{C}_1\boldsymbol{P})=\boldsymbol{P}^{\mathrm{T}}(\boldsymbol{C}_1^{\mathrm{T}}\boldsymbol{A}\boldsymbol{C}_1)\boldsymbol{P}\\&=\boldsymbol{P}^{\mathrm{T}}\boldsymbol{I}_n\boldsymbol{P}=\boldsymbol{P}^{\mathrm{T}}\boldsymbol{P}=\boldsymbol{I}_n,\\\boldsymbol{C}^{\mathrm{T}}\boldsymbol{B}\boldsymbol{C}&=(\boldsymbol{C}_1\boldsymbol{P})^{\mathrm{T}}\boldsymbol{B}(\boldsymbol{C}_1\boldsymbol{P})=\boldsymbol{P}^{\mathrm{T}}(\boldsymbol{C}_1^{\mathrm{T}}\boldsymbol{B}\boldsymbol{C}_1)\boldsymbol{P}=\boldsymbol{D}\end{aligned}$$

都是对角阵. □

由推论 5.2.2 我们得到正定阵的行列式的一个性质.

推论5.2.3 设 $\boldsymbol{A}$ 是正定阵，则 $|\boldsymbol{A}|>0$.

逆命题是否成立?

证明： 法一：由于 $\boldsymbol{A}$ 正定，所以，$\boldsymbol{A}$ 与单位阵合同，即存在可逆阵 $\boldsymbol{C}$ 使得 $\boldsymbol{A}=\boldsymbol{C}^{\mathrm{T}}\boldsymbol{I}_n\boldsymbol{C}=\boldsymbol{C}^{\mathrm{T}}\boldsymbol{C}$.

两边取行列式得：$|\boldsymbol{A}|=|\boldsymbol{C}^{\mathrm{T}}\boldsymbol{C}|=|\boldsymbol{C}^{\mathrm{T}}||\boldsymbol{C}|=|\boldsymbol{C}|^2>0$.

法二：由于 $\boldsymbol{A}$ 正定，所以 $\boldsymbol{A}$ 的全部特征值 $\lambda_1, \cdots, \lambda_n$ 都是正数，从而，由命题 4.2.4 得：$|\boldsymbol{A}|=\lambda_1\lambda_2\cdots\lambda_n>0$. □

为了判断一个实对称阵是否正定，除了利用特征值、合同变换和配方法（都是求正惯性指数）这三种常见的方法外，还有一种重要的利用行列式的方法. 虽然推论 5.2.3 的逆命题不成立，但它为我们进一步考虑行列式提供了依据. 为此，我们先看一个例子.

例5.2.10 设 $f(x_1, x_2, x_3)=\boldsymbol{x}^{\mathrm{T}}\boldsymbol{A}\boldsymbol{x}$ 是正定的，其中，

$$A=\begin{pmatrix}a_{11}&a_{12}&a_{13}\\a_{12}&a_{22}&a_{23}\\a_{13}&a_{23}&a_{33}\end{pmatrix},$$

则一元二次型 $g(x_1)=f(x_1,0,0)=a_{11}x_1^2$ 也是正定的，从而 $a_{11}>0$；二元二次型

$$h(x_1,x_2)=f(x_1,x_2,0)=(x_1\quad x_2)\begin{pmatrix}a_{11}&a_{12}\\a_{12}&a_{22}\end{pmatrix}\begin{pmatrix}x_1\\x_2\end{pmatrix}$$

也是正定的（参见例 5.2.3）. 从而由推论 5.2.3 可得：

$$\begin{vmatrix}a_{11}&a_{12}\\a_{12}&a_{22}\end{vmatrix}>0.$$

受此启发，我们给出如下定义.

定义5.2.3 设 $\boldsymbol{A}=(a_{ij})$ 是 n 阶实对称阵. 对每个 k（$1\leqslant k\leqslant n$），称

$$\Delta_k=\begin{vmatrix}a_{11}&a_{12}&\cdots&a_{1k}\\a_{12}&a_{22}&\cdots&a_{2k}\\\vdots&\vdots&&\vdots\\a_{1k}&a_{2k}&\cdots&a_{kk}\end{vmatrix}$$

为 $\boldsymbol{A}$ 的第 k 个顺序主子式.

例如，$\Delta_1=a_{11}$，$\Delta_2=\begin{vmatrix}a_{11}&a_{12}\\a_{12}&a_{22}\end{vmatrix}$，而 $\Delta_n=|\boldsymbol{A}|$.

下面的定理说明可以利用顺序主子式来判断一个实对称阵是否为正定阵.

这个定理是行列式的一个重要应用.

定理5.2.2 设 $\boldsymbol{A}$ 是 n 阶实对称阵，则 $\boldsymbol{A}$ 是正定的 $\Leftrightarrow$ $\boldsymbol{A}$ 的每个顺序主子式都大于 0.

证明： 假设 $\boldsymbol{A}$ 是正定的. 于是 n 元二次型 $f(x_1,\cdots,x_n)=\boldsymbol{x}^{\mathrm{T}}\boldsymbol{A}\boldsymbol{x}$ 是正定的，从而，对每个 k（$1\leqslant k\leqslant n$），k 元二次型

$$g(x_1,\cdots,x_k)=f(x_1,\cdots,x_k,0,\cdots,0)$$

也是正定的（参见例 5.2.3）.

而 $g(x_1,\cdots,x_k)$ 的矩阵是 $\begin{pmatrix}a_{11}&a_{12}&\cdots&a_{1k}\\a_{12}&a_{22}&\cdots&a_{2k}\\\vdots&\vdots&&\vdots\\a_{1k}&a_{2k}&\cdots&a_{kk}\end{pmatrix}$.

所以，由推论 5.2.3 可得其行列式大于 0，即 $\Delta_k>0$.

反之，假设 $\boldsymbol{A}$ 的每个顺序主子式都大于 0. 我们通过对 $\boldsymbol{A}$ 的阶数 n 作归纳来证明 $\boldsymbol{A}$ 是正定的.

当 $n=1$ 时，$\boldsymbol{A}=(a_{11})$ 是一阶方阵，只有一个顺序主子式，即 $\Delta_1=a_{11}>0$；$\boldsymbol{A}$ 的二次型为一元二次型 $f(x_1)=a_{11}x_1^2$. 由 $a_{11}>0$ 可知，$f(x_1)$ 正定，从而，$\boldsymbol{A}=(a_{11})$ 是正定的. 所以，当 $n=1$ 时结论成立.

假设结论对 $n-1$ 阶实对称阵成立.

对 n 阶实对称阵 $\boldsymbol{A}=(a_{ij})$，考虑 $\boldsymbol{A}$ 的由前 $n-1$ 行和前 $n-1$ 列构成的子矩阵 $\boldsymbol{A}_1$. 由于 $\boldsymbol{A}_1$ 是 $n-1$ 阶实对称阵，且 $\boldsymbol{A}_1$ 的所有顺序主子式都是 $\boldsymbol{A}$ 的顺序主子式，因此都大于 0，从而由归纳假设，$\boldsymbol{A}_1$ 是正定阵. 于是，由推论 5.2.3，$\boldsymbol{A}_1$ 与 $n-1$ 阶单位阵合同，即存在 $n-1$ 阶可逆阵 $\boldsymbol{C}_1$ 使得 $\boldsymbol{C}_1^{\mathrm{T}}\boldsymbol{A}_1\boldsymbol{C}_1=\boldsymbol{I}_{n-1}$.

设法利用 $\boldsymbol{C}_1$ 构造一个 n 阶可逆阵 $\boldsymbol{C}$ 使得 $\boldsymbol{C}^{\mathrm{T}}\boldsymbol{A}\boldsymbol{C}$ 是对角阵.

考虑 $\boldsymbol{A}$ 的分块矩阵：$\boldsymbol{A}=\begin{pmatrix}\boldsymbol{A}_1 & \boldsymbol{\delta}\\ \boldsymbol{\delta}^{\mathrm{T}} & a_{nn}\end{pmatrix}$，$\boldsymbol{\delta}=\begin{pmatrix}a_{1n}\\ a_{2n}\\ \vdots\\ a_{n-1,n}\end{pmatrix}$.

由于 $|\boldsymbol{A}_1|$ 就是 $\boldsymbol{A}$ 的第 $n-1$ 个顺序主子式，所以 $|\boldsymbol{A}_1|>0$，从而 $\boldsymbol{A}_1$ 可逆. 令 $\boldsymbol{\alpha}=-\boldsymbol{A}_1^{-1}\boldsymbol{\delta}$. 设 $\boldsymbol{C}=\begin{pmatrix}\boldsymbol{C}_1 & \boldsymbol{\alpha}\\ \boldsymbol{0} & 1\end{pmatrix}$. 于是，$\boldsymbol{C}$ 是可逆的 n 阶方阵，且

实际上就是用待定系数法去构造可逆阵 $\boldsymbol{C}$ 使得 $\boldsymbol{C}^{\mathrm{T}}\boldsymbol{A}\boldsymbol{C}$ 是对角阵.

$$\begin{aligned}\boldsymbol{C}^{\mathrm{T}}\boldsymbol{A}\boldsymbol{C}&=\begin{pmatrix}\boldsymbol{C}_1^{\mathrm{T}} & \boldsymbol{0}\\ \boldsymbol{\alpha}^{\mathrm{T}} & 1\end{pmatrix}\begin{pmatrix}\boldsymbol{A}_1 & \boldsymbol{\delta}\\ \boldsymbol{\delta}^{\mathrm{T}} & a_{nn}\end{pmatrix}\begin{pmatrix}\boldsymbol{C}_1 & \boldsymbol{\alpha}\\ \boldsymbol{0} & 1\end{pmatrix}\\ &=\begin{pmatrix}\boldsymbol{C}_1^{\mathrm{T}}\boldsymbol{A}_1\boldsymbol{C}_1 & \boldsymbol{0}\\ \boldsymbol{0} & d_n\end{pmatrix}\\ &=\begin{pmatrix}\boldsymbol{I}_{n-1} & \boldsymbol{0}\\ \boldsymbol{0} & d_n\end{pmatrix}\end{aligned}$$

是一个对角阵，其中 $d_n=a_{nn}+\boldsymbol{\alpha}^{\mathrm{T}}\boldsymbol{\delta}$ 是一个数. 两边取行列式，得（利用了 $|\boldsymbol{A}|=\Delta_n>0$）

参见定理 3.3.1.

$$d_n=|\boldsymbol{C}^{\mathrm{T}}\boldsymbol{A}\boldsymbol{C}|=|\boldsymbol{C}|^2|\boldsymbol{A}|>0,$$

因此，$\boldsymbol{A}$ 与一个对角元全为正数的对角阵合同，因此 $\boldsymbol{A}$ 的正惯性指数为 n，从而由推论 5.2.2 可知，$\boldsymbol{A}$ 是正定阵. 由归纳法原理可知，结论成立. □

例5.2.11 设 $\boldsymbol{A}=\begin{pmatrix}1 & -1 & 3\\ -1 & 3 & 0\\ 3 & 0 & 2\end{pmatrix}$，则

$$\Delta_1=1>0,\ \Delta_2=\begin{vmatrix}1 & -1\\ -1 & 3\end{vmatrix}=2>0,$$

$$\Delta_3=\begin{vmatrix}1 & -1 & 3\\ -1 & 3 & 0\\ 3 & 0 & 2\end{vmatrix}=-23<0,$$

所以 $\boldsymbol{A}$ 不是正定的.

这里，如果去求 $f(x_1, x_2, x_3)$ 的惯性指数，运算量就会大一些.

例5.2.12 求实数 a 的取值范围，使得二次型

$$f(x_1, x_2, x_3)=x_1^2+4x_2^2+5x_3^2+2ax_1x_2+4x_1x_3+2ax_1x_2$$

是正定的.

解：$f(x_1, x_2, x_3)$ 的矩阵为 $\boldsymbol{A}=\begin{pmatrix}1 & a & 2\\ a & 4 & a\\ 2 & a & 5\end{pmatrix}$，其顺序主子式为

$$\Delta_1=1>0,\ \Delta_2=\begin{vmatrix}1 & a\\ a & 4\end{vmatrix}=4-a^2,$$

$$\Delta_3=\begin{vmatrix}1 & a & 2\\ a & 4 & a\\ 2 & a & 5\end{vmatrix}=4-2a^2.$$

这里可以直接按某一行或某一列展开.

所以，由 $\Delta_1>0$，$\Delta_2>0$，$\Delta_3>0$ 得：$-\sqrt{2}<a<\sqrt{2}$. □

习题 5.2

1. 二次型 $f(x_1, x_2, x_3)=(x_1-2x_2+3x_3)^2$ 是否正定？说明理由.

2. 设二次型 $f(x_1, x_2, x_3)$ 是正定的. 证明：对任意正数 a，二次型 $af(x_1, x_2, x_3)$ 也是正定的.

3. 判断二次型

$$f(x_1, x_2, x_3)=x_1^2+3x_2^2+6x_3^2-2x_1x_2-2x_1x_3$$

是否正定.

4. 设 $\boldsymbol{A}$ 是任意实对称阵. 证明：$\boldsymbol{A}^2+\boldsymbol{A}+2\boldsymbol{I}_n$ 是正定阵.

5. 设 $\boldsymbol{A}$ 是正定阵. 证明：$\boldsymbol{A}$ 可逆，且 $\boldsymbol{A}^{-1}$ 也是正定阵.

6. 设 $\boldsymbol{A}$ 是 n 阶正定阵. 证明：对任意非负数 a 都有：$\boldsymbol{A}+a\boldsymbol{I}_n$ 可逆.

7. 设二次型 $f(x_1, x_2, x_3, x_4)$ 是正定的且其矩阵为 $\boldsymbol{A}=(a_{ij})$. 设 $\boldsymbol{B}$ 是由 $\boldsymbol{A}$ 的第 2、3、4 行和第 2、3、4 列构成的子矩阵. 证明：$\boldsymbol{B}$ 也是正定的.

8. 如果二次型 $f(x_1, \cdots, x_n)$ 的值域是 $[0, +\infty)$，则称 $f(x_1, \cdots, x_n)$ 是半正定的. 设二次型 $f(x_1, x_2, x_3)$ 是半正定的，且其矩阵是 $\boldsymbol{A}$.

(1) 证明：$|\boldsymbol{A}|\geqslant 0$.

(2) 设 $\boldsymbol{B}$ 是正定的三阶方阵. 证明：$|\boldsymbol{A}+\boldsymbol{B}|>0$.

9. 如果二次型 $f(x_1, \cdots, x_n)$ 的值域是 $(-\infty, 0]$，并且只有当 $x_1=\cdots=x_n=0$ 时才有 $f(x_1, \cdots, x_n)=0$，则称 $f(x_1, \cdots, x_n)$ 是负

定的. 设 $f(x_1, x_2, x_3)=\boldsymbol{x}^{\mathrm{T}}\boldsymbol{A}\boldsymbol{x}$, 其中, $\boldsymbol{A}$ 是三阶实对称阵, Δ_1, Δ_2, Δ_3 是 $\boldsymbol{A}$ 的顺序主子式. 证明: $f(x_1, x_2, x_3)$ 是负定的 $\Leftrightarrow \Delta_1<0$, $\Delta_2>0$, $\Delta_3<0$.

10. 求实数 a 的取值范围, 使得二次型

$$f(x_1, x_2, x_3)=ax_1^2+2x_2^2+3x_3^2+2x_1x_2+2ax_1x_3+2x_2x_3$$

是正定的.

第6章　习题辅导

§6.1　线性方程组

6.1.1　基本概念、阶梯形方程组

知识点小结

● 基本概念：线性方程组及其标准形式（1.1.3），系数，常数项；线性方程组的解和解集；齐次线性方程组与非齐次线性方程组（定义 1.1.3）；阶梯形方程组及其主元、约束变量和自由变量，行简化阶梯形方程组.

● 基本结论：

（1）齐次线性方程组的解集具有线性性质，即齐次线性方程组总有零解；齐次线性方程组的解的线性组合仍然是解（命题 1.1.1）.

（2）齐次线性方程组的解集只有两种可能（推论 1.1.1）.

（3）任意行简化阶梯形方程组的解集只有三种可能（推论 1.1.2）.

更一般地，任意线性方程组的解集都只有三种可能，参见推论 1.2.1.

习题 1.1 解答

1. 解：例如 $\begin{cases}x_1+x_2=0\\x_2=0\end{cases}$ 只有零解；

而 $\begin{cases}x_1+x_2=0\\2x_1+2x_2=0\end{cases}$ 有非零解 $\begin{cases}x_1=1\\x_2=-1\end{cases}$.　□

2. 证明：设线性方程组（1.1.3）有零解，则代入第 i 个方程得 $0=$

$a_{i1}0+a_{i2}0+\cdots+a_{in}0=b_i$，因此 $b_i=0$，$i=1, 2, \cdots, m$，所以结论成立. □

3. 证明： 只需验证：$\begin{cases} x_1=c_1-d_1 \\ x_2=c_2-d_2 \\ \cdots\cdots \\ x_n=c_n-d_n \end{cases}$ 是方程组（1.1.5）的每个方程的解即可.

由题设，对每个 $1\leqslant i\leqslant m$ 有：

$$a_{i1}c_1+a_{i2}c_2+\cdots+a_{in}c_n=b_i;$$
$$a_{i1}d_1+a_{i2}d_2+\cdots+a_{in}d_n=b_i.$$

两式相减即得：$a_{i1}(c_1-d_1)+\cdots+a_{in}(c_n-d_n)=b_i-b_i=0$，所以，结论成立. □

4. 证明： 任意取定 $1\leqslant i\leqslant m$. 由题设有：

$$a_{i1}c_1+a_{i2}c_2+\cdots+a_{in}c_n=b_i;$$
$$a_{i1}d_1+a_{i2}d_2+\cdots+a_{in}d_n=0.$$

两式相加即得：$a_{i1}(c_1+d_1)+\cdots+a_{in}(c_n+d_n)=b_i+0=b_i$，所以结论成立. □

5. 解：（1）不是阶梯形方程组（因此更不是行简化阶梯形方程组），因为第一个系数为0的未知数的下标不是严格递增的.

（2）是阶梯形方程组，但不是行简化阶梯形方程组，因为第二个主元不为1，且第二个主元和第三个主元上方的系数不为0.

（3）是行简化阶梯形方程组（从而也是阶梯形方程组）. □

6.1.2 高斯消元法

知识点小结

● 基本概念：线性方程组的初等变换（1°型、2°型、3°型，定义1.2.1）；高斯消元法（定义1.2.2）.

● 基本结论：

（1）线性方程组的初等变换不改变解集.

（2）任意线性方程组都可以用方程组的初等变换变为阶梯形方程组或行简化阶梯形方程组. 因此，可以利用高斯消元法判断线性方程组解的存在性，即任意线性方程组只有三种可能，参见定理1.2.1；特别地，任意齐次线性方程组只有两种可能，参见推论1.2.2.

（3）未知数个数大于方程个数的齐次线性方程组必然有无穷多个解. 反之不对.

习题1.2解答

1. 解： 不能. 因为如果用0去乘以某个不是 $0=0$ 型的方程的两边，

可能会改变方程组的解集. 例如，如果在 $\begin{cases}x_1+x_2=0\\x_2=0\end{cases}$ 的第二个方程两边同时乘以 0，则原方程组变为 $\begin{cases}x_1+x_2=0\\0=0\end{cases}$，显然，这个方程组与原方程组不同解.

参见推论 1.2.1.

2. 解： 因为任意线性方程组只可能是三种情形之一：无解，有唯一解和有无穷多个解，所以不存在恰好有两个解的线性方程组.

3. 解：（1）错误. 例如 $\begin{cases}x_1+x_2+x_3=1\\2x_1+2x_2+2x_3=5\end{cases}$ 就没有解.

（2）错误. 此时，把该方程组用初等变换变为阶梯形方程组后，其主元个数 r 一定小于未知数个数 n，从而必然有无穷多个解.

（3）错误. 当 $m=n$ 时该方程组可能没有解，例如 $\begin{cases}x_1+x_2=1\\2x_1+2x_2=5\end{cases}$.

（4）错误. 当 $m>n$ 时该方程组仍然可能有解，例如 $\begin{cases}x_1+x_2=1\\2x_1+2x_2=2\\3x_1+3x_2=3\end{cases}$.

（5）正确. 例如，$\begin{cases}x_1+x_2=1\\x_1+2x_2=1\\x_2=0\end{cases}$ 有且仅有一个解.

（6）正确. 例如，例如 $\begin{cases}x_1+x_2=1\\2x_1+2x_2=2\\3x_1+3x_2=3\end{cases}$ 有无穷多个解 $\begin{pmatrix}1-t\\t\end{pmatrix}$，其中 t 是任意数. □

4. 解：（1）正确. 见推论 1.2.3.

（2）错误. 例如，$\begin{cases}x_1+x_2=0\\2x_1+2x_2=0\end{cases}$ 的解为 $\begin{cases}x_1=-t\\x_2=t\end{cases}$，其中 t 是任意的数.

（3）错误. 齐次线性方程组总是有解.

（4）正确. 例如，$\begin{cases}x_1+x_2=0\\x_1+2x_2=0\\x_2=0\end{cases}$ 只有零解.

对于齐次线性方程组而言，有非零解等价于有无穷多个解.

（5）正确. 例如，$\begin{cases}x_1+x_2=0\\2x_1+2x_2=0\\3x_1+3x_2=0\end{cases}$ 的解为 $\begin{cases}x_1=-t\\x_2=t\end{cases}$，其中 t 是任意的数. 当 $t=1$ 时我们就得到了一个非零解. □

也可以对 1°型、2°型和 3°型初等变换分别验证.

5. 证明： 初等变换不改变解集，所以，线性方程组是否有零解这个事实在初等变换下不变；而一个线性方程组为齐次的等价于它有零解，所以结论成立. □

6.1.3 矩阵及其初等变换

知识点小结

● 基本概念：矩阵的定义（行数、列数、$m\times n$ 型、(i, j)-元、零矩阵 **0**、矩阵相等的含义）；线性方程组的增广矩阵和系数矩阵；阶梯形矩阵；行简化阶梯形矩阵（也称行最简阶梯形矩阵）；标准型矩阵；矩阵的初等行变换（定义 1.3.6）和初等列变换（定义 1.3.7）；矩阵的初等变换.

● 基本结论：

（1）任意矩阵都可以只用 1°型和 2°型初等行变换化为一个阶梯形矩阵.

（2）任意矩阵都可以只用初等行变换化为行简化阶梯形矩阵.

（3）任意矩阵都可以用初等变换化为标准型矩阵. 化为标准型矩阵时可能要用初等列变换.

（4）矩阵的初等变换具有“可逆性”（命题 1.3.1）.

● 基本计算：

（1）用初等行变换把矩阵化为阶梯形矩阵. 注意左上角.

（2）用初等行变换把矩阵化为行简化阶梯形矩阵. 从最后一个主元开始.

（3）用矩阵的初等变换把矩阵化为标准型矩阵.

习题 1.3 解答

1. 解： 由矩阵相等的定义得：$a+b=7$，$c-2=3a-2b$，$a-b=0$. 由此即得 $a=b=\dfrac{7}{2}$，$c=\dfrac{11}{2}$. □

2. 解： 不正确. 增广矩阵为 $\widetilde{\boldsymbol{A}}=\begin{pmatrix}0&1&-2&0&-1\\1&2&0&-1&1\\2&0&-1&0&0\end{pmatrix}$，系数矩阵为 $\boldsymbol{A}=\begin{pmatrix}0&1&-2&0\\1&2&0&-1\\2&0&-1&0\end{pmatrix}$. □

3. 解：（1）错误. 交换第 1，2 行不正确.

（2）错误. 把第 2 行加到第 1 行时不正确.

（3）错误. 用 2 乘以第 2 行时不正确.

（4）错误. 不能用 0 乘以第 2 行. □

4. 解： 作初等行变换，得 $\boldsymbol{A}\to\begin{pmatrix}2&2&1&5\\0&-1&3&2\\0&0&0&-1/2\\0&0&0&0\end{pmatrix}$. □ 答案不唯一.

答案唯一.

5. 解：作初等行变换，得 $\boldsymbol{A}\to\begin{pmatrix}1&0&0&0\\0&1&0&0\\0&0&1&0\\0&0&0&1\end{pmatrix}$. □

答案唯一.

6. 解：作初等变换，得 $\boldsymbol{A}\to\begin{pmatrix}1&0&0&0\\0&1&0&0\\0&0&1&0\\0&0&0&0\end{pmatrix}$. □

补充例题

矩阵的初等变换，特别是初等行变换，是解线性代数题目的重要方法.

例6.1.1 设$\boldsymbol{A}=\begin{pmatrix}2&-1&-4&-4\\2&0&-2&3\\-3&0&3&-4\end{pmatrix}$. 用初等行变换把 $\boldsymbol{A}$ 变为一个阶梯形矩阵.

解：法一：$\boldsymbol{A}\xrightarrow[r_3+\frac{3}{2}r_1]{r_2-r_1}\begin{pmatrix}2&-1&-4&-4\\0&1&2&7\\0&-3/2&-3&-10\end{pmatrix}$

$$\xrightarrow{r_3+\frac{3}{2}r_2}\begin{pmatrix}2&-1&-4&-4\\0&1&2&7\\0&0&0&1/2\end{pmatrix}.$$

阶梯形矩阵的答案不唯一.

法二：$\boldsymbol{A}\xrightarrow[r_1\leftrightarrow r_3]{r_3+r_2}\begin{pmatrix}-1&0&1&-1\\2&0&-2&3\\2&-1&-4&-4\end{pmatrix}$

$$\to\begin{pmatrix}-1&0&1&-1\\0&0&0&1\\0&-1&-2&-6\end{pmatrix}\to\begin{pmatrix}-1&0&1&-1\\0&-1&-2&-6\\0&0&0&1\end{pmatrix}.$$ □

例6.1.2 设 $\boldsymbol{A}=\begin{pmatrix}2&-1&-4&-4\\2&0&-2&3\\-3&0&3&-4\end{pmatrix}$. 用初等行变换把 $\boldsymbol{A}$ 变为行简化阶梯形矩阵.

解：法一：在上一题的基础上继续用初等行变换可得

$$\boldsymbol{A}\to\begin{pmatrix}1&-1/2&-2&-2\\0&1&2&7\\0&0&0&1\end{pmatrix}\to\begin{pmatrix}1&0&-1&0\\0&1&2&0\\0&0&0&1\end{pmatrix}.$$

如果只用初等行变换，则得到的行简化阶梯形矩阵是唯一的.

法二：在上一题的基础上继续用初等行变换可得

$$\boldsymbol{A}\to\begin{pmatrix}-1&0&1&-1\\0&-1&-2&-6\\0&0&0&1\end{pmatrix}\to\begin{pmatrix}1&0&-1&0\\0&1&2&0\\0&0&0&1\end{pmatrix}.$$ □

§6.2 向 量

6.2.1 向量与线性组合

知识点小结

● 基本概念：向量的定义（列向量、行向量、维数、分量、向量相等的含义、向量组）；矩阵的列向量和行向量；矩阵的列向量形式和行向量形式；向量的加法、数乘；向量组的线性组合；线性表出；线性方程组的向量形式.

m 维基本向量.

● 基本结论：

（1）向量的加法、数乘满足的运算律，参见注 2.1.1.

（2）线性表出与线性方程组解的存在性是等价的，因此，线性表出只有三种可能，参见推论 2.1.1.

● 基本计算：用线性表出的定义判断 $\boldsymbol{\beta}$ 能否由 $\boldsymbol{\alpha}_1$，…，$\boldsymbol{\alpha}_n$ 线性表出.

习题 2.1 解答

1. 解：原式 $=\begin{pmatrix}-1-0+1\\ \frac{1}{2}+3-1\\ -\frac{3}{2}-6-3\end{pmatrix}=\begin{pmatrix}0\\ \frac{5}{2}\\ -\frac{21}{2}\end{pmatrix}$. □

2. 解：$\boldsymbol{A}$ 的行向量组为

$$(-1,0,2,1),(-3,1,1,-2),(0,0,-1,2),$$

列向量组为 $\begin{pmatrix}-1\\-3\\0\end{pmatrix}$，$\begin{pmatrix}0\\1\\0\end{pmatrix}$，$\begin{pmatrix}2\\1\\-1\end{pmatrix}$，$\begin{pmatrix}1\\-2\\2\end{pmatrix}$.

$\boldsymbol{B}$ 的行向量组为 $(-1, 2)$，$(3, -2)$，$(4, -5)$，列向量组为 $\begin{pmatrix}-1\\3\\4\end{pmatrix}$，$\begin{pmatrix}2\\-2\\-5\end{pmatrix}$. □

3. 证明：因 $\boldsymbol{\beta}$ 可以由 $\boldsymbol{\alpha}_1$，$\boldsymbol{\alpha}_2$，$\boldsymbol{\alpha}_3$ 线性表出，所以存在数 k_1，k_2，k_3 使得 $\boldsymbol{\beta}=k_1\boldsymbol{\alpha}_1+k_2\boldsymbol{\alpha}_2+k_3\boldsymbol{\alpha}_3$. 又因每个 $\boldsymbol{\alpha}_i$ 都可以由 $\boldsymbol{\gamma}_1$，$\boldsymbol{\gamma}_2$ 线性表出，所以存在数 c_{ji}，$i=1, 2, 3$，$j=1, 2$ 使得 $\boldsymbol{\alpha}_i=c_{1i}\boldsymbol{\gamma}_1+c_{2i}\boldsymbol{\gamma}_2$. 代入前式得：$\boldsymbol{\beta}=(k_1c_{11}+k_2c_{12}+k_3c_{13})\boldsymbol{\gamma}_1+(k_1c_{21}+k_2c_{22}+k_3c_{23})\boldsymbol{\gamma}_2$，即 $\boldsymbol{\beta}$ 可以由 $\boldsymbol{\gamma}_1$，$\boldsymbol{\gamma}_2$ 线性表出. □

本题的含义是："线性表出"具有"传递性".

4. 证明：由于齐次线性方程组

参见推论 1.2.3.

$$x_1\boldsymbol{\alpha}_1+x_2\boldsymbol{\alpha}_2+x_3\boldsymbol{\alpha}_3+x_4\boldsymbol{\alpha}_3=\mathbf{0}$$

的未知数个数大于方程个数，所以有无穷多个解，即 $\mathbf{0}$ 由 $\boldsymbol{\alpha}_1$， $\boldsymbol{\alpha}_2$， $\boldsymbol{\alpha}_3$， $\boldsymbol{\alpha}_4$ 线性表出的方式有无穷多. □

本题的结论可以推广，参见命题2.2.1.

5. 证明： 考虑齐次线性方程组

$$(\text{I}):x_1\boldsymbol{\alpha}_1+x_2\boldsymbol{\alpha}_2+x_3\boldsymbol{\alpha}_3=\mathbf{0},$$
$$(\text{II}):x_1\tilde{\boldsymbol{\alpha}}_1+x_2\tilde{\boldsymbol{\alpha}}_2+x_3\tilde{\boldsymbol{\alpha}}_3=\mathbf{0}.$$

由于（I）的方程都是（II）的方程，所以，（II）的解集是（I）的解集的子集，且（I），（II）的解集中都至少包含零解.

由题设，（I）只有零解，所以，（II）也只有零解，即 5 维零向量 $\mathbf{0}$ 由 $\tilde{\boldsymbol{\alpha}}_1$， $\tilde{\boldsymbol{\alpha}}_2$， $\tilde{\boldsymbol{\alpha}}_3$ 线性表出的方式唯一. □

6.2.2 线性相关与线性无关

知识点小结

● 基本概念：线性相关与线性无关的定义；向量组的伸长组；向量组的子组；向量组之间的线性表出和等价（定义 2.2.2）；极大无关组；向量组的秩.

● 基本结论：

（1）一个向量组线性相关当且仅当至少有一个向量可以由其余向量线性表出.

（2）线性无关的向量组的任意伸长组线性无关.

（3）如果一个向量组含有线性相关的子组，则该向量组必然线性相关.

（4）如果向量组（I）可以由向量组（II）线性表出，且（I）所包含的向量个数大于（II）所包含的向量个数，则（I）必然线性相关.

（5）向量组线性相关 $\Leftrightarrow$ 它的秩小于所包含的向量个数.

（6）如果向量组（I）可以由向量组（II）线性表出，则（I）的秩不超过（II）的秩.

（7）如果两个向量组等价，则秩相等；反之，如果向量组（I）和向量组（II）的秩相等，且（I）可以由（II）线性表出，则（II）也可以由（I）线性表出. 进一步，如果（I）是（II）的子组，则（I）与（II）等价 $\Leftrightarrow$（I）与（II）的秩相等.

（8）线性方程组解的存在性可以用向量组的秩的语言来表达，参见定理 2.2.1 和推论 2.2.4.

（9）如果齐次线性方程组 $x_1\boldsymbol{\alpha}_1+\cdots+x_n\boldsymbol{\alpha}_n=\mathbf{0}$ 与 $x_1\boldsymbol{\beta}_1+\cdots+x_n\boldsymbol{\beta}_n=\mathbf{0}$ 同解，则 $\boldsymbol{\alpha}_1$， $\cdots$， $\boldsymbol{\alpha}_n$ 的极大无关组与 $\boldsymbol{\beta}_1$， $\cdots$， $\boldsymbol{\beta}_n$ 的极大无关组之间有一一对应关系，参见命题 2.2.6.

习题 2.2 解答

1. 解：法一：设

$$\begin{aligned}\mathbf{0}&=x_1\boldsymbol{\beta}_1+x_2\boldsymbol{\beta}_2+x_3\boldsymbol{\beta}_3\\&=(-x_1+3x_2+2x_3)\boldsymbol{\alpha}_1\\&\quad+(2x_1-4x_2-2x_3)\boldsymbol{\alpha}_2\\&\quad+(-3x_1+6x_2+3x_3)\boldsymbol{\alpha}_3.\end{aligned}$$

把 $\boldsymbol{\beta}_1$，$\boldsymbol{\beta}_2$，$\boldsymbol{\beta}_3$ 的线性组合转化为 $\boldsymbol{\alpha}_1$，$\boldsymbol{\alpha}_2$，$\boldsymbol{\alpha}_3$ 的线性组合.

因此，如果线性方程组 $\begin{cases}-x_1+3x_2+2x_3=0\\2x_1-4x_2-2x_3=0\\-3x_1+6x_2+3x_3=0\end{cases}$ 有非零解，则 $\boldsymbol{\beta}_1$，$\boldsymbol{\beta}_2$，$\boldsymbol{\beta}_3$ 是线性相关的.

思考：如果该齐次线性方程组只有零解，能否推出 $\boldsymbol{\beta}_1$，$\boldsymbol{\beta}_2$，$\boldsymbol{\beta}_3$ 是线性无关的？

对该齐次线性方程组作初等行变换化为阶梯形方程组，得 $\begin{cases}-x_1+3x_2+2x_3=0\\2x_2+2x_3=0\\0=0\end{cases}$，所以，原方程组有非零解. 任取一个非零解 $\begin{pmatrix}k_1\\k_2\\k_3\end{pmatrix}$，则有：$k_1\boldsymbol{\beta}_1+k_2\boldsymbol{\beta}_2+k_3\boldsymbol{\beta}_3=\mathbf{0}$，所以，$\boldsymbol{\beta}_1$，$\boldsymbol{\beta}_2$，$\boldsymbol{\beta}_3$ 线性相关.

法二：直接观察得到：$\boldsymbol{\beta}_2-\boldsymbol{\beta}_3=-\boldsymbol{\beta}_1$，所以，$\boldsymbol{\beta}_1$，$\boldsymbol{\beta}_2$，$\boldsymbol{\beta}_3$ 线性相关. □

2. 解：取

$$\boldsymbol{\alpha}_1=\begin{pmatrix}1\\0\end{pmatrix},\ \boldsymbol{\alpha}_2=\begin{pmatrix}0\\1\end{pmatrix},\ \boldsymbol{\alpha}_3=\begin{pmatrix}1\\0\end{pmatrix},\ \boldsymbol{\alpha}_4=\begin{pmatrix}1\\1\end{pmatrix}.$$

一方面，显然 $\boldsymbol{\alpha}_1$，$\boldsymbol{\alpha}_2$ 线性无关，$\boldsymbol{\alpha}_3$，$\boldsymbol{\alpha}_4$ 也线性无关，而 $\boldsymbol{\alpha}_1$，$\boldsymbol{\alpha}_2$，$\boldsymbol{\alpha}_3$，$\boldsymbol{\alpha}_4$ 线性相关（向量个数大于维数）.

另一方面，$\boldsymbol{\alpha}_1$ 是线性无关的，$\boldsymbol{\alpha}_2$ 是线性无关的，放到一起 $\boldsymbol{\alpha}_1$，$\boldsymbol{\alpha}_2$ 是线性无关的. □

3. 解：(1) 错误. 因为向量的维数不相同，所以不构成向量组，从而此时“线性相关”无意义.

(2) 错误. 例如，向量组

比较命题 2.2.3.

$$\boldsymbol{\alpha}_1=\begin{pmatrix}1\\0\end{pmatrix},\ \boldsymbol{\alpha}_2=\begin{pmatrix}0\\1\end{pmatrix},\ \boldsymbol{\alpha}_3=\begin{pmatrix}1\\0\end{pmatrix}$$

线性相关，但是 $\boldsymbol{\alpha}_2$ 不能由 $\boldsymbol{\alpha}_1$，$\boldsymbol{\alpha}_3$ 线性表出.

把理由补充完整.

(3) 正确. 因为向量加法运算满足交换律.

线性相关性与线性无关性与向量组中向量的顺序无关.

(4) 错误. 例如

$$\boldsymbol{\alpha}_1=\begin{pmatrix}1\\0\end{pmatrix},\ \boldsymbol{\alpha}_2=\begin{pmatrix}0\\1\end{pmatrix},\ \boldsymbol{\alpha}_3=\begin{pmatrix}1\\1\end{pmatrix},$$

是线性相关的，但是 $\boldsymbol{\alpha}_1$，$\boldsymbol{\alpha}_2$ 线性无关，$\boldsymbol{\alpha}_1$，$\boldsymbol{\alpha}_3$ 线性无关，$\boldsymbol{\alpha}_2$，$\boldsymbol{\alpha}_3$ 也线性无关.

线性相关的定义.

（5）错误. 例如，对于 $\boldsymbol{\alpha}_1=\begin{pmatrix}1\\-1\end{pmatrix}$，$\boldsymbol{\alpha}_2=\begin{pmatrix}2\\-2\end{pmatrix}$ 有：$2\boldsymbol{\alpha}_1+3\boldsymbol{\alpha}_2\neq\mathbf{0}$，但是，$\boldsymbol{\alpha}_1$，$\boldsymbol{\alpha}_2$ 是线性相关的.

（6）错误. 当向量个数大于 2 时有反例，例如，

$$\boldsymbol{\alpha}_1=\begin{pmatrix}1\\-1\\2\end{pmatrix},\ \boldsymbol{\alpha}_2=\begin{pmatrix}1\\-1\\3\end{pmatrix},\ \boldsymbol{\alpha}_3=\begin{pmatrix}2\\-2\\5\end{pmatrix}.$$

这些向量不成比例，但是由于 $\boldsymbol{\alpha}_3=\boldsymbol{\alpha}_1+\boldsymbol{\alpha}_2$，所以，$\boldsymbol{\alpha}_1$，$\boldsymbol{\alpha}_2$，$\boldsymbol{\alpha}_3$ 是线性相关的.

参见命题 2.2.2.

（7）错误. 由于该向量组所包含的向量个数大于维数，所以，一定线性相关. □

4. 解：（1）正确. 由于（I）可以由（II）的一个子组（III）线性表出，而（III）可以由（II）线性表出，所以，由线性表出的传递性，（I）可以由（II）线性表出.

比较命题 2.2.7.

（2）错误. 例如，任意 2 个 3 维向量组成的向量组都可以由 3 个 3 维的基本向量线性表出.

（3）错误. 两个向量组等价，可以得到它们的秩相等，但是这两个向量组所包含的向量个数未必相等. 例如，任何一个线性无关的向量组添加零向量后得到的向量组与原向量组是等价的，但新向量组是线性相关的.

（4）正确. 若不然，则存在一个向量可以由其余向量线性表出，推出矛盾.

（5）错误. 例如，取 $\boldsymbol{\alpha}_1=\begin{pmatrix}1\\0\end{pmatrix}$，$\boldsymbol{\alpha}_2=\begin{pmatrix}0\\0\end{pmatrix}$ 和 $\boldsymbol{\beta}_1=\begin{pmatrix}0\\0\end{pmatrix}$，$\boldsymbol{\beta}_2=\begin{pmatrix}1\\0\end{pmatrix}$.

那么，$\boldsymbol{\alpha}_1$，$\boldsymbol{\alpha}_2$ 与 $\boldsymbol{\beta}_1$，$\boldsymbol{\beta}_2$ 等价，但是 $x_1\boldsymbol{\alpha}_1+x_2\boldsymbol{\alpha}_2=\mathbf{0}$ 的解集是 $\left\{\begin{pmatrix}0\\t\end{pmatrix}:t\text{ 是任意数}\right\}$，而 $x_1\boldsymbol{\beta}_1+x_2\boldsymbol{\beta}_2=\mathbf{0}$ 的解集是 $\left\{\begin{pmatrix}t\\0\end{pmatrix}:t\text{ 是任意数}\right\}$. □

线性无关 ⇔ 它的秩等于它所包含的向量个数.

5. 解：（1）错误. 例如，向量组

$$\boldsymbol{\alpha}_1=\begin{pmatrix}1\\0\end{pmatrix},\ \boldsymbol{\alpha}_2=\begin{pmatrix}0\\0\end{pmatrix},\ \boldsymbol{\alpha}_3=\begin{pmatrix}0\\0\end{pmatrix},$$

只有一个极大无关组 $\boldsymbol{\alpha}_1$，但是该向量组是线性相关的.

（2）正确. 极大无关组一定不含零向量（含零向量的子组必然线性相关）.

（3）正确. 因为去掉题设中的向量后得到的向量组与原向量组等价，从而秩不变.

（4）错误. 例如，在（1）给出的向量组中，如果去掉线性相关的子

组 $\boldsymbol{\alpha}_1$，$\boldsymbol{\alpha}_2$，则剩下的只有 $\alpha_3 = \boldsymbol{0}$，与原向量组的秩不等.

(5) 正确. 这 r 个线性无关的向量构成的子组可以由原向量组的任意一个极大线性无关子组线性表出，而极大无关组所包含的向量个数就是原向量组的秩 s，所以，$r \leqslant s$.

参见命题 2.2.8.

(6) 错误. 例如，设 $\boldsymbol{\varepsilon}_1$，$\boldsymbol{\varepsilon}_2$，$\boldsymbol{\varepsilon}_3$ 是 3 维基本向量，添加任意 3 个线性相关的 3 维向量（比如零向量），得到的新的向量组的秩是 3，但该向量组含有 3 个线性相关的向量（$r+1=3$，$r=2$）.

比较命题 2.2.10.

(7) 正确. 设 $\boldsymbol{\varepsilon}_1$，…，$\boldsymbol{\varepsilon}_m$ 是 m 维基本向量，由向量组的秩的定义可知向量组

$$(\mathrm{I}): \boldsymbol{\alpha}_1, \cdots, \boldsymbol{\alpha}_n, \boldsymbol{\varepsilon}_1, \cdots, \boldsymbol{\varepsilon}_m$$

的秩为 m . 由于 $\boldsymbol{\alpha}_1$，…，$\boldsymbol{\alpha}_n$ 线性无关且 $n < m$，所以，按照注 2.2.3 中的操作步骤，我们可以从向量组 $\boldsymbol{\alpha}_1$，…，$\boldsymbol{\alpha}_n$ 出发，采用不断添加向量的方式得到（I）的一个极大无关组. 因不同的极大无关组中向量个数相等，因此可以设该线性无关组为 $\boldsymbol{\alpha}_1$，…，$\boldsymbol{\alpha}_n$，$\boldsymbol{\alpha}_{n+1}$，…，$\boldsymbol{\alpha}_m$，从而结论正确.（也可以对 $m-n$ 作数学归纳.） □

6.2.3 矩阵的秩、判别定理

知识点小结

● 基本概念：矩阵的行秩和列秩；矩阵的秩；矩阵的标准型.

● 基本结论：

(1) 对任意 $m \times n$ 型矩阵 $\boldsymbol{A}$ 有：$\boldsymbol{A}$ 的行秩 $=$ $\boldsymbol{A}$ 的列秩.

(2) 对任意 $m \times n$ 型矩阵 $\boldsymbol{A}$ 有：$0 \leqslant r(\boldsymbol{A}) \leqslant \min(m, n)$.

(3) 设 $\boldsymbol{A}$ 经过初等行变换变为 $\boldsymbol{B}$，则 $\boldsymbol{A}$ 与 $\boldsymbol{B}$ 的列向量组的极大无关组之间有一一对应关系（参见推论 2.3.1）.

(4) 矩阵的初等变换不改变矩阵的秩.

(5) 阶梯形矩阵的秩等于其主元的个数，也就是其非零行的个数；主元所在的列向量构成列向量组的一个极大无关组.

(6) 由线性无关的向量组和矩阵所给出的向量组的秩和极大无关组，参见命题 2.3.2.

(7) 线性方程组解的存在性的判别定理，参见定理 2.3.1.

● 基本计算：

(1) 用初等变换或只用初等行变换求矩阵的秩，参见算法 2.3.1.

(2) 用矩阵的初等行变换求向量组的秩和极大无关组，参见算法 2.3.2.

(3) 用高斯消元法判断非齐次线性方程组解的存在性，参见算法 2.3.4.

(4) 用高斯消元法判断齐次线性方程组解的存在性（不需要考虑增

广矩阵)，参见算法 2.3.3.

习题 2.3 解答

参见算法 2.3.1. 得到的阶梯形矩阵不唯一.

1. 解： 用初等变换把 $\boldsymbol{A}$ 化为阶梯形矩阵，得

$$\boldsymbol{A}\to\begin{pmatrix}-1&3&-1&2\\0&2&0&1\\2&-10&2&-6\\1&-7&1&5\end{pmatrix}\to\begin{pmatrix}-1&3&-1&2\\0&2&0&1\\0&-4&0&-2\\0&-4&0&7\end{pmatrix}$$

$$\to\begin{pmatrix}-1&3&-1&2\\0&2&0&1\\0&0&0&0\\0&0&0&9\end{pmatrix}\Rightarrow\begin{pmatrix}-1&3&-1&2\\0&2&0&1\\0&0&0&9\\0&0&0&0\end{pmatrix}.$$

所以，$r(\boldsymbol{A})=3$. □

参见算法 2.3.2.

2. 解： 令 $\boldsymbol{A}=(\boldsymbol{\alpha}_1\quad\boldsymbol{\alpha}_2\quad\boldsymbol{\alpha}_3\quad\boldsymbol{\alpha}_4)$. 用初等行变换把 $\boldsymbol{A}$ 化为阶梯形矩阵，得

$$\boldsymbol{A}\to\begin{pmatrix}1&-3&2&-1\\0&-1&1&0\\0&5&-5&0\\0&-3&3&0\end{pmatrix}\to\begin{pmatrix}1&-3&2&-1\\0&-1&1&0\\0&0&0&0\\0&0&0&0\end{pmatrix}$$

因此 $r(\boldsymbol{A})=2$，且 $\boldsymbol{\alpha}_1$，$\boldsymbol{\alpha}_2$ 是 $\boldsymbol{\alpha}_1$，$\boldsymbol{\alpha}_2$，$\boldsymbol{\alpha}_3$，$\boldsymbol{\alpha}_4$ 的一个极大无关组. □

3. 解： 当 $a=0$ 时，$\boldsymbol{A}$ 的列向量组全是零向量，因此 $r(\boldsymbol{A})=0$. 当 $a\neq0$ 时，$\boldsymbol{A}$ 的第 1 列就是 $\boldsymbol{A}$ 的列向量组的一个极大无关组，故此时 $r(\boldsymbol{A})=1$. □

4. 证明： $\boldsymbol{A}$ 是 $\widetilde{\boldsymbol{A}}$ 的前 n 列构成的子矩阵，所以，$r(\widetilde{\boldsymbol{A}})\leqslant r(\boldsymbol{A})+1$；因此，如果 $r(\boldsymbol{A})\neq r(\widetilde{\boldsymbol{A}})$，则必然有 $r(\widetilde{\boldsymbol{A}})=r(\boldsymbol{A})+1$. □

参见命题 2.2.1.

5. 证明： 任取 $\boldsymbol{B}$ 的行向量组的一个极大无关组（I），该子组含有 $r(\boldsymbol{B})$ 个行向量. 这 $r(\boldsymbol{B})$ 个行向量在 $\boldsymbol{A}$ 中的行向量所构成的向量组（II）是（I）的一个伸长组，从而由（I）线性无关得（II）线性无关，即 $\boldsymbol{A}$ 的行向量中至少有 $r(\boldsymbol{B})$ 个线性无关的，所以，$r(\boldsymbol{A})\geqslant r(\boldsymbol{B})$. □

参见定理 2.3.1.

6. 证明： 记（I）的系数矩阵为 $\boldsymbol{A}$，（II）的系数矩阵为 $\boldsymbol{B}$，则 $\boldsymbol{A}$ 的列向量组恰好就是 $\boldsymbol{B}$ 的行向量组，因此 $r(\boldsymbol{A})=r(\boldsymbol{B})$. 又，（I）和（II）的未知数个数都是 4，所以，（I）有非零解 $\Leftrightarrow r(\boldsymbol{A})<4\Leftrightarrow r(\boldsymbol{B})<4\Leftrightarrow$（II）有非零解. □

参见算法 2.3.4.

7. 解： 对原方程组的增广矩阵作初等行变换，得阶梯形矩阵为

$$\widetilde{\boldsymbol{A}}=\begin{pmatrix}2&-1&4&-3&-4\\1&0&1&-1&-3\\3&1&1&0&1\\7&0&7&-3&3\end{pmatrix}\to\begin{pmatrix}1&0&1&-1&-3\\0&-1&2&-1&2\\0&0&0&2&12\\0&0&0&0&0\end{pmatrix},$$

所以，$r(\boldsymbol{A})=r(\widetilde{\boldsymbol{A}})=3<4$，从而原方程组有无穷多个解. □

8. 解：对原方程组的系数矩阵作初等行变换，得阶梯形矩阵为

参见算法 2.3.3.

$$\begin{pmatrix}1&2&2\\1&1&1\\1&5&5\end{pmatrix}\to\begin{pmatrix}1&2&2\\0&-1&-1\\0&3&3\end{pmatrix}\to\begin{pmatrix}1&2&2\\0&-1&-1\\0&0&0\end{pmatrix},$$

因此，系数矩阵的秩为 2，小于未知数的个数 3，从而原方程组有无穷多个解，即有非零解. □

9. 解：对原方程组的增广矩阵作初等变换，得

$$\widetilde{\boldsymbol{A}}=\begin{pmatrix}1&1&1&-1&2\\3&1&-1&2&3\\2&2\lambda&-2&3&\lambda\end{pmatrix}$$

$$\to\begin{pmatrix}1&1&1&-1&2\\0&-2&-4&5&-3\\0&2\lambda-2&-4&5&\lambda-4\end{pmatrix}$$

这里需要判断 $\widetilde{\boldsymbol{J}}$ 是否为阶梯形矩阵.

$$\to\begin{pmatrix}1&1&1&-1&2\\0&-2&-4&5&-3\\0&2\lambda&0&0&\lambda-1\end{pmatrix}=\widetilde{\boldsymbol{J}}.$$

当 $\lambda=0$ 时，$\widetilde{\boldsymbol{J}}=\begin{pmatrix}1&1&1&-1&2\\0&-2&-4&5&-3\\0&0&0&0&-1\end{pmatrix}$ 是阶梯形矩阵，即 $r(\boldsymbol{A})=2\neq r(\widetilde{\boldsymbol{A}})=3$，原方程组无解.

当 $\lambda\neq 0$ 时，$\widetilde{\boldsymbol{J}}$ 不是阶梯形矩阵. 进一步作初等行变换：$\widetilde{\boldsymbol{J}}\to\begin{pmatrix}1&1&1&-1&2\\0&-2&-4&5&-3\\0&0&-4\lambda&5\lambda&-2\lambda-1\end{pmatrix}$，所以，$r(\boldsymbol{A})=r(\widetilde{\boldsymbol{A}})=3<4$，原方程组有无穷多个解.

综上所述，当 $\lambda=0$ 时，原方程组无解；当 $\lambda\neq 0$ 时，原方程组有无穷多个解；原方程组不可能有唯一解. □

10. 证明：记该非齐次线性方程组为（I），未知数个数为 n. 记（I）的增广矩阵为 $\widetilde{\boldsymbol{A}}$. 记以 $\boldsymbol{A}$ 为系数矩阵的齐次线性方程组为（II）.

（1）若（I）有且仅有一个解，则 $r(\boldsymbol{A})=r(\widetilde{\boldsymbol{A}})=n$，从而，（II）只有零解.

参见定理 2.3.1.

（2）若（II）有无穷多个解，则 $r(\boldsymbol{A})<n$. 但是 $r(\boldsymbol{A})$ 未必等于 $r(\widetilde{\boldsymbol{A}})$，因此，（I）可能无解，可能有解；且有解时有无穷多个解. □

6.2.4 基础解系、解线性方程组

知识点小结

● 基本概念：非齐次线性方程组的导出组；齐次线性方程组的基础解系；线性方程组的通解.

参见定义 2.4.2.

● 基本结论：

(1) 非线性齐次线性方程组的解集与它的导出组的解集之间的关系. 参见引理 2.4.1.

(2) 齐次线性方程组的基础解系的存在性定理. 参见定理 2.4.1.

(3) 齐次线性方程组的基础解系的性质. 参见命题 2.4.1.

(4) 齐次线性方程组的解集的结构定理. 参见定理 2.4.2.

(5) 非齐次线性方程组的解集的结构定理. 参见定理 2.4.3.

● 基本计算：

(1) 用高斯消元法求齐次线性方程组的基础解系，参见算法 2.4.1.

(2) 用高斯消元法解齐次线性方程组（判断是否有非零解，并求通解表达式），参见算法 2.4.2.

(3) 用高斯消元法解非齐次线性方程组（判断解的存在性，并求通解表达式），参见算法 2.4.3.

习题 2.4 解答

参见求齐次线性方程组的基础解系的算法 2.4.1.

1. 解：(I)

原方程组的系数矩阵 $\boldsymbol{A}=(1\quad 1\quad 1\quad 1)$ 已经是一个行简化阶梯形矩阵了. 所以 $r(\boldsymbol{A})=1<4$，因此，原方程组的基础解系含有 $4-1=3$ 个解向量. 取 x_2，x_3，x_4 为自由变量，于是，原方程组同解于 $x_1=-x_2-x_3-x_4$.

分别令 $\begin{pmatrix}x_2\\x_3\\x_4\end{pmatrix}=\begin{pmatrix}1\\0\\0\end{pmatrix}$，$\begin{pmatrix}0\\1\\0\end{pmatrix}$，$\begin{pmatrix}0\\0\\1\end{pmatrix}$，得到一个基础解系：

$$\boldsymbol{\xi}_1=\begin{pmatrix}-1\\1\\0\\0\end{pmatrix},\ \boldsymbol{\xi}_2=\begin{pmatrix}-1\\0\\1\\0\end{pmatrix},\ \boldsymbol{\xi}_3=\begin{pmatrix}-1\\0\\0\\1\end{pmatrix}.$$

(II) 把原方程组的系数矩阵用初等行变换化为行简化阶梯形矩阵得：

$$\boldsymbol{A}=\begin{pmatrix}1&-1&1&-1\\2&-2&2&-3\\1&-1&1&-2\end{pmatrix}\to\begin{pmatrix}1&-1&1&0\\0&0&0&1\\0&0&0&0\end{pmatrix},$$

主元对应的未知数是 x_1，x_4.

所以 $r(\boldsymbol{A})=2<4$，从而原方程组有无穷多个解，其基础解系含有 $4-$

$2=2$ 个解向量. 取 x_2，x_3 为自由变量，则原方程组同解于：$\begin{cases}x_1=x_2-x_3\\x_4=0\end{cases}$. 分别令 $\begin{pmatrix}x_2\\x_3\end{pmatrix}=\begin{pmatrix}1\\0\end{pmatrix}$，$\begin{pmatrix}0\\1\end{pmatrix}$，得到一个基础解系：

$$\boldsymbol{\xi}_1=\begin{pmatrix}1\\1\\0\\0\end{pmatrix},\ \boldsymbol{\xi}_2=\begin{pmatrix}-1\\0\\1\\0\end{pmatrix}.$$ □

2. 解：（1）正确. ⇒：如果解集相同，则它们的基础解系能够互相线性表出.

⇐：设它们的基础解系等价. 由于任意解向量都是基础解系的线性组合，故解集必相同.

（2）错误. 该齐次线性方程组的线性无关的解的个数不超过基础解系所包含的向量个数 $5-3=2$.

参见命题 2.4.1.

（3）错误. 基础解系这个概念是针对齐次线性方程组而言的.

（4）正确. $(\boldsymbol{\xi}_1\ \ \boldsymbol{\xi}_2\ \ \boldsymbol{\eta}_1\ \ \boldsymbol{\eta}_2)\to\begin{pmatrix}1&1&1&0\\0&2&1&1\\0&0&0&0\end{pmatrix}$. 因此向量组 $\boldsymbol{\xi}_1$，$\boldsymbol{\xi}_2$，$\boldsymbol{\eta}_1$，$\boldsymbol{\eta}_2$ 的秩是 2，而 $\boldsymbol{\xi}_1$，$\boldsymbol{\xi}_2$ 和 $\boldsymbol{\eta}_1$，$\boldsymbol{\eta}_2$ 都是线性无关的，所以，它们都是 $\boldsymbol{\xi}_1$，$\boldsymbol{\xi}_2$，$\boldsymbol{\eta}_1$，$\boldsymbol{\eta}_2$ 的极大无关组，从而是等价的. 因此，由 $\boldsymbol{\xi}_1$，$\boldsymbol{\xi}_2$ 是一个基础解系得：$\boldsymbol{\eta}_1$，$\boldsymbol{\eta}_2$ 也是一个基础解系.

参见求向量组的秩和极大无关组的算法 2.3.2.

参见命题 2.2.10.

（5）正确. 由于 $\boldsymbol{\xi}_1$，$\boldsymbol{\xi}_2$ 是 $\begin{pmatrix}1\\0\end{pmatrix}$，$\begin{pmatrix}0\\1\end{pmatrix}$ 的伸长组，所以线性无关，进一步，可以由此考虑以 x_1，x_2 为自由变量的行简化阶梯形线性方程组：$x_3=x_1+x_2$. 该方程组的基础解系含有 $3-1=2$ 个解向量，而 $\boldsymbol{\xi}_1$，$\boldsymbol{\xi}_2$ 是它的两个线性无关的解，所以，是它的一个基础解系. □

任意 s 个线性无关的 n 维列向量都构成某个 n 元齐次线性方程组的一个基础解系.

3. 解：把系数矩阵用初等行变换变为阶梯形矩阵，得

$$\boldsymbol{A}=\begin{pmatrix}1&-3&6\\4&-1&1\\3&2&1\end{pmatrix}\to\begin{pmatrix}1&-3&6\\0&11&-23\\0&0&6\end{pmatrix},$$

所以 $r(\boldsymbol{A})=3$，从而原方程组只有零解. □

$r(\boldsymbol{A})$ 等于未知数的个数.

4. 解：把原方程组的系数矩阵用初等行变换变为阶梯形矩阵，得

$$\boldsymbol{A}=\begin{pmatrix}1&-3&2&-1\\-2&6&-4&3\\3&-9&6&-4\end{pmatrix}\to\begin{pmatrix}1&-3&2&-1\\0&0&0&1\\0&0&0&0\end{pmatrix},$$

由此即得 $r(\boldsymbol{A})=2<4$，所以，原方程组有非零解. 进一步用初等行变换化为行简化阶梯形矩阵，得

需要求出一个通解的表达式，不一定要写出基础解系，参见算法 2.4.2.

$$\to\begin{pmatrix}1 & -3 & 2 & 0\\ 0 & 0 & 0 & 1\\ 0 & 0 & 0 & 0\end{pmatrix}.$$

因此，原方程组同解于 $\begin{cases}x_1=3x_2-2x_3\\ x_4=0\end{cases}$. 分别令自由变量 x_2，x_3 为任意数 t_1，t_2，得通解为

$$\begin{pmatrix}3t_1-2t_2\\ t_1\\ t_2\\ 0\end{pmatrix}，t_1，t_2\ 为任意数.$$

□

比较习题 2.3 的第 10 题.

5. 解：(1) 错误. 只能得出系数矩阵的秩小于未知数的个数，而未必等于增广矩阵的秩，所以，该非齐次线性方程组可能没有解.

参见定理 2.3.1 和定理 2.4.1.

(2) 正确. 如果非齐次线性方程组有无穷多个解，则 $r(\mathbf{A})=r(\widetilde{\mathbf{A}})<n$，其中 $\mathbf{A}$，$\widetilde{\mathbf{A}}$ 分别是系数矩阵与增广矩阵，n 是未知数的个数. 由此可知，其导出组的基础解系含有 $n-r(\mathbf{A})$ 个解向量.

参见定理 2.4.2.

(3) 正确. 导出组的基础解系的线性组合依然是导出组的解，不可能是非齐次线性方程组的解.

参见定理 2.3.1 和引理 2.4.1. 本题的结论可以推广到一般情形.

(4) 正确. 由于系数矩阵和增广矩阵的秩都是 3，所以该线性方程组有无穷多个解，且其导出组的基础解系含两个向量. 设 $\boldsymbol{\xi}_1$，$\boldsymbol{\xi}_2$ 是导出组的一个基础解系，$\boldsymbol{\eta}$ 是原线性方程组的一个解，则 $\boldsymbol{\xi}_1+\boldsymbol{\eta}$，$\boldsymbol{\xi}_2+\boldsymbol{\eta}$，$\boldsymbol{\eta}$ 是原方程组的 3 个解.

设 $k_1(\boldsymbol{\xi}_1+\boldsymbol{\eta})+k_2(\boldsymbol{\xi}_2+\boldsymbol{\eta})+k_3\boldsymbol{\eta}=\mathbf{0}$，即 $k_1\boldsymbol{\xi}_1+k_2\boldsymbol{\xi}_2+(k_1+k_2+k_3)\boldsymbol{\eta}=\mathbf{0}$. 则必然有 $k_1+k_2+k_3=0$（否则，$\boldsymbol{\eta}$ 可以由 $\boldsymbol{\xi}_1$，$\boldsymbol{\xi}_2$ 线性表出，从而，$\boldsymbol{\eta}$ 是其导出组的解，矛盾.）于是，$k_1\boldsymbol{\xi}_1+k_2\boldsymbol{\xi}_2=\mathbf{0}$；但 $\boldsymbol{\xi}_1$，$\boldsymbol{\xi}_2$ 线性无关，所以，$k_1=k_2=0$，从而 $k_3=0$. 所以，$\boldsymbol{\xi}_1+\boldsymbol{\eta}$，$\boldsymbol{\xi}_2+\boldsymbol{\eta}$，$\boldsymbol{\eta}$ 线性无关.

参见定理 2.4.3.

(5) 正确. 根据题意，该线性方程组有解且其导出组的基础解系含有两个向量，因此，它的通解的任意表达式中一定含有两个任意常数.

□

需要求出通解的一个表达式，不一定要写出导出组的基础解系，参见算法 2.4.3.

6. 解：用初等行变换把增广矩阵化为阶梯形矩阵，得

$$\widetilde{\mathbf{A}}=\begin{pmatrix}1 & -2 & 1 & -1 & 1\\ 2 & 2 & 1 & 2 & -1\\ 1 & 4 & 0 & -3 & 0\end{pmatrix}$$

$$\to\begin{pmatrix}1 & -2 & 1 & -1 & 1\\ 0 & 6 & -1 & 4 & -3\\ 0 & 0 & 0 & -6 & 2\end{pmatrix}.$$

所以，$r(\mathbf{A})=r(\widetilde{\mathbf{A}})=3<4$，从而原方程组有无穷多个解. 进一步用初等行变换化为行简化阶梯形矩阵，得

$$\mathbf{A}\to\begin{pmatrix}1 & 0 & \frac{2}{3} & 0 & \frac{1}{9}\\ 0 & 1 & -\frac{1}{6} & 0 & -\frac{5}{18}\\ 0 & 0 & 0 & 1 & -\frac{1}{3}\end{pmatrix}$$

所以，原方程组同解于$\begin{cases}x_1=-\frac{2}{3}x_3+\frac{1}{9}\\ x_2=\frac{1}{6}x_3-\frac{5}{18}\\ x_4=-\frac{1}{3}\end{cases}$. 令自由变量 x_3 为任意数 t. 由此即得原方程组的通解表达式为$\begin{pmatrix}\frac{1}{9}-\frac{2}{3}t\\ -\frac{5}{18}+\frac{1}{6}t\\ t\\ -\frac{1}{3}\end{pmatrix}$，$t$ 为任意数.

□

7. 解：用初等行变换把增广矩阵变为阶梯形矩阵，得

$$\widetilde{\mathbf{A}}=\begin{pmatrix}1 & -2 & 1 & 1\\ 2 & 2 & 1 & -1\\ 1 & 4 & -1 & 0\\ 1 & -2 & 2 & -1\end{pmatrix}\to\begin{pmatrix}1 & -2 & 1 & 1\\ 0 & 6 & -1 & -3\\ 0 & 0 & -1 & 2\\ 0 & 0 & 0 & 0\end{pmatrix},$$

所以，$r(\mathbf{A})=r(\widetilde{\mathbf{A}})=3$，等于未知数的个数，从而原方程组有唯一解. 继续用初等行变换化为行简化阶梯形矩阵，得 $\mathbf{A}\to\begin{pmatrix}1 & 0 & 0 & \frac{4}{3}\\ 0 & 1 & 0 & -\frac{5}{6}\\ 0 & 0 & 1 & -2\\ 0 & 0 & 0 & 0\end{pmatrix}$. 所以，原方程组的唯一解为$\begin{cases}x_1=\frac{4}{3}\\ x_2=-\frac{5}{6}\\ x_3=-2\end{cases}$. □

8. 解：对增广矩阵 $\widetilde{\mathbf{A}}$ 作初等行变换：

$$\begin{pmatrix}1&-1&-1&1&1\\2&-2&-1&1&-2\\3&-3&-2&2&-1\\5&-5&-3&3&-3\end{pmatrix}\to\begin{pmatrix}1&-1&-1&1&1\\2&-2&-1&1&-2\\3&-3&-2&2&-1\\0&0&0&0&0\end{pmatrix}$$

$$\to\begin{pmatrix}1&-1&-1&1&1\\2&-2&-1&1&-2\\0&0&0&0&0\\0&0&0&0&0\end{pmatrix}\to\begin{pmatrix}1&-1&-1&1&1\\0&0&1&-1&-4\\0&0&0&0&0\\0&0&0&0&0\end{pmatrix}.$$

所以，$r(\boldsymbol{A})=r(\widetilde{\boldsymbol{A}})=2<4$，即原方程组有无穷多个解. 继续作初等行变换化为行简化阶梯形矩阵，得 $\boldsymbol{A}\to\begin{pmatrix}1&-1&0&0&-3\\0&0&1&-1&-4\\0&0&0&0&0\\0&0&0&0&0\end{pmatrix}$. 因此，原方程组同解于 $\begin{cases}x_1=-3+x_2\\x_3=-4+x_4\end{cases}$. 分别令自由变量 x_2，x_4 为任意数 t_1，t_2，得原方程组的通解为 $\begin{pmatrix}-3+t_1\\t_1\\-4+t_2\\t_2\end{pmatrix}$. □

9.（1）**证明**：任取一个解 $\boldsymbol{\xi}=\begin{pmatrix}-2+3s-2t\\1-2s+3t\\-1+s\\2+t\end{pmatrix}$. 假设 $\boldsymbol{\xi}=\boldsymbol{0}$，则由第 4 个和第 3 个分量得：$s=1$，$t=-2$，代入第 1 个分量得：$5=0$，矛盾. 所以，该方程组的任意一个都不是 $\boldsymbol{0}$，即没有零解，所以，原方程组不可能是齐次线性方程组. □

特殊值法.

（2）**解**：令 $s=t=0$，得原方程组的一个解：$\boldsymbol{\eta}=\begin{pmatrix}-2\\1\\-1\\2\end{pmatrix}$；令 $s=1$，$t=0$，得原方程组的一个解：$\boldsymbol{\delta}_1=\begin{pmatrix}1\\-1\\0\\2\end{pmatrix}$；令 $s=0$，$t=1$，得原方程组的一个解：$\boldsymbol{\delta}_2=\begin{pmatrix}-4\\4\\-1\\3\end{pmatrix}$；所以，$\boldsymbol{\xi}_1=\boldsymbol{\delta}_1-\boldsymbol{\eta}=\begin{pmatrix}3\\-2\\1\\0\end{pmatrix}$，$\boldsymbol{\xi}_2=\boldsymbol{\delta}_2-\boldsymbol{\eta}=\begin{pmatrix}-2\\3\\0\\1\end{pmatrix}$

是其导出组的两个线性无关的解. 对任意数 s，t 有：$\boldsymbol{\eta}+s\boldsymbol{\xi}_1+t\boldsymbol{\xi}_2=\begin{pmatrix}-2+3s-2t\\1-2s+3t\\-1+s\\2+t\end{pmatrix}$，即 $\boldsymbol{\eta}+s\boldsymbol{\xi}_1+t\boldsymbol{\xi}_2$（$s$，$t$ 为任意数）是原方程组的通解表达式，因此，$\boldsymbol{\xi}_1$，$\boldsymbol{\xi}_2$ 就是其导出组的一个基础解系，即系数矩阵的秩为 $n-(n-r(\boldsymbol{A}))=4-2=2$. □

10. 证明：由题设，该方程组的导出组的任意基础解系含有 $5-3=2$ 个解向量. 任取导出组的一个基础解系 $\boldsymbol{\xi}_1$，$\boldsymbol{\xi}_2$. 任取原方程组的一个解 $\boldsymbol{\eta}$，则

参见前面第 5 (4) 题.

$$\boldsymbol{\gamma}_1=\boldsymbol{\eta},\ \boldsymbol{\gamma}_2=\boldsymbol{\eta}+\boldsymbol{\xi}_1,\ \boldsymbol{\gamma}_3=\boldsymbol{\eta}+\boldsymbol{\xi}_2$$

是非齐次线性方程组的一组线性无关的解. 设 $\boldsymbol{\gamma}$ 是原方程组的任意一个解，则存在数 c_1，c_2 使得

参见定理 2.4.3.

$$\begin{aligned}\boldsymbol{\gamma}&=\boldsymbol{\eta}+c_1\boldsymbol{\xi}_1+c_2\boldsymbol{\xi}_2\\&=(1-c_1-c_2)\boldsymbol{\eta}+c_1(\boldsymbol{\xi}_1+\boldsymbol{\eta})+c_2(\boldsymbol{\xi}_2+\boldsymbol{\eta})\\&=(1-c_1-c_2)\boldsymbol{\gamma}_1+c_1\boldsymbol{\gamma}_2+c_2\boldsymbol{\gamma}_3,\end{aligned}$$

用类似的讨论可以把本题的结论推广到更一般的情形.

即任意解 $\boldsymbol{\gamma}$ 都可以由 $\boldsymbol{\gamma}_1$，$\boldsymbol{\gamma}_2$，$\boldsymbol{\gamma}_3$ 线性表出. □

补充例题

例6.2.1 (1992)① 设 $\boldsymbol{\alpha}_1$，$\boldsymbol{\alpha}_2$，$\boldsymbol{\alpha}_3$ 线性相关，$\boldsymbol{\alpha}_2$，$\boldsymbol{\alpha}_3$，$\boldsymbol{\alpha}_4$ 线性无关. 问：

(1) $\boldsymbol{\alpha}_1$ 能否由 $\boldsymbol{\alpha}_2$，$\boldsymbol{\alpha}_3$ 线性表出？证明你的结论；

(2) $\boldsymbol{\alpha}_4$ 能否由 $\boldsymbol{\alpha}_1$，$\boldsymbol{\alpha}_2$，$\boldsymbol{\alpha}_3$ 线性表出？证明你的结论.

证明：(1) 因为 $\boldsymbol{\alpha}_2$，$\boldsymbol{\alpha}_3$，$\boldsymbol{\alpha}_4$ 线性无关，从而 $\boldsymbol{\alpha}_2$，$\boldsymbol{\alpha}_3$ 线性无关，又因为 $\boldsymbol{\alpha}_1$，$\boldsymbol{\alpha}_2$，$\boldsymbol{\alpha}_3$ 线性相关，从而 $\boldsymbol{\alpha}_1$ 一定可以由 $\boldsymbol{\alpha}_2$，$\boldsymbol{\alpha}_3$ 线性表出，并且表示方式唯一. □

参见命题 2.2.4.

(2) 由 (1)，$\boldsymbol{\alpha}_1$，$\boldsymbol{\alpha}_2$，$\boldsymbol{\alpha}_3$ 与 $\boldsymbol{\alpha}_2$，$\boldsymbol{\alpha}_3$ 等价；而 $\boldsymbol{\alpha}_4$ 不能由 $\boldsymbol{\alpha}_2$，$\boldsymbol{\alpha}_3$ 线性表出，即 $\boldsymbol{\alpha}_4$ 不能由 $\boldsymbol{\alpha}_1$，$\boldsymbol{\alpha}_2$，$\boldsymbol{\alpha}_3$ 线性表出. □

例6.2.2 (1998) 已知 $\boldsymbol{\alpha}_1=(1,\ 4,\ 0,\ 2)^{\mathrm{T}}$，$\boldsymbol{\alpha}_2=(2,\ 7,\ 1,\ 3)^{\mathrm{T}}$，$\boldsymbol{\alpha}_3=(0,\ 1,\ -1,\ a)^{\mathrm{T}}$ 及 $\boldsymbol{\beta}=(3,\ 10,\ b,\ 4)^{\mathrm{T}}$.②

(1) a，b 为何值时，$\boldsymbol{\beta}$ 不能表示成 $\boldsymbol{\alpha}_1$，$\boldsymbol{\alpha}_2$，$\boldsymbol{\alpha}_3$ 的线性组合？

(2) a，b 为何值时，$\boldsymbol{\beta}$ 可由 $\boldsymbol{\alpha}_1$，$\boldsymbol{\alpha}_2$，$\boldsymbol{\alpha}_3$ 的线性表示？并写出该表示式.

解：该问题等价于判定非齐次线性方程组 $x_1\boldsymbol{\alpha}_1+x_2\boldsymbol{\alpha}_2+x_3\boldsymbol{\alpha}_3=\boldsymbol{\beta}$

---

① 年份表示补充例题是该年的考研题. 细节可能有修改.

② T 表示转置. 在后面的补充例题中通常把列向量写成行向量的转置的形式. 另外，在后面的补充例题中，$\boldsymbol{E}$ 通常表示单位阵.

的解的存在性. 对增广矩阵作初等行变换，得

注意，系数矩阵不是方阵，所以不能用克莱姆法则. 比较习题 2.3 的第 9 题、例 3.3.25 和例 6.3.17.

$$\widetilde{\mathbf{A}}=\begin{pmatrix}1&2&0&3\\4&7&1&10\\0&1&-1&b\\2&3&a&4\end{pmatrix}\to\begin{pmatrix}1&2&0&3\\0&-1&1&-2\\0&0&a-1&0\\0&0&0&b-2\end{pmatrix}. \quad (\star)$$

当 $a\neq 1$ 且 $b\neq 2$ 时，式($\star$)右边的矩阵是阶梯形矩阵，所以 $r(\mathbf{A})=3<r(\widetilde{\mathbf{A}})=4$，从而原方程组无解，即此时 $\boldsymbol{\beta}$ 不能表示成 $\boldsymbol{\alpha}_1$，$\boldsymbol{\alpha}_2$，$\boldsymbol{\alpha}_3$ 的线性组合.

当 $a=1$ 且 $b\neq 2$ 时，交换式($\star$)右边的矩阵的 3，4 行，得 $r(\mathbf{A})=2$，$r(\widetilde{\mathbf{A}})=3$，所以，此时，$\boldsymbol{\beta}$ 不能表示成 $\boldsymbol{\alpha}_1$，$\boldsymbol{\alpha}_2$，$\boldsymbol{\alpha}_3$ 的线性组合.

当 $b=2$ 且 $a=1$ 时，式($\star$)右边的矩阵是阶梯形矩阵，且此时 $r(\mathbf{A})=r(\widetilde{\mathbf{A}})=2$，所以，此时，$\boldsymbol{\beta}$ 可由 $\boldsymbol{\alpha}_1$，$\boldsymbol{\alpha}_2$，$\boldsymbol{\alpha}_3$ 线性表出. 此时，进一步用初等行变换把增广矩阵化为行简化阶梯形矩阵，得 $\widetilde{\mathbf{A}}\to\begin{pmatrix}1&0&2&-1\\0&1&-1&2\\0&0&0&0\\0&0&0&0\end{pmatrix}$.

从而，原方程组的通解为 $(-1-2t,\ 2+t,\ t)^{\mathrm{T}}$，$t$ 为任意数，即

$$\boldsymbol{\beta}=(-1-2t)\boldsymbol{\alpha}_1+(2+t)\boldsymbol{\alpha}_2+t\boldsymbol{\alpha}_3\text{，其中 } t \text{ 是任意数.}$$

当 $b=2$ 且 $a\neq 1$ 时，式($\star$)右边的矩阵是阶梯形矩阵，从而 $r(\mathbf{A})=r(\widetilde{\mathbf{A}})=3$，因此原方程组有唯一解. 进一步用初等行变换把增广矩阵化为行简化阶梯形矩阵，得 $(\mathbf{A},\boldsymbol{\beta})\to\begin{pmatrix}1&0&0&-1\\0&1&0&2\\0&0&1&0\\0&0&0&0\end{pmatrix}$. 从而原方程组的解为 $(-1,\ 2,\ 0)^{\mathrm{T}}$，即 $\boldsymbol{\beta}=-\boldsymbol{\alpha}_1+2\boldsymbol{\alpha}_2$.

综上，当 $b\neq 2$ 时，$\boldsymbol{\beta}$ 不能表示成 $\boldsymbol{\alpha}_1$，$\boldsymbol{\alpha}_2$，$\boldsymbol{\alpha}_3$ 的线性组合；当 $b=2$ 且 $a=1$ 时，$\boldsymbol{\beta}$ 能表示成 $\boldsymbol{\alpha}_1$，$\boldsymbol{\alpha}_2$，$\boldsymbol{\alpha}_3$ 的线性组合，且表出方式有无穷多；当 $b=2$ 且 $a\neq 1$ 时，$\boldsymbol{\beta}$ 能表示成 $\boldsymbol{\alpha}_1$，$\boldsymbol{\alpha}_2$，$\boldsymbol{\alpha}_3$ 的线性组合，且表出方式唯一. □

例6.2.3 设向量组 $\boldsymbol{\alpha}_1=(1,\ 4,\ 0,\ 2)^{\mathrm{T}}$，$\boldsymbol{\alpha}_2=(2,\ 7,\ 1,\ 3)^{\mathrm{T}}$，$\boldsymbol{\alpha}_3=(0,\ 1,\ -1,\ a)^{\mathrm{T}}$，$\boldsymbol{\alpha}_4=(3,\ 10,\ b,\ 4)^{\mathrm{T}}$. 已知 $\boldsymbol{\alpha}_1$，$\boldsymbol{\alpha}_2$，$\boldsymbol{\alpha}_3$ 是该向量组的一个极大无关组. 求 a，b 的值，并把 $\boldsymbol{\alpha}_4$ 用 $\boldsymbol{\alpha}_1$，$\boldsymbol{\alpha}_2$，$\boldsymbol{\alpha}_3$ 线性表出.

解： 设 $\mathbf{A}=(\boldsymbol{\alpha}_1\ \ \boldsymbol{\alpha}_2\ \ \boldsymbol{\alpha}_3\ \ \boldsymbol{\alpha}_4)$. 对 $\mathbf{A}$ 作初等行变换，得

$$\mathbf{A}=\begin{pmatrix}1&2&0&3\\4&7&1&10\\0&1&-1&b\\2&3&a&4\end{pmatrix}\to\begin{pmatrix}1&2&0&3\\0&-1&1&-2\\0&0&a-1&0\\0&0&0&b-2\end{pmatrix}.$$

由题设得：$a\neq 1$，$b=2$. 进一步用初等行变换化为行简化阶梯形矩阵，得 $\boldsymbol{A}\rightarrow\begin{pmatrix}1&0&0&-1\\0&1&0&2\\0&0&1&0\\0&0&0&0\end{pmatrix}$，由此即得 $\boldsymbol{\alpha}_4=-\boldsymbol{\alpha}_1+2\boldsymbol{\alpha}_2$. □

例6.2.4 (2000) 已知向量组 $\boldsymbol{\beta}_1=(0,\ 1,\ -1)^{\mathrm{T}}$，$\boldsymbol{\beta}_2=(a,\ 2,\ 1)^{\mathrm{T}}$，$\boldsymbol{\beta}_3=(b,\ 1,\ 0)^{\mathrm{T}}$ 与 $\boldsymbol{\alpha}_1=(1,\ 2,\ -3)^{\mathrm{T}}$，$\boldsymbol{\alpha}_2=(3,\ 0,\ 1)^{\mathrm{T}}$，$\boldsymbol{\alpha}_3=(9,\ 6,\ -7)^{\mathrm{T}}$ 具有相同的秩，且 $\boldsymbol{\beta}_3$ 可由 $\boldsymbol{\alpha}_1$，$\boldsymbol{\alpha}_2$，$\boldsymbol{\alpha}_3$ 线性表出，求 a，b 的取值.

解： 由题设，向量组 $\boldsymbol{\alpha}_1$，$\boldsymbol{\alpha}_2$，$\boldsymbol{\alpha}_3$ 与 $\boldsymbol{\alpha}_1$，$\boldsymbol{\alpha}_2$，$\boldsymbol{\alpha}_3$，$\boldsymbol{\beta}_3$ 等价，所以它们的秩相等. 把 $(\boldsymbol{\alpha}_1\quad\boldsymbol{\alpha}_2\quad\boldsymbol{\alpha}_3\quad\boldsymbol{\beta}_3)$ 用初等行变换化为阶梯形矩阵，得

$$\rightarrow\begin{pmatrix}1&3&9&b\\2&0&6&1\\-3&1&-7&0\end{pmatrix}\rightarrow\begin{pmatrix}1&3&9&b\\0&-6&-12&1-2b\\0&0&0&\dfrac{5-b}{3}\end{pmatrix}.$$

从而由 $r(\boldsymbol{\alpha}_1\quad\boldsymbol{\alpha}_2\quad\boldsymbol{\alpha}_3\quad\boldsymbol{\beta}_3)=r(\boldsymbol{\alpha}_1\quad\boldsymbol{\alpha}_2\quad\boldsymbol{\alpha}_3)=2$，得 $b=5$. 把 $(\boldsymbol{\beta}_1\quad\boldsymbol{\beta}_2\quad\boldsymbol{\beta}_3)$ 用初等行变换化为阶梯形矩阵，得

$$\rightarrow\begin{pmatrix}0&a&5\\1&2&1\\-1&1&0\end{pmatrix}\rightarrow\begin{pmatrix}-1&1&0\\0&3&1\\0&0&5-\dfrac{a}{3}\end{pmatrix}.$$

从而由 $r(\boldsymbol{\beta}_1\quad\boldsymbol{\beta}_2\quad\boldsymbol{\beta}_3)=r(\boldsymbol{\alpha}_1\quad\boldsymbol{\alpha}_2\quad\boldsymbol{\alpha}_3)=2$，得 $a=15$. □

例6.2.5 (2002) 设三阶矩阵 $\boldsymbol{A}=\begin{pmatrix}1&2&-2\\2&1&2\\3&0&4\end{pmatrix}$，三维列向量 $\boldsymbol{\alpha}=(a,\ 1,\ 1)^{\mathrm{T}}$. 已知 $\boldsymbol{A\alpha}$ 与 $\boldsymbol{\alpha}$ 线性相关，求 a.

这里 $\boldsymbol{A\alpha}$ 是矩阵 $\boldsymbol{A}$ 与 $\boldsymbol{\alpha}$ 的乘积，参见第 3 章.

解： 因 $\boldsymbol{A\alpha}=(a,\ 2a+3,\ 3a+4)^{\mathrm{T}}$ 与 $\boldsymbol{\alpha}$ 线性相关，因而对应分量成比例，即 $\dfrac{a}{a}=\dfrac{2a+3}{1}=\dfrac{3a+4}{1}$，由此解得 $a=-1$. □

例6.2.6 (2005) 设向量组 (2，1，1，1)，(2，1，a，a)，(3，2，1，a)，(4，3，2，1) 线性相关，且 $a\neq 1$，则 $a=$________.

解： 把这些向量转置以后变为列向量，拼成矩阵 $\boldsymbol{A}$，并对 $\boldsymbol{A}$ 作初等变换，得

由于 $\boldsymbol{A}$ 恰好是一个方阵，所以也可以用行列式 $|\boldsymbol{A}|=0$ 得到 a，参见命题 3.3.3.

$$\boldsymbol{A}=\begin{pmatrix}2&2&3&4\\1&1&2&3\\1&a&1&2\\1&a&a&1\end{pmatrix}\rightarrow\begin{pmatrix}1&1&2&3\\0&a-1&-1&1\\0&0&-1&-2\\0&0&0&-2a+1\end{pmatrix}.$$

因 $\boldsymbol{A}$ 的列向量组线性相关，即 $r(\boldsymbol{A}) \leqslant 3$，从而 $a=1$ 或 $a=\frac{1}{2}$. 已知 $a \neq 1$，故 $a=\frac{1}{2}$. □

例6.2.7 设向量组 $\boldsymbol{\alpha}_1=(2, 2, -4, 1)^{\mathrm{T}}$，$\boldsymbol{\alpha}_2=(4, 2, -6, 2)^{\mathrm{T}}$，$\boldsymbol{\alpha}_3=(6, 3, -9, 3)^{\mathrm{T}}$，$\boldsymbol{\alpha}_4=(1, 1, 1, 1)^{\mathrm{T}}$. 求该向量组的秩和和所有的极大线性无关组.

解：设 $\boldsymbol{A}=(\boldsymbol{\alpha}_1 \quad \boldsymbol{\alpha}_2 \quad \boldsymbol{\alpha}_3 \quad \boldsymbol{\alpha}_4)$. 用初等行变换把 $\boldsymbol{A}$ 变为阶梯形矩阵，得

$$\boldsymbol{A}=\begin{pmatrix} 2 & 4 & 6 & 1 \\ 2 & 2 & 3 & 1 \\ -4 & -6 & -9 & 1 \\ 1 & 2 & 3 & 1 \end{pmatrix} \rightarrow \begin{pmatrix} 1 & 0 & 0 & 0 \\ 0 & 2 & 3 & 1 \\ 0 & 0 & 0 & 1 \\ 0 & 0 & 0 & 0 \end{pmatrix}.$$

由此即得：该向量组的秩为 3，并且 $\boldsymbol{\alpha}_1$，$\boldsymbol{\alpha}_2$，$\boldsymbol{\alpha}_4$ 是一个极大无关组. 进一步，$\boldsymbol{\alpha}_1$，$\boldsymbol{\alpha}_2$，$\boldsymbol{\alpha}_3$，$\boldsymbol{\alpha}_4$ 的子组是一个极大无关组 $\Leftrightarrow$ 该子组由 3 个线性无关的向量组成. 直接计算得：$r(\boldsymbol{\alpha}_1 \quad \boldsymbol{\alpha}_2 \quad \boldsymbol{\alpha}_3)=2$，$r(\boldsymbol{\alpha}_1 \quad \boldsymbol{\alpha}_3 \quad \boldsymbol{\alpha}_4)=3$，$r(\boldsymbol{\alpha}_2 \quad \boldsymbol{\alpha}_3 \quad \boldsymbol{\alpha}_4)=2$，所以，所有的极大无关组为：$\boldsymbol{\alpha}_1$，$\boldsymbol{\alpha}_2$，$\boldsymbol{\alpha}_4$；$\boldsymbol{\alpha}_1$，$\boldsymbol{\alpha}_3$，$\boldsymbol{\alpha}_4$. □

例6.2.8（1989） 设齐次线性方程组 $\begin{cases} \lambda x_1+x_2+x_3=0 \\ x_1+\lambda x_2+x_3=0 \\ x_1+x_2+x_3=0 \end{cases}$ 只有零解. λ 应满足的条件是________.

由于这里的系数矩阵是方阵，所以也可以用行列式.

解：原方程组只有零解等价于其系数矩阵 $\boldsymbol{A}$ 的秩为 3. 用初等行变换把 $\boldsymbol{A}$ 变为

$$\boldsymbol{A}=\begin{pmatrix} \lambda & 1 & 1 \\ 1 & \lambda & 1 \\ 1 & 1 & 1 \end{pmatrix} \rightarrow \begin{pmatrix} 1 & 1 & 1 \\ 0 & \lambda-1 & 0 \\ 0 & 0 & 1-\lambda \end{pmatrix},$$

因此 $\lambda \neq 1$. □

例6.2.9（1994） 设四元线性方程组（I）为

$$\begin{cases} x_1+x_2=0 \\ x_2-x_4=0 \end{cases},$$

又已知某线性齐次方程组（II）的通解为

$$k_1(0, 1, 1, 0)^{\mathrm{T}}+k_2(-1, 2, 2, 1)^{\mathrm{T}}.$$

（1）求线性方程组（I）的基础解系；
（2）问线性方程组（I）和（II）是否有非零公共解？若有，则求出所有的非零公共解. 若没有，则说明理由.

解：(1) 把 (I) 的系数矩阵用初等行变换化为行简化阶梯形矩阵，得 $\begin{pmatrix}1 & 1 & 0 & 0\\0 & 1 & 0 & -1\end{pmatrix}\to\begin{pmatrix}1 & 0 & 0 & 1\\0 & 1 & 0 & -1\end{pmatrix}$. 因此，自由变量为 x_3，x_4. 分别令 $(x_3, x_4)^T=(1, 0)^T$，$(0, 1)^T$，得 (I) 的一个基础解系为：$\boldsymbol{\xi}_1=(0, 0, 1, 0)^T$，$\boldsymbol{\xi}_2=(-1, 1, 0, 1)^T$.

(2) 法一：由题设得 (II) 的一个基础解系：

$$(0, 1, 1, 0)^T, (-1, 0, 0, 1)^T.$$

两个方程组的公共解就是把两个方程组合成一个方程组的解. 因此，需要写出方程组 (II) 的一个具体形式. 参见习题 2.4 第 2 (5) 题.

取 x_3，x_4 为自由变量，得到 (II) 同解于线性方程组：

$$\text{(III)}\begin{cases}x_1+x_4=0\\x_2-x_3=0\end{cases}.$$

因此，(I) 与 (II) 的公共解集就是把 (I) 和 (III) 合起来的如下方程组的解集：

$$\text{(IV)}\begin{cases}x_1+x_2=0\\x_2-x_4=0\\x_1+x_4=0\\x_2-x_3=0\end{cases}.$$

对 (IV) 的系数矩阵作初等行变换，得

$$\begin{pmatrix}1 & 1 & 0 & 0\\0 & 1 & 0 & -1\\1 & 0 & 0 & 1\\0 & 1 & -1 & 0\end{pmatrix}\to\begin{pmatrix}1 & 0 & 0 & 1\\0 & 1 & 0 & -1\\0 & 0 & 1 & -1\\0 & 0 & 0 & 0\end{pmatrix}.$$

取自由变量 x_4 为任意数 c，由此即得 (IV) 的全部非零解为：$c(-1, 1, 1, 1)^T$，其中 c 为非零常数，这也就是 (I) 与 (II) 的全部非零的公共解.

法二：由题设，(II) 的全部解为

$$\begin{aligned}\boldsymbol{\eta}&=k_1(0, 1, 1, 0)^T+k_2(-1, 2, 2, 1)^T\\&=(-k_2, k_1+2k_2, k_1+2k_2, k_2)^T,\end{aligned}$$

其中，k_1，k_2 是任意数. 于是，

$\boldsymbol{\eta}$ 是 (I) 与 (II) 的公共解 $\Leftrightarrow\boldsymbol{\eta}$ 可以由 $\boldsymbol{\xi}_1$，$\boldsymbol{\xi}_2$ 线性表出

$$\Leftrightarrow r(\boldsymbol{\xi}_1\quad\boldsymbol{\xi}_2)=2=r(\boldsymbol{\xi}_1\quad\boldsymbol{\xi}_2\quad\boldsymbol{\eta}).$$

参见推论 2.2.3.

对矩阵 $(\boldsymbol{\xi}_1\quad\boldsymbol{\xi}_2\quad\boldsymbol{\eta})$ 作初等变换，得

$$(\boldsymbol{\xi}_1\quad\boldsymbol{\xi}_2\quad\boldsymbol{\eta})=\begin{pmatrix}0 & -1 & -k_2\\0 & 1 & k_1+2k_2\\1 & 0 & k_1+2k_2\\0 & 1 & k_2\end{pmatrix}\to\begin{pmatrix}1 & 0 & k_1+2k_2\\0 & 1 & k_2\\0 & 0 & k_1+k_2\\0 & 0 & 0\end{pmatrix}.$$

由此即得：$r(\boldsymbol{\xi}_1\quad\boldsymbol{\xi}_2\quad\boldsymbol{\eta})=2\Leftrightarrow k_1+k_2=0$. 又由于$\boldsymbol{\eta}\neq\mathbf{0}$等价于$k_1\neq0$且$k_2\neq0$，所以，取$k_1=-k_2=c$是任意的非零数，就得到（I）与（II）的全部非零公共解：

$$c(0,1,1,0)^{\mathrm{T}}-c(-1,2,2,1)^{\mathrm{T}}=c(1,-1,-1,-1)^{\mathrm{T}}.\quad\square$$

例6.2.10（2005） 已知方程组$\begin{cases}x_1+2x_2+3x_3=0\\2x_1+3x_2+5x_3=0\\x_1+x_2+ax_3=0\end{cases}$与方程组$\begin{cases}x_1+bx_2+cx_3=0\\2x_1+b^2x_2+(c+1)x_3=0\end{cases}$同解. 求$a$，$b$，$c$的值.

解：设所给的原方程组的系数矩阵分别为$\boldsymbol{A}$，$\boldsymbol{B}$. 由题设，这两个方程组的基础解系所包含的向量个数必然相同，即$3-r(\boldsymbol{A})=3-r(\boldsymbol{B})$，从而$r(\boldsymbol{A})=r(\boldsymbol{B})$.

由于$\boldsymbol{A}$的前两行线性无关，所以，$r(\boldsymbol{A})\geqslant2$；但是，$r(\boldsymbol{B})\leqslant2$，即$2\leqslant r(\boldsymbol{A})=r(\boldsymbol{B})\leqslant2$，因此，$r(\boldsymbol{A})=r(\boldsymbol{B})=2$. 对$\boldsymbol{A}$作初等行变换，得$\boldsymbol{A}\to\begin{pmatrix}1&2&3\\0&-1&-1\\0&0&a-2\end{pmatrix}$. 所以，由$r(\boldsymbol{A})=2$即得$a=2$.

继续把$\boldsymbol{A}$用初等行变换变为行简化阶梯形矩阵，得$\boldsymbol{A}\to\begin{pmatrix}1&0&1\\0&1&1\\0&0&0\end{pmatrix}$，$x_3$为自由变量. 由此得到第一个方程组的通解为：$k(-1,-1,1)^{\mathrm{T}}$，其中，$k$是任意数.

特殊值法.

由题设，$(-1,-1,1)^{\mathrm{T}}$也是第二个方程组的解，代入，得$\begin{cases}-1-b+c=0\\-2-b^2+(c+1)=0\end{cases}$. 解之得：$\begin{cases}b=1\\c=2\end{cases}$或$\begin{cases}b=0\\c=1\end{cases}$. 当$b=0$且$c=1$时有$r(\boldsymbol{B})=1$，与$r(\boldsymbol{B})=2$矛盾.

需要进一步检验得到的b，c是否符合题意.

所以，只可能是$b=1$，$c=2$. 此时，$\boldsymbol{B}=\begin{pmatrix}1&1&2\\2&1&3\end{pmatrix}\to\begin{pmatrix}1&0&1\\0&1&1\end{pmatrix}$，所以，第二个方程组的通解也是$k(-1,-1,1)^{\mathrm{T}}$，其中，$k$是任意数，与第一个方程组的通解相同，符合题意.

综上所述，$a=2$，$b=1$，$c=2$. $\square$

§6.3 矩阵与行列式

6.3.1 矩阵的运算

知识点小结

- 基本概念：矩阵的转置、和、数乘、乘积及其向量形式；对称阵；初等阵；线性方程组的矩阵形式.

● 基本结论：

（1）转置及其运算性质.

（2）数乘：用非零数去数乘矩阵，不改变矩阵的秩，参见例 3.1.14.

（3）加法：$r(\boldsymbol{A}+\boldsymbol{B})\leqslant r(\boldsymbol{A})+r(\boldsymbol{B})$；矩阵的加法满足交换律、结合律、消去律；矩阵的加法和矩阵的乘法满足分配律.

（4）乘法：$r(\boldsymbol{AB})\leqslant \min(r(\boldsymbol{A}), r(\boldsymbol{B}))$；矩阵的乘法满足结合律，不满足交换律，不满足消去律.

（5）初等阵与矩阵的初等变换之间的关系. 参见定理 3.1.1.

（6）初等阵的基本性质. 参见推论 3.1.1.

（7）初等阵与矩阵的秩之间的关系，参见定理 3.1.2.

（8）线性方程组的矩阵形式的应用举例. 参见例 3.1.13 和例 3.1.15.

● 基本计算：计算矩阵的转置、和、数乘和乘积.

习题 3.1 解答

1. 解：

$$
\begin{aligned}
&-2\begin{pmatrix} a & 1 & a \\ 1 & b & -1 \end{pmatrix}+3\begin{pmatrix} 1 & a & 0 \\ b & 1 & 0 \end{pmatrix}\\
&=\begin{pmatrix} -2a & -2 & -2a \\ -2 & -2b & 2 \end{pmatrix}+\begin{pmatrix} 3 & 3a & 0 \\ 3b & 3 & 0 \end{pmatrix}\\
&=\begin{pmatrix} -2a+3 & -2+3a & -2a \\ -2+3b & -2b+3 & 2 \end{pmatrix}.
\end{aligned}
$$

□

2. 解：

$$
\begin{aligned}
&\begin{pmatrix} -1 & 0 & 1 \\ 1 & 1 & -1 \end{pmatrix}\begin{pmatrix} 1 & 0 & 0 \\ 0 & -1 & 2 \\ 0 & 0 & 1 \end{pmatrix}^{\mathrm{T}}\begin{pmatrix} 1 & -1 \\ 0 & 1 \\ 2 & -2 \end{pmatrix}\\
&=\begin{pmatrix} -1 & 0 & 1 \\ 1 & 1 & -1 \end{pmatrix}\begin{pmatrix} 1 & 0 & 0 \\ 0 & -1 & 0 \\ 0 & 2 & 1 \end{pmatrix}\begin{pmatrix} 1 & -1 \\ 0 & 1 \\ 2 & -2 \end{pmatrix}\\
&=\begin{pmatrix} -1 & 2 & 1 \\ 1 & -3 & -1 \end{pmatrix}\begin{pmatrix} 1 & -1 \\ 0 & 1 \\ 2 & -2 \end{pmatrix}\\
&=\begin{pmatrix} 1 & 1 \\ -1 & -2 \end{pmatrix}.
\end{aligned}
$$

□

3. 解：（1）错误. 因为 $\boldsymbol{A}+\boldsymbol{B}$ 是 2×3 型矩阵，所以，$r(\boldsymbol{A}+\boldsymbol{B})\leqslant \min(2, 3)=2$，从而 $r(\boldsymbol{A}+\boldsymbol{B})$ 最多是 2.

一般地，$r(\boldsymbol{A}+\boldsymbol{B})\leqslant r(\boldsymbol{A})+r(\boldsymbol{B})$.

（2）正确. 因为 $\boldsymbol{A}$ 的第 2 行是零行，所以，对任意 $\boldsymbol{X}$，即使 $\boldsymbol{A}$ 与 $\boldsymbol{X}$

可以相乘，乘积 $\boldsymbol{AX}$ 的第 2 行也必然是零行.

加上条件 $\boldsymbol{A}$ 可逆，则结论正确.

(3) 错误. 矩阵的乘法不满足消去律. 例如，

$$\begin{pmatrix}1&1\\0&0\end{pmatrix}\begin{pmatrix}3&1\\2&4\end{pmatrix}=\begin{pmatrix}5&5\\0&0\end{pmatrix};$$

$$\begin{pmatrix}1&1\\0&0\end{pmatrix}\begin{pmatrix}2&4\\3&1\end{pmatrix}=\begin{pmatrix}5&5\\0&0\end{pmatrix}.$$

但 $\begin{pmatrix}3&1\\2&4\end{pmatrix}\neq\begin{pmatrix}2&4\\3&1\end{pmatrix}$.

(4) 错误. 一般地，

$$(\boldsymbol{A}+\boldsymbol{B})(\boldsymbol{A}-\boldsymbol{B})=\boldsymbol{A}^2-\boldsymbol{AB}+\boldsymbol{BA}-\boldsymbol{B}^2.$$

但是，$\boldsymbol{A}$，$\boldsymbol{B}$ 未必可交换，例如，

$$\begin{pmatrix}1&1\\0&1\end{pmatrix}\begin{pmatrix}1&1\\1&1\end{pmatrix}=\begin{pmatrix}2&2\\1&1\end{pmatrix};$$

$$\begin{pmatrix}1&1\\1&1\end{pmatrix}\begin{pmatrix}1&1\\0&1\end{pmatrix}=\begin{pmatrix}1&2\\1&2\end{pmatrix}.$$

二者不相等.

(5) 正确. 由题设可得，齐次线性方程组 $\boldsymbol{Ax}=\boldsymbol{0}$ 的解集中含有全部基本向量，而基本向量线性无关，即其基础解系必然含有 n 个线性无关的向量，所以，$n-r(\boldsymbol{A})=n$，即 $r(\boldsymbol{A})=0$，从而 $\boldsymbol{A}=\boldsymbol{0}$.

关于分块矩阵和可逆阵，参见 3.2 节.

或者，任取 n 阶可逆阵 $\boldsymbol{B}=(\boldsymbol{\beta}_1\ \ \cdots\ \ \boldsymbol{\beta}_n)$. 由题设可知，$\boldsymbol{A\beta}_i=\boldsymbol{0}$，于是

$$\boldsymbol{AB}=(\boldsymbol{A\beta}_1\ \ \cdots\ \ \boldsymbol{A\beta}_n)=(\boldsymbol{0}\ \ \cdots\ \ \boldsymbol{0})=\boldsymbol{0},$$

因此，$\boldsymbol{A}=\boldsymbol{0B}^{-1}=\boldsymbol{0}$. □

4. 证明： 设非齐次线性方程组为 $\boldsymbol{Ax}=\boldsymbol{\beta}$，$\boldsymbol{\beta}\neq\boldsymbol{0}$；其导出组为 $\boldsymbol{Ax}=\boldsymbol{0}$.

设 $\boldsymbol{\gamma}_0$ 是 $\boldsymbol{Ax}=\boldsymbol{\beta}$ 的一个解，即 $\boldsymbol{A\gamma}_0=\boldsymbol{\beta}$.

任取 $\boldsymbol{Ax}=\boldsymbol{0}$ 的一个解 $\boldsymbol{\gamma}$，即 $\boldsymbol{A\gamma}=\boldsymbol{0}$.

则 $\boldsymbol{A}(\boldsymbol{\gamma}_0+\boldsymbol{\gamma})=\boldsymbol{\beta}+\boldsymbol{0}=\boldsymbol{\beta}$，即 $\boldsymbol{\gamma}_0+\boldsymbol{\gamma}$ 是 $\boldsymbol{Ax}=\boldsymbol{\beta}$ 的一个解.

反之（要证 $\boldsymbol{Ax}=\boldsymbol{\beta}$ 的任意解都具有 $\boldsymbol{\gamma}_0+\boldsymbol{\gamma}$ 的形式，其中，$\boldsymbol{\gamma}$ 是 $\boldsymbol{Ax}=\boldsymbol{0}$ 的解），任取 $\boldsymbol{Ax}=\boldsymbol{\beta}$ 的一个解 $\boldsymbol{\gamma}_1$，即 $\boldsymbol{A\gamma}_1=\boldsymbol{\beta}$.

于是 $\boldsymbol{A}(\boldsymbol{\gamma}_1-\boldsymbol{\gamma}_0)=\boldsymbol{\beta}-\boldsymbol{\beta}=\boldsymbol{0}$，即 $\boldsymbol{\gamma}=\boldsymbol{\gamma}_1-\boldsymbol{\gamma}_0$ 是 $\boldsymbol{Ax}=\boldsymbol{0}$ 的一个解，且 $\boldsymbol{\gamma}_1=\boldsymbol{\gamma}_0+\boldsymbol{\gamma}$.

5. 证明： (1)

$$\begin{aligned}tr(\boldsymbol{A}+\boldsymbol{B})&=(\boldsymbol{A}+\boldsymbol{B})(1,1)+\cdots+(\boldsymbol{A}+\boldsymbol{B})(n,n)\\&=(\boldsymbol{A}(1,1)+\cdots+\boldsymbol{A}(i,i))\\&\quad+(\boldsymbol{B}(1,1)+\cdots+\boldsymbol{B}(n,n))\end{aligned}$$

$$=tr(\boldsymbol{A})+tr(\boldsymbol{B}).$$

$$\begin{aligned}tr(k\boldsymbol{A})&=(k\boldsymbol{A})(1,1)+\cdots+(k\boldsymbol{A})(n,n)\\&=k\boldsymbol{A}(1,1)+\cdots+k\boldsymbol{A}(n,n)\\&=k(\boldsymbol{A}(1,1)+\cdots+\boldsymbol{A}(n,n))=ktr(\boldsymbol{A}).\end{aligned}$$

由矩阵乘法的定义可得：

$$\begin{aligned}tr(\boldsymbol{AB})&=(\boldsymbol{AB})(1,1)+\cdots+(\boldsymbol{AB})(n,n)\\&=\boldsymbol{A}(1,1)\boldsymbol{B}(1,1)+\cdots+\boldsymbol{A}(1,n)\boldsymbol{B}(n,1)\\&\quad+\cdots\\&\quad+\boldsymbol{A}(n,1)\boldsymbol{B}(1,n)+\cdots+\boldsymbol{A}(n,n)\boldsymbol{B}(n,n)\end{aligned}$$

是所有的 $\boldsymbol{A}(i,j)\boldsymbol{B}(j,i)$ 的和，$1\leqslant i,j\leqslant n$．同理，$tr(\boldsymbol{BA})$ 也是所有的 $\boldsymbol{A}(i,j)\boldsymbol{B}(j,i)$ 的和，$1\leqslant i,j\leqslant n$，所以，$tr(\boldsymbol{AB})=tr(\boldsymbol{BA})$．

注：用和号 $\sum$ 书写较为简洁：

$$\begin{aligned}tr(\boldsymbol{AB})&=\sum_{i=1}^{n}(\boldsymbol{AB})(i,i)\\&=\sum_{i=1}^{n}\left(\sum_{j=1}^{n}\boldsymbol{A}(i,j)\boldsymbol{B}(j,i)\right)\\&=\sum_{i,j=1}^{n}\boldsymbol{A}(i,j)\boldsymbol{B}(j,i).\end{aligned}$$

(2) 由 (1) 中的计算可知，$tr(\boldsymbol{A}^{\mathrm{T}}\boldsymbol{A})$ 等于所有的

$$\boldsymbol{A}(i,j)\boldsymbol{A}^{\mathrm{T}}(j,i)(1\leqslant i,j\leqslant n) \qquad \square$$

的和. 而 $\boldsymbol{A}^{\mathrm{T}}(j,i)=\boldsymbol{A}(i,j)$，所以，$tr(\boldsymbol{A}^{\mathrm{T}}\boldsymbol{A})$ 等于 $\boldsymbol{A}$ 的所有 (i,j)-元的平方和. 因此，如果 $tr(\boldsymbol{A}^{\mathrm{T}}\boldsymbol{A})=0$，而每个 $\boldsymbol{A}(i,j)$ 都是实数，那么，每个 $\boldsymbol{A}(i,j)$ 都等于 0，即 $\boldsymbol{A}=\boldsymbol{0}$.

6.3.2 方阵、分块矩阵、可逆矩阵

知识点小结

● 基本概念：方阵（上（下）三角阵、对角阵）；方阵的幂与多项式；分块矩阵；常用的分块矩阵（准上（下）三角阵、准对角阵）；矩阵的分块；可逆矩阵及其逆矩阵；矩阵的相抵（或等价）分类.

● 基本结论：

(1) 方阵与它的任意多项式可交换.

(2) 分块矩阵可以按普通矩阵的运算法则进行运算，参见定理 3.2.1；特别地，准上（下）三角阵的和（如果可以相加）、乘积（如果可以相乘）仍然是准上（下）三角阵.

(3) 如果一个方阵可逆，则其逆矩阵是唯一的.

（4）可逆阵的和不一定可逆；n 阶方阵 $\boldsymbol{A}$ 可逆 $\Leftrightarrow \boldsymbol{A}^{\mathrm{T}}$ 可逆，且 $(\boldsymbol{A}^{\mathrm{T}})^{-1}=(\boldsymbol{A}^{\mathrm{T}})^{-1}$；设 k 是数，$\boldsymbol{A}$ 是可逆阵，则 $k\boldsymbol{A}$ 可逆 $\Leftrightarrow k\neq 0$ 且 $(k\boldsymbol{A})^{-1}=\dfrac{1}{k}\boldsymbol{A}^{-1}$；$n$ 阶方阵 $\boldsymbol{A}_i$ 的乘积可逆 $\Leftrightarrow$ 每个 $\boldsymbol{A}_i$ 都可逆，且 $(\boldsymbol{A}_1\cdots\boldsymbol{A}_s)^{-1}=\boldsymbol{A}_s^{-1}\cdots\boldsymbol{A}_1^{-1}$.

（5）初等矩阵都是可逆的，且初等矩阵的逆矩阵仍然是初等阵.

（6）矩阵可逆的几个等价刻画，参见推论 3.2.2.

（7）左乘或右乘可逆阵不改变矩阵的秩.

（8）两个 $m\times n$ 型矩阵 $\boldsymbol{A}$ 与 $\boldsymbol{B}$ 是相抵（或等价）的 $\Leftrightarrow$ 它们的秩相等 $\Leftrightarrow$ 存在 m 阶可逆阵 $\boldsymbol{P}$ 和 n 阶可逆阵 $\boldsymbol{Q}$ 使得 $\boldsymbol{PAQ}=\boldsymbol{B}$. 特别地，$r(\boldsymbol{A})=r\Leftrightarrow$ 存在 m 阶可逆阵 $\boldsymbol{P}$ 和 n 阶可逆阵 $\boldsymbol{Q}$ 使得 $\boldsymbol{PAQ}=\begin{pmatrix}\boldsymbol{I}_r & \boldsymbol{0}\\ \boldsymbol{0} & \boldsymbol{0}\end{pmatrix}$.

（9）分块矩阵的应用，参见例 3.2.17、例 3.2.18、例 3.2.25 和命题 3.2.2（与最小二乘法有关）.

● 基本计算：

（1）计算方阵的多项式.

（2）利用结论：n 阶方阵 $\boldsymbol{A}$ 可逆 $\Leftrightarrow$ 存在 $\boldsymbol{B}$ 使得 $\boldsymbol{AB}=\boldsymbol{I}_n$（或 $\boldsymbol{BA}=\boldsymbol{I}_n$），验证 $\boldsymbol{A}$ 可逆.

（3）利用矩阵的初等行变换判断方阵是否可逆，并在可逆时求出逆矩阵，参见算法 3.2.1.

习题 3.2 解答

1. 解： 直接计算得：$\boldsymbol{A}^2-2\boldsymbol{A}+3\boldsymbol{I}_3=\begin{pmatrix}2 & -1 & 2\\ 0 & 3 & -1\\ -1 & -2 & 7\end{pmatrix}$. □

2. 解： 由于 $\boldsymbol{A}$ 是三阶方阵，所以，与 $\boldsymbol{A}$ 可交换的矩阵必然是三阶方阵. 设 $\boldsymbol{X}=\begin{pmatrix}x_{11} & x_{12} & x_{13}\\ x_{21} & x_{22} & x_{23}\\ x_{31} & x_{32} & x_{33}\end{pmatrix}$，则

$$
\begin{aligned}
&\boldsymbol{AX}=\boldsymbol{XA}\\
\Leftrightarrow&\begin{pmatrix}0 & 1 & 0\\ 0 & 0 & 1\\ 0 & 0 & 0\end{pmatrix}\begin{pmatrix}x_{11} & x_{12} & x_{13}\\ x_{21} & x_{22} & x_{23}\\ x_{31} & x_{32} & x_{33}\end{pmatrix}\\
=&\begin{pmatrix}x_{11} & x_{12} & x_{13}\\ x_{21} & x_{22} & x_{23}\\ x_{31} & x_{32} & x_{33}\end{pmatrix}\begin{pmatrix}0 & 1 & 0\\ 0 & 0 & 1\\ 0 & 0 & 0\end{pmatrix}\\
\Leftrightarrow&\begin{pmatrix}x_{21} & x_{22} & x_{23}\\ x_{31} & x_{32} & x_{33}\\ 0 & 0 & 0\end{pmatrix}=\begin{pmatrix}0 & x_{11} & x_{12}\\ 0 & x_{21} & x_{22}\\ 0 & x_{31} & x_{32}\end{pmatrix}
\end{aligned}
$$

$\Leftrightarrow x_{21}=x_{31}=x_{32}=0$；$x_{11}=x_{22}=x_{33}$；$x_{12}=x_{23}$.

所以，与 $\boldsymbol{A}$ 可交换的全部矩阵为

$$\begin{pmatrix} a & b & c \\ 0 & a & b \\ 0 & 0 & a \end{pmatrix}, \text{其中}, a, b, c \text{是任意数}. \qquad \square$$

3. 类似于例 3.2.23. 略.

4. 解：对 $(\boldsymbol{A} \vdots \boldsymbol{I}_3)$ 作初等行变换，得

$$\left(\begin{array}{ccc:ccc} 0 & 2 & -1 & 1 & 0 & 0 \\ 1 & -3 & 2 & 0 & 1 & 0 \\ 1 & -1 & 2 & 0 & 0 & 1 \end{array}\right) \to \left(\begin{array}{ccc:ccc} 1 & -1 & 2 & 0 & 0 & 1 \\ 0 & -2 & 0 & 0 & 1 & -1 \\ 0 & 0 & -1 & 1 & 1 & -1 \end{array}\right).$$

可以通过验算 $\boldsymbol{A}\boldsymbol{A}^{-1}=\boldsymbol{I}_3$ 以保证得到的答案正确.

所以，$r(\boldsymbol{A})=3$，即 $\boldsymbol{A}$ 可逆. 继续作初等行变换，得

$$\left(\begin{array}{ccc:ccc} 1 & 0 & 0 & 2 & \frac{3}{2} & -\frac{1}{2} \\ 0 & 1 & 0 & 0 & -\frac{1}{2} & \frac{1}{2} \\ 0 & 0 & 1 & -1 & -1 & 1 \end{array}\right), \text{即 } \boldsymbol{A}^{-1} = \begin{pmatrix} 2 & \frac{3}{2} & -\frac{1}{2} \\ 0 & -\frac{1}{2} & \frac{1}{2} \\ -1 & -1 & 1 \end{pmatrix}.$$

$\square$

5. 解：由于 $r(\boldsymbol{A})=3$，所以 $\boldsymbol{A}$ 可逆，从而

这里的 $\boldsymbol{A}$ 已经是阶梯形矩阵了.

$$\begin{aligned} \boldsymbol{X} &= \boldsymbol{A}^{-1}\boldsymbol{B} \\ &= \begin{pmatrix} 1 & -1 & 0 \\ 0 & 1 & -2 \\ 0 & 0 & 1 \end{pmatrix}^{-1} \begin{pmatrix} -1 & 1 \\ 2 & 0 \\ 1 & -3 \end{pmatrix} \\ &= \begin{pmatrix} 3 & -5 \\ 4 & -6 \\ 1 & -3 \end{pmatrix}. \end{aligned} \qquad \square$$

6. 证明：法一：（用反证法）假设 $\boldsymbol{A}-2\boldsymbol{I}_n$ 不可逆，则齐次线性方程组 $(\boldsymbol{A}-2\boldsymbol{I}_n)\boldsymbol{x}=\boldsymbol{0}$ 有非零解. 任取一个非零解 $\boldsymbol{\alpha}$，则 $\boldsymbol{A}\boldsymbol{\alpha}=2\boldsymbol{\alpha}$，从而 $\boldsymbol{0}=\boldsymbol{A}^3\boldsymbol{\alpha}=2^3\boldsymbol{\alpha}=8\boldsymbol{\alpha}\neq\boldsymbol{0}$，矛盾.

法二：（利用立方差公式）由于

这里涉及的方阵可交换.

$(\boldsymbol{A}-2\boldsymbol{I}_n)(\boldsymbol{A}^2+2\boldsymbol{A}+4\boldsymbol{I}_n)=\boldsymbol{A}^3-8\boldsymbol{I}_n=-8\boldsymbol{I}_n$，所以，$\boldsymbol{A}-2\boldsymbol{I}_n$ 可逆，且

$$(\boldsymbol{A}-2\boldsymbol{I}_n)^{-1}=-\frac{1}{8}(\boldsymbol{A}^2+2\boldsymbol{A}+4\boldsymbol{I}_n). \qquad \square$$

7. 解：由于 $\boldsymbol{A}$ 是 3×3 型矩阵，而 $\boldsymbol{B}_1$ 是 2×3 型矩阵，所以 $\boldsymbol{A}$ 不可能与 $\boldsymbol{B}_1$ 相抵.

利用初等行变换化为阶梯形矩阵求秩.

由于 $r(\boldsymbol{A})=2$，$r(\boldsymbol{B}_2)=r(\boldsymbol{B}_3)=r(\boldsymbol{B}_4)=2$，且它们都是 3×3 型矩阵，所以 $\boldsymbol{A}$ 与 $\boldsymbol{B}_i$（$i=2$，3，4）都是相抵的. □

矩阵的乘法不满足消去律.

8. 解：（1）错误. 例如 $\boldsymbol{A}=\begin{pmatrix}0&1\\1&0\end{pmatrix}$ 满足 $\boldsymbol{A}^2=\boldsymbol{I}_2$，但是 $\boldsymbol{A}\neq\pm\boldsymbol{I}_2$.

矩阵的乘法不满足交换律.

（2）错误. 例如，$\boldsymbol{A}=\begin{pmatrix}0&0\\1&0\end{pmatrix}$，$\boldsymbol{B}=\begin{pmatrix}0&1\\0&0\end{pmatrix}$.

（3）错误. 例如，$\boldsymbol{A}=\begin{pmatrix}0&0\\0&0\end{pmatrix}$，$\boldsymbol{B}=\begin{pmatrix}1&1\\2&3\end{pmatrix}$，$\boldsymbol{C}=\begin{pmatrix}1&1\\1&1\end{pmatrix}$，则 $\boldsymbol{M}=$

比较例 3.2.10；线性相关的向量组其伸长组可能是线性无关的.

$\begin{pmatrix}0&0&1&1\\0&0&2&3\\0&0&1&1\\0&0&1&1\end{pmatrix}$，且 $r(\boldsymbol{M})=2$，$r(\boldsymbol{A})=0$，$r(\boldsymbol{C})=1$.

注：$r\begin{pmatrix}\boldsymbol{A}&\boldsymbol{B}\\\boldsymbol{0}&\boldsymbol{C}\end{pmatrix}\geqslant r(\boldsymbol{A})+r(\boldsymbol{C})$ 成立.

（4）正确. $\Rightarrow$：设 $\boldsymbol{A}$，$\boldsymbol{B}$ 可交换：$\boldsymbol{AB}=\boldsymbol{BA}$. 两边取逆，得

$$\boldsymbol{B}^{-1}\boldsymbol{A}^{-1}=(\boldsymbol{AB})^{-1}=(\boldsymbol{BA})^{-1}=\boldsymbol{A}^{-1}\boldsymbol{B}^{-1},$$

所以，$\boldsymbol{A}^{-1}$，$\boldsymbol{B}^{-1}$ 可交换.

$\Leftarrow$：类似地，在 $\boldsymbol{A}^{-1}\boldsymbol{B}^{-1}=\boldsymbol{B}^{-1}\boldsymbol{A}^{-1}$ 两边取逆即得.

只有当左边分块矩阵的列的分组方式与右边分块矩阵的行的分组方式相同时，才能相乘.

（5）错误. 例如，设 $\boldsymbol{A}$ 是 4×3 型矩阵，$\boldsymbol{B}$ 是 3×2 型矩阵. 考虑 $\boldsymbol{A}$ 的一个分块矩阵

$$\boldsymbol{A}=(\boldsymbol{A}_1\quad\boldsymbol{A}_2)，其中 \boldsymbol{A}_1 是 4\times2 型矩阵，$$

和 $\boldsymbol{B}$ 的一个分块矩阵

$$\boldsymbol{B}=\begin{pmatrix}\boldsymbol{B}_1\\\boldsymbol{B}_2\end{pmatrix}，其中 \boldsymbol{B}_1 是 2\times1 型矩阵.$$

则分块矩阵 $(\boldsymbol{A}_1\quad\boldsymbol{A}_2)$ 不能与 $\begin{pmatrix}\boldsymbol{B}_1\\\boldsymbol{B}_2\end{pmatrix}$ 相乘. □

参见例 3.2.17.

9. 证明：由 $\boldsymbol{A}^2-6\boldsymbol{A}+5\boldsymbol{I}_n=\boldsymbol{0}$，得

$$(\boldsymbol{A}-5\boldsymbol{I}_n)(\boldsymbol{A}-\boldsymbol{I}_n)=\boldsymbol{0},$$

所以，$r(\boldsymbol{A}-5\boldsymbol{I}_n)+r(\boldsymbol{A}-\boldsymbol{I}_n)\leqslant n$.

参见命题 3.1.2 和例 3.1.14.

另一方面，由于 $4\boldsymbol{I}_n=(\boldsymbol{A}-\boldsymbol{I}_n)-(\boldsymbol{A}-5\boldsymbol{I}_n)$，所以，

$$\begin{aligned}n=r(4\boldsymbol{I}_n)&\leqslant r(\boldsymbol{A}-\boldsymbol{I}_n)+r(-(\boldsymbol{A}-5\boldsymbol{I}_n))\\&=r(\boldsymbol{A}-\boldsymbol{I}_n)+r(\boldsymbol{A}-5\boldsymbol{I}_n).\end{aligned}$$

综上所述，结论成立. □

10. 证明：$\Leftarrow$：设 $a\neq2$，3. 假设 $\boldsymbol{A}-a\boldsymbol{I}_n$ 不可逆，则齐次线性方程组 $(\boldsymbol{A}-a\boldsymbol{I}_n)\boldsymbol{x}=\boldsymbol{0}$ 有非零解. 任取一个非零解 $\boldsymbol{\alpha}$，即 $\boldsymbol{A\alpha}=a\boldsymbol{\alpha}$，从而

$$\mathbf{0}=(\boldsymbol{A}^2-5\boldsymbol{A}+6\boldsymbol{I}_n)\boldsymbol{\alpha}=(a^2-5a+6)\boldsymbol{\alpha}.$$

由 $\boldsymbol{\alpha}\neq\mathbf{0}$ 得 $a^2-5a+6=0$，即 $a=2$ 或 3，矛盾.

$\Rightarrow$ 设 $\boldsymbol{A}-a\boldsymbol{I}_n$ 可逆. 假设 $a=2$，则由 $\boldsymbol{A}^2-5\boldsymbol{A}+6\boldsymbol{I}_n=\mathbf{0}$ 得 $(\boldsymbol{A}-2\boldsymbol{I}_n)(\boldsymbol{A}-3\boldsymbol{I}_n)=\mathbf{0}$. 由于 $\boldsymbol{A}-2\boldsymbol{I}_n$ 可逆，所以，$\boldsymbol{A}-3\boldsymbol{I}_3=\mathbf{0}$，与 $\boldsymbol{A}$ 不是数量阵矛盾. 所以，$a\neq 2$. 类似地可以证明 $a\neq 3$. □

6.3.3 行列式

知识点小结

● 基本概念：n 元排列及其符号；行列式及其定义式中的项；子式；代数余子式；伴随矩阵.

● 基本结论：

(1) 阶数不超过 3 的行列式的表达式，参见式 (3.3.5)，式 (3.3.6)；三角行列式，参见例 3.3.7.

(2) 行列式与矩阵运算之间的关系：

(i) $|\boldsymbol{A}|=|\boldsymbol{A}^{\mathrm{T}}|$.

(ii) 一般地，$|\boldsymbol{A}+\boldsymbol{B}|\neq|\boldsymbol{A}|+|\boldsymbol{B}|$.

(iii) 设 $\boldsymbol{A}$ 是 n 阶方阵，k 是任意的数，则

$$|k\boldsymbol{A}|=k^n|\boldsymbol{A}|.$$

(iv) n 阶方阵乘积的行列式等于行列式的乘积（这是很重要的定理).

(3) 行列式关于行（或列）的反对称性，参见引理 3.3.2；行列式关于行（或列）的线性性质，参见引理 3.3.3.

(4) 初等变换对行列式的影响，参见命题 3.3.2. 因此可以利用矩阵的初等变换来计算行列式.

(5) n 阶方阵 $\boldsymbol{A}$ 可逆 $\Leftrightarrow|\boldsymbol{A}|\neq 0$，参见命题 3.3.3；更一般地，对任意 $m\times n$ 型矩阵 $\boldsymbol{A}$，$r(\boldsymbol{A})=r\Leftrightarrow\boldsymbol{A}$ 至少有一个 r 阶子式不为 0，且所有阶数大于 r 的子式都为 0，参见定理 3.3.2.

行列式与矩阵的秩的关系.

(6) 拉普拉斯定理的展开式形式，参见定理 3.3.3 和推论 3.3.8.

(7) 拉普拉斯定理的矩阵形式：$\boldsymbol{A}\boldsymbol{A}^*=\boldsymbol{A}^*\boldsymbol{A}=|\boldsymbol{A}|\boldsymbol{I}_n$，其中 $\boldsymbol{A}$ 是任意 n 阶方阵.

(8) 伴随矩阵的基本性质，参见例 3.3.23.

(9) 克莱姆法则，参见定理 3.3.6.

(10) 准上（下）三角阵的行列式，参见推论 3.3.10.

● 基本计算：

(1) 利用初等变换把行列式转化为三角行列式.

(2) 利用拉普拉斯展开式定理计算行列式.

习题 3.3 解答

1. 解：(1) 正确. 由于数的乘法满足交换律，而 $i_1i_2\cdots i_n$ 是行指标

比较例 3.3.4.

的一个排列，所以，

$$\begin{aligned}&A(i_1, j_1)A(i_2, j_2)\cdots A(i_n, j_n)\\=&A(1, k_1)A(2, k_2)\cdots A(n, k_n),\end{aligned}$$

其中，$k_1k_2\cdots k_n$ 是列指标的一个排列. 因此，结论成立，且乘积在行列式的定义式中带符号 $(-1)^{\tau(k_1k_2\cdots k_n)}$.

(2) 正确. 例如，考虑 n 阶对角阵 $\boldsymbol{D}$，其对角元为 a，1，…，1.

(3) 正确. 由于每个 $\boldsymbol{A}(i, j)$ 都是整数，所以，$|\boldsymbol{A}|$ 的定义式中的每一项都是整数，因此它们的和也是整数.

(4) 错误. 因为 $-\boldsymbol{A}$ 等于 $(-1)\boldsymbol{A}$，即 $-\boldsymbol{A}$ 的每一行都是 $\boldsymbol{A}$ 的相应行的 -1 倍，所以，$|-\boldsymbol{A}|=(-1)^n|\boldsymbol{A}|$.（或者，用行列式的定义式加以说明.）

(5) 错误. 例如：$\boldsymbol{A}=\begin{pmatrix}1&0\\0&1\end{pmatrix}$，$\boldsymbol{B}=\begin{pmatrix}1&1\\0&1\end{pmatrix}$，则 $\boldsymbol{A}\neq\boldsymbol{B}$ 但 $|\boldsymbol{A}|=|\boldsymbol{B}|=1$. □

比较例 3.3.7.

2. 解： 考虑 $|\boldsymbol{A}|$ 的定义式中的任意一项：

$$(-1)^{\tau(i_1i_2\cdots i_n)}\boldsymbol{A}(1, i_1)\boldsymbol{A}(2, i_2)\cdots\boldsymbol{A}(n, i_n),$$

其中，$i_1i_2\cdots i_n$ 为 $12\cdots n$ 的一个排列.

根据题设，如果 $i_n\neq1$，则该项一定为0；所以，设 $i_n=1$，从而，当 $j\geqslant2$ 时有 $i_j\in\{2, 3, \cdots, n\}$.

如果 $i_{n-1}\neq2$，则该项一定为0，所以，设 $i_{n-1}=2$，从而，当 $j\geqslant3$ 时有 $i_j\in\{3, 4, \cdots, n\}$.

重复上述讨论，得到：如果 $i_1i_2\cdots i_n\neq n(n-1)\cdots321$，则该项一定为0. 所以，

$$\begin{aligned}|\boldsymbol{A}|&=(-1)^{\tau(n(n-1)\cdots321)}a_{1n}a_{2,n-1}\cdots a_{n1}\\&=(-1)^{\frac{n(n-1)}{2}}a_{1n}a_{2,n-1}\cdots a_{n1}.\end{aligned}$$ □

奇数阶反对称阵一定不可逆.

3. 证明： 由 $|\boldsymbol{A}|=|\boldsymbol{A}^{\mathrm{T}}|=|-\boldsymbol{A}|=(-1)^n|\boldsymbol{A}|$ 和 $|\boldsymbol{A}|\neq0$ 得 $(-1)^n=1$，所以，n 必然是偶数. □

4. 解： (1) 错误. 例如：$\boldsymbol{A}=\begin{pmatrix}-2&0&0\\0&-1&0\\0&0&1\end{pmatrix}$，$\boldsymbol{B}=\boldsymbol{I}_3$，则 $|\boldsymbol{A}|=2>0$，$|\boldsymbol{B}|=1>0$，但是 $|\boldsymbol{A}+\boldsymbol{B}|=0$.

(2) 错误. 例如：$\boldsymbol{A}=\begin{pmatrix}2&1\\0&3\end{pmatrix}$，$\boldsymbol{B}=\begin{pmatrix}2&0\\0&1\end{pmatrix}$，则 $|\boldsymbol{A}-\boldsymbol{B}|=0$，但 $|\boldsymbol{A}|=6\neq|\boldsymbol{B}|=2$.

(3) 错误. 例如，当 $k=-1$ 时对任意奇数 n 都有 $|(-1)\boldsymbol{A}|=(-1)^n|\boldsymbol{A}|=(-1)|\boldsymbol{A}|$.

(4) 错误. 因为 $|\boldsymbol{AB}|=|\boldsymbol{A}||\boldsymbol{B}|$；$|\boldsymbol{BA}|=|\boldsymbol{B}||\boldsymbol{A}|$，且 $|\boldsymbol{A}|$，

$|\boldsymbol{B}|$ 是数，所以，$|\boldsymbol{AB}|=|\boldsymbol{BA}|$ 对任意 n 阶方阵 $\boldsymbol{A}$，$\boldsymbol{B}$ 都成立.

(5) 错误. 当 $n>1$ 时，$\boldsymbol{Ax}=\boldsymbol{0}$ 的两边没有行列式. 而应该利用 $\boldsymbol{A}$ 可逆得到 $r(\boldsymbol{A})=n$，从而 $\boldsymbol{Ax}=\boldsymbol{0}$ 只有零解；或者 $\boldsymbol{x}=\boldsymbol{A}^{-1}\boldsymbol{0}=\boldsymbol{0}$. □

5. 证明： 由于 $\boldsymbol{A}$ 是 n 阶方阵，所以，

$$\begin{aligned}\boldsymbol{Ax}=\boldsymbol{0}\text{ 有非零解}&\Leftrightarrow r(\boldsymbol{A})<n\Leftrightarrow|\boldsymbol{A}|=0\\&\Leftrightarrow|\boldsymbol{A}|^k=0\Leftrightarrow|\boldsymbol{A}^k|=0\\&\Leftrightarrow r(\boldsymbol{A}^k)<n\\&\Leftrightarrow\boldsymbol{A}^k\boldsymbol{x}=\boldsymbol{0}\text{ 有非零解}.\end{aligned}$$ □

6. 解： (1) 错误. 例如：$\boldsymbol{A}=\begin{pmatrix}0&1\\1&0\end{pmatrix}\to\boldsymbol{J}=\begin{pmatrix}1&0\\0&1\end{pmatrix}$. 但是 $|\boldsymbol{A}|=-1$ 而 $\boldsymbol{J}$ 的全部对角元的乘积为 1. 比较推论 3.3.5.

(2) 错误. 例如，$\boldsymbol{A}=\begin{pmatrix}1&0&0&0\\0&1&0&0\\0&0&1&0\\0&0&0&0\end{pmatrix}$ 的秩为 3，但是 $\boldsymbol{A}$ 的由第 2，3，4 行和第 1，2，3 列给出的三阶子式为 0. 参见定理 3.3.2.

(3) 错误. 例如，$\boldsymbol{A}=\begin{pmatrix}1&0&0&0\\0&1&0&0\\0&0&0&0\\0&0&0&0\end{pmatrix}$ 的所有四阶子式都等于 0，但 $r(\boldsymbol{A})=2$. 这里只能得到 $r(\boldsymbol{A})\leqslant 3$.

(4) 错误. 例如 $\boldsymbol{A}=\begin{pmatrix}1&0&0\\0&0&0\\0&0&0\end{pmatrix}$，$\boldsymbol{B}=\begin{pmatrix}0&0&0\\0&1&0\\0&0&0\end{pmatrix}$，则 $\boldsymbol{A}\neq\boldsymbol{B}$，但是，$\boldsymbol{A}^*=\boldsymbol{B}^*=\boldsymbol{0}$.

(5) 错误. 如果 $r(\boldsymbol{A})=3$，则 $r(\boldsymbol{A}^*)=3$；如果 $r(\boldsymbol{A})=2$，则 $r(\boldsymbol{A}^*)=1$；如果 $r(\boldsymbol{A})\leqslant 1$，则 $\boldsymbol{A}^*=\boldsymbol{0}$. 参见例 3.3.23.

(6) 正确. 由于 $\boldsymbol{A}$ 可逆，所以由 $\boldsymbol{Ax}=\boldsymbol{\beta}$ 得：$\boldsymbol{x}=\boldsymbol{A}^{-1}\boldsymbol{\beta}=\dfrac{1}{|\boldsymbol{A}|}\boldsymbol{A}^*\boldsymbol{\beta}$.

(7) 错误. 因为当 $|\boldsymbol{A}|=0$ 时 $r(\boldsymbol{A})=r(\boldsymbol{A}\quad\boldsymbol{\beta})$ 仍然可能成立. □

7. 解： (1) -52；(2) $(a^2-b^2)^2$. □ 建议至少用三种方法来计算 (1).

8. 解： 由于 $|\boldsymbol{A}|=2\neq 0$，所以，$\boldsymbol{A}$ 可逆，且 $|\boldsymbol{A}^{-1}|=\dfrac{1}{2}$. 由 $\boldsymbol{A}^{-1}(\boldsymbol{A}^{-1})^*=|\boldsymbol{A}^{-1}|\boldsymbol{I}_3$，得 $|\boldsymbol{A}^{-1}||(\boldsymbol{A}^{-1})^*|=|\boldsymbol{A}^{-1}|^3$，即 $|(\boldsymbol{A}^{-1})^*|=|\boldsymbol{A}^{-1}|^2=\dfrac{1}{4}$.

由 $\boldsymbol{AA}^*=|\boldsymbol{A}|\boldsymbol{I}_3$，得 $|\boldsymbol{A}||\boldsymbol{A}^*|=|\boldsymbol{A}|^3$，即 $|\boldsymbol{A}^*|=|\boldsymbol{A}|^2=4\neq 0$. 由 $\boldsymbol{A}^*(\boldsymbol{A}^*)^*=|\boldsymbol{A}^*|\boldsymbol{I}_3$，得 $|\boldsymbol{A}^*||(\boldsymbol{A}^*)^*|=|\boldsymbol{A}^*|^3$，而 $|\boldsymbol{A}^*|=$

4，所以，$|(\boldsymbol{A}^*)^*|=|\boldsymbol{A}^*|^2=16$. □

参见例 3.3.23.

9. 解：首先，由于 $\boldsymbol{A}^*$ 的各列成比例，且 $\boldsymbol{A}^*\neq\boldsymbol{0}$，所以，$r(\boldsymbol{A}^*)=1$，从而必然有 $r(\boldsymbol{A})=2<3$，因此，齐次线性方程组 $\boldsymbol{Ax}=\boldsymbol{0}$ 有无穷多个解，且其任意基础解系所包含的解向量的个数为 $n-r(\boldsymbol{A})=3-2=1$.

其次，由于 $\boldsymbol{AA}^*=|\boldsymbol{A}|\boldsymbol{I}_3=\boldsymbol{0}$（因为 $|\boldsymbol{A}|=0$），所以，$\boldsymbol{A}^*$ 的列向量就是 $\boldsymbol{Ax}=\boldsymbol{0}$ 的解. 取 $\boldsymbol{A}^*$ 的第 1 列 $\boldsymbol{\gamma}=\begin{pmatrix}1\\-1\\3\end{pmatrix}\neq\boldsymbol{0}$，则 $\boldsymbol{\gamma}$ 构成了 $\boldsymbol{Ax}=\boldsymbol{0}$ 的一个基础解系，从而其通解为 $t\boldsymbol{\gamma}=\begin{pmatrix}t\\-t\\3t\end{pmatrix}$，$t$ 为任意数. □

参见命题 2.4.1.

比较例 3.2.25 和习题 2.3 的第 9 题. 克莱姆法则只适用于系数矩阵是方阵且可逆的线性方程组.

10. 解：原方程组的系数矩阵是三阶方阵，其行列式为

$$|\boldsymbol{A}|=\begin{vmatrix}a&1&1\\a&1&2\\1&1&b\end{vmatrix}=-(a-1).$$

(1) 设 $|\boldsymbol{A}|\neq0$，即 $a\neq1$. 由

$$D_1=\begin{vmatrix}4&1&1\\2&1&2\\1&1&b\end{vmatrix}=2b-5,$$

$$D_2=\begin{vmatrix}a&4&1\\a&2&2\\1&1&b\end{vmatrix}=-(a+2ab-6),$$

$$D_3=\begin{vmatrix}a&1&4\\a&1&2\\1&1&1\end{vmatrix}=2(a-1),$$

得原方程组的唯一解为 $\dfrac{1}{|\boldsymbol{A}|}\begin{pmatrix}D_1\\D_2\\D_3\end{pmatrix}=\begin{pmatrix}-\dfrac{2b-5}{a-1}\\\dfrac{a+2ab-6}{a-1}\\-2\end{pmatrix}$.

(2) 当 $|\boldsymbol{A}|=0$，即 $a=1$ 时，对原方程组的增广矩阵作初等行变换，得

$$\widetilde{\boldsymbol{A}}=\begin{pmatrix}1&1&1&4\\1&1&2&2\\1&1&b&1\end{pmatrix}\to\begin{pmatrix}1&1&1&4\\0&0&1&-2\\0&0&0&2b-5\end{pmatrix}.$$

所以，当 $2b-5\neq0$，即 $b\neq\dfrac{5}{2}$ 时，$r(\boldsymbol{A})=2$，$r(\widetilde{\boldsymbol{A}})=3$，从而原方程组无解.

当 $2b-5=0$，即 $b=\dfrac{5}{2}$ 时，$r(\boldsymbol{A})=r(\widetilde{\boldsymbol{A}})=2<3$，原方程组有无穷多个解. 继续作初等行变换，把此时的增广矩阵变为行简化阶梯形矩阵：$\begin{pmatrix}1&1&0&6\\0&0&1&-2\\0&0&0&0\end{pmatrix}$，通解为 $\begin{pmatrix}6-t\\t\\-2\end{pmatrix}$，其中，$t$ 为任意数.

取自由变量 x_2 为任意数 t.

综上所述，当 $a\neq 1$ 时，原方程组有唯一解：$\begin{pmatrix}-\dfrac{2b-5}{a-1}\\\dfrac{a+2ab-6}{a-1}\\-2\end{pmatrix}$；

当 $a=1$ 且 $b\neq\dfrac{5}{2}$ 时，原方程组无解；

当 $a=1$ 且 $b=\dfrac{5}{2}$ 时，原方程组有无穷多个解，且其通解为 $\begin{pmatrix}6-t\\t\\-2\end{pmatrix}$，其中，$t$ 为任意数. □

补充例题

例6.3.1（1990）　已知 $\boldsymbol{\beta}_1$，$\boldsymbol{\beta}_2$ 是非齐次线性方程组 $\boldsymbol{A}x=\boldsymbol{b}$ 的两个不同的解，$\boldsymbol{\alpha}_1$，$\boldsymbol{\alpha}_2$ 是对应的齐次线性方程组 $\boldsymbol{A}x=\boldsymbol{0}$ 的基础解系，k_1，k_2 为任意常数，则方程组 $\boldsymbol{A}x=\boldsymbol{b}$ 的通解必是（　　）.

线性方程组的矩阵形式.

(A) $k_1\boldsymbol{\alpha}_1+k_2(\boldsymbol{\alpha}_1+\boldsymbol{\alpha}_2)+\dfrac{\boldsymbol{\beta}_1-\boldsymbol{\beta}_2}{2}$.

(B) $k_1\boldsymbol{\alpha}_1+k_2(\boldsymbol{\alpha}_1-\boldsymbol{\alpha}_2)+\dfrac{\boldsymbol{\beta}_1+\boldsymbol{\beta}_2}{2}$.

(C) $k_1\boldsymbol{\alpha}_1+k_2(\boldsymbol{\beta}_1+\boldsymbol{\beta}_2)+\dfrac{\boldsymbol{\beta}_1-\boldsymbol{\beta}_2}{2}$.

(D) $k_1\boldsymbol{\alpha}_1+k_2(\boldsymbol{\beta}_1-\boldsymbol{\beta}_2)+\dfrac{\boldsymbol{\beta}_1+\boldsymbol{\beta}_2}{2}$.

解：由 $\boldsymbol{A\beta}_1=\boldsymbol{b}$ 和 $\boldsymbol{A\beta}_2=\boldsymbol{b}$ 得 $\dfrac{\boldsymbol{\beta}_1+\boldsymbol{\beta}_2}{2}$ 是 $\boldsymbol{Ax}=\boldsymbol{b}$ 的一个解；从而，只可能是（B）或（D）；虽然 $\boldsymbol{\beta}_1-\boldsymbol{\beta}_2$ 是导出组的解，但未必与 $\boldsymbol{\alpha}_1$ 线性无关，所以，只能选（B）. □

例6.3.2（2000）　已知方程组 $\begin{pmatrix}1&2&1\\2&3&a+2\\1&a&-2\end{pmatrix}\begin{pmatrix}x_1\\x_2\\x_3\end{pmatrix}=\begin{pmatrix}1\\3\\0\end{pmatrix}$ 无解，则 $a=$________.

解：法一：对增广矩阵作初等行变换，得

$$\begin{pmatrix}1&2&1&1\\2&3&a+2&3\\1&a&-2&0\end{pmatrix}\to\begin{pmatrix}1&2&1&1\\0&-1&a&1\\0&0&(a-3)(a+1)&a-3\end{pmatrix}.$$

所以，当 $a\neq 3$ 且 $a\neq -1$ 时，系数矩阵与增广矩阵的秩都等于3，此时线性方程组有唯一解.

当 $a=3$ 时，系数矩阵与增广矩阵的秩都等于2，此时线性方程组有无穷多个解.

当 $a=-1$ 时，系数矩阵的秩为2，增广矩阵的秩为3，此时线性方程组无解.

综上所述，$a=-1$.

法二：由 $\begin{vmatrix}1&2&1\\2&3&a+2\\1&a&-2\end{vmatrix}=-(a+1)(a-3)=0$，得 $a=3$ 或 $a=-1$.

如果此时的系数矩阵的行列式不为0，则系数矩阵可逆，从而有唯一解.

当 $a=3$ 时，系数矩阵与增广矩阵的秩都等于2，此时线性方程组有无穷多个解.

当 $a=-1$ 时，系数矩阵的秩为2，增广矩阵的秩为3，此时线性方程组无解.

综上所述，$a=-1$. □

例6.3.3（1988） 已知 $\boldsymbol{AP}=\boldsymbol{PB}$，其中 $\boldsymbol{B}=\begin{pmatrix}1&0&0\\0&0&0\\0&0&-1\end{pmatrix}$，$\boldsymbol{P}=\begin{pmatrix}1&0&0\\2&-1&0\\2&1&1\end{pmatrix}$，求矩阵 $\boldsymbol{A}$，$\boldsymbol{A}^5$.

参见命题 4.1.1.

解： 首先，$\boldsymbol{A}=\boldsymbol{PBP}^{-1}=\begin{pmatrix}1&0&0\\2&0&0\\6&-1&-1\end{pmatrix}$，其次，$\boldsymbol{A}^5=\boldsymbol{PB}^5\boldsymbol{P}^{-1}=\begin{pmatrix}1&0&0\\2&0&0\\6&-1&-1\end{pmatrix}$. □

例6.3.4（2003） 设 $\boldsymbol{\alpha}$ 为3维列向量，$\boldsymbol{\alpha}^{\mathrm{T}}$ 是 $\boldsymbol{\alpha}$ 的转置，若 $\boldsymbol{\alpha}\boldsymbol{\alpha}^{\mathrm{T}}=\begin{pmatrix}1&-1&1\\-1&1&-1\\1&-1&1\end{pmatrix}$，则 $\boldsymbol{\alpha}^{\mathrm{T}}\boldsymbol{\alpha}=$________.

解： 设 $\boldsymbol{\alpha}=(a_1,\ a_2,\ a_3)^{\mathrm{T}}$，则 $\boldsymbol{\alpha}\boldsymbol{\alpha}^{\mathrm{T}}=\begin{pmatrix}a_1^2&a_1a_2&a_1a_3\\a_2a_1&a_2^2&a_2a_3\\a_3a_1&a_3a_2&a_3^2\end{pmatrix}$，故

$\boldsymbol{\alpha}^{\mathrm{T}}\boldsymbol{\alpha}=a_1^2+a_2^2+a_3^2=3$. □

例6.3.5 (2003) 设 n 维向量 $\boldsymbol{\alpha}=(a,0,\cdots,0,a)^{\mathrm{T}}$ $(a<0)$，$\boldsymbol{E}$ 为 n 阶单位矩阵，矩阵 $\boldsymbol{A}=\boldsymbol{E}-\boldsymbol{\alpha}\boldsymbol{\alpha}^{\mathrm{T}}$，$\boldsymbol{B}=\boldsymbol{E}+\frac{1}{a}\boldsymbol{\alpha}\boldsymbol{\alpha}^{\mathrm{T}}$，其中 $\boldsymbol{A}$ 的逆矩阵为 $\boldsymbol{B}$，则 $a=$________.

解： 由于 $\boldsymbol{\alpha}^{\mathrm{T}}\boldsymbol{\alpha}=2a^2$，且 $\boldsymbol{\alpha}\boldsymbol{\alpha}^{\mathrm{T}}\neq\boldsymbol{0}$，所以由

$$\begin{aligned}\boldsymbol{E}=\boldsymbol{AB}&=\boldsymbol{E}+(\frac{1}{a}-1)\boldsymbol{\alpha}\boldsymbol{\alpha}^{\mathrm{T}}-\frac{1}{a}(\boldsymbol{\alpha}\boldsymbol{\alpha}^{\mathrm{T}})^2\\&=\boldsymbol{E}+(\frac{1}{a}-1)\boldsymbol{\alpha}\boldsymbol{\alpha}^{\mathrm{T}}-\frac{1}{a}\boldsymbol{\alpha}(\boldsymbol{\alpha}^{\mathrm{T}}\boldsymbol{\alpha})\boldsymbol{\alpha}^{\mathrm{T}}\\&=\boldsymbol{E}+(\frac{1}{a}-1)\boldsymbol{\alpha}\boldsymbol{\alpha}^{\mathrm{T}}-2a\boldsymbol{\alpha}\boldsymbol{\alpha}^{\mathrm{T}},\end{aligned}$$

矩阵乘法的结合律的应用，参见例3.1.6.

得 $(\frac{1}{a}-1-2a)\boldsymbol{\alpha}\boldsymbol{\alpha}^{\mathrm{T}}=\boldsymbol{0}$，即 $\frac{1}{a}-1-2a=0$，解得 $a=-1$.（舍去 $a=\frac{1}{2}$.） □

例6.3.6 (1991) 设四阶方阵 $\boldsymbol{A}=\begin{pmatrix}5&2&0&0\\2&1&0&0\\0&0&1&-2\\0&0&1&1\end{pmatrix}$，则 $\boldsymbol{A}$ 的逆矩阵 $\boldsymbol{A}^{-1}=$________.

解： 设 $\boldsymbol{A}_{11}=\begin{pmatrix}5&2\\2&1\end{pmatrix}$，$\boldsymbol{A}_{22}=\begin{pmatrix}1&-2\\1&1\end{pmatrix}$，则

$$\boldsymbol{A}_{11}^{-1}=\begin{pmatrix}1&-2\\-2&5\end{pmatrix},\ \boldsymbol{A}_{22}^{-1}=\frac{1}{3}\begin{pmatrix}1&2\\-1&1\end{pmatrix},$$

从而，

$$\begin{aligned}\boldsymbol{A}^{-1}&=\begin{pmatrix}\boldsymbol{A}_{11}&\boldsymbol{0}\\\boldsymbol{0}&\boldsymbol{A}_{22}\end{pmatrix}^{-1}=\begin{pmatrix}\boldsymbol{A}_{11}^{-1}&\boldsymbol{0}\\\boldsymbol{0}&\boldsymbol{A}_{22}^{-1}\end{pmatrix}\\&=\begin{pmatrix}1&-2&0&0\\-2&5&0&0\\0&0&\frac{1}{3}&\frac{2}{3}\\0&0&-\frac{1}{3}&\frac{1}{3}\end{pmatrix}.\end{aligned}$$

□

例6.3.7 (2000) 设 $\boldsymbol{A}=\begin{pmatrix}1&0&0&0\\-2&3&0&0\\0&-4&5&0\\0&0&-6&7\end{pmatrix}$，$\boldsymbol{E}$ 为四阶单位矩

阵，且 $\boldsymbol{B}=(\boldsymbol{E}+\boldsymbol{A})^{-1}(\boldsymbol{E}-\boldsymbol{A})$. 求 $(\boldsymbol{E}+\boldsymbol{B})^{-1}$.

解：由 $\boldsymbol{B}=(\boldsymbol{E}+\boldsymbol{A})^{-1}(\boldsymbol{E}-\boldsymbol{A})$ 得

$$(\boldsymbol{E}+\boldsymbol{A})\boldsymbol{B}=\boldsymbol{E}-\boldsymbol{A}，即 \boldsymbol{AB}+\boldsymbol{A}+\boldsymbol{B}=\boldsymbol{E},$$

从而，$\boldsymbol{E}=\boldsymbol{AB}+\boldsymbol{A}+\boldsymbol{B}=(\boldsymbol{A}+\boldsymbol{E})(\boldsymbol{B}+\boldsymbol{E})-\boldsymbol{E}$，即

处理这类问题时，十字相乘法是有用的：$\boldsymbol{AB}+x\boldsymbol{A}+y\boldsymbol{B}=(\boldsymbol{A}+y\boldsymbol{E})(\boldsymbol{B}+x\boldsymbol{E})-xy\boldsymbol{E}$.

$$(\boldsymbol{A}+\boldsymbol{E})(\boldsymbol{B}+\boldsymbol{E})=2\boldsymbol{E},$$

亦即 $\frac{1}{2}(\boldsymbol{A}+\boldsymbol{E})(\boldsymbol{B}+\boldsymbol{E})=\boldsymbol{E}$，

所以，

$$(\boldsymbol{B}+\boldsymbol{E})^{-1}=\frac{1}{2}(\boldsymbol{A}+\boldsymbol{E})=\begin{pmatrix}1&0&0&0\\-1&2&0&0\\0&-2&3&0\\0&0&-3&4\end{pmatrix}.$$ □

例6.3.8（2002） 已知 $\boldsymbol{A}$，$\boldsymbol{B}$ 为三阶矩阵，且满足 $2\boldsymbol{A}^{-1}\boldsymbol{B}=\boldsymbol{B}-4\boldsymbol{E}$，其中 $\boldsymbol{E}$ 是三阶单位矩阵.

（1）证明：矩阵 $\boldsymbol{A}-2\boldsymbol{E}$ 可逆；

（2）若 $\boldsymbol{B}=\begin{pmatrix}1&-2&0\\1&2&0\\0&0&2\end{pmatrix}$，求矩阵 $\boldsymbol{A}$.

左乘 $\boldsymbol{A}$，消去 $\boldsymbol{A}^{-1}$.

解：（1）由 $2\boldsymbol{A}^{-1}\boldsymbol{B}=\boldsymbol{B}-4\boldsymbol{E}$，得 $2\boldsymbol{B}=\boldsymbol{AB}-4\boldsymbol{A}$，即 $\boldsymbol{AB}-4\boldsymbol{A}-2\boldsymbol{B}=\boldsymbol{0}$，从而

十字相乘法.

$$\boldsymbol{0}=\boldsymbol{AB}-4\boldsymbol{A}-2\boldsymbol{B}=(\boldsymbol{A}-2\boldsymbol{E})(\boldsymbol{B}-4\boldsymbol{E})-8\boldsymbol{E},$$

即 $(\boldsymbol{A}-2\boldsymbol{E})(\frac{1}{8}(\boldsymbol{B}-4\boldsymbol{E}))=\boldsymbol{E}$，所以，$\boldsymbol{A}-2\boldsymbol{E}$ 可逆，且 $(\boldsymbol{A}-2\boldsymbol{E})^{-1}=\frac{1}{8}(\boldsymbol{B}-4\boldsymbol{E})$.

（2）由（1）得

$$\begin{aligned}\boldsymbol{A}&=(\boldsymbol{A}-2\boldsymbol{E})+2\boldsymbol{E}=(\frac{1}{8}(\boldsymbol{B}-4\boldsymbol{E}))^{-1}+2\boldsymbol{E}\\&=8(\boldsymbol{B}-4\boldsymbol{E})^{-1}+2\boldsymbol{E}=\begin{pmatrix}0&2&0\\-1&-1&0\\0&0&-2\end{pmatrix}.\end{aligned}$$ □

例6.3.9（1989） 已知 $\boldsymbol{X}=\boldsymbol{AX}+\boldsymbol{B}$，其中，$\boldsymbol{A}=\begin{pmatrix}0&1&0\\-1&1&1\\-1&0&-1\end{pmatrix}$，$\boldsymbol{B}=\begin{pmatrix}1&-1\\2&0\\5&-3\end{pmatrix}$. 求矩阵 $\boldsymbol{X}$.

解：由 $\boldsymbol{X}=\boldsymbol{AX}+\boldsymbol{B}$ 得 $(\boldsymbol{E}-\boldsymbol{A})\boldsymbol{X}=\boldsymbol{B}$，其中，$\boldsymbol{E}$ 是单位阵. 易见 $\boldsymbol{E}-\boldsymbol{A}$ 可逆，所以，

不要写成 $\boldsymbol{X}=\boldsymbol{B}(\boldsymbol{E}-\boldsymbol{A})^{-1}$ 了.

$$\boldsymbol{X}=(\boldsymbol{E}-\boldsymbol{A})^{-1}\boldsymbol{B}=\begin{pmatrix}3&-1\\2&0\\1&-1\end{pmatrix}.$$ □

例6.3.10（1995）设三阶方阵 $\boldsymbol{A}$，$\boldsymbol{B}$ 满足 $\boldsymbol{A}^{-1}\boldsymbol{BA}=6\boldsymbol{A}+\boldsymbol{BA}$，且 $\boldsymbol{A}=\begin{pmatrix}\frac{1}{3}&0&0\\0&\frac{1}{4}&0\\0&0&\frac{1}{7}\end{pmatrix}$，则矩阵 $\boldsymbol{B}=$________.

解：由于 $\boldsymbol{A}$ 可逆，所以在 $\boldsymbol{A}^{-1}\boldsymbol{BA}=6\boldsymbol{A}+\boldsymbol{BA}$ 两边同时右乘 $\boldsymbol{A}^{-1}$，得 $\boldsymbol{A}^{-1}\boldsymbol{B}=6\boldsymbol{E}+\boldsymbol{B}$，其中，$\boldsymbol{E}$ 是单位阵；从而 $(\boldsymbol{A}^{-1}-\boldsymbol{E})\boldsymbol{B}=6\boldsymbol{E}$，即

消去 $\boldsymbol{A}$.

由于 $\boldsymbol{A}$ 是对角阵，相关计算比较容易，所以不需要再进一步变形.

$$\boldsymbol{B}=6(\boldsymbol{A}^{-1}-\boldsymbol{E})^{-1}=6\begin{pmatrix}2&0&0\\0&3&0\\0&0&6\end{pmatrix}^{-1}=\begin{pmatrix}3&0&0\\0&2&0\\0&0&1\end{pmatrix}.$$ □

例6.3.11（1998）设矩阵 $\boldsymbol{A}$，$\boldsymbol{B}$ 满足 $\boldsymbol{A}^*\boldsymbol{BA}=2\boldsymbol{BA}-8\boldsymbol{E}$，其中 $\boldsymbol{E}$ 是三阶单位矩阵，$\boldsymbol{A}^*$ 是 $\boldsymbol{A}$ 的伴随矩阵，$\boldsymbol{A}=\begin{pmatrix}1&0&0\\0&-2&0\\0&0&1\end{pmatrix}$，则矩阵 $\boldsymbol{B}=$________.

解：由 $\boldsymbol{A}^*\boldsymbol{A}=|\boldsymbol{A}|\boldsymbol{E}=-2\boldsymbol{E}$ 得 $\boldsymbol{A}^*=-2\boldsymbol{A}^{-1}$.

拉普拉斯定理的矩阵形式.

由 $\boldsymbol{A}^*\boldsymbol{BA}=2\boldsymbol{BA}-8\boldsymbol{E}$ 得 $(\boldsymbol{A}^*-2\boldsymbol{E})\boldsymbol{BA}=-8\boldsymbol{E}$，所以，$\boldsymbol{B}=(\boldsymbol{A}^*-2\boldsymbol{E})^{-1}(-8\boldsymbol{E})\boldsymbol{A}^{-1}=-8(\boldsymbol{A}^*-2\boldsymbol{E})^{-1}\boldsymbol{A}^{-1}=-8(-2\boldsymbol{A}^{-1}-2\boldsymbol{E})^{-1}\boldsymbol{A}^{-1}=\begin{pmatrix}2&0&0\\0&-4&0\\0&0&2\end{pmatrix}$. □

例6.3.12 设三阶方阵 $\boldsymbol{A}$，$\boldsymbol{B}$ 满足 $(\boldsymbol{A}^*)^{-1}\boldsymbol{B}=\boldsymbol{ABA}+2\boldsymbol{A}^2$. 已知 $\boldsymbol{A}=\begin{pmatrix}1&2&0\\2&3&0\\1&2&3\end{pmatrix}$. 求 $\boldsymbol{B}$.

解：首先，$|\boldsymbol{A}|=-3$，从而由 $\boldsymbol{A}^*\boldsymbol{A}=-3\boldsymbol{E}$ 得 $\boldsymbol{A}^*=-3\boldsymbol{A}^{-1}$，即 $(\boldsymbol{A}^*)^{-1}=-\frac{1}{3}\boldsymbol{A}$.

由 $(\boldsymbol{A}^*)^{-1}\boldsymbol{B}=\boldsymbol{ABA}+2\boldsymbol{A}^2$，得 $-\frac{1}{3}\boldsymbol{B}=\boldsymbol{BA}+2\boldsymbol{A}$，即 $\boldsymbol{B}=-3\boldsymbol{BA}-6\boldsymbol{A}$，即 $\boldsymbol{B}(\boldsymbol{E}+3\boldsymbol{A})=-6\boldsymbol{A}$，所以，

左乘 $\boldsymbol{A}^{-1}$.

$$B=-6A(E+3A)^{-1}=-6\begin{pmatrix}1&2&0\\2&3&0\\1&2&3\end{pmatrix}\begin{pmatrix}4&6&0\\6&10&0\\3&6&10\end{pmatrix}^{-1}$$

$$=-6\begin{pmatrix}1&2&0\\2&3&0\\1&2&3\end{pmatrix}\begin{pmatrix}\frac{5}{2}&-\frac{3}{2}&0\\-\frac{3}{2}&1&0\\\frac{3}{20}&-\frac{3}{20}&\frac{1}{10}\end{pmatrix}=\begin{pmatrix}3&-3&0\\-3&0&0\\\frac{3}{10}&-\frac{3}{10}&-\frac{9}{5}\end{pmatrix}.$$

□

例6.3.13（2005） 设 $\boldsymbol{A}$ 是 $n(n\geqslant 2)$ 阶可逆矩阵，交换 $\boldsymbol{A}$ 的第 1 行与第 2 行得矩阵 $\boldsymbol{B}$，$\boldsymbol{A}^*$，$\boldsymbol{B}^*$ 分别为 $\boldsymbol{A}$，$\boldsymbol{B}$ 的伴随矩阵，则下列说法正确的是（　　）

(A) 交换 $\boldsymbol{A}^*$ 的第 1 列与第 2 列得 $\boldsymbol{B}^*$．

(B) 交换 $\boldsymbol{A}^*$ 的第 1 行与第 2 行得 $\boldsymbol{B}^*$．

(C) 交换 $\boldsymbol{A}^*$ 的第 1 列与第 2 列得 $-\boldsymbol{B}^*$．

(D) 交换 $\boldsymbol{A}^*$ 的第 1 行与第 2 行得 $-\boldsymbol{B}^*$．

定理 3.1.1 和拉普拉斯定理的综合应用.

解： 设 $\boldsymbol{P}$ 是交换 n 阶单位矩阵 $\boldsymbol{E}$ 的第 1，2 两行得到的初等矩阵，则 $\boldsymbol{PA}=\boldsymbol{B}$；又 $\boldsymbol{A}$，$\boldsymbol{B}$ 均可逆，因此

$$\boldsymbol{B}^*=|\boldsymbol{B}|\boldsymbol{B}^{-1}=-|\boldsymbol{A}|\boldsymbol{A}^{-1}\boldsymbol{P}^{-1}=-\boldsymbol{A}^*\boldsymbol{P},$$

即 $-\boldsymbol{B}^*=\boldsymbol{A}^*\boldsymbol{P}$，从而（C）正确. □

例6.3.14（1996） 设 $\boldsymbol{A}$ 是 4×3 阶矩阵，且 $\boldsymbol{A}$ 的秩 $r(\boldsymbol{A})=2$，而 $\boldsymbol{B}=\begin{pmatrix}1&0&2\\0&2&0\\-1&0&3\end{pmatrix}$，则秩 $r(\boldsymbol{AB})=$________．

参见命题 3.2.3.

解： 由 $|\boldsymbol{B}|=10$ 得 $\boldsymbol{B}$ 可逆，所以 $r(\boldsymbol{AB})=r(\boldsymbol{A})=2$. □

例6.3.15（1993） 已知 $\boldsymbol{Q}=\begin{pmatrix}1&2&3\\2&4&t\\3&6&9\end{pmatrix}$，$\boldsymbol{P}$ 为三阶非零矩阵，且满足 $\boldsymbol{PQ}=\boldsymbol{0}$，则下列说法正确的是（　　）

(A) 当 $t=6$ 时，$\boldsymbol{P}$ 的秩必为 1. (B) 当 $t=6$ 时，$\boldsymbol{P}$ 的秩必为 2.

(C) 当 $t\neq 6$ 时，$\boldsymbol{P}$ 的秩必为 1. (D) 当 $t\neq 6$ 时，$\boldsymbol{P}$ 的秩必为 2.

参见例 3.2.17.

解： 由于 $\boldsymbol{PQ}=\boldsymbol{0}$，所以 $r(\boldsymbol{P})+r(\boldsymbol{Q})\leqslant 3$. 又 $\boldsymbol{P}\neq\boldsymbol{0}$，所以，$r(\boldsymbol{P})\geqslant 1$.

当 $t=6$ 时，$r(\boldsymbol{Q})=1$，从而，$r(\boldsymbol{P})\leqslant 2$；

当 $t\neq 6$ 时，$r(\boldsymbol{Q})=2$，所以，$r(\boldsymbol{P})\leqslant 1$，从而，$r(\boldsymbol{P})=1$. 所以，（C）正确. □

例6.3.16（1997） 设 $\boldsymbol{A}=\begin{pmatrix}1 & 2 & -2\\ 4 & t & 3\\ 3 & -1 & 1\end{pmatrix}$，$\boldsymbol{B}$ 为三阶非零矩阵，且 $\boldsymbol{AB}=\boldsymbol{0}$，则 $t=$________.

解：由 $\boldsymbol{AB}=\boldsymbol{0}$ 得 $r(\boldsymbol{A})+r(\boldsymbol{B})\leqslant 3$. 由于 $\boldsymbol{B}\neq\boldsymbol{0}$，所以，$r(\boldsymbol{B})\geqslant 1$，从而 $r(\boldsymbol{A})\leqslant 2$，因此 $|\boldsymbol{A}|=7t+21=0$，解得 $t=-3$. □

例6.3.17（1991） 设有三维列向量

$$\boldsymbol{\alpha}_1=(1+\lambda,\ 1,\ 1)^{\mathrm{T}},\ \boldsymbol{\alpha}_2=(1,\ 1+\lambda,\ 1)^{\mathrm{T}},$$
$$\boldsymbol{\alpha}_3=(1,\ 1,\ 1+\lambda)^{\mathrm{T}},\ \boldsymbol{\beta}=(0,\ \lambda,\ \lambda^2)^{\mathrm{T}}.$$

问 λ 取何值时：

(1) $\boldsymbol{\beta}$ 可由 $\boldsymbol{\alpha}_1$，$\boldsymbol{\alpha}_2$，$\boldsymbol{\alpha}_3$ 线性表出，且表达式唯一；

(2) $\boldsymbol{\beta}$ 可由 $\boldsymbol{\alpha}_1$，$\boldsymbol{\alpha}_2$，$\boldsymbol{\alpha}_3$ 线性表出，且表达式不唯一；

(3) $\boldsymbol{\beta}$ 不可由 $\boldsymbol{\alpha}_1$，$\boldsymbol{\alpha}_2$，$\boldsymbol{\alpha}_3$ 线性表出.

解：该问题等价于判断非齐次线性方程组 $x_1\boldsymbol{\alpha}_1+x_2\boldsymbol{\alpha}_2+x_3\boldsymbol{\alpha}_3=\boldsymbol{\beta}$ 的解的存在性.

法一：系数矩阵的行列式为

系数矩阵是方阵.

$$|\boldsymbol{A}|=\begin{vmatrix}3+\lambda & 1 & 1\\ 3+\lambda & 1+\lambda & 1\\ 3+\lambda & 1 & 1+\lambda\end{vmatrix}=\lambda^2(3+\lambda).$$

把第2,3列加到第1列，可提出公因子 $\lambda+3$.

所以，(1) 当 $\lambda(\lambda+3)\neq 0$，即 $\lambda\neq 0$ 且 $\lambda\neq -3$ 时，系数矩阵可逆，从而原方程组有唯一解，即 $\boldsymbol{\beta}$ 可由 $\boldsymbol{\alpha}_1$，$\boldsymbol{\alpha}_2$，$\boldsymbol{\alpha}_3$ 线性表出，且表达式唯一.

(2) 当 $\lambda=0$ 时，用初等行变换把增广矩阵化为阶梯形矩阵，得 $\widetilde{\boldsymbol{A}}\rightarrow\begin{pmatrix}1 & 1 & 1 & 0\\ 0 & 0 & 0 & 0\\ 0 & 0 & 0 & 0\end{pmatrix}$，从而 $r(\boldsymbol{A})=r(\widetilde{\boldsymbol{A}})=1$，故此时 $\boldsymbol{\beta}$ 可由 $\boldsymbol{\alpha}_1$，$\boldsymbol{\alpha}_2$，$\boldsymbol{\alpha}_3$ 线性表出，且表达式不唯一.

(3) 当 $\lambda=-3$ 时，用初等行变换把增广矩阵化为阶梯形矩阵，得 $\widetilde{\boldsymbol{A}}\rightarrow\begin{pmatrix}1 & 1 & -2 & 9\\ 0 & -3 & 3 & -12\\ 0 & 0 & 0 & 6\end{pmatrix}$. 从而 $r(\boldsymbol{A})=2<r(\widetilde{\boldsymbol{A}})=3$，故此时 $\boldsymbol{\beta}$ 不可由 $\boldsymbol{\alpha}_1$，$\boldsymbol{\alpha}_2$，$\boldsymbol{\alpha}_3$ 线性表出.

法二：对增广矩阵作初等行变换，得

不要让未知参数出现在分母上. 可以先交换第1，2行.

$$\widetilde{\boldsymbol{A}}=\begin{pmatrix}1+\lambda & 1 & 1 & 0\\ 1 & 1+\lambda & 1 & \lambda\\ 1 & 1 & 1+\lambda & \lambda^2\end{pmatrix}$$

$$\rightarrow\begin{pmatrix}1 & 1 & 1+\lambda & \lambda^2\\ 0 & \lambda & -\lambda & \lambda-\lambda^2\\ 0 & 0 & -\lambda(\lambda+3) & \lambda(1-2\lambda-\lambda^2)\end{pmatrix}.$$

由此可知，(1) 当$\lambda(\lambda+3)\neq 0$，即$\lambda\neq 0$且$\lambda\neq -3$时，有$r(\boldsymbol{A})=r(\widetilde{\boldsymbol{A}})=3$，因此原方程组有唯一解，即$\boldsymbol{\beta}$可由$\boldsymbol{\alpha}_1$，$\boldsymbol{\alpha}_2$，$\boldsymbol{\alpha}_3$线性表出，且表达式唯一.

(2) 当$\lambda=0$时，用初等行变换把增广矩阵化为阶梯形矩阵，得$\widetilde{\boldsymbol{A}}\rightarrow\begin{pmatrix}1 & 1 & 1 & 0\\ 0 & 0 & 0 & 0\\ 0 & 0 & 0 & 0\end{pmatrix}$，从而$r(\boldsymbol{A})=r(\widetilde{\boldsymbol{A}})=1<3$，故此时$\boldsymbol{\beta}$可由$\boldsymbol{\alpha}_1$，$\boldsymbol{\alpha}_2$，$\boldsymbol{\alpha}_3$线性表出，且表达式不唯一.

(3) 当$\lambda=-3$时，用初等行变换把增广矩阵化为阶梯形矩阵，得$\widetilde{\boldsymbol{A}}\rightarrow\begin{pmatrix}1 & 1 & -2 & 9\\ 0 & -3 & 3 & -12\\ 0 & 0 & 0 & 6\end{pmatrix}$，从而$r(\boldsymbol{A})=2<r(\widetilde{\boldsymbol{A}})=3$，故此时原方程组没有解，即$\boldsymbol{\beta}$不可由$\boldsymbol{\alpha}_1$，$\boldsymbol{\alpha}_2$，$\boldsymbol{\alpha}_3$线性表出. □

例6.3.18 (1994) 已知向量组$\boldsymbol{\alpha}_1$，$\boldsymbol{\alpha}_2$，$\boldsymbol{\alpha}_3$，$\boldsymbol{\alpha}_4$线性无关，则下列说法正确的是（ ）.

(A) 向量组$\boldsymbol{\alpha}_1+\boldsymbol{\alpha}_2$，$\boldsymbol{\alpha}_2+\boldsymbol{\alpha}_3$，$\boldsymbol{\alpha}_3+\boldsymbol{\alpha}_4$，$\boldsymbol{\alpha}_4+\boldsymbol{\alpha}_1$线性无关.

(B) 向量组$\boldsymbol{\alpha}_1-\boldsymbol{\alpha}_2$，$\boldsymbol{\alpha}_2-\boldsymbol{\alpha}_3$，$\boldsymbol{\alpha}_3-\boldsymbol{\alpha}_4$，$\boldsymbol{\alpha}_4-\boldsymbol{\alpha}_1$线性无关.

(C) 向量组$\boldsymbol{\alpha}_1+\boldsymbol{\alpha}_2$，$\boldsymbol{\alpha}_2+\boldsymbol{\alpha}_3$，$\boldsymbol{\alpha}_3+\boldsymbol{\alpha}_4$，$\boldsymbol{\alpha}_4-\boldsymbol{\alpha}_1$线性无关.

(D) 向量组$\boldsymbol{\alpha}_1+\boldsymbol{\alpha}_2$，$\boldsymbol{\alpha}_2+\boldsymbol{\alpha}_3$，$\boldsymbol{\alpha}_3-\boldsymbol{\alpha}_4$，$\boldsymbol{\alpha}_4-\boldsymbol{\alpha}_1$线性无关.

利用命题 2.3.2 较为简便.

解：由于$\boldsymbol{\alpha}_1$，$\boldsymbol{\alpha}_2$，$\boldsymbol{\alpha}_3$，$\boldsymbol{\alpha}_4$线性无关，所以，对于各选项中的向量组，只需考虑相应的矩阵的秩.

这里用行列式去估计矩阵的秩，更简便一些.

对于 (A)，考虑矩阵$\begin{pmatrix}1 & 0 & 0 & 1\\ 1 & 1 & 0 & 0\\ 0 & 1 & 1 & 0\\ 0 & 0 & 1 & 1\end{pmatrix}$，直接按第1行展开即得其行列式等于0，从而，其秩$\leqslant 3$，所以，(A) 中向量组的秩最多是3，从而是线性相关的.

用类似的方法，逐个检查得：(C) 正确. □

例6.3.19 (1999) 记行列式$\begin{vmatrix}x-2 & x-1 & x-2 & x-3\\ 2x-2 & 2x-1 & 2x-2 & 2x-3\\ 3x-3 & 3x-2 & 4x-5 & 3x-5\\ 4x & 4x-3 & 5x-7 & 4x-3\end{vmatrix}$为$f(x)$，则方程$f(x)=0$的根的个数为________.

参见推论 3.3.10.

解：分别把第1列的-1倍加到第2，3，4列，则

$$f(x)=\begin{vmatrix} x-2 & 1 & 0 & -1 \\ 2x-2 & 1 & 0 & -1 \\ 3x-3 & 1 & x-2 & -2 \\ 4x & -3 & x-7 & -3 \end{vmatrix} \xlongequal{c_4+c_2} \begin{vmatrix} x-2 & 1 & 0 & 0 \\ 2x-2 & 1 & 0 & 0 \\ 3x-3 & 1 & x-2 & -1 \\ 4x & -3 & x-7 & -6 \end{vmatrix}$$

$$=\begin{vmatrix} x-2 & 1 \\ 2x-2 & 1 \end{vmatrix} \begin{vmatrix} x-2 & -1 \\ x-7 & -6 \end{vmatrix} =5x(x-1).$$

因此 $f(x)=0$ 的根的个数为 2. □

例6.3.20 设 $f(x)=\begin{vmatrix} x-1 & 1 & -1 & 1 \\ -1 & x+1 & -1 & 1 \\ -1 & 1 & x-1 & 1 \\ -1 & 1 & -1 & x+1 \end{vmatrix}$. 求 $f(x)=0$ 的根.

解: 把第 1 行的 -1 倍分别加到第 2，3，4 行，得

$$f(x) \xlongequal[r_4-r_1]{r_2-r_1,r_3-r_1} \begin{vmatrix} x-1 & 1 & -1 & 1 \\ -x & x & 0 & 0 \\ -x & 0 & x & 0 \\ -x & 0 & 0 & x \end{vmatrix}$$

$$\xlongequal{c_1+c_2+c_3+c_4} \begin{vmatrix} x & 1 & -1 & 1 \\ 0 & x & 0 & 0 \\ 0 & 0 & x & 0 \\ 0 & 0 & 0 & x \end{vmatrix} =x^4.$$

因此 $f(x)=0$ 的根为 $x=0$（重数为 4). □

例6.3.21 求 $f(\lambda)=\begin{vmatrix} \lambda & -2 & 2 \\ -2 & \lambda-4 & -4 \\ 2 & -4 & \lambda+3 \end{vmatrix}=0$ 的根.

解: 法一：由行列式的定义，得

三阶行列式可以直接用式(3.3.6)计算.

$$\begin{aligned} f(\lambda) &= \lambda(\lambda-4)(\lambda+3)+16+16-4(\lambda-4) \\ &\quad -16\lambda-4(\lambda+3) \\ &= \lambda^3-\lambda^2-36\lambda+36=\lambda^2(\lambda-1)-36(\lambda-1) \\ &= (\lambda-1)(\lambda-6)(\lambda+6), \end{aligned}$$

所以，$f(\lambda)$ 的根为 $\lambda_1=-6$，$\lambda_2=1$，$\lambda_3=6$.

法二：

$$D \xlongequal{c_3-2c_1} \begin{vmatrix} \lambda & -2 & 2-2\lambda \\ -2 & \lambda-4 & 0 \\ 2 & -4 & \lambda-1 \end{vmatrix}$$

$$=(\lambda-1)\begin{vmatrix}\lambda & -2 & -2\\ -2 & \lambda-4 & 0\\ 2 & -4 & 1\end{vmatrix}$$

$$\xlongequal{r_1+2r_3}(\lambda-1)\begin{vmatrix}\lambda+4 & -10 & 0\\ -2 & \lambda-4 & 0\\ 2 & -4 & 1\end{vmatrix}$$

$$=(\lambda-1)(\lambda-6)(\lambda+6).$$

$f(\lambda)$ 的根为 $\lambda_1=-6$，$\lambda_2=1$，$\lambda_3=6$. □

例6.3.22 设 $f(x)=\begin{vmatrix}2x & x & 1 & 2\\ 1 & x-1 & 1 & -1\\ 3 & 2 & x & 1\\ 1 & 1 & 1 & x\end{vmatrix}$. 求 $f(x)$ 中 x^3 的系数.

解：考虑把 $f(x)$ 按第 1 行展开. 注意到，(1，3) -元和 (1，4) -元的代数余子式中不可能含有 x^3，所以，只需考虑 (1，1) -元和 (1，2) -元的代数余子式，即

$$f(x)=(-1)^{1+1}2x\begin{vmatrix}x-1 & 1 & -1\\ 2 & x & 1\\ 1 & 1 & x\end{vmatrix}+(-1)^{1+2}x\begin{vmatrix}1 & 1 & -1\\ 3 & x & 1\\ 1 & 1 & x\end{vmatrix}$$

$$+(\text{其他不含 } x^3 \text{ 的项})$$

$$=2x\cdot(x-1)\cdot x\cdot x-x\cdot 1\cdot x\cdot x+(\text{其他不含 } x^3 \text{ 的项})$$

$$=2x^4-3x^3+(\text{其他不含 } x^3 \text{ 的项}),$$

所以，$f(x)$ 中 x^3 的系数为 -3.

注：也可以用行列式的定义去计算. □

例6.3.23 (1988) 设四阶矩阵 $\boldsymbol{A}=(\boldsymbol{\alpha}\ \ \boldsymbol{\gamma}_2\ \ \boldsymbol{\gamma}_3\ \ \boldsymbol{\gamma}_4)$，$\boldsymbol{B}=(\boldsymbol{\beta}\ \ \boldsymbol{\gamma}_2\ \ \boldsymbol{\gamma}_3\ \ \boldsymbol{\gamma}_4)$，其中 $\boldsymbol{\alpha}$，$\boldsymbol{\beta}$，$\boldsymbol{\gamma}_2$，$\boldsymbol{\gamma}_3$，$\boldsymbol{\gamma}_4$ 均为四维列向量，且已知行列式 $|\boldsymbol{A}|=4$，$|\boldsymbol{B}|=1$. 则行列式 $|\boldsymbol{A}+\boldsymbol{B}|=$________.

矩阵的列向量形式和行列式的性质，参见注 3.3.1.

解：

$$|\boldsymbol{A}+\boldsymbol{B}|=|\boldsymbol{\alpha}+\boldsymbol{\beta}\ \ 2\boldsymbol{\gamma}_2\ \ 2\boldsymbol{\gamma}_3\ \ 2\boldsymbol{\gamma}_4|$$

$$=8(|\boldsymbol{\alpha}\ \ \boldsymbol{\gamma}_2\ \ \boldsymbol{\gamma}_3\ \ \boldsymbol{\gamma}_4|+|\boldsymbol{\beta}\ \ \boldsymbol{\gamma}_2\ \ \boldsymbol{\gamma}_3\ \ \boldsymbol{\gamma}_4|)$$

$$=8(|\boldsymbol{A}|+|\boldsymbol{B}|)=40.$$ □

例6.3.24 (1992) 设 $\boldsymbol{A}$ 是 m 阶方阵，$\boldsymbol{B}$ 是 n 阶方阵，且 $|\boldsymbol{A}|=a$，$|\boldsymbol{B}|=b$，$\boldsymbol{C}=\begin{pmatrix}\boldsymbol{0} & \boldsymbol{A}\\ \boldsymbol{B} & \boldsymbol{0}\end{pmatrix}$，求 $|\boldsymbol{C}|$.

解：设 $\boldsymbol{A}$ 的列向量组为 $\boldsymbol{\alpha}_1$，…，$\boldsymbol{\alpha}_m$. 先交换 $\boldsymbol{C}$ 的第 $n+1$ 列与第 n 列，再交换第 n 列与第 $n-1$ 列，…，再交换第 2 列与第 1 列，即

$$|\boldsymbol{C}|=(-1)^n\begin{vmatrix}\boldsymbol{\alpha}_1 & \boldsymbol{0} & \boldsymbol{\alpha}_2 & \cdots & \boldsymbol{\alpha}_m\\ \boldsymbol{0} & \boldsymbol{B} & \boldsymbol{0} & \cdots & \boldsymbol{0}\end{vmatrix}.$$

重复上述操作，得

$$\begin{aligned}|\boldsymbol{C}|&=(-1)^{2n}\begin{vmatrix}\boldsymbol{\alpha}_1 & \boldsymbol{\alpha}_2 & \boldsymbol{0} & \boldsymbol{\alpha}_3 & \cdots & \boldsymbol{\alpha}_m\\ \boldsymbol{0} & \boldsymbol{0} & \boldsymbol{B} & \boldsymbol{0} & \cdots & \boldsymbol{0}\end{vmatrix}\\ &=\cdots\\ &=(-1)^{mn}\begin{vmatrix}\boldsymbol{A} & \boldsymbol{0}\\ \boldsymbol{0} & \boldsymbol{B}\end{vmatrix}=(-1)^{mn}ab.\end{aligned}$$ □

利用推论 3.3.10.

例6.3.25 (2003) 设三阶方阵 $\boldsymbol{A}$，$\boldsymbol{B}$ 满足 $\boldsymbol{A}^2\boldsymbol{B}-\boldsymbol{A}-\boldsymbol{B}=\boldsymbol{E}$，其中 $\boldsymbol{E}$ 为三阶单位矩阵. 若 $\boldsymbol{A}=\begin{pmatrix}1 & 0 & 1\\ 0 & 2 & 0\\ -2 & 0 & 1\end{pmatrix}$，则 $|\boldsymbol{B}|=$________.

解: 由 $\boldsymbol{A}^2\boldsymbol{B}-\boldsymbol{A}-\boldsymbol{B}=\boldsymbol{E}$ 得 $(\boldsymbol{A}+\boldsymbol{E})(\boldsymbol{A}-\boldsymbol{E})\boldsymbol{B}=\boldsymbol{A}+\boldsymbol{E}$. 由于 $|\boldsymbol{A}+\boldsymbol{E}|=\begin{vmatrix}2 & 0 & 1\\ 0 & 3 & 0\\ -2 & 0 & 2\end{vmatrix}=18\neq 0$，所以 $\boldsymbol{A}+\boldsymbol{E}$ 可逆，从而 $(\boldsymbol{A}-\boldsymbol{E})\boldsymbol{B}=\boldsymbol{E}$. 两边取行列式，得 $|\boldsymbol{B}|=\dfrac{1}{|\boldsymbol{A}-\boldsymbol{E}|}=\dfrac{1}{2}$. □

这里必须验证 $\boldsymbol{A}+\boldsymbol{E}$ 可逆，因为矩阵的乘法不满足消去律.

例6.3.26 (2005) 设 $\boldsymbol{\alpha}_1$，$\boldsymbol{\alpha}_2$，$\boldsymbol{\alpha}_3$ 均为三维列向量，记矩阵 $\boldsymbol{A}=(\boldsymbol{\alpha}_1,\boldsymbol{\alpha}_2,\boldsymbol{\alpha}_3)$，$\boldsymbol{B}=(\boldsymbol{\alpha}_1+\boldsymbol{\alpha}_2+\boldsymbol{\alpha}_3,\ \boldsymbol{\alpha}_1+2\boldsymbol{\alpha}_2+4\boldsymbol{\alpha}_3,\ \boldsymbol{\alpha}_1+3\boldsymbol{\alpha}_2+9\boldsymbol{\alpha}_3)$. 如果 $|\boldsymbol{A}|=1$，则 $|\boldsymbol{B}|=$________.

解: $\boldsymbol{B}$ 的第 1 列为

$$\boldsymbol{\alpha}_1+\boldsymbol{\alpha}_2+\boldsymbol{\alpha}_3=(\boldsymbol{\alpha}_1,\boldsymbol{\alpha}_2,\boldsymbol{\alpha}_3)\begin{pmatrix}1\\1\\1\end{pmatrix}=\boldsymbol{A}\begin{pmatrix}1\\1\\1\end{pmatrix},$$

矩阵乘积的向量形式，参见引理 3.1.1 和例 3.2.16.

类似地，$\boldsymbol{B}$ 的第 2，3 列分别为

$$\boldsymbol{\alpha}_1+2\boldsymbol{\alpha}_2+4\boldsymbol{\alpha}_3=\boldsymbol{A}\begin{pmatrix}1\\2\\4\end{pmatrix},\ \boldsymbol{\alpha}_1+3\boldsymbol{\alpha}_2+9\boldsymbol{\alpha}_3=\boldsymbol{A}\begin{pmatrix}1\\3\\9\end{pmatrix},$$

即 $\boldsymbol{B}=\boldsymbol{A}\begin{pmatrix}1 & 1 & 1\\ 1 & 2 & 3\\ 1 & 4 & 9\end{pmatrix}$，从而，$|\boldsymbol{B}|=|\boldsymbol{A}|\begin{vmatrix}1 & 1 & 1\\ 1 & 2 & 3\\ 1 & 4 & 9\end{vmatrix}=2.$ □

例6.3.27 计算 n 阶行列式 $D_n=\begin{vmatrix}5 & 3 & & & \\ 2 & 5 & 3 & & \\ & 2 & 5 & \ddots & \\ & & \ddots & \ddots & 3\\ & & & 2 & 5\end{vmatrix}$.

D_n 中其他未显示的元是 0.

解：按第 1 行展开，得

$$D_n=5\begin{vmatrix}5&3&&\\2&5&\ddots&\\&\ddots&\ddots&3\\&&2&5\end{vmatrix}_{n-1}-3\begin{vmatrix}2&3&&\\&5&\ddots&\\&\ddots&\ddots&3\\&&2&5\end{vmatrix}_{n-1}$$

$$=5D_{n-1}-6D_{n-2}.$$

得到 D_n 的递推公式.

因此 $D_n-2D_{n-1}=3(D_{n-1}-2D_{n-2})$，从而

$$D_n-2D_{n-1}=3^{n-2}(D_2-2D_1)=3^{n-2}(19-10)=3^n.$$

故

$$\begin{aligned}D_n&=3^n+2D_{n-1}=3^n+2(3^{n-1}+2D_{n-2})\\&=3^n+2\times3^{n-1}+2^2D_{n-2}=3^n+2\times3^{n-1}+2^2(3^{n-2}+2D_{n-3})\\&=\cdots=\sum_{i=0}^{n-2}2^i3^{n-i}+2^{n-1}D_1\\&=\sum_{i=0}^{n-2}2^i3^{n-i}+2^{n-1}\times3+2^n\\&=\sum_{i=0}^{n}2^i3^{n-i}\xlongequal{\text{等比数列}}3^{n+1}-2^{n+1}.\end{aligned}$$

□

§ 6.4　矩阵的相似

6.4.1　矩阵的相似

知识点小结

● 基本概念：矩阵的相似（参见定义 4.1.1）.

● 基本结论：

参见例 4.1.2.

（1）矩阵的相似关系具有对称性、反身性和传递性.

参见命题 4.1.3.

（2）两个 n 阶方阵相似的一些必要条件.

参见命题 4.1.2.

（3）两个 n 阶对角阵相似的充分必要条件.

（4）方阵的多项式与准对角阵的相似，参见习题 4.1 的第 2 题和第 7 题.

● 基本计算：利用矩阵相似的定义或必要条件验证矩阵之间相似或不相似.

习题 4.1 解答

可以推广到任意多项式的情形.

1. **解**：$\boldsymbol{A}$，$\boldsymbol{B}$ 不可能相似，因为 $\boldsymbol{A}$，$\boldsymbol{B}$ 不是同阶方阵，所以不可能存在可逆阵 $\boldsymbol{C}$ 使得 $\boldsymbol{C}^{-1}\boldsymbol{A}\boldsymbol{C}=\boldsymbol{B}$. □

2. **证明**：由 $\boldsymbol{A}\sim\boldsymbol{B}$ 可知，存在可逆阵 $\boldsymbol{P}$ 使得 $\boldsymbol{P}^{-1}\boldsymbol{A}\boldsymbol{P}=\boldsymbol{B}$，从而，

$$\boldsymbol{P}^{-1}\boldsymbol{A}^3\boldsymbol{P}=\boldsymbol{P}^{-1}\boldsymbol{A}\boldsymbol{P}\boldsymbol{P}^{-1}\boldsymbol{A}\boldsymbol{P}\boldsymbol{P}^{-1}\boldsymbol{A}\boldsymbol{P}=\boldsymbol{B}\boldsymbol{B}\boldsymbol{B}=\boldsymbol{B}^3,$$

因此，

利用 $\boldsymbol{P}^{-1}\boldsymbol{P}=\boldsymbol{I}_n$.

$$\begin{aligned}&\boldsymbol{P}^{-1}(\boldsymbol{A}^3+2\boldsymbol{A}-5\boldsymbol{I}_n)\boldsymbol{P}\\=&\boldsymbol{P}^{-1}\boldsymbol{A}^3\boldsymbol{P}+2\boldsymbol{P}^{-1}\boldsymbol{A}\boldsymbol{P}-5\boldsymbol{P}^{-1}\boldsymbol{P}\\=&\boldsymbol{B}^3+2\boldsymbol{B}-5\boldsymbol{I}_n,\end{aligned}$$

即 $\boldsymbol{A}^3+2\boldsymbol{A}-5\boldsymbol{I}_n\sim\boldsymbol{B}^3+2\boldsymbol{B}-5\boldsymbol{I}_n$. □

3. **解**：不一定. 由 $\boldsymbol{A}\sim\boldsymbol{B}$ 可知，存在可逆阵 $\boldsymbol{P}$ 使得 $\boldsymbol{P}^{-1}\boldsymbol{A}\boldsymbol{P}=\boldsymbol{B}$；由 $\boldsymbol{C}\sim\boldsymbol{D}$ 可知，存在可逆阵 $\boldsymbol{Q}$ 使得 $\boldsymbol{Q}^{-1}\boldsymbol{C}\boldsymbol{Q}=\boldsymbol{D}$. 一般地，$\boldsymbol{P}$ 和 $\boldsymbol{Q}$ 之间没有关系.

例如，取 $\boldsymbol{A}=\begin{pmatrix}1&1\\0&1\end{pmatrix}$，$\boldsymbol{B}=\begin{pmatrix}1&0\\1&1\end{pmatrix}$，则 $\boldsymbol{A}\sim\boldsymbol{B}$；

参见下面的第 10 题.

取 $\boldsymbol{C}=\begin{pmatrix}1&0\\1&-1\end{pmatrix}$，$\boldsymbol{D}=\begin{pmatrix}1&0\\0&-1\end{pmatrix}$，则 $\boldsymbol{C}\sim\boldsymbol{D}$.

$\boldsymbol{C}$ 可对角化，参见推论 4.2.1.

注意到 $\boldsymbol{A}+\boldsymbol{C}=\begin{pmatrix}2&1\\1&0\end{pmatrix}$，$\boldsymbol{B}+\boldsymbol{D}=\begin{pmatrix}2&0\\1&0\end{pmatrix}$.

由于 $|\boldsymbol{A}+\boldsymbol{C}|=-1$ 而 $|\boldsymbol{B}+\boldsymbol{D}|=0$，所以，$\boldsymbol{A}+\boldsymbol{C}\not\sim\boldsymbol{B}+\boldsymbol{D}$.

4. **解**：令 $\boldsymbol{B}=\begin{pmatrix}1&-1&2\\1&1&0\\2&0&2\end{pmatrix}$. 由于 $\boldsymbol{A}\sim\boldsymbol{B}$ 得：$r(\boldsymbol{A})=r(\boldsymbol{B})$，$|\boldsymbol{A}|=|\boldsymbol{B}|$.

参见命题 4.1.3.

对 $\boldsymbol{B}$ 作初等变换，得 $\boldsymbol{B}\to\begin{pmatrix}1&-1&2\\0&2&-2\\0&0&0\end{pmatrix}$，所以，$r(\boldsymbol{A})=r(\boldsymbol{B})=2$.

这里不用再计算行列式了，参见命题 3.3.3.

由于 $r(\boldsymbol{B})=2<3$，所以，$|\boldsymbol{B}|=0$，从而，$|\boldsymbol{A}|=|\boldsymbol{B}|=0$. □

5. **证明**：由于 $\boldsymbol{A}\sim\boldsymbol{B}$，所以，$r(\boldsymbol{A})=r(\boldsymbol{B})$，且存在可逆阵 $\boldsymbol{P}$ 使得 $\boldsymbol{P}^{-1}\boldsymbol{A}\boldsymbol{P}=\boldsymbol{B}$. 于是，

$$\boldsymbol{A}\text{ 可逆}\Leftrightarrow r(\boldsymbol{A})=n\Leftrightarrow r(\boldsymbol{B})=n\Leftrightarrow\boldsymbol{B}\text{ 可逆}.$$

并且，当 $\boldsymbol{A}$ 可逆时，在 $\boldsymbol{P}^{-1}\boldsymbol{A}\boldsymbol{P}=\boldsymbol{B}$ 的两边取逆，得 $\boldsymbol{B}^{-1}=(\boldsymbol{P}^{-1}\boldsymbol{A}\boldsymbol{P})^{-1}=\boldsymbol{P}^{-1}\boldsymbol{A}^{-1}(\boldsymbol{P}^{-1})^{-1}=\boldsymbol{P}^{-1}\boldsymbol{A}^{-1}\boldsymbol{P}$，即 $\boldsymbol{A}^{-1}\sim\boldsymbol{B}^{-1}$. □

参见引理 3.2.4.

6. **证明**：由 $\boldsymbol{A}\sim\boldsymbol{B}$ 可知，存在可逆阵 $\boldsymbol{P}$ 使得 $\boldsymbol{A}=\boldsymbol{P}^{-1}\boldsymbol{B}\boldsymbol{P}$，从而，

利用 $tr(\boldsymbol{A}\boldsymbol{B})=tr(\boldsymbol{B}\boldsymbol{A})$.

$$tr(\boldsymbol{A})=tr(\boldsymbol{P}^{-1}\boldsymbol{B}\boldsymbol{P})=tr(\boldsymbol{P}\boldsymbol{P}^{-1}\boldsymbol{B})=tr(\boldsymbol{B}).$$ □

7. **证明**：由 $\boldsymbol{A}_i\sim\boldsymbol{B}_i$ 可知，存在可逆阵 $\boldsymbol{P}_i$ 使得 $\boldsymbol{A}_i=\boldsymbol{P}_i^{-1}\boldsymbol{B}_i\boldsymbol{P}_i$. 令 $\boldsymbol{P}=\begin{pmatrix}\boldsymbol{P}_1&\boldsymbol{0}\\\boldsymbol{0}&\boldsymbol{P}_2\end{pmatrix}$，则 $\boldsymbol{P}$ 可逆，且

准对角阵的运算，参见注 3.2.4 和例 3.2.15.

$$\boldsymbol{P}^{-1}\begin{pmatrix}\boldsymbol{B}_1 & \boldsymbol{0}\\ \boldsymbol{0} & \boldsymbol{B}_2\end{pmatrix}\boldsymbol{P}$$
$$=\begin{pmatrix}\boldsymbol{P}_1^{-1} & \boldsymbol{0}\\ \boldsymbol{0} & \boldsymbol{P}_2^{-1}\end{pmatrix}\begin{pmatrix}\boldsymbol{B}_1 & \boldsymbol{0}\\ \boldsymbol{0} & \boldsymbol{B}_2\end{pmatrix}\begin{pmatrix}\boldsymbol{P}_1 & \boldsymbol{0}\\ \boldsymbol{0} & \boldsymbol{P}_2\end{pmatrix}$$
$$=\begin{pmatrix}\boldsymbol{P}_1^{-1}\boldsymbol{B}_1\boldsymbol{P}_1 & \boldsymbol{0}\\ \boldsymbol{0} & \boldsymbol{P}_2^{-1}\boldsymbol{B}_2\boldsymbol{P}_2\end{pmatrix}=\begin{pmatrix}\boldsymbol{A}_1 & \boldsymbol{0}\\ \boldsymbol{0} & \boldsymbol{A}_2\end{pmatrix},$$

所以结论成立. □

8. 解： 由 $\boldsymbol{A}\sim\boldsymbol{B}$ 可知，$tr(\boldsymbol{A})=tr(\boldsymbol{B})$，即 $a+1=3+(-1)$，从而 $a=1$；由 $|\boldsymbol{A}|=|\boldsymbol{B}|$，即 $a=-3-b$，即 $b=-4$.

命题 4.1.3 给出的只是必要条件.

下面证明：当 $a=1$，$b=-4$ 时 $\boldsymbol{A}\sim\boldsymbol{B}$ 确实成立.

设 $\boldsymbol{P}=\begin{pmatrix}x_1 & x_2\\ x_3 & x_4\end{pmatrix}$，则

$$\boldsymbol{AP}=\boldsymbol{PB}\Leftrightarrow\begin{cases}2x_1+4x_2+x_3=0\\ x_1+2x_2-x_4=0\\ 2x_3+4x_4=0\\ x_3+2x_4=0\end{cases}.$$

把右边的齐次线性方程组的系数矩阵用初等行变换化为阶梯形矩阵，得 $\begin{pmatrix}1 & 2 & 0 & -1\\ 0 & 0 & 1 & 2\\ 0 & 0 & 0 & 0\\ 0 & 0 & 0 & 0\end{pmatrix}$，所以，右边的齐次线性方程组的通解为 $\begin{pmatrix}-2t_1+t_2\\ t_1\\ -2t_2\\ t_2\end{pmatrix}$，其中，$t_1$，$t_2$ 是任意数. 取 $t_1=0$，$t_2=1$ 得到一个解：$\begin{pmatrix}1\\ 0\\ -2\\ 1\end{pmatrix}$. 于是，令 $\boldsymbol{P}=\begin{pmatrix}1 & 0\\ -2 & 1\end{pmatrix}$，则 $\boldsymbol{AP}=\boldsymbol{PB}$，且由 $\boldsymbol{P}$ 可逆得：$\boldsymbol{A}=\boldsymbol{PBP}^{-1}$，因此，$\boldsymbol{A}\sim\boldsymbol{B}$.

这里也说明了：满足 $\boldsymbol{PBP}^{-1}=\boldsymbol{A}$ 的可逆阵不唯一.

综上所述，$\boldsymbol{A}\sim\boldsymbol{B}\Leftrightarrow a=1$，$b=-4$，即所求的值为 $a=1$，$b=-4$.

□

9. 证明： 由 $\boldsymbol{A}\sim\boldsymbol{B}$ 可知，可以取一个可逆阵 $\boldsymbol{P}$ 使得 $\boldsymbol{P}^{-1}\boldsymbol{AP}=\boldsymbol{B}$. 对任意 $\boldsymbol{x}\in S_1$，即 $\boldsymbol{Ax}=\boldsymbol{0}$. 令 $f(\boldsymbol{x})=\boldsymbol{P}^{-1}\boldsymbol{x}$. 则

矩阵的乘法满足结合律.

$$\boldsymbol{B}f(\boldsymbol{x})=\boldsymbol{BP}^{-1}\boldsymbol{x}=\boldsymbol{P}^{-1}(\boldsymbol{PBP}^{-1})\boldsymbol{x}=\boldsymbol{P}^{-1}\boldsymbol{Ax}=\boldsymbol{0},$$

此即表明：$f(\boldsymbol{x})\in S_2$，所以我们得到一个映射：$f:S_1\to S_2$：

$f(\boldsymbol{x})=\boldsymbol{P}^{-1}\boldsymbol{x}$.

反之，对任意 $\boldsymbol{y}\in S_2$. 令 $g(\boldsymbol{y})=\boldsymbol{P}\boldsymbol{y}$ ，则

$$\boldsymbol{A}g(\boldsymbol{y})=\boldsymbol{A}\boldsymbol{P}\boldsymbol{y}=\boldsymbol{P}(\boldsymbol{P}^{-1}\boldsymbol{A}\boldsymbol{P})\boldsymbol{y}=\boldsymbol{P}\boldsymbol{B}\boldsymbol{y}=\boldsymbol{0},$$

此即表明：$g(\boldsymbol{y})\in S_1$， 所以我们得到一个映射：$g: S_2\to S_1: g(\boldsymbol{y})=\boldsymbol{P}\boldsymbol{y}$.

由于 $(f\circ g)(\boldsymbol{y})=\boldsymbol{P}^{-1}(\boldsymbol{P}\boldsymbol{y})=\boldsymbol{y}$，所以 $f\circ g$ 是 S_2 上的恒等映射. 同理，$g\circ f$ 是 S_1 上的恒等映射. 综上所述，f 是一个从 S_1 到 S_2 的一一映射. □

注： 因为 $r(\boldsymbol{A})=r(\boldsymbol{B})$，所以 $\boldsymbol{A}\boldsymbol{x}=\boldsymbol{0}$ 与 $\boldsymbol{B}\boldsymbol{x}=\boldsymbol{0}$ 的基础解系所包含的向量个数相等，因此也可以利用基础解系去构造从 S_1 到 S_2 的线性映射. 细节从略.

10. 证明： 法一：观察得到：把 $\begin{pmatrix}1&1\\0&1\end{pmatrix}$ 交换第 1，2 行，再交换第 1，2 列即得到 $\begin{pmatrix}1&0\\1&1\end{pmatrix}$，因此，由初等阵和初等变换的关系，得

参见定理 3.1.1.

$$\begin{pmatrix}0&1\\1&0\end{pmatrix}\begin{pmatrix}1&1\\0&1\end{pmatrix}\begin{pmatrix}0&1\\1&0\end{pmatrix}=\begin{pmatrix}1&0\\1&1\end{pmatrix},$$

而 $\begin{pmatrix}0&1\\1&0\end{pmatrix}^{-1}=\begin{pmatrix}0&1\\1&0\end{pmatrix}$，所以结论成立.

参见推论 3.1.1.

法二：（与第 8 题类似）设 $\boldsymbol{P}=\begin{bmatrix}x_1&x_2\\x_3&x_4\end{bmatrix}$，则由矩阵乘法和矩阵相等的定义，得

$$\begin{pmatrix}1&1\\0&1\end{pmatrix}\boldsymbol{P}=\boldsymbol{P}\begin{pmatrix}1&0\\1&1\end{pmatrix}\Leftrightarrow\begin{cases}x_2-x_3=0\\x_4=0\end{cases}.$$

右边的齐次线性方程组的系数矩阵 $\begin{pmatrix}0&1&-1&0\\0&0&0&1\end{pmatrix}$ 已经是一个行简化阶梯形矩阵了，自由变量为 x_1，x_3. 分别取 x_1，x_3 为任意数 t_1，t_2，则得到其通解为 $\begin{bmatrix}t_1\\t_2\\t_2\\0\end{bmatrix}$. 特别地，取 $t_1=t_2=1$，可以得到可逆阵 $\boldsymbol{P}=\begin{pmatrix}1&1\\1&0\end{pmatrix}$ 使得 $\begin{pmatrix}1&1\\0&1\end{pmatrix}\boldsymbol{P}=\boldsymbol{P}\begin{pmatrix}1&0\\1&1\end{pmatrix}$，即 $\begin{pmatrix}1&1\\0&1\end{pmatrix}=\boldsymbol{P}\begin{pmatrix}1&0\\1&1\end{pmatrix}\boldsymbol{P}^{-1}$，所以，结论成立.

解齐次线性方程组.

注： 法一虽然比较巧妙，但不具有一般性. 值得注意的是，虽然法二中可以取到一个解，使得相应的矩阵 $\boldsymbol{P}$ 是可逆阵，但在其他情况下，

齐次线性方程组 $\boldsymbol{AX}=\boldsymbol{XB}$ 的解中未必能得到可逆阵 $\boldsymbol{P}$，因为矩阵 $\boldsymbol{A}$ 与 $\boldsymbol{B}$ 未必是相似的. □

6.4.2 可对角化、特征值与特征向量

知识点小结

● 基本概念：方阵 $\boldsymbol{A}$ 的可对角化问题指的是 $\boldsymbol{A}$ 能否与一个对角阵相似；方阵的特征值；方阵的特征向量；方阵的特征多项式.

● 基本结论：

(1) 如果 n 阶方阵 $\boldsymbol{A}$ 可对角化，则与 $\boldsymbol{A}$ 相似的对角阵是唯一的（对角元的顺序可能不同）.

(2) 数 a 是方阵 $\boldsymbol{A}$ 的特征值 $\Leftrightarrow a\boldsymbol{I}_n-\boldsymbol{A}$ 不可逆，参见例 4.2.4.

(3) n 阶方阵 $\boldsymbol{A}$ 可对角化 $\Leftrightarrow \boldsymbol{A}$ 有 n 个线性无关的特征向量. 特别地，当 $\boldsymbol{A}$ 有 n 个互不相同的特征值时，$\boldsymbol{A}$ 可对角化.

$n-r(a\boldsymbol{I}_n-\boldsymbol{A})$ 的含义.

(4) 方阵的特征值、特征向量的基本性质，参见命题 4.2.2、推论 4.2.2 和命题 4.2.3.

(5) 方阵的行列式与特征值的关系，方阵的多项式的特征值，参见命题 4.2.4 和例 4.2.12.

● 基本计算：

(1) 求方阵的特征多项式、特征值和特征向量，参见例 4.2.6.

(2) 利用特征值计算行列式，参见例 4.2.12.

(3) 利用定义讨论特征值、特征向量，参见例 4.2.2、例 4.2.3、例 4.2.5.

(4) 给定 n 阶方阵 $\boldsymbol{A}$，判断 $\boldsymbol{A}$ 是否可对角化；如果能对角化，求可逆阵 $\boldsymbol{P}$ 使得 $\boldsymbol{P}^{-1}\boldsymbol{AP}$ 是对角阵，参见算法 4.2.1 和例 4.2.10、例 4.2.11.

(5) 利用可对角化计算方阵的幂或多项式，参见例 4.2.9.

习题 4.2 解答

参见推论 3.2.2.

1. 证明： 由于 λ 是 $\boldsymbol{A}$ 的特征值，所以，存在非零向量 $\boldsymbol{\xi}$ 使得 $\boldsymbol{A\xi}=\lambda\boldsymbol{\xi}$. 如果 $\lambda=0$，则 $\boldsymbol{A\xi}=\boldsymbol{0}$，即齐次线性方程组 $\boldsymbol{Ax}=\boldsymbol{0}$ 有非零解，从而，$r(\boldsymbol{A})<n$，与 $\boldsymbol{A}$ 可逆矛盾. 所以，$\lambda\neq 0$.

用 $\boldsymbol{A}^{-1}$ 左乘 $\boldsymbol{A\xi}=\lambda\boldsymbol{\xi}$ 的两边，得 $\boldsymbol{\xi}=\lambda\boldsymbol{A}^{-1}\boldsymbol{\xi}$，即 $\boldsymbol{A}^{-1}\boldsymbol{\xi}=\dfrac{1}{\lambda}\boldsymbol{\xi}$，而 $\boldsymbol{\xi}\neq\boldsymbol{0}$，所以，$\dfrac{1}{\lambda}$ 是 $\boldsymbol{A}^{-1}$ 的特征值. □

参见定义 4.2.1.

由于 $\boldsymbol{\xi}$，$\boldsymbol{\eta}$ 线性无关，所以，$\boldsymbol{\xi}+\boldsymbol{\eta}\neq\boldsymbol{0}$.

2. 证明： 若不然，存在数 a 使得 $\boldsymbol{A}(\boldsymbol{\xi}+\boldsymbol{\eta})=a(\boldsymbol{\xi}+\boldsymbol{\eta})$. 而 $\boldsymbol{A\xi}=\lambda\boldsymbol{\xi}$，$\boldsymbol{A\eta}=\mu\boldsymbol{\eta}$，所以，

$$\lambda\boldsymbol{\xi}+\mu\boldsymbol{\eta}=a(\boldsymbol{\xi}+\boldsymbol{\eta})，\text{即}(\lambda-a)\boldsymbol{\xi}+(\mu-a)\boldsymbol{\eta}=\boldsymbol{0}.$$

参见命题 4.2.2.

但是，$\lambda\neq\mu$，所以，$\boldsymbol{\xi}$，$\boldsymbol{\eta}$ 线性无关，从而，$\lambda-a=\mu-a=0$，即 $\lambda=\mu=a$，与 $\lambda\neq\mu$ 矛盾. □

3. 证明：由于 a 是 $\boldsymbol{A}$ 的一个特征值，所以，存在非零向量 $\boldsymbol{\xi}$ 使得 $\boldsymbol{A\xi}=a\boldsymbol{\xi}$，从而，

类似于习题 3.2 第 6 题中的计算.

$$\boldsymbol{A}^3\boldsymbol{\xi}=\boldsymbol{A}^2(\boldsymbol{A\xi})=a\boldsymbol{A}^2\boldsymbol{\xi}=\cdots=a^3\boldsymbol{\xi},$$

于是，

$$(\boldsymbol{A}^3-2\boldsymbol{A}+2\boldsymbol{I}_n)\boldsymbol{\xi}=(a^3-2a+2)\boldsymbol{\xi},$$

即 a^3-2a+2 是 $\boldsymbol{A}^3-2\boldsymbol{A}+2\boldsymbol{I}_n$ 的一个特征值. □

4. 解：$\boldsymbol{A}$ 的特征多项式为 $f(\lambda)=\begin{vmatrix}\lambda-1 & -2\\ 0 & \lambda-1\end{vmatrix}=(\lambda-1)^2$，所以，$\boldsymbol{A}$ 的全部互不相同的特征值只有一个 $\lambda_1=1$.

$(\lambda_1\boldsymbol{I}_2-\boldsymbol{A})\boldsymbol{x}=\boldsymbol{0}$ 的系数矩阵为 $\begin{pmatrix}0 & -2\\ 0 & 0\end{pmatrix}$，由此得到它的一个基础解系为 $\boldsymbol{\xi}_1=\begin{pmatrix}1\\0\end{pmatrix}$，所以，$\boldsymbol{A}$ 的全部特征向量为 $t\boldsymbol{\xi}_1=\begin{pmatrix}t\\0\end{pmatrix}$，其中，$t$ 为任意非零数.

参见例 2.4.5.

5. 证明：由题设，可以令 $\boldsymbol{A}$ 的对角元都等于 a．于是，$\boldsymbol{A}$ 的特征多项式为 $f(\lambda)=|\lambda\boldsymbol{I}_n-\boldsymbol{A}|=(\lambda-a)^n$，因此，$\boldsymbol{A}$ 的互不相同的特征值只有一个 $\lambda_1=a$．

上三角行列式.

由于存在 $(i,\ j)$-元不为 $0(i<j)$，所以齐次线性方程组 $(a\boldsymbol{I}_n-\boldsymbol{A})\boldsymbol{x}=\boldsymbol{0}$ 的系数矩阵的秩至少是 1，所以，它的基础解系所包含的解向量的个数为 $n-r(a\boldsymbol{I}_n-\boldsymbol{A})\leqslant n-1$，从而，$\boldsymbol{A}$ 的线性无关的特征向量至多有 $n-1$ 个，所以，$\boldsymbol{A}$ 不可对角化. □

6. 证明：由题设，$\boldsymbol{A}\sim\boldsymbol{D}$，其中，$\boldsymbol{D}$ 是对角阵，则 $\boldsymbol{A}^4-2\boldsymbol{A}^2+5\boldsymbol{I}_n\sim\boldsymbol{D}^4-2\boldsymbol{D}^2+5\boldsymbol{I}_n$，而 $\boldsymbol{D}^4-2\boldsymbol{D}^2+5\boldsymbol{I}_n$ 是对角阵，所以，$\boldsymbol{A}^4-2\boldsymbol{A}^2+5\boldsymbol{I}_n$ 可对角化.

仿照习题 4.1 的第 2 题.

如果 $\boldsymbol{A}$ 可逆，则 $\boldsymbol{D}$ 也可逆，且 $\boldsymbol{A}^{-1}\sim\boldsymbol{D}^{-1}$，而 $\boldsymbol{D}^{-1}$ 也是对角阵，所以，$\boldsymbol{A}^{-1}$ 可对角化. □

参见例 3.2.4 和注 3.2.4.

7. 证明：设 $\boldsymbol{A}\sim\boldsymbol{D}$，其中，$\boldsymbol{D}$ 是对角元为 a_1，$\cdots$，a_n 的对角阵，则 $\boldsymbol{A}$ 的特征多项式 $f(\lambda)$ 等于 $\boldsymbol{D}$ 的特征多项式，即 $f(\lambda)=(\lambda-a_1)\cdots(\lambda-a_n)$．

逆命题不成立．例如，$\boldsymbol{A}=\begin{pmatrix}1 & 1\\ 0 & 1\end{pmatrix}$ 的特征多项式为 $f(\lambda)=(\lambda-1)^2$ 是两个一次式的乘积，但是，$\boldsymbol{A}$ 不可对角化. □

参见前面的第 5 题.

8. 解：首先，$\boldsymbol{A}$ 的全部特征值为 1，-1，-1，所以，$|\boldsymbol{A}|=1\times(-1)\times(-1)=1$，从而 $\boldsymbol{A}$ 可逆，且 $|\boldsymbol{A}^{-1}|=1$.

$\boldsymbol{A}$ 未必可对角化.

其次，由 $\boldsymbol{AA}^*=|\boldsymbol{A}|\boldsymbol{I}_3$，所以，$\boldsymbol{A}^*=\boldsymbol{A}^{-1}$，从而，$(\boldsymbol{A}^*)^3=(\boldsymbol{A}^{-1})^3$，于是，

参见定理 3.3.4.

$$\begin{aligned}|(\boldsymbol{A}^*)^3-2\boldsymbol{A}-\boldsymbol{I}_3|&=|(\boldsymbol{A}^{-1})^3-2\boldsymbol{A}-\boldsymbol{I}_3|\\&=|(\boldsymbol{A}^{-1})^3(\boldsymbol{I}_3-2\boldsymbol{A}^4-\boldsymbol{A}^3)|\end{aligned}$$

参见定理 3.3.1.

$$=|\boldsymbol{A}^{-1}|^3|\boldsymbol{I}_3-2\boldsymbol{A}^4-\boldsymbol{A}^3|.$$

参见命题 4.2.4.

令 $f(x)=1-2x^4-x^3$，则 $f(1)=-2$，$f(-1)=0$，所以，代入上式，得

$$|(\boldsymbol{A}^*)^3-2\boldsymbol{A}-\boldsymbol{I}_3|=|\boldsymbol{A}^{-1}|^3|\boldsymbol{I}_3-2\boldsymbol{A}^4-\boldsymbol{A}^3|$$
$$=1^3\cdot f(1)f(-1)f(-1)=0.$$

注：由于 $\boldsymbol{A}$ 的三个特征值中有相同的，所以，$\boldsymbol{A}$ 未必可对角化. 如果错误地把 $\boldsymbol{A}$ 当成可对角化的方阵，甚至直接设 $\boldsymbol{A}=\begin{pmatrix}1&0&0\\0&-1&0\\0&0&-1\end{pmatrix}$，也可以得到“正确”的答案. □

把第 3 列加到第 1 列，提出公因式 $\lambda-2$.

9. 解：$\boldsymbol{A}$ 的特征多项式为

$$f(\lambda)=\begin{vmatrix}\lambda-3&-2&1\\2&\lambda+2&-2\\-3&-6&\lambda+1\end{vmatrix}=(\lambda-2)^2(\lambda+4),$$

即 $\boldsymbol{A}$ 的互不相同的特征值为 $\lambda_1=2$，$\lambda_2=-4$.

对 $\lambda_1=2$，求得 $(\lambda_1\boldsymbol{I}_3-\boldsymbol{A})\boldsymbol{x}=(2\boldsymbol{I}_3-\boldsymbol{A})\boldsymbol{x}=\boldsymbol{0}$ 的一个基础解系：

$$\boldsymbol{\xi}_{11}=\begin{pmatrix}1\\0\\1\end{pmatrix},\quad \boldsymbol{\xi}_{12}=\begin{pmatrix}-2\\1\\0\end{pmatrix}.$$

分别把 $-4\boldsymbol{I}_3-\boldsymbol{A}$ 的第 3 行的 -2 倍、1 倍加到第 1 行、第 2 行，运算较简便.

对 $\lambda_2=-4$，求得 $(\lambda_2\boldsymbol{I}_3-\boldsymbol{A})\boldsymbol{x}=(-4\boldsymbol{I}_3-\boldsymbol{A})\boldsymbol{x}=\boldsymbol{0}$ 的一个基础解系：

$$\boldsymbol{\xi}_{21}=\begin{pmatrix}1\\-2\\3\end{pmatrix}.$$

令 $\boldsymbol{P}=(\boldsymbol{\xi}_{11}\quad\boldsymbol{\xi}_{12}\quad\boldsymbol{\xi}_{21})=\begin{pmatrix}1&-2&1\\0&1&-2\\1&0&3\end{pmatrix}$，则 $\boldsymbol{P}^{-1}\boldsymbol{A}\boldsymbol{P}=\begin{pmatrix}2&0&0\\0&2&0\\0&0&-4\end{pmatrix}$，即

用伴随矩阵或算法 3.2.1 求 $\boldsymbol{P}^{-1}$.

$$\boldsymbol{A}=\boldsymbol{P}\begin{pmatrix}2&0&0\\0&2&0\\0&0&-4\end{pmatrix}\boldsymbol{P}^{-1},$$

从而，
$$\boldsymbol{A}^n=\boldsymbol{P}\begin{pmatrix}2^n&0&0\\0&2^n&0\\0&0&(-4)^n\end{pmatrix}\boldsymbol{P}^{-1}$$
$$=\frac{1}{6}\begin{pmatrix}1&-2&1\\0&1&-2\\1&0&3\end{pmatrix}\begin{pmatrix}2^n&0&0\\0&2^n&0\\0&0&(-4)^n\end{pmatrix}\begin{pmatrix}3&6&3\\-2&2&2\\-1&-2&1\end{pmatrix}$$

$$=\frac{1}{6}\begin{pmatrix}7\cdot 2^n-(-4)^n & 2^{n+1}-2(-4)^n & -2^n+(-4)^n\\ -2^{n+1}+2(-4)^n & 2^{n+1}+4(-4)^n & 2^{n+1}-2(-4)^n\\ 3\cdot 2^n-3(-4)^n & 6\cdot 2^n-6(-4)^n & 3\cdot 2^n+3(-4)^n\end{pmatrix}.$$

10. 证明： 设 a 为 $\boldsymbol{A}$ 的特征值，即存在非零向量 $\boldsymbol{A\xi}=a\boldsymbol{\xi}$，从而，$\boldsymbol{A}^2\boldsymbol{\xi}=a^2\boldsymbol{\xi}$. 于是，

$$\boldsymbol{0}=(\boldsymbol{A}^2-3\boldsymbol{A}+2\boldsymbol{I}_n)\boldsymbol{\xi}=(a^2-3a+2)\boldsymbol{\xi},$$

所以，$a^2-3a+2=0$，即 $a=2$ 或 $a=1$，亦即 $\boldsymbol{A}$ 的特征值只可能是 2 或 1.

类似于例 4.2.3.

假设 2 不是 $\boldsymbol{A}$ 的特征值，则 $\boldsymbol{A}-2\boldsymbol{I}_n$ 可逆，从而由

参见例 4.2.4.

$$\boldsymbol{0}=\boldsymbol{A}^2-3\boldsymbol{A}+2\boldsymbol{I}_n=(\boldsymbol{A}-2\boldsymbol{I}_n)(\boldsymbol{A}-\boldsymbol{I}_n)$$

得 $\boldsymbol{A}-\boldsymbol{I}_n=(\boldsymbol{A}-2\boldsymbol{I}_n)^{-1}\boldsymbol{0}=\boldsymbol{0}$，即 $\boldsymbol{A}=\boldsymbol{I}_n$ 本身就是对角阵，从而可以对角化；同理，当 1 不是 $\boldsymbol{A}$ 的特征值时，$\boldsymbol{A}=2\boldsymbol{I}_n$ 是对角阵，从而可以对角化.

如果 $\boldsymbol{A}-2\boldsymbol{I}_n$ 不可逆，则推不出 $\boldsymbol{A}=\boldsymbol{I}_n$.

所以，我们不妨设 2 和 1 都是 $\boldsymbol{A}$ 的特征值.（从而，如前所述，$\boldsymbol{A}$ 的全部互不相同的特征值就是 1，2.）

此时，$\boldsymbol{A}-\boldsymbol{I}_n$ 和 $\boldsymbol{A}-2\boldsymbol{I}_n$ 都不可逆，参见例 4.2.4.

齐次线性方程组 $(2\boldsymbol{I}_n-\boldsymbol{A})\boldsymbol{x}=\boldsymbol{0}$ 的基础解系所包含的向量个数是 $n-r(2\boldsymbol{I}_n-\boldsymbol{A})$；而 $(\boldsymbol{I}_n-\boldsymbol{A})\boldsymbol{x}=\boldsymbol{0}$ 的基础解系所包含的向量个数是 $n-r(\boldsymbol{I}_n-\boldsymbol{A})$，所以，如果能证明：

$$n-r(2\boldsymbol{I}_n-\boldsymbol{A})+n-r(\boldsymbol{I}_n-\boldsymbol{A})=n,$$

即

$$r(2\boldsymbol{I}_n-\boldsymbol{A})+r(\boldsymbol{I}_n-\boldsymbol{A})=n, \qquad (\star)$$

则 $\boldsymbol{A}$ 有 n 个线性无关的向量，从而 $\boldsymbol{A}$ 可对角化.

参见定理 4.2.1.

事实上，由 $(\boldsymbol{A}-2\boldsymbol{I}_n)(\boldsymbol{A}-\boldsymbol{I}_n)=\boldsymbol{0}$，得

余下的讨论与习题 3.2 第 9 题类似.

$$r(\boldsymbol{A}-2\boldsymbol{I}_n)+r(\boldsymbol{A}-\boldsymbol{I}_n)\leqslant n,$$

即

$$r(2\boldsymbol{I}_n-\boldsymbol{A})+r(\boldsymbol{I}_n-\boldsymbol{A})\leqslant n.$$

又由 $\boldsymbol{I}_n=(\boldsymbol{A}-\boldsymbol{I}_n)-(\boldsymbol{A}-2\boldsymbol{I}_n)$，得

多次用到：$r(\boldsymbol{C})=r(-\boldsymbol{C})$，参见命题 3.1.2 和例 3.1.14.

$$n=r(\boldsymbol{I}_n)\leqslant r(\boldsymbol{A}-\boldsymbol{I}_n)+r(\boldsymbol{A}-2\boldsymbol{I}_n),$$

即

$$n\leqslant r(2\boldsymbol{I}_n-\boldsymbol{A})+r(\boldsymbol{I}_n-\boldsymbol{A}).$$

综上所述，式（$\star$）成立，从而结论成立. □

6.4.3 内积、正交阵与实对称阵

知识点小结

● 基本概念：内积；正交；单位化；标准正交基；正交阵；实对称阵.

● 基本结论：

(1) 内积具有对称性(参见式(4.3.2))和线性性质(参见式(4.3.3)).

(2) 由两两正交的非零向量组成的向量组线性无关,参见引理 4.3.1.

(3) 由施密特正交化方法得到的向量组是两两正交的,参见定理 4.3.1.

(4) 正交阵的基本性质,参见命题 4.3.1、推论 4.3.3 和命题 4.3.2.

(5) 实对称阵的特征值全是实数(定理 4.3.2),且属于不同特征值的特征向量是正交的(命题 4.3.3).

(6) 任意实对称阵都是可对角化的,特别地,可以用正交阵得到与该实对称阵相似的对角阵,参见定理 4.3.3.

(7) 两个 n 阶实对称阵相似 $\Leftrightarrow$ 它们的特征多项式相同,参见例 4.3.6.

● 基本计算:

(1) 计算向量的内积.

(2) 施密特正交化方法:利用一个线性无关的向量组,构造一个与之等价的正交向量组,参见算法 4.3.1.

(3) 给定实对称阵 $\boldsymbol{A}$,求正交阵 $\boldsymbol{P}$ 使得 $\boldsymbol{P}^{-1}\boldsymbol{A}\boldsymbol{P}=\boldsymbol{P}^{\mathrm{T}}\boldsymbol{A}\boldsymbol{P}$ 是对角阵,参见算法 4.3.2 和例 4.3.7、例 4.3.8.

习题 4.3 解答

1. 解: 设 $\boldsymbol{\xi}=\begin{pmatrix}x_1\\x_2\\x_3\end{pmatrix}$,则 $\boldsymbol{\xi}$ 与 $\boldsymbol{\xi}_1$,$\boldsymbol{\xi}_2$ 都正交 $\Leftrightarrow(\boldsymbol{\xi},\boldsymbol{\xi}_1)=(\boldsymbol{\xi},\boldsymbol{\xi}_2)=0$,即 $\begin{cases}x_1-2x_2=0\\x_1-x_3=0\end{cases}$. 把这个齐次线性方程组的系数矩阵用初等行变换化为行简化阶梯形矩阵,得:$\begin{pmatrix}1&0&-1\\0&1&-\frac{1}{2}\end{pmatrix}$,取自由变量 x_3 为任意数 t,由此即得其通解为 $\begin{pmatrix}t\\\frac{1}{2}t\\t\end{pmatrix}$,即为所求. □

2. 证明: 设 $\boldsymbol{\xi}=\begin{pmatrix}x_1\\x_2\\\vdots\\x_n\end{pmatrix}$. 设 $\boldsymbol{\alpha}_1$,…,$\boldsymbol{\alpha}_n$ 线性无关,其中 $\boldsymbol{\alpha}_i=\begin{pmatrix}a_{i1}\\a_{i2}\\\vdots\\a_{in}\end{pmatrix}$,则

$\boldsymbol{\xi}$ 与 $\boldsymbol{\alpha}_1$，…，$\boldsymbol{\alpha}_n$ 都正交$\Leftrightarrow\boldsymbol{\xi}$ 是方程组$\begin{cases}a_{11}x_1+a_{12}x_2+\cdots+a_{1n}x_n=0\\a_{21}x_1+a_{22}x_2+\cdots+a_{2n}x_n=0\\\cdots\cdots\\a_{n1}x_1+a_{n2}x_2+\cdots+a_{nn}x_n=0\end{cases}$的解. 而该齐次线性方程组的系数矩阵的行向量组就是 $\boldsymbol{\alpha}_1$，…，$\boldsymbol{\alpha}_n$，所以，其秩为 n，从而该齐次线性方程组只有零解，所以 $\boldsymbol{\xi}=\mathbf{0}$.

参见定理 2.3.1 和命题 2.3.1.

或者，由于 $\boldsymbol{\alpha}_1$，…，$\boldsymbol{\alpha}_n$ 是线性无关的 n 维向量，且 $\boldsymbol{\xi}$ 也是 n 维向量，所以，$\boldsymbol{\xi}$ 可以由 $\boldsymbol{\alpha}_1$，…，$\boldsymbol{\alpha}_n$ 线性表出，从而由 $(\boldsymbol{\xi},\boldsymbol{\alpha}_i)=0$（$1\leqslant i\leqslant n$）得 $(\boldsymbol{\xi},\boldsymbol{\xi})=0$，由此即得 $\boldsymbol{\xi}=\mathbf{0}$. □

3. 解：首先注意到 $\boldsymbol{\xi}_1$，$\boldsymbol{\xi}_2$，$\boldsymbol{\xi}_3$ 的秩为 3，所以是线性无关的，从而可以用施密特正交化方法，则

参见算法 4.3.1. 答案不唯一，比如，可以先令 $\boldsymbol{\eta}_1=\boldsymbol{\xi}_2$.

$$\boldsymbol{\eta}_1=\boldsymbol{\xi}_1;\ \boldsymbol{\eta}_2=\boldsymbol{\xi}_2-\frac{(\boldsymbol{\xi}_2,\boldsymbol{\eta}_1)}{(\boldsymbol{\eta}_1,\boldsymbol{\eta}_1)}\boldsymbol{\eta}_1=\begin{pmatrix}\frac{1}{2}\\-\frac{1}{2}\\1\\0\end{pmatrix};$$

$$\boldsymbol{\eta}_3=\boldsymbol{\xi}_3-\frac{(\boldsymbol{\xi}_3,\boldsymbol{\eta}_2)}{(\boldsymbol{\eta}_2,\boldsymbol{\eta}_2)}\boldsymbol{\eta}_2-\frac{(\boldsymbol{\xi}_3,\boldsymbol{\eta}_1)}{(\boldsymbol{\eta}_1,\boldsymbol{\eta}_1)}\boldsymbol{\eta}_1=\begin{pmatrix}\frac{1}{3}\\-\frac{1}{3}\\-\frac{1}{3}\\1\end{pmatrix}$$，即为所求. □

4. 证明：(1) 若不然，假设 $\boldsymbol{A}$ 是正交阵，则 $(\boldsymbol{A\xi},\boldsymbol{A\xi})=(\boldsymbol{\xi},\boldsymbol{\xi})$，即 $4(\boldsymbol{\xi},\boldsymbol{\xi})=(\boldsymbol{\xi},\boldsymbol{\xi})$，而由 $\boldsymbol{\xi}\neq\mathbf{0}$ 可知 $(\boldsymbol{\xi},\boldsymbol{\xi})>0$，所以得出矛盾.

参见命题 4.3.2.

(2) 由 (1) 和 $\boldsymbol{A}$ 是正交阵可知，2 不可能是 $\boldsymbol{A}$ 的特征值①，所以，$2\boldsymbol{I}_n-\boldsymbol{A}$ 可逆.

参见例 4.2.4.

5. 解：由于 $\boldsymbol{A}$ 是实对称阵，所以，$\boldsymbol{A}$ 可对角化. $\boldsymbol{A}$ 的特征多项式为

$$f(\lambda)=\begin{vmatrix}\lambda-4&1&1&-1\\1&\lambda-4&-1&1\\1&-1&\lambda-4&1\\-1&1&1&\lambda-4\end{vmatrix}$$

本题不需要求出可逆阵 $\boldsymbol{P}$ 使得 $\boldsymbol{P}^{-1}\boldsymbol{AP}$ 是对角阵. 由于 $\boldsymbol{A}$ 是实对称阵，所以由定理 4.3.3，只需求出 $\boldsymbol{A}$ 的全部特征值即可.

① 事实上，可以证明，任意正交阵的全部复特征值都位于单位圆上. 细节从略.

把第 4 行的 1 倍分别加到第 2 行和第 3 行，使得这两行可以提出公因子 $(\lambda-3)$.

$$=\begin{vmatrix}\lambda-4 & 1 & 1 & -1\\ 0 & \lambda-3 & 0 & \lambda-3\\ 0 & 0 & \lambda-3 & \lambda-3\\ -1 & 1 & 1 & \lambda-4\end{vmatrix}$$

$$=(\lambda-3)^2\begin{vmatrix}\lambda-4 & 1 & 1 & -1\\ 0 & 1 & 0 & 1\\ 0 & 0 & 1 & 1\\ -1 & 1 & 1 & \lambda-4\end{vmatrix}$$

按第 1 列展开.

$$=(\lambda-3)^2\begin{vmatrix}0 & \lambda-3 & \lambda-3 & -1+(\lambda-4)^2\\ 0 & 1 & 0 & 1\\ 0 & 0 & 1 & 1\\ -1 & 1 & 1 & \lambda-4\end{vmatrix}$$

$$=(\lambda-3)^3(\lambda-7).$$

所以，$\boldsymbol{A}$ 的全部特征值为 3，3，3，7，而 $\boldsymbol{A}$ 又是实对称阵，所以，

$$\boldsymbol{A}\sim\begin{pmatrix}3 & 0 & 0 & 0\\ 0 & 3 & 0 & 0\\ 0 & 0 & 3 & 0\\ 0 & 0 & 0 & 7\end{pmatrix}.$$

□

6. 解：由于 $\boldsymbol{A}$ 是实对称阵，所以满足条件的正交阵 $\boldsymbol{P}$ 是存在的. $\boldsymbol{A}$ 的特征多项式为

$$f(\lambda)=\begin{vmatrix}\lambda-1 & 2 & 4\\ 2 & \lambda-4 & 2\\ 4 & 2 & \lambda-1\end{vmatrix}$$

把第 3 行的 -1 倍加到第 1 行，可以提出公因子.

$$=(\lambda-5)\begin{vmatrix}1 & 0 & -1\\ 2 & \lambda-4 & 2\\ 4 & 2 & \lambda-1\end{vmatrix}$$

把第 1 列加到第 3 列，然后再按第 1 列展开.

$$=(\lambda-5)\begin{vmatrix}1 & 0 & 0\\ 2 & \lambda-4 & 4\\ 4 & 2 & \lambda+3\end{vmatrix}$$

$$=(\lambda-5)^2(\lambda+4).$$

所以，$\boldsymbol{A}$ 的全部特征值为 5，5，-4.

对于 $\lambda_1=5$，用初等行变换把齐次线性方程组 $(5\boldsymbol{I}_3-\boldsymbol{A})\boldsymbol{x}=\boldsymbol{0}$ 的系数矩阵化为行简化阶梯形矩阵，得

$$5\boldsymbol{I}_3-\boldsymbol{A}=\begin{pmatrix}4 & 2 & 4\\ 2 & 1 & 2\\ 4 & 2 & 4\end{pmatrix}\to\begin{pmatrix}1 & \frac{1}{2} & 1\\ 0 & 0 & 0\\ 0 & 0 & 0\end{pmatrix},$$

由此即得它的一个基础解系为

$$\boldsymbol{\xi}_{11}=\begin{pmatrix}-1\\2\\0\end{pmatrix},\boldsymbol{\xi}_{12}=\begin{pmatrix}-1\\0\\1\end{pmatrix}.$$

取自由变量 x_2，x_3 的值分别为 2，0，得到 $\boldsymbol{\xi}_{11}$，可以避免出现分数.

作施密特正交化，再单位化，得

$$\boldsymbol{\gamma}_{11}=\frac{\sqrt{5}}{5}\begin{pmatrix}-1\\2\\0\end{pmatrix},\boldsymbol{\gamma}_{12}=\frac{\sqrt{5}}{3}\begin{pmatrix}-\frac{4}{5}\\-\frac{2}{5}\\1\end{pmatrix}.$$

对于 $\lambda_2=-4$，用初等行变换把齐次线性方程组 $(-4\boldsymbol{I}_3-\boldsymbol{A})\boldsymbol{x}=\boldsymbol{0}$ 的系数矩阵化为行简化阶梯形矩阵，得

先把第 3 行的 1 倍加到第 1 行，使得左上角为 −1.

$$-4\boldsymbol{I}_3-\boldsymbol{A}=\begin{pmatrix}-5&2&4\\2&-8&2\\4&2&-5\end{pmatrix}\to\begin{pmatrix}1&0&-1\\0&1&-\frac{1}{2}\\0&0&0\end{pmatrix}.$$

由此得到它的一个基础解系为 $\boldsymbol{\xi}_2=\begin{pmatrix}2\\1\\2\end{pmatrix}$，单位化，得 $\boldsymbol{\gamma}_2=\frac{1}{3}\begin{pmatrix}2\\1\\2\end{pmatrix}$. 令

取自由变量 x_3 的值为 2，避免分数.

正交阵 $\boldsymbol{P}$ 的取法不唯一.

$$\boldsymbol{P}=(\boldsymbol{\gamma}_{11}\quad\boldsymbol{\gamma}_{12}\quad\boldsymbol{\gamma}_2)=\begin{pmatrix}-\frac{\sqrt{5}}{5}&-\frac{4\sqrt{5}}{15}&\frac{2}{3}\\\frac{2\sqrt{5}}{5}&-\frac{2\sqrt{5}}{15}&\frac{1}{3}\\0&\frac{\sqrt{5}}{3}&\frac{2}{3}\end{pmatrix},$$

则 $\boldsymbol{P}$ 是正交阵，且 $\boldsymbol{P}^{-1}\boldsymbol{A}\boldsymbol{P}=\begin{pmatrix}5&0&0\\0&5&0\\0&0&-4\end{pmatrix}$. □

7. 证明： 法一：由 $\boldsymbol{A}=\boldsymbol{A}^{\mathrm{T}}$ 得

$$tr(\boldsymbol{A}^{\mathrm{T}}\boldsymbol{A})=tr(\boldsymbol{A}\boldsymbol{A})=tr(\boldsymbol{A}^2)=tr(\boldsymbol{0})=0,$$

又由于 $\boldsymbol{A}$ 是实矩阵，所以，$\boldsymbol{A}=\boldsymbol{0}$.

矩阵的乘法没有消去律；不能直接得 $\boldsymbol{A}=\boldsymbol{0}$.

参见习题 3.1 第 5 (2) 题.

法二：由于 $\boldsymbol{A}$ 是实对称阵，所以 $\boldsymbol{A}$ 可对角化，即存在可逆阵 $\boldsymbol{P}$ 使

得 $\boldsymbol{P}^{-1}\boldsymbol{A}\boldsymbol{P}=\boldsymbol{D}$，其中，$\boldsymbol{D}$ 是对角阵，其对角元是 $\boldsymbol{A}$ 的全部特征值. 于是，

实对称阵可对角化的一个应用.

$$\boldsymbol{D}^2=\boldsymbol{P}^{-1}\boldsymbol{A}^2\boldsymbol{P}=\boldsymbol{P}^{-1}\boldsymbol{0}\boldsymbol{P}=\boldsymbol{0},$$

从而，$\boldsymbol{A}=\boldsymbol{P}\boldsymbol{D}\boldsymbol{P}^{-1}=\boldsymbol{0}$.

注：本题中的条件 $\boldsymbol{A}^2=\boldsymbol{0}$ 可以换为更一般的条件 $\boldsymbol{A}^k=\boldsymbol{0}$，其中，$k$ 是正整数. 在这种更一般的条件下，法一就不适用了. □

即特征值全为正数的实对称阵可以开方.

8. 解：由于 $\boldsymbol{A}$ 是实对称阵，所以，存在正交阵 $\boldsymbol{P}$ 使得

$$\boldsymbol{A}=\boldsymbol{P}^{-1}\begin{pmatrix}\lambda_1 & 0 & \cdots & 0\\ 0 & \lambda_2 & \cdots & 0\\ \vdots & \vdots & \ddots & \vdots\\ 0 & 0 & \cdots & \lambda_n\end{pmatrix}\boldsymbol{P},$$

其中，λ_i 是 $\boldsymbol{A}$ 的特征值. 由题设，$\lambda_i>0$，所以可以设 $\boldsymbol{B}=$

$$\boldsymbol{P}^{-1}\begin{pmatrix}\sqrt{\lambda_1} & 0 & \cdots & 0\\ 0 & \sqrt{\lambda_2} & \cdots & 0\\ \vdots & \vdots & \ddots & \vdots\\ 0 & 0 & \cdots & \sqrt{\lambda_n}\end{pmatrix}\boldsymbol{P}.$$

由 $\boldsymbol{P}$ 是正交阵，得 $\boldsymbol{P}^{-1}=\boldsymbol{P}^{\mathrm{T}}$，从而，$(\boldsymbol{P}^{-1})^{\mathrm{T}}=\boldsymbol{P}$. 因此，在上式两边取转置，得

参见（3.1.2）.

$$\boldsymbol{B}^{\mathrm{T}}=\boldsymbol{P}^{\mathrm{T}}\begin{pmatrix}\sqrt{\lambda_1} & 0 & \cdots & 0\\ 0 & \sqrt{\lambda_2} & \cdots & 0\\ \vdots & \vdots & \ddots & \vdots\\ 0 & 0 & \cdots & \sqrt{\lambda_n}\end{pmatrix}^{\mathrm{T}}(\boldsymbol{P}^{-1})^{\mathrm{T}}$$

$$=\boldsymbol{P}^{-1}\begin{pmatrix}\sqrt{\lambda_1} & 0 & \cdots & 0\\ 0 & \sqrt{\lambda_2} & \cdots & 0\\ \vdots & \vdots & \ddots & \vdots\\ 0 & 0 & \cdots & \sqrt{\lambda_n}\end{pmatrix}\boldsymbol{P}=\boldsymbol{B},$$

即 $\boldsymbol{B}$ 是对称阵，且

$$\boldsymbol{B}^2=\boldsymbol{P}^{-1}\begin{pmatrix}\sqrt{\lambda_1} & 0 & \cdots & 0\\ 0 & \sqrt{\lambda_2} & \cdots & 0\\ \vdots & \vdots & \ddots & \vdots\\ 0 & 0 & \cdots & \sqrt{\lambda_n}\end{pmatrix}^2\boldsymbol{P}=\boldsymbol{A},$$

所以，结论成立. □

9. 证明：设 $\boldsymbol{C}=\boldsymbol{A}-\boldsymbol{B}$. 只需验证 $\boldsymbol{C}=\boldsymbol{0}$. 注意到 $\boldsymbol{C}$ 也是 n 阶实对称

阵，且对任意 n 维列向量 $\boldsymbol{\eta}$ 有：

$$\boldsymbol{\eta}^{\mathrm{T}}\boldsymbol{C}\boldsymbol{\eta}=\boldsymbol{\eta}^{\mathrm{T}}(\boldsymbol{A}-\boldsymbol{B})\boldsymbol{\eta}=\boldsymbol{\eta}^{\mathrm{T}}\boldsymbol{A}\boldsymbol{\eta}-\boldsymbol{\eta}^{\mathrm{T}}\boldsymbol{B}\boldsymbol{\eta}=\boldsymbol{0}. \qquad (\star)$$

由于 $\boldsymbol{C}$ 是实对称阵，所以存在正交阵 $\boldsymbol{P}$ 使得

定理 4.3.3 的应用.

$$\boldsymbol{P}^{-1}\boldsymbol{C}\boldsymbol{P}=\boldsymbol{D}=\begin{pmatrix}\lambda_1 & 0 & \cdots & 0\\ 0 & \lambda_2 & \cdots & 0\\ \vdots & \vdots & \ddots & \vdots\\ 0 & 0 & \cdots & \lambda_n\end{pmatrix},$$

其中，λ_i 是 $\boldsymbol{C}$ 的特征值. 对任意 n 维列向量 $\boldsymbol{\xi}$，由 $\boldsymbol{P}^{-1}=\boldsymbol{P}^{\mathrm{T}}$ 和式($\star$)(令 $\boldsymbol{\eta}=\boldsymbol{P}\boldsymbol{\xi}$)，得

矩阵乘法没有消去律，所以不能直接得到 $\boldsymbol{A}=\boldsymbol{B}$.

$$\boldsymbol{0}=(\boldsymbol{P}\boldsymbol{\xi})^{\mathrm{T}}\boldsymbol{C}(\boldsymbol{P}\boldsymbol{\xi})=\boldsymbol{\xi}^{\mathrm{T}}(\boldsymbol{P}^{\mathrm{T}}\boldsymbol{C}\boldsymbol{P})\boldsymbol{\xi}=\boldsymbol{\xi}^{\mathrm{T}}(\boldsymbol{P}^{-1}\boldsymbol{C}\boldsymbol{P})\boldsymbol{\xi},$$

即对任意 $\boldsymbol{\xi}=\begin{pmatrix}x_1\\ \vdots\\ x_n\end{pmatrix}$ 都有 $\boldsymbol{0}=\boldsymbol{\xi}^{\mathrm{T}}(\boldsymbol{P}^{-1}\boldsymbol{C}\boldsymbol{P})\boldsymbol{\xi}=\boldsymbol{\xi}^{\mathrm{T}}\boldsymbol{D}\boldsymbol{\xi}=\lambda_1x_1^2+\cdots+\lambda_nx_n^2$.

对每个 i，取 $x_i=1$，其余的 x_j 为0，得 $\lambda_i=0$，即 $\boldsymbol{D}=\boldsymbol{0}$，从而 $\boldsymbol{C}=\boldsymbol{P}\boldsymbol{D}\boldsymbol{P}^{-1}=\boldsymbol{P}\boldsymbol{0}\boldsymbol{P}^{-1}=\boldsymbol{0}$，所以，结论成立. □

特殊值法.

10. 证明： 由于 $\boldsymbol{P}$，$\boldsymbol{Q}$ 是正交阵，所以，$\boldsymbol{P}^{-1}=\boldsymbol{P}^{\mathrm{T}}$，$\boldsymbol{Q}^{-1}=\boldsymbol{Q}^{\mathrm{T}}$，从而

一般地，和的行列式不等于行列式的和，所以，不能直接得到结论.

$$\begin{aligned}|\boldsymbol{P}+\boldsymbol{Q}|&=|\boldsymbol{P}(\boldsymbol{I}_n+\boldsymbol{P}^{-1}\boldsymbol{Q})| \quad (\text{转化为乘积})\\ &=|\boldsymbol{P}(\boldsymbol{Q}^{-1}+\boldsymbol{P}^{-1})\boldsymbol{Q}|=|\boldsymbol{P}(\boldsymbol{Q}^{\mathrm{T}}+\boldsymbol{P}^{\mathrm{T}})\boldsymbol{Q}|\\ &=|\boldsymbol{P}(\boldsymbol{P}+\boldsymbol{Q})^{\mathrm{T}}\boldsymbol{Q}|=|\boldsymbol{P}|\,|(\boldsymbol{P}+\boldsymbol{Q})^{\mathrm{T}}|\,|\boldsymbol{Q}|\\ &=|\boldsymbol{P}|\,|\boldsymbol{P}+\boldsymbol{Q}|\,|\boldsymbol{Q}| \quad (\text{转置不改变行列式})\\ &=-|\boldsymbol{P}+\boldsymbol{Q}|,\end{aligned}$$

参见定理 3.3.1.

所以，$|\boldsymbol{P}+\boldsymbol{Q}|=0$. □

补充例题

例6.4.1 (2000) 若四阶方阵 $\boldsymbol{A}$ 与 $\boldsymbol{B}$ 相似，方阵 $\boldsymbol{A}$ 的特征值为 $\frac{1}{2}$，$\frac{1}{3}$，$\frac{1}{4}$，$\frac{1}{5}$，则行列式 $|\boldsymbol{B}^{-1}-\boldsymbol{E}|=$________.（$\boldsymbol{E}$ 是单位阵.）

参见命题 4.2.4 和例 4.2.12.

解： 由 $\boldsymbol{A}\sim\boldsymbol{B}$ 得 $\frac{1}{2}$，$\frac{1}{3}$，$\frac{1}{4}$，$\frac{1}{5}$ 是 $\boldsymbol{B}$ 的特征值，从而，$\boldsymbol{B}^{-1}$ 的特征值是 2，3，4，5，因此 $\boldsymbol{B}^{-1}-\boldsymbol{E}$ 的特征值是 1，2，3，4，于是 $|\boldsymbol{B}^{-1}-\boldsymbol{E}|=1\cdot2\cdot3\cdot4=24$. □

$\boldsymbol{B}^{-1}-\boldsymbol{E}$ 是 $\boldsymbol{B}^{-1}$ 的多项式：取 $h(x)=x-1$.

例6.4.2 (2002) 矩阵 $\boldsymbol{A}=\begin{pmatrix}0 & -2 & -2\\ 2 & 2 & -2\\ -2 & -2 & 2\end{pmatrix}$ 的非零特征值是________.

解：$\boldsymbol{A}$ 的特征多项式为

把第 3 行加到第 2 行，可以提出 λ.

$$f(\lambda)=\begin{vmatrix}\lambda & 2 & 2\\-2 & \lambda-2 & 2\\2 & 2 & \lambda-2\end{vmatrix}=\lambda\begin{vmatrix}\lambda & 2 & 2\\0 & 1 & 1\\2 & 2 & \lambda-2\end{vmatrix}$$

$$=\lambda\begin{vmatrix}\lambda & 0 & 0\\0 & 1 & 1\\2 & 2 & \lambda-2\end{vmatrix}=\lambda^2(\lambda-4).$$

因此 $\boldsymbol{A}$ 的非零特征值为 $\lambda=4$. □

例6.4.3（1989） 设矩阵 $\boldsymbol{A}=\begin{pmatrix}-1 & 2 & 2\\2 & -1 & -2\\2 & -2 & -1\end{pmatrix}$.

（1）试求矩阵 $\boldsymbol{A}$ 的特征值；

（2）利用（1）的结果，求矩阵 $\boldsymbol{E}+\boldsymbol{A}^{-1}$ 的特征值，其中 $\boldsymbol{E}$ 是三阶单位矩阵.

（3）利用（1）的结果，求矩阵 $\boldsymbol{E}+\boldsymbol{A}^*$ 的特征值，其中 $\boldsymbol{A}^*$ 是 $\boldsymbol{A}$ 的伴随矩阵.

解：（1）$\boldsymbol{A}$ 的特征多项式为

第 3 行的 -1 倍加到第 2 行，可以提出 $\lambda-1$.

$$f(\lambda)=\begin{vmatrix}\lambda+1 & -2 & -2\\-2 & \lambda+1 & 2\\-2 & 2 & \lambda+1\end{vmatrix}=\begin{vmatrix}\lambda+1 & -2 & -2\\0 & \lambda-1 & 1-\lambda\\-2 & 2 & \lambda+1\end{vmatrix}$$

$$=(\lambda-1)\begin{vmatrix}\lambda+1 & -2 & -2\\0 & 1 & -1\\-2 & 2 & \lambda+1\end{vmatrix}$$

$$=(\lambda-1)\begin{vmatrix}\lambda+1 & -4 & -2\\0 & 0 & -1\\-2 & \lambda+3 & \lambda+1\end{vmatrix}=(\lambda-1)^2(\lambda+5).$$

所以，$\boldsymbol{A}$ 的特征值为 $\lambda_1=\lambda_2=1$，$\lambda_3=-5$.

（2）由（1），$\boldsymbol{A}^{-1}$ 的全部特征值为 1，1，$-\dfrac{1}{5}$，所以，$\boldsymbol{E}+\boldsymbol{A}^{-1}$ 的全部特征值为 2，2，$\dfrac{4}{5}$.

$\boldsymbol{A}^*+\boldsymbol{E}$ 是 $\boldsymbol{A}^*$ 的多项式：取 $h(x)=x+1$.

（3）由 $|\boldsymbol{A}|=-5\neq 0$ 得 $\boldsymbol{A}^*=|\boldsymbol{A}|\boldsymbol{A}^{-1}=-5\boldsymbol{A}^{-1}$，所以，由（2）得 $\boldsymbol{A}^*$ 的全部特征值为 -5，-5，1，从而 $\boldsymbol{E}+\boldsymbol{A}^*$ 的全部特征值为 -4，-4，2. □

例6.4.4（2003） 设 $\boldsymbol{A}=\begin{pmatrix}3 & 2 & 2\\2 & 3 & 2\\2 & 2 & 3\end{pmatrix}$，$\boldsymbol{P}=\begin{pmatrix}0 & 1 & 0\\1 & 0 & 1\\0 & 0 & 1\end{pmatrix}$，$\boldsymbol{B}=$

$P^{-1}A^*P$，其中 A^* 为 A 的伴随矩阵，E 为三阶单位矩阵. 求 $B+2E$ 的特征值与特征向量.

解：首先求出

$$P^{-1}=\begin{pmatrix}0&1&-1\\1&0&0\\0&0&1\end{pmatrix},\ A^*=\begin{pmatrix}5&-2&-2\\-2&5&-2\\-2&-2&5\end{pmatrix}.$$

直接用定义求伴随矩阵；利用 P^* 求 P^{-1} 较简便.

由此即得 $B+2E=\begin{pmatrix}9&0&0\\-2&7&-4\\-2&-2&5\end{pmatrix}$，其特征多项式为

也可以利用 A^*+2E 的特征值和特征向量来计算，参见习题 4.1 的第 9 题.

$$|\lambda E-(B+2E)|=\begin{vmatrix}\lambda-9&0&0\\2&\lambda-7&4\\2&2&\lambda-5\end{vmatrix}=(\lambda-9)^2(\lambda-3),$$

所以 $B+2E$ 的全部特征值为 $\lambda_1=\lambda_2=9$，$\lambda_3=3$.

对于特征值 9，$(9E-(B+2E))x=0$ 的系数矩阵为

$$\begin{pmatrix}0&0&0\\2&2&4\\2&2&4\end{pmatrix}\to\begin{pmatrix}1&1&2\\0&0&0\\0&0&0\end{pmatrix},$$

由此得到一个基础解系：$\alpha_1=(-1,1,0)^T$，$\alpha_2=(-2,0,1)^T$. 因此 $B+2E$ 的属于 9 的全部特征向量为 $c_1\alpha_1+c_2\alpha_2$，其中 c_1，c_2 是不全为零的任意数.

对于特征值 3，$(3E-(B+2E))x=0$ 的系数矩阵为

$$\begin{pmatrix}-6&0&0\\2&-4&4\\2&2&-2\end{pmatrix}\to\begin{pmatrix}1&0&0\\0&1&-1\\0&0&0\end{pmatrix},$$

由此得到一个基础解系：$\alpha_3=(0,1,1)^T$，即 $B+2E$ 的属于 3 的全部特征向量为 $c_3\alpha_3$，其中，c_3 是任意的非零数. □

例6.4.5 (1998) 设 $\alpha=(a_1,\cdots,a_n)^T$，$\beta=(b_1,\cdots,b_n)^T$ 都是非零向量，且满足条件 $\alpha^T\beta=0$. 记 n 阶矩阵 $A=\alpha\beta^T$. 求：

(1) A^2；

(2) 矩阵 A 的特征值和特征向量.

解：(1) 由 $\alpha^T\beta=0$ 得 $\beta^T\alpha=0$，从而

$$A^2=\alpha\beta^T\alpha\beta^T=\alpha(\beta^T\alpha)\beta^T=0.$$

两边取转置；矩阵乘法满足结合律.

(2) 设 λ 是 A 的任意特征值，则 λ^2 是 A^2 的特征值，从而由 (1) 可知，$\lambda=0$. 所以，A 的全部特征值都是 0.

由于 α，β 都是非零向量，所以，$A=\alpha\beta^T$ 是非零矩阵，从而 $1\leqslant$

参见例 3.1.10.

$r(\boldsymbol{A}) \leqslant \min(r(\boldsymbol{\alpha}), r(\boldsymbol{\beta}^{\mathrm{T}}))=1$，即 $r(\boldsymbol{A})=1$，

参见推论 4.2.2.

从而，$\boldsymbol{A}$ 的属于特征值 0 的线性无关的特征向量的个数为 $n-1$.（由题设，必然有 $n>1$.）设 $\boldsymbol{\xi}$ 是方程组

$$\boldsymbol{\beta}^{\mathrm{T}}\boldsymbol{x}=b_1x_1+\cdots+b_nx_n=0 \tag{$\star$}$$

的任意非零解，则 $\boldsymbol{A}\boldsymbol{\xi}=\boldsymbol{\alpha}\boldsymbol{\beta}^{\mathrm{T}}\boldsymbol{\xi}=0\boldsymbol{\alpha}=\boldsymbol{0}$，即 $\boldsymbol{\xi}$ 是 $\boldsymbol{A}$ 的属于特征值 0 的特征向量. 所以，式（$\star$）的任意非零解都是 $\boldsymbol{A}$ 的属于特征值 0 的特征向量.

而式（$\star$）的系数矩阵为 $\boldsymbol{\beta}^{\mathrm{T}}$，其秩为 1，所以，它的基础解系含有 $n-1$ 个线性无关的向量.

综上，任取式（$\star$）的一个基础解系：$\boldsymbol{\xi}_1$，…，$\boldsymbol{\xi}_{n-1}$，则 $\boldsymbol{A}$ 的属于特征值 0 的全部特征向量为 $c_1\boldsymbol{\xi}_1+\cdots+c_{n-1}\boldsymbol{\xi}_{n-1}$，其中，$c_1$，…，$c_{n-1}$ 是不全为 0 的任意数. □

例6.4.6 令 $\boldsymbol{\alpha}=(1, 1, 0)^{\mathrm{T}}$，实对称矩阵 $\boldsymbol{A}=\boldsymbol{\alpha}\boldsymbol{\alpha}^{\mathrm{T}}$，

(1) 求可逆阵 $\boldsymbol{P}$ 使得 $\boldsymbol{P}^{-1}\boldsymbol{A}\boldsymbol{P}$ 是对角阵，并写出这个对角阵；

(2) 求 $|\boldsymbol{I}-\boldsymbol{A}^{2017}|$. 其中 $\boldsymbol{I}$ 是 3 阶方阵.

解：法一：（1）$\boldsymbol{A}=\boldsymbol{\alpha}\boldsymbol{\alpha}^{\mathrm{T}}=\begin{pmatrix}1\\1\\0\end{pmatrix}(1\quad 1\quad 0)=\begin{pmatrix}1&1&0\\1&1&0\\0&0&0\end{pmatrix}$，从而

$f(\lambda)=|\lambda\boldsymbol{I}-\boldsymbol{A}|=\begin{vmatrix}\lambda-1&-1&0\\-1&\lambda-1&0\\0&0&\lambda\end{vmatrix}=\lambda^2(\lambda-2)$，即 $\boldsymbol{A}$ 的全部特征值为 0，0，2.

对于特征值 0，$(0\boldsymbol{I}-\boldsymbol{A})\boldsymbol{x}=\boldsymbol{0}$ 的系数矩阵为

$$\begin{pmatrix}-1&-1&0\\-1&-1&0\\0&0&0\end{pmatrix}\to\begin{pmatrix}1&1&0\\0&0&0\\0&0&0\end{pmatrix},$$

由此得到一个基础解系：$\boldsymbol{\xi}_1=(-1, 1, 0)^{\mathrm{T}}$，$\boldsymbol{\xi}_2=(0, 0, 1)^{\mathrm{T}}$.

对于特征值 2，$(2\boldsymbol{I}-\boldsymbol{A})\boldsymbol{x}=\boldsymbol{0}$ 的系数矩阵为

$$\begin{pmatrix}1&-1&0\\-1&1&0\\0&0&1\end{pmatrix}\to\begin{pmatrix}1&-1&0\\0&0&1\\0&0&0\end{pmatrix},$$

由此得到一个基础解系 $\boldsymbol{\xi}_3=(1, 1, 0)^{\mathrm{T}}$.

令 $\boldsymbol{P}=(\boldsymbol{\xi}_1\quad\boldsymbol{\xi}_2\quad\boldsymbol{\xi}_3)$，则 $\boldsymbol{P}^{-1}\boldsymbol{A}\boldsymbol{P}=\begin{pmatrix}0&0&0\\0&0&0\\0&0&2\end{pmatrix}$.

(2) 由 (1) 得: $I - A^{2017}$ 的全部特征值为 1, 1, $1-2^{2017}$, 所以, $|I - A^{2017}| = 1 - 2^{2017}$.

多项式 $h(x) = 1 - x^{2017}$.

法二: 由于 $A\alpha = \alpha\alpha^{T}\alpha = 2\alpha$, 而 $\alpha \neq 0$, 所以, 2 是 A 的一个特征值.

由于 A 是实对称阵, 所以 A 可对角化, 即 $A \sim D = \begin{pmatrix} 2 & 0 & 0 \\ 0 & \lambda_1 & 0 \\ 0 & 0 & \lambda_2 \end{pmatrix}$,

其中, λ_1, λ_2 是 A 的特征值.

由于 $1 \leqslant r(A) \leqslant \min(r(\alpha), r(\alpha^{T})) = 1$, 所以, $r(A) = 1$, 从而 $r(D) = 1$, 因此, $\lambda_1 = \lambda_2 = 0$.

综上所述, A 的全部特征值是 2, 0, 0.

考虑 $\alpha^{T}x = x_1 + x_2 = 0$. 其基础解系为 $\eta_1 = (-1, 1, 0)^{T}$, $\eta_2 = (0, 0, 1)^{T}$. 由于 $A\eta_i = \alpha\alpha^{T}\eta_i = 0$, 所以, η_1, η_2 是 A 的属于 0 的线性无关的特征向量.

综上所述, 令 $P = (\alpha \quad \eta_1 \quad \eta_2)$, 则

$$P^{-1}AP = \begin{pmatrix} 2 & 0 & 0 \\ 0 & 0 & 0 \\ 0 & 0 & 0 \end{pmatrix}.$$

(2) 同法一. □

例6.4.7 (1995) 已知 $\xi = \begin{pmatrix} 1 \\ 1 \\ -1 \end{pmatrix}$ 是 $A = \begin{pmatrix} 2 & -1 & 2 \\ 5 & a & 3 \\ -1 & b & -2 \end{pmatrix}$ 的一个特征向量.

(1) 试确定参数 a, b 及特征向量 ξ 所对应的特征值;

(2) 问 A 能否相似于对角阵? 说明理由.

解: (1) 设 ξ 对应的特征值为 λ, 即 $A\xi = \lambda\xi$, 从而, $\begin{cases} 2-1-2=\lambda \\ 5+a-3=\lambda \\ -1+b+2=-\lambda \end{cases}$, 因此, $\lambda = -1$, $a = -3$, $b = 0$.

(2) 由 (1) 得 A 的特征多项式为

$$|\lambda E - A| = \begin{vmatrix} \lambda-2 & 1 & -2 \\ -5 & \lambda+3 & -3 \\ 1 & 0 & \lambda+2 \end{vmatrix} = (\lambda+1)^3,$$

可直接按第 3 行展开.

因此 A 的全部特征值为 -1, -1, -1.

对于 -1, $(-E-A)x = 0$ 的系数矩阵为

$$\begin{pmatrix} -3 & 1 & -2 \\ -5 & 2 & -3 \\ 1 & 0 & 1 \end{pmatrix} \to \begin{pmatrix} 1 & 0 & 1 \\ 0 & 1 & 1 \\ 0 & 0 & 0 \end{pmatrix},$$

因此其基础解系只包含 $3-r(-\boldsymbol{E}-\boldsymbol{A})=3-2=1$ 个解向量，从而 $\boldsymbol{A}$ 的线性无关的特征向量只有 1 个，因此不能对角化. □

例6.4.8 （1988） 已知矩阵 $\boldsymbol{A}=\begin{pmatrix}2&0&0\\0&0&1\\0&1&x\end{pmatrix}$ 与对角矩阵 $\boldsymbol{B}=\begin{pmatrix}2&0&0\\0&y&0\\0&0&-1\end{pmatrix}$ 相似.

（1） 求 x，y 的值；

（2） 求一个满足 $\boldsymbol{P}^{-1}\boldsymbol{A}\boldsymbol{P}=\boldsymbol{B}$ 的可逆矩阵 $\boldsymbol{P}$.

参见习题 4.1 第 6 题.

解： （1） 由 $tr(\boldsymbol{A})=tr(\boldsymbol{B})$ 和 $|\boldsymbol{A}|=|\boldsymbol{B}|$ 得 $2+x=1+y$，$-2=-2y$，即 $x=0$，$y=1$.

（2） 由 $\boldsymbol{B}$ 是对角阵且 $\boldsymbol{A}\sim\boldsymbol{B}$ 可知 $\boldsymbol{A}$ 的全部特征值为 -1，1，2.

对于特征值 -1，$(-\boldsymbol{E}-\boldsymbol{A})\boldsymbol{x}=0$ 的系数矩阵为

$$\begin{pmatrix}-3&0&0\\0&-1&-1\\0&-1&-1\end{pmatrix}\to\begin{pmatrix}1&0&0\\0&1&1\\0&0&0\end{pmatrix},$$

由此得到一个基础解系：$\boldsymbol{\alpha}_1=(0,\ -1,\ 1)^{\mathrm{T}}$.

对于特征值 1，$(\boldsymbol{E}-\boldsymbol{A})\boldsymbol{x}=0$ 的系数矩阵为

$$\begin{pmatrix}-1&0&0\\0&1&-1\\0&-1&1\end{pmatrix}\to\begin{pmatrix}1&0&0\\0&1&-1\\0&0&0\end{pmatrix},$$

由此得到一个基础解系：$\boldsymbol{\alpha}_2=(0,\ 1,\ 1)^{\mathrm{T}}$.

对于特征值 2，$(2\boldsymbol{E}-\boldsymbol{A})\boldsymbol{x}=0$ 的系数矩阵为

$$\begin{pmatrix}0&0&0\\0&2&-1\\0&-1&2\end{pmatrix}\to\begin{pmatrix}0&1&0\\0&0&1\\0&0&0\end{pmatrix},$$

由此得到一个基础解系：$\boldsymbol{\alpha}_3=(1,\ 0,\ 0)^{\mathrm{T}}$.

这里要注意 $\boldsymbol{P}$ 的列向量的顺序.

令 $\boldsymbol{P}=(\boldsymbol{\alpha}_3\ \ \boldsymbol{\alpha}_2\ \ \boldsymbol{\alpha}_1)=\begin{pmatrix}1&0&0\\0&1&-1\\0&1&1\end{pmatrix}$，则 $\boldsymbol{P}^{-1}\boldsymbol{A}\boldsymbol{P}=\boldsymbol{B}$. □

此题并不需要求出特征向量，只需判断 $\boldsymbol{A}$ 是否有三个线性无关的特征向量.

例6.4.9 （1994） 设 $\boldsymbol{A}=\begin{pmatrix}0&0&1\\x&1&y\\1&0&0\end{pmatrix}$ 有三个线性无关的特征向量，求 x 和 y 应满足的条件.

解： $\boldsymbol{A}$ 的特征多项式为

$$|\lambda E-A|=\begin{vmatrix}\lambda & 0 & -1\\ -x & \lambda-1 & -y\\ -1 & 0 & \lambda\end{vmatrix}=(\lambda+1)(\lambda-1)^2,$$

所以，A 的全部特征值为 -1，1，1.

对于特征值 -1，$(-E-A)x=0$ 的系数矩阵为

$$\begin{pmatrix}-1 & 0 & -1\\ -x & -2 & -y\\ -1 & 0 & -1\end{pmatrix}\to\begin{pmatrix}1 & 0 & 1\\ 0 & -2 & x-y\\ 0 & 0 & 0\end{pmatrix},$$

所以，其基础解系含有 $3-r(-E-A)=3-2=1$ 个解向量.

对于特征值 1，$(E-A)x=0$ 的系数矩阵为

$$\begin{pmatrix}1 & 0 & -1\\ -x & 0 & -y\\ -1 & 0 & 1\end{pmatrix}\to\begin{pmatrix}1 & 0 & -1\\ 0 & 0 & -y-x\\ 0 & 0 & 0\end{pmatrix}.$$

由此可知，$3-r(E-A)=2\Leftrightarrow x+y=0$.

综上所述，所求的条件为 $x+y=0$. □

例6.4.10 (2004)　设矩阵 $A=\begin{pmatrix}1 & 2 & -3\\ -1 & 4 & -3\\ 1 & a & 5\end{pmatrix}$ 的特征方程有一个二重根，求 a 的值，并讨论 A 是否可相似对角化.

解： A 的特征多项式为

由题设，A 的三个特征值中有两个相同，即互不相同的特征值有两个.

$$f(\lambda)=|\lambda E-A|=\begin{vmatrix}\lambda-1 & -2 & 3\\ 1 & \lambda-4 & 3\\ -1 & -a & \lambda-5\end{vmatrix}$$

$$\xlongequal{r_2-r_1}\begin{vmatrix}\lambda-1 & -2 & 3\\ 2-\lambda & \lambda-2 & 0\\ -1 & -a & \lambda-5\end{vmatrix}$$

$$=(\lambda-2)(\lambda^2-8\lambda+18+3a).$$

可以提出因子 $\lambda-2$.

因此有两种可能.

(i) 设 2 是二重根，则 $2^2-8\times2+18+3a=0$，即 $a=-2$. 此时 $f(\lambda)=(\lambda-2)^2(\lambda-6)$，符合条件.

直接计算，得 $6E-A$ 的秩为 2，从而，A 的属于 6 的线性无关的特征向量只有 1 个.

对于特征值 2，对 $2E-A$ 作初等变换，得

$$\begin{pmatrix}1 & -2 & 3\\ 1 & -2 & 3\\ -1 & 2 & -3\end{pmatrix}\to\begin{pmatrix}1 & -2 & 3\\ 0 & 0 & 0\\ 0 & 0 & 0\end{pmatrix},$$

即 $r(2\boldsymbol{E}-\boldsymbol{A})=1$，从而 $\boldsymbol{A}$ 的属于 2 的线性无关的特征向量有 $3-r(2\boldsymbol{E}-\boldsymbol{A})=2$ 个. 所以此时 $\boldsymbol{A}$ 可以对角化.

一元二次方程的判别式 $\triangle$.

(ii) 设 2 不是二重根，则 $(-8)^2-4(18+3a)=0$，即 $a=-\dfrac{2}{3}$. 此时 $\boldsymbol{A}$ 的特征多项式为 $f(\lambda)=(\lambda-2)(\lambda-4)^2$.

直接计算得 $r(2\boldsymbol{E}-\boldsymbol{A})=2$，因此，$\boldsymbol{A}$ 的属于 2 的线性无关的特征向量的个数为 $3-r(2\boldsymbol{E}-\boldsymbol{A})=1$.

对于特征值 4，对 $4E-\boldsymbol{A}$ 作初等变换，得

$$\begin{pmatrix} 3 & -2 & 3 \\ 1 & 0 & 3 \\ -1 & \dfrac{2}{3} & -1 \end{pmatrix} \to \begin{pmatrix} 1 & 0 & 3 \\ 0 & 1 & 3 \\ 0 & 0 & 0 \end{pmatrix},$$

即 $r(4\boldsymbol{E}-\boldsymbol{A})=2$，从而 $\boldsymbol{A}$ 的属于 4 的线性无关的特征向量的个数为 $3-2=1$. 从而，此时，$\boldsymbol{A}$ 的线性无关的特征向量的个数为 $1+1=2<3$，所以，$\boldsymbol{A}$ 不可以对角化.

综上所述，$a=-2$，此时 $\boldsymbol{A}$ 可以对角化；或者 $a=-\dfrac{2}{3}$，此时 $\boldsymbol{A}$ 不可对角化. □

例6.4.11 (2004) 设 n 阶矩阵 $\boldsymbol{A}=\begin{pmatrix} 1 & b & \cdots & b \\ b & 1 & \cdots & b \\ \vdots & \vdots & & \vdots \\ b & b & \cdots & 1 \end{pmatrix}$.

(1) 求 $\boldsymbol{A}$ 的特征值和特征向量；

(2) 求可逆矩阵 $\boldsymbol{P}$，使得 $\boldsymbol{P}^{-1}\boldsymbol{AP}$ 为对角矩阵.

解：(1) $\boldsymbol{A}$ 的特征多项式 $f(\lambda)$ 为

各行的元之和都相等. 因此把后面各列加到第 1 列，可以提出公因式.

$$|\lambda\boldsymbol{E}-\boldsymbol{A}|=\begin{vmatrix} \lambda-1 & -b & \cdots & -b \\ -b & \lambda-1 & \cdots & -b \\ \vdots & \vdots & & \vdots \\ -b & -b & \cdots & \lambda-1 \end{vmatrix}$$

$$=\begin{vmatrix} \lambda-1-(n-1)b & -b & \cdots & -b \\ \lambda-1-(n-1)b & \lambda-1 & \cdots & -b \\ \vdots & \vdots & & \vdots \\ \lambda-1-(n-1)b & -b & \cdots & \lambda-1 \end{vmatrix}$$

$$=[\lambda-1-(n-1)b](\lambda-1+b)^{n-1}.$$

为了说明这些特征值是否互不相同，需要分情况讨论.

所以，$\boldsymbol{A}$ 的特征值为 $1+(n-1)b$，$1-b$.

(i) 设 $b=0$，则 $\boldsymbol{A}=\boldsymbol{E}_n$，此时 $\boldsymbol{A}$ 的特征值全为 1，且任意非零 n 维列向量都是它的特征向量.

(ii) 设 $b\neq 0$. $\boldsymbol{A}$ 的互不相同的特征值为 $1+(n-1)b$ 和 $\lambda_2=1-b$.

对于特征值 $1-b$，$((1-b)\boldsymbol{E}-\boldsymbol{A})\boldsymbol{x}=0$ 的系数矩阵为

$$\begin{pmatrix}-b & -b & \cdots & -b\\ -b & -b & \cdots & -b\\ \vdots & \vdots & & \vdots\\ -b & -b & \cdots & -b\end{pmatrix}\rightarrow\begin{pmatrix}1 & 1 & \cdots & 1\\ 0 & 0 & \cdots & 0\\ \vdots & \vdots & & \vdots\\ 0 & 0 & \cdots & 0\end{pmatrix},$$

由此得到一个基础解系为

$$\boldsymbol{\alpha}_1=\begin{pmatrix}-1\\1\\0\\\vdots\\0\\0\end{pmatrix},\ \boldsymbol{\alpha}_2=\begin{pmatrix}0\\-1\\1\\\vdots\\0\\0\end{pmatrix},\ \cdots,\ \boldsymbol{\alpha}_{n-1}=\begin{pmatrix}0\\0\\0\\\vdots\\-1\\1\end{pmatrix},$$

即 $\boldsymbol{A}$ 的对应于特征值 $1-b$ 的全部特征向量为

$$c_1\boldsymbol{\alpha}_1+\cdots+c_{n-1}\boldsymbol{\alpha}_{n-1},$$

其中 c_1，…，c_{n-1} 是不全为零的常数.

对于特征值 $1+(n-1)b$，由于 $\boldsymbol{A}$ 是实对称阵，所以 $\boldsymbol{A}$ 必然可对角化，且 $\boldsymbol{A}$ 的属于另一个特征值 $1-b$ 的线性无关的特征向量的个数为 $n-1$，因此，$\boldsymbol{A}$ 的属于 $1+(n-1)b$ 的线性无关的特征向量的个数必然是 $n-(n-1)=1$. 直接观察可得 $\boldsymbol{\alpha}_n=(1,1,\cdots,1)^{\mathrm{T}}$ 是 $((1+(n-1)b)\boldsymbol{E}-\boldsymbol{A})\boldsymbol{x}=\boldsymbol{0}$ 的一个非零解，所以，$\boldsymbol{A}$ 的对应于特征值 $1+(n-1)b$ 的全部特征向量为 $c_n\boldsymbol{\alpha}_n$，其中 c_n 是非零常数， 比较例 4.2.5.

(2) 由 (1) 可知，当 $b=0$ 时，任取一个可逆阵 $\boldsymbol{P}$ 都有 $\boldsymbol{P}^{-1}\boldsymbol{AP}=\boldsymbol{E}$ 为对角矩阵.

当 $b\neq 0$ 时，令 $\boldsymbol{P}=(\boldsymbol{\alpha}_1,\cdots,\boldsymbol{\alpha}_n)$，则

$$\boldsymbol{P}^{-1}\boldsymbol{AP}=\begin{pmatrix}1-b & & & \\ & \ddots & & \\ & & 1-b & \\ & & & 1+(n-1)b\end{pmatrix}$$

为对角矩阵. □

例6.4.12　已知实对称矩阵 $\boldsymbol{A}$ 的秩为 2，且

$$\boldsymbol{A}\begin{pmatrix}1 & 1\\ 0 & 0\\ -1 & 1\end{pmatrix}=\begin{pmatrix}-1 & 1\\ 0 & 0\\ 1 & 1\end{pmatrix},$$

(1) 求矩阵 $\boldsymbol{A}$ 所有的特征值与特征向量；

(2) 求矩阵 $\boldsymbol{A}$.

解： (1) $\boldsymbol{A}$ 的阶数是 3. 令 $\boldsymbol{\xi}_1=(1, 0, -1)^{\mathrm{T}}$，$\boldsymbol{\xi}_2=(1, 0, 1)^{\mathrm{T}}$，则 $\boldsymbol{A}(\boldsymbol{\xi}_1, \boldsymbol{\xi}_2)=(-\boldsymbol{\xi}_1, \boldsymbol{\xi}_2)$，即 $\boldsymbol{A}\boldsymbol{\xi}_1=-\boldsymbol{\xi}_1$，$\boldsymbol{A}\boldsymbol{\xi}_2=\boldsymbol{\xi}_2$；而 $\boldsymbol{\xi}_i\neq\boldsymbol{0}$，因此 -1，1 是 $\boldsymbol{A}$ 的特征值. 由于 $r(\boldsymbol{A})=2<3$，所以，$|\boldsymbol{A}|=0$，从而，$\boldsymbol{A}$ 的第三个特征值必然为 0. 因此 $\boldsymbol{A}$ 有三个互不相同的特征值 -1，1，0.

由于 $\boldsymbol{A}$ 可对角化，所以，$\boldsymbol{A}$ 的分别属于这三个特征值的线性无关的特征向量的个数都是 1，因此，属于特征值 -1 的全部特征向量为 $c_1\boldsymbol{\xi}_1$，其中 c_1 为任意非零数；属于特征值 1 的全部特征向量为 $c_2\boldsymbol{\xi}_2$，其中 c_2 为任意非零数.

这里的方法很重要，参见命题 4.3.3.

设 $\boldsymbol{\xi}_3=(x_1, x_2, x_3)^{\mathrm{T}}$ 是属于特征值 0 的特征向量，则 $(\boldsymbol{\xi}_1, \boldsymbol{\xi}_3)=0=(\boldsymbol{\xi}_2, \boldsymbol{\xi}_3)$，即 $x_1-x_3=0$，$x_1+x_3=0$，其基础解系为 $(0, 1, 0)^{\mathrm{T}}$. 取 $\boldsymbol{\xi}_3=(0, 1, 0)^{\mathrm{T}}$. 则 $\boldsymbol{A}$ 的属于特征值 0 的全部特征向量为 $c_3\boldsymbol{\xi}_3$，其中 c_3 为任意非零数.

这里不必用正交阵.

(2) 由 (1)，令 $\boldsymbol{P}=(\boldsymbol{\xi}_1\ \ \boldsymbol{\xi}_2\ \ \boldsymbol{\xi}_3)$，则 $\boldsymbol{P}^{-1}\boldsymbol{A}\boldsymbol{P}$ 为对角矩阵，从而，

$$\boldsymbol{A}=\boldsymbol{P}\begin{pmatrix}-1&0&0\\0&1&0\\0&0&0\end{pmatrix}\boldsymbol{P}^{-1}=\begin{pmatrix}0&0&1\\0&0&0\\1&0&0\end{pmatrix}.$$ □

例6.4.13 (2001) 设矩阵 $\boldsymbol{A}=\begin{pmatrix}1&1&a\\1&a&1\\a&1&1\end{pmatrix}$，$\boldsymbol{\beta}=\begin{pmatrix}1\\1\\-2\end{pmatrix}$. 已知线性方程组 $\boldsymbol{A}\boldsymbol{x}=\boldsymbol{\beta}$ 有解但不唯一，试求：

(1) a 的值；

(2) 正交矩阵 $\boldsymbol{Q}$，使 $\boldsymbol{Q}^{\mathrm{T}}\boldsymbol{A}\boldsymbol{Q}$ 为对角矩阵.

对于系数矩阵 $\boldsymbol{A}$ 是方阵的非齐次线性方程组，如果无解或解不唯一，则 $|\boldsymbol{A}|=0$；反之，当 $|\boldsymbol{A}|=0$ 时可能无解，也可能有无穷多个解.

解： (1) 由题设得 $|\boldsymbol{A}|=-(a+2)(a-1)^2=0$，解得 $a=-2$ 或 $a=1$.

当 $a=1$ 时，$r(\boldsymbol{A})=1<r(\widetilde{\boldsymbol{A}})=2$，从而 $\boldsymbol{A}\boldsymbol{x}=\boldsymbol{\beta}$ 无解，因此 $a=1$ 不符合题意.

当 $a=-2$ 时，直接计算得 $r(\boldsymbol{A})=r(\widetilde{\boldsymbol{A}})=2<3$ 即，$\boldsymbol{A}\boldsymbol{x}=\boldsymbol{\beta}$ 有无穷多个解，符合题意.

综上所述，$a=-2$.

这里可以直接用式 (3.3.6) 计算 $f(\lambda)$ 或者直接用展开式.

(2) 由 (1) 得：$\boldsymbol{A}=\begin{pmatrix}1&1&-2\\1&-2&1\\-2&1&1\end{pmatrix}$，其特征多项式为 $f(\lambda)=$

$$\begin{vmatrix}\lambda-1&-1&2\\-1&\lambda+2&-1\\2&-1&\lambda-1\end{vmatrix}=\lambda^3-9\lambda$$，因此 $\boldsymbol{A}$ 的全部特征值为 0，3，-3.

对于特征值 -3，$(-3\boldsymbol{E}-\boldsymbol{A})\boldsymbol{x}=\boldsymbol{0}$ 的系数矩阵为

$$\begin{pmatrix}-4&-1&2\\-1&-1&-1\\2&-1&-4\end{pmatrix}\to\begin{pmatrix}1&0&-1\\0&1&2\\0&0&0\end{pmatrix},$$

由此即得一个基础解系为 $\boldsymbol{\alpha}_1=(1,\ -2,\ 1)^{\mathrm{T}}$.

对于特征值 0，$(0\boldsymbol{E}-\boldsymbol{A})\boldsymbol{x}=\boldsymbol{0}$ 的系数矩阵为

$$\begin{pmatrix}-1&-1&2\\-1&2&-1\\2&-1&-1\end{pmatrix}\to\begin{pmatrix}1&0&-1\\0&1&-1\\0&0&0\end{pmatrix},$$

由此即得一个基础解系为 $\boldsymbol{\alpha}_2=(1,\ 1,\ 1)^{\mathrm{T}}$.

对于特征值 3，$(3\boldsymbol{E}-\boldsymbol{A})\boldsymbol{x}=\boldsymbol{0}$ 的系数矩阵为

$$\begin{pmatrix}2&-1&2\\-1&5&-1\\2&-1&2\end{pmatrix}\to\begin{pmatrix}1&0&1\\0&1&0\\0&0&0\end{pmatrix},$$

由此即得一个基础解系为 $\boldsymbol{\alpha}_3=(-1,\ 0,\ 1)^{\mathrm{T}}$.

设 $\boldsymbol{\beta}_1=\dfrac{1}{\|\boldsymbol{\alpha}_1\|}\boldsymbol{\alpha}_1$，$\boldsymbol{\beta}_2=\dfrac{1}{\|\boldsymbol{\alpha}_2\|}\boldsymbol{\alpha}_2$，$\boldsymbol{\beta}_3=\dfrac{1}{\|\boldsymbol{\alpha}_3\|}\boldsymbol{\alpha}_3$.

这里不需要施密特正交化，参见命题4.3.3.

设 $\boldsymbol{Q}=(\boldsymbol{\beta}_1,\ \boldsymbol{\beta}_2,\ \boldsymbol{\beta}_3)=\begin{pmatrix}\frac{1}{\sqrt{6}}&\frac{1}{\sqrt{3}}&-\frac{1}{\sqrt{2}}\\-\frac{2}{\sqrt{6}}&\frac{1}{\sqrt{3}}&0\\\frac{1}{\sqrt{6}}&\frac{1}{\sqrt{3}}&\frac{1}{\sqrt{2}}\end{pmatrix}$，则

$$\boldsymbol{Q}^{-1}\boldsymbol{A}\boldsymbol{Q}=\boldsymbol{Q}^{\mathrm{T}}\boldsymbol{A}\boldsymbol{Q}=\begin{pmatrix}-3&0&0\\0&0&0\\0&0&3\end{pmatrix}.$$ □

例6.4.14（1992）　设三阶矩阵 $\boldsymbol{A}$ 的特征值为 $\lambda_1=1$，$\lambda_2=2$，$\lambda_3=3$，对应的特征向量依次为 $\boldsymbol{\xi}_1=\begin{pmatrix}1\\1\\1\end{pmatrix}$，$\boldsymbol{\xi}_2=\begin{pmatrix}1\\2\\4\end{pmatrix}$，$\boldsymbol{\xi}_3=\begin{pmatrix}1\\3\\9\end{pmatrix}$. 又向量 $\boldsymbol{\beta}=\begin{pmatrix}1\\1\\3\end{pmatrix}$.

（1）将 $\boldsymbol{\beta}$ 用 $\boldsymbol{\xi}_1$，$\boldsymbol{\xi}_2$，$\boldsymbol{\xi}_3$ 线性表出；

（2）求 $\boldsymbol{A}^n\boldsymbol{\beta}$（$n$ 为自然数）.

解：（1）把 $x_1\boldsymbol{\xi}_1+x_2\boldsymbol{\xi}_2+x_3\boldsymbol{\xi}_3=\boldsymbol{\beta}$ 的增广矩阵用初等行变换化为行简化阶梯形矩阵，得

$$\begin{pmatrix}1&1&1&1\\1&2&3&1\\1&4&9&3\end{pmatrix}\rightarrow\begin{pmatrix}1&0&0&2\\0&1&0&-2\\0&0&1&1\end{pmatrix},$$

由此即得 $\boldsymbol{\beta}=2\boldsymbol{\xi}_1-2\boldsymbol{\xi}_2+\boldsymbol{\xi}_3$.

不需要计算 $\boldsymbol{A}^n$.

(2) 由 (1) 得:

$$\begin{aligned}\boldsymbol{A}^n\boldsymbol{\beta}&=2\boldsymbol{A}^n\boldsymbol{\xi}_1-2\boldsymbol{A}^n\boldsymbol{\xi}_2+\boldsymbol{A}^n\boldsymbol{\xi}_3\\&=2\boldsymbol{\xi}_1-2\cdot 2^n\boldsymbol{\xi}_2+3^n\boldsymbol{\xi}_3=\begin{pmatrix}2-2^{n+1}+3^n\\2-2^{n+2}+3^{n+1}\\2-2^{n+3}+3^{n+2}\end{pmatrix}.\end{aligned}$$

□

例6.4.15 (2000) 某试验性生产线每年 1 月份进行熟练工与非熟练工的人数统计，然后将六分之一的熟练工支援其他生产部门，其缺额由招收新的非熟练工补齐. 新、老非熟练工经过培训及实践至年终考核有五分之二成为熟练工. 设第 n 年 1 月份统计的熟练工和非熟练工所占百分比分别为 x_n，y_n，记成向量 $\begin{pmatrix}x_n\\y_n\end{pmatrix}$.

(1) 求 $\begin{pmatrix}x_{n+1}\\y_{n+1}\end{pmatrix}$ 与 $\begin{pmatrix}x_n\\y_n\end{pmatrix}$ 的关系式并写成矩阵形式:

$$\begin{pmatrix}x_{n+1}\\y_{n+1}\end{pmatrix}=\boldsymbol{A}\begin{pmatrix}x_n\\y_n\end{pmatrix};$$

(2) 验证 $\boldsymbol{\eta}_1=\begin{pmatrix}4\\1\end{pmatrix}$，$\boldsymbol{\eta}_2=\begin{pmatrix}-1\\1\end{pmatrix}$ 是 $\boldsymbol{A}$ 的两个线性无关的特征向量，并求出相应的特征值;

(3) 当 $\begin{pmatrix}x_1\\y_1\end{pmatrix}=\begin{pmatrix}\frac{1}{2}\\\frac{1}{2}\end{pmatrix}$，求 $\begin{pmatrix}x_{n+1}\\y_{n+1}\end{pmatrix}$.

解: (1) 由题设得:

$$x_{n+1}=\frac{5}{6}x_n+\frac{2}{5}\left(\frac{1}{6}x_n+y_n\right),\ y_{n+1}=\frac{3}{5}\left(\frac{1}{6}x_n+y_n\right),$$

即 $\begin{pmatrix}x_{n+1}\\y_{n+1}\end{pmatrix}=\begin{pmatrix}\frac{9}{10}&\frac{2}{5}\\\frac{1}{10}&\frac{3}{5}\end{pmatrix}\begin{pmatrix}x_n\\y_n\end{pmatrix}$. 令 $\boldsymbol{A}=\begin{pmatrix}\frac{9}{10}&\frac{2}{5}\\\frac{1}{10}&\frac{3}{5}\end{pmatrix}$，则 $\begin{pmatrix}x_{n+1}\\y_{n+1}\end{pmatrix}=\boldsymbol{A}\begin{pmatrix}x_n\\y_n\end{pmatrix}$.

(2) 由 (1) 得:

$$\boldsymbol{A}\boldsymbol{\eta}_1=\begin{pmatrix}\frac{9}{10}&\frac{2}{5}\\\frac{1}{10}&\frac{3}{5}\end{pmatrix}\begin{pmatrix}4\\1\end{pmatrix}=\begin{pmatrix}4\\1\end{pmatrix},$$

$$A\boldsymbol{\eta}_2=\begin{pmatrix}\frac{9}{10} & \frac{2}{5}\\ \frac{1}{10} & \frac{3}{5}\end{pmatrix}\begin{pmatrix}-1\\ 1\end{pmatrix}=\frac{1}{2}\begin{pmatrix}-1\\ 1\end{pmatrix}.$$

因此 $\boldsymbol{\eta}_1$，$\boldsymbol{\eta}_2$ 分别是 $\boldsymbol{A}$ 的对应于特征值 1，$\frac{1}{2}$ 的线性无关的特征向量.

(3) 把 $\begin{pmatrix}\frac{1}{2}\\ \frac{1}{2}\end{pmatrix}$ 表示成 $\boldsymbol{\eta}_1$，$\boldsymbol{\eta}_2$ 的线性组合：

比较例 6.4.14 (2).

$$\begin{pmatrix}\frac{1}{2}\\ \frac{1}{2}\end{pmatrix}=\frac{1}{5}\boldsymbol{\eta}_1+\frac{3}{10}\boldsymbol{\eta}_2,$$

从而，
$$\begin{pmatrix}x_{n+1}\\ y_{n+1}\end{pmatrix}=\boldsymbol{A}^n\begin{pmatrix}\frac{1}{2}\\ \frac{1}{2}\end{pmatrix}=\frac{1}{5}\boldsymbol{A}^n\boldsymbol{\eta}_1+\frac{3}{10}\boldsymbol{A}^n\boldsymbol{\eta}_2$$

$$=\frac{1}{5}\boldsymbol{\eta}_1+\frac{3}{10}\times\frac{1}{2^n}\boldsymbol{\eta}_2=\begin{pmatrix}\frac{4}{5}-\frac{3}{10\cdot 2^n}\\ \frac{1}{5}+\frac{3}{10\cdot 2^n}\end{pmatrix}.$$ □

§6.5 二次型与正定阵

6.5.1 二次型的矩阵和标准型

知识点小结

● 基本概念：n 元二次型及其矩阵（参见定义 5.1.1）；非退化线性替换和正交变换（参见定义 5.1.2）；矩阵的合同；二次型的标准型；惯性指数（参见定义 5.1.5）；配方法；合同变换法（参见定义 5.1.6）；正交变换法；二次型的规范型（参见式（5.1.7））.

惯性指数是针对实对称阵而言的.

● 基本结论：

(1) n 元实二次型与 n 阶实对称阵之间有一一对应关系. 参见引理 5.1.1.

(2) 矩阵之间的合同关系满足反身性、对称性和传递性. 参见例 5.1.5.

(3) n 元实二次型之间的非退化线性替换与实对称阵之间的合同是一致的. 参见推论 5.1.1.

(4) 惯性定理，参见定理 5.1.1.

（5）任意 n 元二次型都有标准型，且标准型由其矩阵的惯性指数确定，参见定理 5.1.2；等价地，任意实对称阵都合同于对角阵，且这些对角阵由该矩阵的惯性指数确定，参见定理 5.1.3.

（6）任意 n 元实二次型的规范型存在且唯一；两个 n 阶实对称阵合同 $\Leftrightarrow$ 它们的正、负惯性指数分别相等，参见推论 5.1.3.

参见推论 5.1.4.

（7）n 阶实对称阵的惯性指数的刻画.

● 基本计算：

（1）用配方法（参见例 5.1.10）、合同变换法（参见算法 5.1.1 和例 5.1.12）和正交变换法（参见算法 4.3.2 和例 5.1.13）求二次型的标准型.

（2）求实对称阵 $\boldsymbol{A}$ 的惯性指数.（只需求 $\boldsymbol{A}$ 的特征值，或者求出二次型 $\boldsymbol{x}^{\mathrm{T}}\boldsymbol{A}\boldsymbol{x}$ 的任意一个标准型即可.）

习题 5.1 解答

1. 证明： 由于 $\boldsymbol{A}$ 与 $\boldsymbol{B}$ 合同，所以，存在可逆阵 $\boldsymbol{P}$ 使得 $\boldsymbol{A}=\boldsymbol{P}^{\mathrm{T}}\boldsymbol{B}\boldsymbol{P}$.

（1）由于 $\boldsymbol{P}^{\mathrm{T}}$ 可逆，且左乘或右乘可逆阵不改变矩阵的秩，所以，$r(\boldsymbol{A})=r(\boldsymbol{B})$.

参见定理 3.3.1.

（2）在 $\boldsymbol{A}=\boldsymbol{P}^{\mathrm{T}}\boldsymbol{B}\boldsymbol{P}$ 两边取行列式，得

$$|\boldsymbol{A}|=|\boldsymbol{P}^{\mathrm{T}}\boldsymbol{B}\boldsymbol{P}|=|\boldsymbol{P}^{\mathrm{T}}||\boldsymbol{B}|\boldsymbol{P}|=|\boldsymbol{P}|^2|\boldsymbol{B}|,$$

而 $|\boldsymbol{P}|^2>0$，所以结论成立.

（3）设 $\boldsymbol{A}$ 可逆，即 $r(\boldsymbol{A})=n$. 由（1）得 $\boldsymbol{B}$ 可逆. 在 $\boldsymbol{A}=\boldsymbol{P}^{\mathrm{T}}\boldsymbol{B}\boldsymbol{P}$ 两边取逆，得

参见引理 3.2.2.

$$\boldsymbol{A}^{-1}=\boldsymbol{P}^{-1}\boldsymbol{B}^{-1}(\boldsymbol{P}^{\mathrm{T}})^{-1}=\boldsymbol{P}^{-1}\boldsymbol{B}^{-1}(\boldsymbol{P}^{-1})^{\mathrm{T}},$$

即 $\boldsymbol{A}^{-1}$ 与 $\boldsymbol{B}^{-1}$ 合同. □

比较习题 4.1 第 7 题.

2. 证明： 由 $\boldsymbol{A}$ 与 $\boldsymbol{B}$ 合同可知，存在可逆阵 $\boldsymbol{P}$ 使得 $\boldsymbol{A}=\boldsymbol{P}^{\mathrm{T}}\boldsymbol{B}\boldsymbol{P}$；由 $\boldsymbol{C}$ 与 $\boldsymbol{D}$ 合同可知，存在可逆阵 $\boldsymbol{Q}$ 使得 $\boldsymbol{C}=\boldsymbol{Q}^{\mathrm{T}}\boldsymbol{D}\boldsymbol{Q}$，则有可逆阵 $\begin{pmatrix}\boldsymbol{P}&\boldsymbol{0}\\\boldsymbol{0}&\boldsymbol{Q}\end{pmatrix}$ 使得

$$\begin{aligned}&\begin{pmatrix}\boldsymbol{P}&\boldsymbol{0}\\\boldsymbol{0}&\boldsymbol{Q}\end{pmatrix}^{\mathrm{T}}\begin{pmatrix}\boldsymbol{B}&\boldsymbol{0}\\\boldsymbol{0}&\boldsymbol{D}\end{pmatrix}\begin{pmatrix}\boldsymbol{P}&\boldsymbol{0}\\\boldsymbol{0}&\boldsymbol{Q}\end{pmatrix}\\=&\begin{bmatrix}\boldsymbol{P}^{\mathrm{T}}&\boldsymbol{0}\\\boldsymbol{0}&\boldsymbol{Q}^{\mathrm{T}}\end{bmatrix}\begin{pmatrix}\boldsymbol{B}&\boldsymbol{0}\\\boldsymbol{0}&\boldsymbol{D}\end{pmatrix}\begin{pmatrix}\boldsymbol{P}&\boldsymbol{0}\\\boldsymbol{0}&\boldsymbol{Q}\end{pmatrix}\\=&\begin{bmatrix}\boldsymbol{P}^{\mathrm{T}}\boldsymbol{B}\boldsymbol{P}&\boldsymbol{0}\\\boldsymbol{0}&\boldsymbol{Q}^{\mathrm{T}}\boldsymbol{D}\boldsymbol{Q}\end{bmatrix}=\begin{pmatrix}\boldsymbol{A}&\boldsymbol{0}\\\boldsymbol{0}&\boldsymbol{C}\end{pmatrix}.\end{aligned}$$

故 $\begin{pmatrix}\boldsymbol{A}&\boldsymbol{0}\\\boldsymbol{0}&\boldsymbol{C}\end{pmatrix}$ 与 $\begin{pmatrix}\boldsymbol{B}&\boldsymbol{0}\\\boldsymbol{0}&\boldsymbol{D}\end{pmatrix}$ 合同. □

参见定义 5.1.2.

3. 解： 不是. 由 $\begin{cases}y_1=x_1-2x_3\\y_2=x_2\\y_3=x_3\end{cases}$ 得 $\begin{cases}x_1=y_1+2y_3\\x_2=y_2\\x_3=y_3\end{cases}$，所以，所作

的非退化线性替换应该为 $\boldsymbol{x}=\boldsymbol{C}\boldsymbol{y}$，其中，$\boldsymbol{C}=\begin{pmatrix}1&0&2\\0&1&0\\0&0&1\end{pmatrix}$ 是可逆阵. □

4. 解：例如，设 $\boldsymbol{A}=\begin{pmatrix}1&0\\0&-3\end{pmatrix}$，$\boldsymbol{B}=\begin{pmatrix}2&0\\0&-4\end{pmatrix}$，则 $\boldsymbol{A}$ 与 $\boldsymbol{B}$ 合同，但 $\boldsymbol{A}\not\sim\boldsymbol{B}$.

参见定理 5.1.1 和命题 4.1.2.

设 $\boldsymbol{A}=\begin{pmatrix}1&0\\0&-3\end{pmatrix}$，$\boldsymbol{B}=\begin{pmatrix}1&0\\2&-3\end{pmatrix}$，则 $\boldsymbol{B}$ 的两个特征值为 1，-3，互不相同，所以必然可对角化，从而有 $\boldsymbol{B}\sim\boldsymbol{A}$；但是，$\boldsymbol{A}$ 不可能与 $\boldsymbol{B}$ 合同，因为 $\boldsymbol{A}$ 是对称阵，而 $\boldsymbol{B}$ 不是对称阵. □

参见推论 4.2.1 和例 5.1.5 (4). 比较第 5 题.

5. 证明：由 $\boldsymbol{A}\sim\boldsymbol{B}$ 可知，它们的特征值完全相同，所以，$\boldsymbol{A}$，$\boldsymbol{B}$ 的正惯性指数相等且 $\boldsymbol{A}$，$\boldsymbol{B}$ 的负惯性指数也相等，所以，$\boldsymbol{A}$ 与 $\boldsymbol{B}$ 合同.

参见推论 5.1.3 和例 4.3.6.

注：即使 $\boldsymbol{A}$ 和 $\boldsymbol{B}$ 都是 n 阶实对称阵且 $\boldsymbol{A}$ 与 $\boldsymbol{B}$ 合同，$\boldsymbol{A}$ 与 $\boldsymbol{B}$ 未必是相似的. 参见第 4 题的解答. □

6. 证明：由 $\boldsymbol{A}$ 可逆可知，$\boldsymbol{A}$ 的特征值都不是 0. 设 $\boldsymbol{A}$ 的正惯性指数为 p，则负惯性指数为 $3-p$.

参见习题 4.2 第 1 题.

如果 λ 是 $\boldsymbol{A}$ 的一个特征值，则 $\dfrac{1}{\lambda}$ 是 $\boldsymbol{A}^{-1}$ 的一个特征值. 而 λ 与 $\dfrac{1}{\lambda}$ 同号，所以 $\boldsymbol{A}^{-1}$ 与 $\boldsymbol{A}$ 的正惯性指数都等于 p，负惯性指数都等于 $3-p$.

(1) 如果 $d_1y_1^2+d_2y_2^2+d_3y_3^2$ 是 $f(x_1, x_2, x_3)$ 的标准型，则 d_1，d_2，d_3 中有 p 个正数，$3-p$ 个负数，从而，$\dfrac{1}{d_1}$，$\dfrac{1}{d_2}$，$\dfrac{1}{d_3}$ 中也有 p 个正数，$3-p$ 个负数，即对角阵 $\begin{pmatrix}\dfrac{1}{d_1}&0&0\\0&\dfrac{1}{d_2}&0\\0&0&\dfrac{1}{d_3}\end{pmatrix}$ 与 $\boldsymbol{A}^{-1}$ 合同，所以结论成立.

参见定理 5.1.2 和推论 5.1.4.

(2) 由于 $\boldsymbol{A}$ 的特征值都不为 0，所以，$\boldsymbol{A}^2$ 的特征值全大于 0，从而 $\boldsymbol{A}^2$ 的正惯性指数为 3，所以结论成立. □

参见命题 4.2.4 和推论 5.1.3.

7. 证明：由于 $\boldsymbol{A}$ 是实二次型的矩阵，所以 $\boldsymbol{A}$ 是实对称阵，从而由 $\boldsymbol{B}$ 与 $\boldsymbol{A}$ 合同可知，$\boldsymbol{B}$ 是也实对称阵，因此，$\boldsymbol{B}$ 可对角化. 由于 $\boldsymbol{B}$ 的全部特征值为 1，-2，-2，所以，存在正交阵 $\boldsymbol{P}$ 使得

参见例 5.1.5 (4)

参见定理 4.3.3.

$$\boldsymbol{P}^{-1}\boldsymbol{B}\boldsymbol{P}=\boldsymbol{P}^{\mathrm{T}}\boldsymbol{B}\boldsymbol{P}=\begin{pmatrix}1&0&0\\0&-2&0\\0&0&-2\end{pmatrix}.$$

设法把 $x^{\mathrm{T}}Bx$ 转化为只有平方项的表达式.

对任意 $\boldsymbol{x}=\begin{pmatrix}x_1\\x_2\\x_3\end{pmatrix}$，令 $\boldsymbol{y}=\begin{pmatrix}y_1\\y_2\\y_3\end{pmatrix}=\boldsymbol{P}^{-1}\boldsymbol{x}$，则

$$\begin{aligned}\boldsymbol{x}^{\mathrm{T}}\boldsymbol{B}\boldsymbol{x}&=(\boldsymbol{P}\boldsymbol{y})^{\mathrm{T}}\boldsymbol{B}(\boldsymbol{P}\boldsymbol{y})=\boldsymbol{y}^{\mathrm{T}}(\boldsymbol{P}^{\mathrm{T}}\boldsymbol{B}\boldsymbol{P})\boldsymbol{y}\\&=(y_1\quad y_2\quad y_3)\begin{pmatrix}1&0&0\\0&-2&0\\0&0&-2\end{pmatrix}\begin{pmatrix}y_1\\y_2\\y_3\end{pmatrix}\\&=y_1^2-2y_2^2-2y_3^2.\end{aligned}$$

由此即得：

$$-2(y_1^2+y_2^2+y_3^2)\leqslant\boldsymbol{x}^{\mathrm{T}}\boldsymbol{B}\boldsymbol{x}\leqslant(y_1^2+y_2^2+y_3^2).\qquad(\star)$$

利用正交变换保持长度的性质，参见命题 4.3.2.

由于 $\boldsymbol{P}$ 是正交阵，所以，

$$\begin{aligned}x_1^2+x_2^2+x_3^2&=(\boldsymbol{x},\boldsymbol{x})=(\boldsymbol{P}\boldsymbol{y},\boldsymbol{P}\boldsymbol{y})\\&=(\boldsymbol{y},\boldsymbol{y})=y_1^2+y_2^2+y_3^2.\end{aligned}$$

代入式（⋆）即得所要证明的结论.

注：本题的含义是，对于实二次型，其函数值位于 $\lambda_{\mathrm{m}}\|\boldsymbol{x}\|^2$ 与 $\lambda_{\mathrm{M}}\|\boldsymbol{x}\|^2$ 之间，其中，λ_{m}，λ_{M} 分别是该二次型的矩阵的最小特征值和最大特征值. □

8. 解：

如果从 x_1 或 x_2 开始配方，运算量较大. 答案不唯一.

$$\begin{aligned}f(x_1,x_2,x_3)&=x_2^2+x_3^2-2x_1x_2+4x_2x_3\\&=(x_3+2x_2)^2-4x_2^2+x_2^2-2x_1x_2\\&=(x_3+2x_2)^2-3x_2^2-2x_1x_2\\&=(x_3+2x_2)^2-3\left(x_2^2+\frac{2}{3}x_1x_2\right)\\&=(x_3+2x_2)^2-3\left(x_2+\frac{1}{3}x_1\right)^2+\frac{1}{3}x_1^2.\end{aligned}$$

所以，$f(x_1,x_2,x_3)$ 的一个标准型为 $y_1^2-3y_2^2+\frac{1}{3}y_3^2$. □

比较例 5.1.12. 参见算法 5.1.1.

9. 解：对分块矩阵 $\begin{pmatrix}\boldsymbol{A}\\\hline\boldsymbol{I}_3\end{pmatrix}$ 作合同变换，得

$$\left(\begin{array}{ccc}-1&1&-3\\1&-2&-2\\-3&-2&2\\\hdashline 1&0&0\\0&1&0\\0&0&1\end{array}\right)\to\left(\begin{array}{ccc}-1&0&0\\0&-1&0\\0&0&36\\\hdashline 1&1&-8\\0&1&-5\\0&0&1\end{array}\right)=\begin{pmatrix}\boldsymbol{D}\\\hdashline\boldsymbol{C}\end{pmatrix}.$$

令$C=\begin{pmatrix}1&1&-8\\0&1&-5\\0&0&1\end{pmatrix}$，则$C^{\mathrm{T}}AC=\begin{pmatrix}-1&0&0\\0&-1&0\\0&0&36\end{pmatrix}$为对角阵．由此可知，$A$ 的正惯性指数为 1，负惯性指数为 2．□

C 和 D 的答案不唯一，但 A 的正、负惯性指数是唯一的．

10．解：$f(x_1,x_2,x_3)$的矩阵为$A=\begin{pmatrix}2&-2&-4\\-2&5&-2\\-4&-2&2\end{pmatrix}$，其特征多项式为

比较习题 4.3 的第 6 题．

$$f(\lambda)=\begin{vmatrix}\lambda-2&2&4\\2&\lambda-5&2\\4&2&\lambda-2\end{vmatrix}=(\lambda-6)^2(\lambda+3),$$

先把第 3 行的 -1 倍加到第 1 行，可提出公因式 $(\lambda-6)$．

所以，A 的全部特征值为 6，6，-3，因此，A 的正惯性指数为 2，负惯性指数为 1．

对于特征值$\lambda_1=6$，求得$(6I_3-A)x=0$的一个基础解系为$\xi_{11}=\begin{pmatrix}-1\\2\\0\end{pmatrix}$，$\xi_{12}=\begin{pmatrix}-1\\0\\1\end{pmatrix}$．

作施密特正交化，再单位化，得

$$\gamma_{11}=\frac{\sqrt5}{5}\begin{pmatrix}-1\\2\\0\end{pmatrix},\gamma_{12}=\frac{\sqrt5}{3}\begin{pmatrix}-\frac{4}{5}\\-\frac{2}{5}\\1\end{pmatrix}.$$

对于特征值$\lambda_2=-3$，求得$(-3I_3-A)x=0$的一个基础解系为$\xi_2=\begin{pmatrix}2\\1\\2\end{pmatrix}$，单位化，得$\gamma_2=\frac{1}{3}\begin{pmatrix}2\\1\\2\end{pmatrix}$．令$P=(\gamma_{11}\ \ \gamma_{12}\ \ \gamma_2)=\begin{pmatrix}-\frac{\sqrt5}{5}&-\frac{4\sqrt5}{15}&\frac{2}{3}\\\frac{2\sqrt5}{5}&-\frac{2\sqrt5}{15}&\frac{1}{3}\\0&\frac{\sqrt5}{3}&\frac{2}{3}\end{pmatrix}$，则 P 是正交阵，且在正交变换 $x=Py$ 下得到原二次型的一个标准型为$6y_1^2+6y_2^2-3y_3^2$．□

正交阵 P 的取法不唯一．

6.5.2 正定二次型和正定阵

知识点小结

• 基本概念：正定二次型（参见定义 5.2.1）；正定阵（参见定义 5.2.2）；顺序主子式（参见定义 5.2.3）.

• 基本结论：

(1) n 元标准二次型 $d_1x_1^2+\cdots+d_nx_n^2$ 正定 $\Leftrightarrow$ 每个 d_i 都是正数，参见引理 5.2.1.

(2) 非退化线性替换不改变正定性，参见引理 5.2.2.

(3) n 元实二次型是正定的 $\Leftrightarrow$ 它的任意标准型的每个系数都是正数.

(4) 如果 $\boldsymbol{A}$，$\boldsymbol{B}$ 都是 n 阶正定的，则 $\boldsymbol{A}+\boldsymbol{B}$ 也是正定的. 一般地，$\boldsymbol{AB}$ 未必是正定的（$\boldsymbol{AB}$ 未必是对称阵）.

(5) 设 $\boldsymbol{A}$ 是 n 阶对称阵. 如果 $\boldsymbol{A}$ 正定，则 $|\boldsymbol{A}|>0$；$\boldsymbol{A}(i, i)>0$，$1\leqslant i\leqslant n$.

(6) 设 $\boldsymbol{A}$ 是 n 阶对称阵，则

$$\begin{aligned}\boldsymbol{A}\text{ 是正定阵} &\Leftrightarrow \text{二次型 } \boldsymbol{x}^{\mathrm{T}}\boldsymbol{A}\boldsymbol{x} \text{ 是正定的}\\ &\Leftrightarrow \boldsymbol{A}\text{ 的正惯性指数等于 } n\\ &\Leftrightarrow \boldsymbol{A}\text{ 的特征值全为正数}\\ &\Leftrightarrow \boldsymbol{A}\text{ 与单位阵 } \boldsymbol{I}_n \text{ 合同}\\ &\Leftrightarrow \boldsymbol{A}\text{ 的每个顺序主子式都大于零}\end{aligned}$$

• 基本计算：

(1) 利用惯性指数判定 n 元实二次型或 n 阶实对称阵的正定性.

(2) 利用顺序主子式判定 n 元实二次型或 n 阶实对称阵的正定性.

习题 5.2 解答

参见定义 5.2.1.

1. 解：不是正定的，因为当 $x_1=2$，$x_2=1$，$x_3=0$ 时 f 的值是 0. □

2. 证明：对任意 x_1，x_2，x_3，由于 f 正定，且 $a>0$，所以，$af(x_1, x_2, x_3)\geqslant 0$；若 $af(x_1, x_2, x_3)=0$，由于 $a>0$，所以 $f(x_1, x_2, x_3)=0$，从而由 f 正定得 $x_1=x_2=x_3=0$. 综上所述，$af(x_1, x_2, x_3)$ 正定. □

参考定理 5.2.1.

3. 解：法一：用配方法求其标准型.

$$\begin{aligned}f(x_1, x_2, x_3)&=x_1^2-2x_1(x_2+x_3)+3x_2^2+6x_3^2\\&=(x_1-(x_2+x_3))^2-(x_2+x_3)^2+3x_2^2+6x_3^2\\&=(x_1-x_2-x_3)^2+\underline{2x_2^2-2x_2x_3+5x_3^2}\\&=(x_1-x_2-x_3)^2+2(x_2-\frac{1}{2}x_3)^2+\frac{9}{2}x_3^2.\end{aligned}$$

划线部分不含 x_1.

所以，$y_1^2+2y_2^2+\frac{9}{2}x_3^2$ 是 $f(x_1, x_2, x_3)$ 的一个标准型，从而其正惯性指数为 3，因此 $f(x_1, x_2, x_3)$ 是正定的.

法二：用矩阵的合同变换求惯性指数.

参见定理 5.2.1.

$f(x_1, x_2, x_3)$ 的矩阵为 $A=\begin{pmatrix}1&-1&-1\\-1&3&0\\-1&0&6\end{pmatrix}$. 对分块矩阵 $\begin{pmatrix}A\\ \hdashline I_3\end{pmatrix}$ 作合同变换，得

$$\left(\begin{array}{ccc}1&-1&-1\\-1&3&0\\-1&0&6\\ \hdashline 1&0&0\\0&1&0\\0&0&1\end{array}\right)\rightarrow\left(\begin{array}{ccc}1&0&0\\0&2&0\\0&0&\frac{9}{2}\\ \hdashline 1&1&\frac{3}{2}\\0&1&\frac{1}{2}\\0&0&1\end{array}\right)=\begin{pmatrix}D\\ \hdashline C\end{pmatrix}.$$

由于对角阵 D 的对角元都是正数，所以 A 的正惯性指数为 3，因此，原二次型正定.

法三：利用二次型的矩阵的顺序主子式.

参见定理 5.2.2.

$f(x_1, x_2, x_3)$ 的矩阵为 $A=\begin{pmatrix}1&-1&-1\\-1&3&0\\-1&0&6\end{pmatrix}$，其顺序主子式为

$$\Delta_1=1>0,\quad \Delta_2=\begin{vmatrix}1&-1\\-1&3\end{vmatrix}=2>0,\quad \Delta_3=\begin{vmatrix}1&-1&-1\\-1&3&0\\-1&0&6\end{vmatrix}=9>0,$$

所以，$f(x_1, x_2, x_3)$ 正定.

注：可以利用二次型的矩阵的特征值求惯性指数，从而判断其是否正定. 但是，一般情况下会涉及复杂的高次方程，从而特征值不易求得，特征值的符号也不易判定. □

4. 证明：首先，由 A 是实对称阵，得 A^2+A+2I_n 是实对称阵.

设 $\lambda_1, \cdots, \lambda_n$ 是 A 的全部特征值，则 A^2+A+2I_n 的全部特征值为 $\lambda_1^2+\lambda_1+2, \cdots, \lambda_n^2+\lambda_n+2$.

可以利用 A 可对角化，也可以直接利用命题 4.2.4.

对任意实数 a，$a^2+a+2=(a+\frac{1}{2})^2+\frac{7}{4}>0$，所以，$A^2+A+2I_n$ 的特征值全大于零，从而是正定的. □

5. 证明：由于 A 正定，所以 $|A|>0$，从而 A 可逆，且由 $(A^{-1})^{\mathrm{T}}=$

$(\boldsymbol{A}^{\mathrm{T}})^{-1}=\boldsymbol{A}^{\mathrm{T}}$ 可知 $\boldsymbol{A}^{-1}$ 也是对称阵.

利用 $\boldsymbol{A}$ 可对角化，参见习题 4.2 第 6 题.

设 λ_1，…，λ_n 是 $\boldsymbol{A}$ 的全部特征值，则 $\boldsymbol{A}^{-1}$ 的全部特征值为 $\lambda_1^{-1}>0$，…，$\lambda_n^{-1}>0$，所以，$\boldsymbol{A}^{-1}$ 也是正定的. □

6. 证明： 法一：首先，$\boldsymbol{A}+\boldsymbol{I}_n$ 是实对称阵.

其次，设 $\boldsymbol{A}$ 的全部特征值为 λ_1，…，λ_n. 由 $\boldsymbol{A}$ 正定可知，$\lambda_i>0$，$1\leqslant i\leqslant n$. 而 $\boldsymbol{A}+a\boldsymbol{I}_n$ 的全部特征值为 λ_1+a，…，λ_n+a. 由于 $a\geqslant 0$，所以，$\lambda_i+a>0$，$1\leqslant i\leqslant n$，因此，$\boldsymbol{A}+a\boldsymbol{I}_n$ 是正定的.

法二：首先，$\boldsymbol{A}+\boldsymbol{I}_n$ 是实对称阵.

其次，假设 $\boldsymbol{A}+a\boldsymbol{I}_n$ 不是正定的，则存在非零的 n 维列向量 $\boldsymbol{\xi}$ 使得 $\boldsymbol{\xi}^{\mathrm{T}}(\boldsymbol{A}+a\boldsymbol{I}_n)\boldsymbol{\xi}<0$，从而，$\boldsymbol{\xi}^{\mathrm{T}}\boldsymbol{A}\boldsymbol{\xi}<-a\boldsymbol{\xi}^{\mathrm{T}}\boldsymbol{\xi}\leqslant 0$，与 $\boldsymbol{A}$ 正定矛盾.

法三：由 $\boldsymbol{A}$ 正定可知，存在正交阵 $\boldsymbol{P}$ 使得 $\boldsymbol{P}^{\mathrm{T}}\boldsymbol{A}\boldsymbol{P}=\boldsymbol{D}$，其中，$\boldsymbol{D}$ 是对角元全大于 0 的对角阵. 于是，

$$\boldsymbol{P}^{\mathrm{T}}(\boldsymbol{A}+a\boldsymbol{I}_n)\boldsymbol{P}=\boldsymbol{P}^{\mathrm{T}}\boldsymbol{A}\boldsymbol{P}+a\boldsymbol{P}^{\mathrm{T}}\boldsymbol{P}=\boldsymbol{D}+a\boldsymbol{I}_n$$

是对角元全大于 0 的对角阵，即 $\boldsymbol{A}+a\boldsymbol{I}_n$ 是正定的. □

比较例 5.2.10 中的讨论.

7. 证明： 首先，$\boldsymbol{B}$ 是三阶实对称阵.

其次，令 $g(x_2, x_3, x_4)=f(0, x_2, x_3, x_4)$，则 g 是关于 x_2，x_3，x_4 的三元实二次型，且 g 的矩阵就是 $\boldsymbol{B}$.

首先，$g(x_2, x_3, x_4)=f(0, x_2, x_3, x_4)\geqslant 0$.

其次，若 $g(x_2, x_3, x_4)=0$，则 $0=g(x_2, x_3, x_4)=f(0, x_2, x_3, x_4)$，从而由 f 正定得：$x_2=x_3=x_4=0$. 综上所述，g 是正定的三元实二次型，所以，$\boldsymbol{B}$ 是正定阵. □

8. 证明： (1) 设 $\boldsymbol{A}$ 的特征值为 λ_1，λ_2，λ_3. 假设至少有一个特征值是负数，不妨设 $\lambda_1<0$.

正交变换的应用.

取正交变换 $\boldsymbol{x}=\boldsymbol{P}\boldsymbol{y}$ 使得

$$f(x_1, x_2, x_3)\xlongequal{\boldsymbol{x}=\boldsymbol{P}\boldsymbol{y}}\lambda_1 y_1^2+\lambda_2 y_2^2+\lambda_3 y_3^2.$$

特殊值法.

取 $\boldsymbol{y}_0=\begin{pmatrix}1\\0\\0\end{pmatrix}$，则 $\boldsymbol{x}_0=\boldsymbol{P}\boldsymbol{y}_0\neq\boldsymbol{0}$ 且 f 在 $\boldsymbol{x}_0$ 的函数值为 λ_1，但 $\lambda_1<0$，与 $f(x_1, x_2, x_3)$ 的半正定性矛盾.

所以，$\lambda_i\geqslant 0$，$1\leqslant i\leqslant 3$，从而 $|\boldsymbol{A}|=\lambda_1\lambda_2\lambda_3\geqslant 0$.

参见例 5.2.9.
转化为对角阵.

(2) 由于 $\boldsymbol{B}$ 是正定阵，所以，存在可逆阵 $\boldsymbol{Q}$ 使得 $\boldsymbol{Q}^{\mathrm{T}}\boldsymbol{B}\boldsymbol{Q}=\boldsymbol{D}_1$ 和 $\boldsymbol{Q}^{\mathrm{T}}\boldsymbol{A}\boldsymbol{Q}=\boldsymbol{D}_2$ 都是对角阵. 由于 $\boldsymbol{B}$ 正定，所以 $\boldsymbol{D}_1$ 的对角元都是正数；又由于 $\boldsymbol{A}$ 半正定，所以由 (1) 可知，其负惯性指数为 0，从而 $\boldsymbol{D}_2$ 的对角元都是非负的. 因此，对角阵 $\boldsymbol{D}_1+\boldsymbol{D}_2$ 的对角元都是正的，从而，$|\boldsymbol{Q}^{\mathrm{T}}(\boldsymbol{B}+\boldsymbol{A})\boldsymbol{Q}|=|\boldsymbol{Q}|^2|\boldsymbol{B}+\boldsymbol{A}|=|\boldsymbol{Q}|^2|\boldsymbol{D}_1+\boldsymbol{D}_2|>0$，而 $|\boldsymbol{Q}|\neq 0$，

即 $|Q|^2>0$，所以，$|A+B|>0$.①

□

9. 证明： 设 $g(x_1, x_2, x_3)=-f(x_1, x_2, x_3)$，则 g 的矩阵是

$$-A=\begin{pmatrix}-a_{11} & -a_{12} & -a_{13}\\ -a_{12} & -a_{22} & -a_{23}\\ -a_{13} & -a_{23} & -a_{33}\end{pmatrix}$$，从而

$f(x_1, x_2, x_3)$是负定的

$\Leftrightarrow g(x_1, x_2, x_3)$是正定的

$$\Leftrightarrow 0<-a_{11}=-\Delta_1,\ 0<\begin{vmatrix}-a_{11} & -a_{12}\\ -a_{12} & -a_{22}\end{vmatrix}=\Delta_2,$$

参见推论 3.3.4.

$$0<\begin{vmatrix}-a_{11} & -a_{12} & -a_{13}\\ -a_{12} & -a_{22} & -a_{23}\\ -a_{13} & -a_{23} & -a_{33}\end{vmatrix}=-\Delta_3,$$

$\Leftrightarrow \Delta_1<0,\ \Delta_2>0,\ \Delta_3<0.$

10. 解： $f(x_1, x_2, x_3)$ 的矩阵为 $A=\begin{pmatrix}a & 1 & a\\ 1 & 2 & 1\\ a & 1 & 3\end{pmatrix}$. 所以，

$f(x_1, x_2, x_3)$是正定的

$$\Leftrightarrow \Delta_1=a>0,\ \Delta_2=\begin{vmatrix}a & 1\\ 1 & 2\end{vmatrix}=2a-1>0,$$

$$\Delta_3=\begin{vmatrix}a & 1 & a\\ 1 & 2 & 1\\ a & 1 & 3\end{vmatrix}=\begin{vmatrix}a & 1 & a\\ 1 & 2 & 1\\ 0 & 0 & 3-a\end{vmatrix}$$

$$=(3-a)(2a-1)>0$$

$$\Leftrightarrow \frac{1}{2}<a<3.$$

补充例题

例6.5.1 (2004) 二次型 $f(x_1, x_2, x_3)=(x_1+x_2)^2+(x_2-x_3)^2+(x_3+x_1)^2$ 的秩为 ________.

解： 由于

$$f(x_1,x_2,x_3)=2x_1^2+2x_2^2+2x_3^2+2x_1x_2-2x_2x_3+2x_1x_3$$

的矩阵为 $A=\begin{pmatrix}2 & 1 & 1\\ 1 & 2 & -1\\ 1 & -1 & 2\end{pmatrix}\rightarrow\begin{pmatrix}1 & -1 & 2\\ 0 & 3 & -3\\ 0 & 0 & 0\end{pmatrix}$，因此该二次型的秩为 $r(A)=2$.

□

① 本题和第9题都可以推广到一般的 n 阶实对称阵的情形.

例6.5.2（2002） 已知实二次型 $f(x_1, x_2, x_3)=a(x_1^2+x_2^2+x_3^2)+4x_1x_2+4x_1x_3+4x_2x_3$ 经正交变换 $\boldsymbol{x}=\boldsymbol{P}\boldsymbol{y}$ 可化成标准形 $f=6y_1^2$，则 $a=$________.

思考：如果把正交阵 $\boldsymbol{P}$ 换为可逆阵 $\boldsymbol{P}$，如何确定 a 的值？

解：该二次型的矩阵为 $\boldsymbol{A}=\begin{pmatrix}a & 2 & 2\\ 2 & a & 2\\ 2 & 2 & a\end{pmatrix}$. 由题设，

$$\boldsymbol{P}^{\mathrm{T}}\boldsymbol{A}\boldsymbol{P}=\boldsymbol{P}^{-1}\boldsymbol{A}\boldsymbol{P}=\begin{pmatrix}6 & 0 & 0\\ 0 & 0 & 0\\ 0 & 0 & 0\end{pmatrix}.$$

由于相似矩阵的迹相同，因此 $3a=6$，即 $a=2$.

进一步，当 $a=2$ 时，$\boldsymbol{A}$ 的特征值为 6，0，0，所以，$a=2$ 符合题意. □

例6.5.3（1995） 已知二次型 $f(x_1, x_2, x_3)=4x_2^2-3x_3^2+4x_1x_2-4x_1x_3+8x_2x_3$.

（1）写出二次型 f 的矩阵表达式；

（2）用正交变换把二次型 f 化为标准形，并写出相应的正交矩阵.

解：（1）二次型的矩阵为 $\boldsymbol{A}=\begin{pmatrix}0 & 2 & -2\\ 2 & 4 & 4\\ -2 & 4 & -3\end{pmatrix}$. 所以，该二次型为

$$f(x_1, x_2, x_3)=\boldsymbol{x}^{\mathrm{T}}\begin{pmatrix}0 & 2 & -2\\ 2 & 4 & 4\\ -2 & 4 & -3\end{pmatrix}\boldsymbol{x}.$$

参见例 6.3.21.

（2）$\boldsymbol{A}$ 的特征多项式为 $f(\lambda)=(\lambda-1)(\lambda-6)(\lambda+6)$，从而其全部特征值为 -6，1，6.

对于特征值 -6，$(-6\boldsymbol{I}-\boldsymbol{A})\boldsymbol{x}=0$ 的系数矩阵为

$$\begin{pmatrix}-6 & -2 & 2\\ -2 & -10 & -4\\ 2 & -4 & -3\end{pmatrix}\to\begin{pmatrix}1 & 0 & -1/2\\ 0 & 1 & 1/2\\ 0 & 0 & 0\end{pmatrix}.$$

由此即得一个基础解系：$\boldsymbol{v}_1=(1, -1, 2)^{\mathrm{T}}$.

对于特征值 1，$(\lambda\boldsymbol{I}-\boldsymbol{A})\boldsymbol{x}=0$ 的系数矩阵为

$$\lambda\boldsymbol{I}-\boldsymbol{A}=\begin{pmatrix}1 & -2 & 2\\ -2 & -3 & -4\\ 2 & -4 & 4\end{pmatrix}\to\begin{pmatrix}1 & 0 & 2\\ 0 & 1 & 0\\ 0 & 0 & 0\end{pmatrix}.$$

由此即得一个基础解系：$\boldsymbol{v}_2=(-2, 0, 1)^{\mathrm{T}}$.

对于特征值 6，$(\lambda\boldsymbol{I}-\boldsymbol{A})\boldsymbol{x}=0$ 的系数矩阵为

$$\lambda \boldsymbol{I}-\boldsymbol{A}=\begin{pmatrix}6 & -2 & 2\\ -2 & 2 & -4\\ 2 & -4 & 9\end{pmatrix}\rightarrow\begin{pmatrix}1 & 0 & -1/2\\ 0 & 1 & -5/2\\ 0 & 0 & 0\end{pmatrix}.$$

由此即得一个基础解系：$\boldsymbol{v}_3=(1,\ 5,\ 2)^{\mathrm{T}}$.

因 $\boldsymbol{v}_1$，$\boldsymbol{v}_2$，$\boldsymbol{v}_3$ 是实对称矩阵 $\boldsymbol{A}$ 的对应于不同特征值的特征向量，因此是一个正交向量组. 令

$$\boldsymbol{Q}=\left(\frac{\boldsymbol{v}_1}{\|\boldsymbol{v}_1\|}\quad \frac{\boldsymbol{v}_2}{\|\boldsymbol{v}_2\|}\quad \frac{\boldsymbol{v}_3}{\|\boldsymbol{v}_3\|}\right)=\begin{pmatrix}\frac{1}{\sqrt{6}} & -\frac{2}{\sqrt{5}} & \frac{1}{\sqrt{30}}\\ -\frac{1}{\sqrt{6}} & 0 & \frac{5}{\sqrt{30}}\\ \frac{2}{\sqrt{6}} & \frac{1}{\sqrt{5}} & \frac{2}{\sqrt{30}}\end{pmatrix}.$$

则 $\boldsymbol{Q}$ 是一个正交阵，且令 $\boldsymbol{x}=\boldsymbol{Q}\boldsymbol{y}$，则该正交变换把原二次型化为标准形 $-6y_1^2+y_2^2+6y_3^2$. □

例6.5.4（1996）　设矩阵 $\boldsymbol{A}=\begin{pmatrix}0 & 1 & 0 & 0\\ 1 & 0 & 0 & 0\\ 0 & 0 & y & 1\\ 0 & 0 & 1 & 2\end{pmatrix}$.

（1）已知 $\boldsymbol{A}$ 的一个特征值为 3，试求 y；

（2）求可逆矩阵 $\boldsymbol{P}$，使得 $(\boldsymbol{AP})^{\mathrm{T}}(\boldsymbol{AP})$ 为对角矩阵.

解：（1）由题设，

参见推论 3.3.10 和式（4.2.9）.

$$|3\boldsymbol{I}-\boldsymbol{A}|=\begin{vmatrix}3 & -1\\ -1 & 3\end{vmatrix}\begin{vmatrix}3-y & -1\\ -1 & 1\end{vmatrix}=8(2-y)=0,$$

所以，$y=2$.

$(\boldsymbol{AP})^{\mathrm{T}}(\boldsymbol{AP})=\boldsymbol{P}^{\mathrm{T}}(\boldsymbol{A}^{\mathrm{T}}\boldsymbol{A})\boldsymbol{P}$. 因此，问题等价于对 $\boldsymbol{A}^{\mathrm{T}}\boldsymbol{A}$ 作合同变换，使之变为对角矩阵.

（2）$\boldsymbol{A}^{\mathrm{T}}\boldsymbol{A}=\begin{pmatrix}1 & 0 & 0 & 0\\ 0 & 1 & 0 & 0\\ 0 & 0 & y^2+1 & y+2\\ 0 & 0 & y+2 & 5\end{pmatrix}=\begin{pmatrix}\boldsymbol{I}_2 & \boldsymbol{0}\\ \boldsymbol{0} & \boldsymbol{B}\end{pmatrix}$，其中，$\boldsymbol{B}=\begin{pmatrix}y^2+1 & y+2\\ y+2 & 5\end{pmatrix}$. 对 $\boldsymbol{B}$ 作合同变换：

让左上角尽可能简单.

$$\begin{pmatrix}\boldsymbol{B}\\ \hdashline \boldsymbol{I}_2\end{pmatrix}=\begin{pmatrix}y^2+1 & y+2\\ y+2 & 5\\ \hdashline 1 & 0\\ 0 & 1\end{pmatrix}\rightarrow\begin{pmatrix}5 & 0\\ 0 & \frac{(2y-1)^2}{5}\\ \hdashline 0 & 1\\ 1 & -\frac{y+2}{5}\end{pmatrix}.$$

所以，令 $P=\begin{pmatrix} I_2 & 0 \\ 0 & P_1 \end{pmatrix}$，其中，$P_1=\begin{pmatrix} 0 & 1 \\ 1 & -\frac{y+2}{5} \end{pmatrix}$，则 $(AP)^{\mathrm{T}}(AP)$ 为

对角阵 $\begin{pmatrix} 1 & 0 & 0 & 0 \\ 0 & 1 & 0 & 0 \\ 0 & 0 & 5 & 0 \\ 0 & 0 & 0 & \frac{(2y-1)^2}{5} \end{pmatrix}$. □

例6.5.5 (1993) 设二次型

$$f(x_1, x_2, x_3)=x_1^2+x_2^2+x_3^2+2ax_1x_2+2bx_2x_3+2x_1x_3$$

经正交变换 $\boldsymbol{x}=\boldsymbol{P}\boldsymbol{y}$ 化为 $f=y_2^2+2y_3^2$，其中 $\boldsymbol{x}=(x_1, x_2, x_3)^{\mathrm{T}}$ 和 $\boldsymbol{y}=(y_1, y_2, y_3)^{\mathrm{T}}$ 是三维列向量，$\boldsymbol{P}$ 是三阶正交矩阵. 试求 a，b 的取值.

当非退化线性替换 $\boldsymbol{x}=\boldsymbol{P}\boldsymbol{y}$ 是正交变换时，$\boldsymbol{P}^{\mathrm{T}}\boldsymbol{A}\boldsymbol{P}=\boldsymbol{P}^{-1}\boldsymbol{A}\boldsymbol{P}$ 也是相似变换.

解： 由题设，f 的矩阵 $\boldsymbol{A}=\begin{pmatrix} 1 & a & 1 \\ a & 1 & b \\ 1 & b & 1 \end{pmatrix}$ 与 $\begin{pmatrix} 0 & 0 & 0 \\ 0 & 1 & 0 \\ 0 & 0 & 2 \end{pmatrix}$ 相似，所以，$\boldsymbol{A}$ 的全部特征值为 0，1，2. 而 $\boldsymbol{A}$ 的特征多项式为 $|\lambda \boldsymbol{I}-\boldsymbol{A}|=(\lambda-1)^3-2ab-(\lambda-1)-(a^2+b^2)(\lambda-1)$. 分别把 $\lambda=0$，1，2 代入，得 $\begin{cases} a^2+b^2-2ab=0 \\ 2ab=0 \\ a^2+b^2+2ab=0 \end{cases}$，所以 $a=b=0$. 反之，当 $a=b=0$ 时，实对称矩阵 $\boldsymbol{A}$ 的特征值是 0，1，2，一定存在正交变换 $\boldsymbol{x}=\boldsymbol{P}\boldsymbol{y}$ 使得 $f=y_2^2+2y_3^2$. 所以，$a=b=0$ 符合题意. □

例6.5.6 (2001) 设 $\boldsymbol{A}$ 为 n 阶实对称矩阵，$r(\boldsymbol{A})=n$，A_{ij} 是 $\boldsymbol{A}=(a_{ij})$ 中元素 a_{ij} 的代数余子式（i，$j=1$，2，…，n）. 二次型 $f(x_1, x_2, \cdots, x_n)=\sum_{i=1}^{n}\sum_{j=1}^{n}\frac{A_{ij}}{|\boldsymbol{A}|}x_ix_j$.

(1) 记 $\boldsymbol{x}=(x_1, x_2, \cdots, x_n)^{\mathrm{T}}$. 把 $f(x_1, x_2, \cdots, x_n)$ 写成矩阵形式，并证明二次型 $f(\boldsymbol{x})$ 的矩阵为 $\boldsymbol{A}^{-1}$；

(2) 二次型 $g(\boldsymbol{x})=\boldsymbol{x}^{\mathrm{T}}\boldsymbol{A}\boldsymbol{x}$ 与 $f(\boldsymbol{x})$ 的规范形是否相同？并说明理由.

解： (1) 设 $\boldsymbol{B}=\frac{1}{|\boldsymbol{A}|}\boldsymbol{A}^*=\boldsymbol{A}^{-1}$，其中，$\boldsymbol{A}^*$ 是 $\boldsymbol{A}$ 的伴随矩阵，则 $f(x_1, \cdots, x_n)=\boldsymbol{x}^{\mathrm{T}}\boldsymbol{B}\boldsymbol{x}$. 为了证明这就是 f 的矩阵形式，只需验证 $\boldsymbol{B}$ 是对称阵.

参见引理 3.2.2.

事实上，由 $(\boldsymbol{A}^{-1})^{\mathrm{T}}=(\boldsymbol{A}^{\mathrm{T}})^{-1}=\boldsymbol{A}^{-1}$ 可知，$\boldsymbol{A}^{-1}$ 是对称阵. 所以，结论成立，即 f 的矩阵就是对称阵 $\boldsymbol{B}=\frac{1}{|\boldsymbol{A}|}\boldsymbol{A}^*=\boldsymbol{A}^{-1}$.

参见习题 5.1 第 6 题.

(2) 由 (1) 可知，$f(\boldsymbol{x})$ 的矩阵是 $\boldsymbol{A}^{-1}$；由于 $g(\boldsymbol{x})$ 的矩阵是 $\boldsymbol{A}$，而 $\boldsymbol{A}$ 可逆，所以，$\boldsymbol{A}$ 与 $\boldsymbol{A}^{-1}$ 的正、负特征值的个数分别相同，即 $\boldsymbol{A}$ 与

A^{-1} 的正、惯性指数相同，所以，$f(x)$ 与 $g(x)$ 的规范形相同. □

例6.5.7 (1991) 二次型 $f=x_1^2+4x_2^2+4x_3^2+2\lambda x_1x_2-2x_1x_3+4x_2x_3$，$f$ 为正定二次型，则 λ 的取值范围为________.

解：f 的矩阵为 $A=\begin{pmatrix}1 & \lambda & -1\\ \lambda & 4 & 2\\ -1 & 2 & 4\end{pmatrix}$，而 f 正定当且仅当 A 正定，当且仅当 A 的顺序主子式全部大于零，即

$$\Delta_1=1>0,\ \Delta_2=\begin{vmatrix}1 & \lambda\\ \lambda & 4\end{vmatrix}=4-\lambda^2>0,$$

$$\Delta_3=|A|=-4(\lambda-1)(\lambda+2)>0,$$

解得 $-2<\lambda<1$，因此 λ 的取值范围为 $(-2,1)$. □

例6.5.8 (1997) 设 A 为 $m\times n$ 阶实矩阵，E 为 n 阶单位矩阵. 已知矩阵 $B=\lambda E+A^TA$. 试证：当 $\lambda>0$ 时，矩阵 B 为正定矩阵.

证明：对任意实数 x_i，令 $x=(x_1,\cdots,x_n)^T$，则

$$\begin{aligned}x^TBx&=x^T(\lambda E+A^TA)x=\lambda x^Tx+x^TA^TAx\\&=\lambda x^Tx+(Ax)^T(Ax)\geqslant\lambda x^Tx\geqslant 0;\end{aligned}$$

如果 $x^TBx=0$，则由 $\lambda x^Tx\geqslant 0$ 和 $x^TA^TAx\geqslant 0$ 可知 $\lambda x^Tx=0$；但 $\lambda>0$，所以，必然有 $x=\mathbf{0}$.

综上所述，$B=\lambda E+A^TA$ 是正定的. □

例6.5.9 (2000) 设有 n 元实二次型 $f(x_1,x_2,\cdots,x_n)=(x_1+a_1x_2)^2+(x_2+a_2x_3)^2+\cdots+(x_{n-1}+a_{n-1}x_n)^2+(x_n+a_nx_1)^2$，其中 $a_i(i=1,2,\cdots,n)$ 为实数. 试问：当 $a_1,a_2,\cdots,a_n$ 满足何种条件时，二次型为正定二次型？

解：对任意的 $x=(x_1,\cdots,x_n)^T$，x_i 为实数，都有

$$f(x_1,x_2,\cdots,x_n)\geqslant 0.$$

所以，f 正定等价于齐次线性方程组：

$$\begin{cases}x_1+a_1x_2=0\\ x_2+a_2x_3=0\\ \cdots\cdots\\ x_{n-1}+a_{n-1}x_n=0\\ x_n+a_nx_1=0\end{cases}$$

只有零解，等价于系数矩阵

$$A=\begin{pmatrix}1 & a_1 & 0 & \cdots & 0 & 0\\ 0 & 1 & a_2 & \cdots & 0 & 0\\ 0 & 0 & 1 & \cdots & 0 & 0\\ \vdots & \vdots & \vdots & \ddots & \vdots & \vdots\\ 0 & 0 & 0 & \cdots & 1 & a_{n-1}\\ a_n & 0 & 0 & \cdots & 0 & 1\end{pmatrix}$$

的行列式非零. 按第 1 列展开得 $|A|=1+(-1)^{n+1}a_1a_2\cdots a_n$. 因此原二次型正定当且仅当 $1+(-1)^{n+1}a_1a_2\cdots a_n\neq 0$. □

参考文献

[1] 丘维声. 高等代数（上册）. 北京：高等教育出版社，1996.

[2] 同济大学数学系. 工程数学·线性代数（第五版）. 北京：高等教育出版社，2007.

[3] 赵树嫄. 线性代数（第四版）. 北京：中国人民大学出版社，2008.

图书在版编目（CIP）数据

线性代数/谭友军，杨亮，徐友才编．—北京：中国人民大学出版社，2019.4
“十三五”普通高等教育应用型规划教材
ISBN 978-7-300-26898-9

Ⅰ.①线… Ⅱ.①谭… ②杨… ③徐… Ⅲ.①线性代数-高等学校-教材 Ⅳ.①O151.2

中国版本图书馆 CIP 数据核字（2019）第 067907 号

“十三五”普通高等教育应用型规划教材
线性代数
谭友军　杨　亮　徐友才　编
Xianxing Daishu

出版发行	中国人民大学出版社		
社　　址	北京中关村大街 31 号	**邮政编码**	100080
电　　话	010－62511242（总编室）		010－62511770（质管部）
	010－82501766（邮购部）		010－62514148（门市部）
	010－62515195（发行公司）		010－62515275（盗版举报）
网　　址	http://www.crup.com.cn		
经　　销	新华书店		
印　　刷	固安县铭成印刷有限公司		
开　　本	787 mm×1092 mm　1/16	**版　　次**	2019 年 4 月第 1 版
印　　张	16.5	**印　　次**	2025 年 7 月第 5 次印刷
字　　数	347 000	**定　　价**	36.00 元
